Ronald Gleich/Andreas Klein (Hrsg.)

Der Controlling-Berater
Band 52

Strategien erfolgreich entwickeln und umsetzen

Ronald Gleich/Andreas Klein

Der Controlling-Berater

Band 52

Band-Herausgeber:
Andreas Klein/Markus Kottbauer

Strategien erfolgreich entwickeln und umsetzen

Haufe Group
Freiburg • München • Stuttgart

Bibliografische Information der Deutschen Nationalbibliothek

Die Deutsche Nationalbibliothek verzeichnet diese Publikation in der Deutschen Nationalbibliografie; detaillierte bibliografische Daten sind im Internet über http://dnb.dnb.de abrufbar.

ISBN 978-3-648-09486-0 ISSN 0723-3221 Bestell-Nr. 01401-0133

„DER CONTROLLING-BERATER" (CB)
Herausgeber: Prof. Dr. Ronald Gleich, Geisenheim, Prof. Dr. Andreas Klein, Worms.
Fachbeirat: Dr. Michael Kieninger, Gemmrigheim, Dr. Walter Schmidt, Berlin, Klaus Spitzley, Weikersheim, Prof. Dr. Karl Zehetner, Wien.

Haufe-Lexware GmbH & Co. KG, Munzinger Straße 9, 79111 Freiburg, Telefon: 0761 898-0, Fax: 0761 898-3990, E-Mail: info@haufe.de, Internet: http://www.haufe.de
Geschäftsführung: Isabel Blank, Sandra Dittert, Jörg Frey, Birte Hackenjos, Dominik Hartmann, Markus Reithwiesner, Joachim Rotzinger, Dr. Carsten Thies.
Beiratsvorsitzende: Andrea Haufe
Kommanditgesellschaft, Sitz Freiburg
Registergericht Freiburg, HRA 4408
Komplementäre: Haufe-Lexware Verwaltungs GmbH, Sitz Freiburg, Registergericht Freiburg, HRB 5557
Martin Laqua
USt-IdNr. DE812398835
Redaktionsteam: Günther Lehmann (verantwortlich i. S. d. P.), Julia Grass (Assistenz).
Erscheint 5-mal pro Jahr (inkl. Arbeitshilfen Rechnungswesen, Steuern, Controlling Online und Kundendienstleistungen). Preis für das Abonnement („Der Controlling-Berater") je Band 68,48 EUR zuzüglich Versandspesen.

Druckvorstufe: Reemers Publishing Services GmbH, Luisenstraße 62, 47799 Krefeld.
Druck: Beltz Bad Langensalza GmbH, Am Fliegerhorst 8, 99947 Bad Langensalza.

Zur Herstellung dieses Buches wurde alterungsbeständiges Papier verwendet.

Vorwort

Die Digitalisierung stellt ganze Industrien auf den Kopf. Querbeet durch alle Branchen zeigt sich: Etablierte Unternehmen werden bedrängt, ja z. T. verdrängt von jungen, dynamischen, aggressiven Newcomern. Der Home-Sharing-Dienst Airbnb hat nach nicht einmal 10 Jahren am Markt einen höheren Wert als Hilton, die teuerste Hotelmarke der Welt. Bei Amazon liegt der Unternehmenswert inzwischen doppelt so hoch wie der des etablierten Einzelhändlers Wal-Mart. Viele der zurzeit erfolgreichsten Unternehmen stammen aus dem Kreis der Start-ups der letzten 20 Jahre.

Dass es sich dabei um keine kurzfristige, schnell wieder abklingende Bedrohung handelt, sollte inzwischen allen klargeworden sein. Vermutlich werden das Tempo und die Dimension der Veränderung noch weiter zunehmen. Inzwischen ist in vielen Unternehmen der Ruf nach einer Neubesinnung, nach neuen strategischen Konzepten zu hören. Doch was heißt das, was ist zu tun? Es wird nicht reichen, das bisherige Erfolgsmodell kritiklos weiterzuverfolgen und die bestehenden Prozesse und Strukturen mit Hilfe detaillierter Planungen in die Zukunft zu extrapolieren. Wettbewerbsvorteile und Kernkompetenzen haben ein Ablaufdatum, Evolution reicht oft nicht aus, es braucht die Revolution. Sich immer wieder neu zu erfinden ist Pflicht geworden.

Hier zeigt sich vielleicht auch der wesentliche Unterschied zwischen etablierten Unternehmen und Start-ups: Wer keine lange Vergangenheit hat, verfällt nicht in den Fehler noch allzu lange an Vergangenem zu kleben. Es ist eine Binsenweisheit im Innovationsmanagement, dass die größte Hürde für neue Wege in bestehenden, ja häufig noch immer recht erfolgreichen Bestandsprodukten zu sehen ist. Es ist leicht nachvollziehbar, dass man sich nur allzu ungern von etwas funktionierenden Vertrauten verabschiedet zu Gunsten von etwas Neuem, Unerprobten.

Was heißt das für die Unternehmenssteuerung? Insbesondere die strategische Planung muss auf neue Beine gestellt werden und hier können gerade mittelständische Unternehmer von jungen Gründern und deren Vorgehen nicht unerheblich lernen bzw. profitieren.

Gerade in der jüngeren Vergangenheit wurden eine Reihe von Verfahren wie z. B. Design Thinking entwickelt bzw. verfeinert, die es erlauben, die Kreativitätspotenziale zu nutzen, um sich Marktchancen, neuen Techniken, aber eben auch Bedrohungen systematisch bewusst zu werden. In Kombination mit den bereits vertrauten Werkzeugen insbesondere im Bereich der Umsetzung entstehen so Konzepte, die es auch in schwierigerem Fahrwasser erlauben, einen neuen Erfolgskurs zu erarbeiten und einzuhalten. Instrumente und Vorgehensweisen zu dieser Strategieentwicklung und -umsetzung werden in diesem Buch beschrieben.

Wir wünschen eine inspirierende Lektüre!

Heidelberg und Starnberg im November 2017

Andreas Klein

Markus Kottbauer

Inhalt

Kapitel 1: Standpunkt

Kapitel 2: Grundlagen & Konzepte

Kapitel 3: Umsetzung & Praxis

Kapitel 4: Organisation & IT

Kapitel 5: Literaturanalyse

Die Autoren

Dr. Alex von Frankenberg
Seit 2005 Geschäftsführer des High-Tech Gründerfonds und seit 2000 im Venture Capital / Start-up Umfeld tätig.

Dr. Herwig R. Friedag
Inhaber der Friedag Consult in Berlin. Sein Schwerpunkt liegt auf der Moderation von Strategieentwicklungsprojekten in Unternehmen. Dr. Friedag leitet den Internationalen Arbeitskreis im Internationalen Controller Verein e.V. und war viele Jahre Lehrbeauftragter an der Humboldt-Universität zu Berlin sowie an der Universität Rostock.

Manfred Grotheer
Seit 2011 als Leiter Organisationsentwicklung und Controlling in einem mittelständischen, familiengeführten Unternehmen tätig. Seit 2005 führt er nebenberuflich Projekte als Controlling-Trainer und Berater durch.

Prof. Dr. Jana Heimel
Professorin an der Fakultät für International Business der Hochschule Heilbronn.

Dr. Markus Kottbauer
Gründer und Geschäftsführer der Strategie- und Managementberatung aquma GmbH. Seit 2002 ist er Trainer der Controller Akademie, seit 2012 Dozent an der Hochschule für Wirtschaft in Zürich. Von 2013 bis 2016 leitete er den Verlag für ControllingWissen und war Herausgeber des Controller Magazins.

Johannes Lorenz
Gründer und geschäftsführender Gesellschafter der Gruppe „Lorenz-Dental".

Robert Mothes
Wissenschaftlicher Mitarbeiter am Sächsischen Textilforschungsinstitut e.V. (STFI). Im Rahmen des BMBF-Projekts futureTEX liegen seine Aufgabenbereiche im unternehmensübergreifenden Innovationsmanagement, der interdisziplinären Kooperation und vernetzten Forschung sowie in informationstechnologischen Assistenzsystemen.

Dr. Matthias Nagel
Managing Director der Simba n^3 Software GmbH. Als Data Scientist verfügt er über jahrzehntelange Erfahrung in der Analyse von Massendaten.

Prof. Dr. Armin Roth
Inhaber des Lehrstuhls Unternehmenssteuerung und Leiter des Forschungsbereichs „Enterprise Performance Management & Business Intelligence“ im Studiengang Wirtschaftsinformatik der Hochschule Reutlingen sowie Senior Partner der Braincourt GmbH, Managementberatung und Informationssysteme in Leinfelden-Echterdingen.

Dr. Walter Schmidt
Inhaber der Unternehmensberatung ask Dr. Walter Schmidt in Berlin. Sein Fokus liegt auf der Moderation und Begleitung von Strategieprozessen. Gemeinsam mit Herwig Friedag ist er Autor mehrerer Bestseller (u.a. Balanced Scorecard einfach konsequent, TaschenGuide Balanced Scorecard, My Balanced Scorecard). Er ist Senior Advisor des Vorstands im Internationalen Controller Verein (ICV) und Mitglied im Fachbeirat des Controlling-Beraters.

Prof. Dr. Jürgen Seitz
An der Hochschule der Medien in Stuttgart unterrichtet und forscht Dr. Seitz zurzeit in den Bereichen digitales Marketing und digitale Unternehmen.

Dr. Mario Stephan
Leiter Controlling & Finance Schweiz bei der Horváth & Partner AG in Zürich. Daneben ist er Studiengangsleiter für Corporate Strategy am SIMT der Steinbeis-Hochschule Berlin in Stuttgart.

Professor Dr. Martin Stirzel
Professor für das Lehrgebiet Informationsmanagement mit Schwerpunkt Automotive Vertriebs- und Servicemanagement an der Hochschule Neu-Ulm.

Thomas Vehmeier
Volkswirt, selbstständiger Berater und Trainer für Unternehmensführung mit den Schwerpunkten Strategieentwicklung, Business Development und Innovation. Außerdem ist er Experte für digitale Transformation und Plattformökonomie.

Dr. Tosja Zywietz
CEO der Rosenberger Gruppe in Fridolfing/Bayern. Seit 2009 ist er zusammen mit den Eigentümern der 2. Generation Teil der Geschäftsleitung des Unternehmens und begleitet seit 2007 die Strategie- und Organisationsentwicklung der Firmengruppe.

Kapitel 1: Standpunkt

Experten-Interview zum Thema Strategieentwicklung in Start-ups

Interviewpartner

Dr. Alex von Frankenberg ist seit 2005 Geschäftsführer des High-Tech Gründerfonds und seit 2000 im Bereich Venture Capital/Start-up tätig. Von 2005 bis 2010 war er nebenberuflich gemeinsam mit Dr. Kottbauer und Dr. Zywietz bei der Controller Akademie als Trainer und Mitentwickler des Seminars Strategieentwicklung tätig. Zuvor war er bei Siemens Technology Accelerator als Venture Manager verantwortlich für Spin-offs aus der Corporate Technology von Siemens. 2001/2002 war er Vertriebsleiter in einem IT-Start-up. Davor war er als Projektleiter bei Siemens Management Consulting, unter anderem für den Aufbau eines konzerninternen Inkubators verantwortlich. Er begann seine Karriere bei Andersen Consulting mit der Entwicklung von komplexen IT-Systemen.

Der High-Tech Gründerfonds HTGF

Der HTGF investiert seit 2005 Eigenkapital in junge vielversprechende Technologieunternehmen in der Startphase. Als Public-Private Partnership stellen im aktuellen Fonds, dem HTGF III, der Bund ca. 200 Mio. EUR und 30 Unternehmen rund 100 Mio. EUR zur Verfügung. In den letzten 12 Jahren wurden fast 500 Neuinvestments abgeschlossen, rund 1,5 Mrd. weiteres Kapital bei Anschlussfinanzierungen für die Portfoliounternehmen eingeworben und 87 Unternehmen erfolgreich verkauft. Der HTGF investiert breit in hardwarenahe Technologien, Life Science und alles rund um Software.

Das Interview führte:

Dr. Markus Kottbauer, Gründer und Geschäftsführer der Strategie- und Managementberatung aquma GmbH. Seit 2002 ist er Trainer der Controller Akademie, seit 2012 Dozent an der Hochschule für Wirtschaft in Zürich. Von 2013 bis 2016 leitete er den Verlag für ControllingWissen und war Herausgeber des Controller Magazins.

Vorteile von Start-ups gegenüber etablierten Unternehmen

Herr v. Frankenberg, Deutschlands Wirtschaftswelt ist geprägt vom Mittelstand. Weltweit gesehen zeichnet sich ein anderes Bild ab, die GAFA-Konzerne (Google bzw. nun Alphabet, Apple, Facebook und Amazon) sind unter den Top 5 der weltweit wertvollsten Unternehmen (laut Statista im August 2017) und dominieren immer mehr Geschäftsfelder. Diese Konzerne waren bis vor kurzem noch Start-ups mit

ungewissem Ausgang und haben innerhalb weniger Jahre Traditionsunternehmen wie General Electric, Cisco, Wal Mart, Exxon Mobil, General Motors oder Nokia z.T. weitestgehend von der Spitze verdrängt oder gar vernichtet. Was können und sollten mittelständische Unternehmen von diesen „Start-ups" lernen?

v. Frankenberg: Was Start-ups auszeichnet, ist vor allem das Brennen für eine Idee, die von hochmotivierten Teams mit großen Visionen, viel Engagement und auch einer Bereitschaft zum Scheitern umgesetzt wird. Dabei werden oft bisher undenkbare, sehr neue Wege beschritten. Die 4 genannten Konzerne haben jeweils bestehende Geschäftsmodelle disruptiv verändert bzw. vollkommen Neues entwickelt – d.h. nicht nur in einer bestehenden Art und Weise weiterentwickelt, sondern mit neuer Technologie bzw. neuartigen Geschäftsmodellen das etablierte Geschäft grundlegend verändert. Außerdem werden die GAFA-Konzerne mit der Ausnahme von Apple immer noch von den ursprünglichen Gründern geleitet, also Unternehmern und nicht von Managern. Unternehmer bzw. Eigentümer sind ganz anderen Risiken ausgesetzt und haben eine viel längere, oft generationenübergreifende Perspektive.

Unternehmen des Mittelstands sind oft „Hidden Champions" im Weltmarkt und haben im bestehenden Geschäft teils enorme Wettbewerbsvorteile. Zu agieren wie ein Start-up heißt, die Bereitschaft mitzubringen, sich selbst zu überholen, zu versuchen, seinen eigenen bestehenden Wettbewerbsvorteil außer Kraft zu setzen, indem man daran arbeitet, die Bedürfnisse der Kunden mit neuartigen, eventuell disruptiven Modellen/Techniken zu erfüllen. Wenn man das weiterdenkt, wird die Problematik dahinter erst so richtig deutlich. Über mehrere Generationen hat man eine Problemlösungsfähigkeit entwickelt, die von einem selbst eventuell außer Kraft gesetzt werden soll. Man soll also selbst daran arbeiten, das worauf man i.d.R. sehr stolz ist, zu erneuern, d.h. obsolet zu machen. Wenn die Möglichkeit tatsächlich besteht, ist es allerdings besser, das selbst zu tun, als das Feld anderen zu überlassen – denn es wird passieren, die Frage ist nur wann.

Was oft speziell in den regelmäßig immer noch eigentümergeführten Unternehmen hinzukommt, ist, dass der in Start-ups so prägende Pioniergeist, das Andersdenken, die Freiheit, die hohe Motivation für Neues oft schwer herzustellen sind. Die Eigentümer haben zumeist über Jahrzehnte das Unternehmen geführt, vorangetrieben und oft auch alles selbst erfolgreich entschieden. Jetzt müssen sie lernen loszulassen, vielleicht jungen andersdenkenden Menschen Freiräume zu gewähren, Entscheidungen zu dezentralisieren. In dem anstehenden Generationswechsel liegt natürlich ein Risiko, aber vor allem die Chance, dass die

„Hidden Champions" weiterhin unternehmerisch mit langfristiger Perspektive geführt werden – ähnlich wie die GAFA-Konzerne.

Vorteile von US-Startups gegenüber deutschen Gründungen

Wenn man über Start-up Unternehmen spricht, denken viele zuerst an das Silicon Valley, Palo Alto, die Stanford University und so erfolgreiche Unternehmen wie die eben genannten GAFAs oder Uber und Airbnb. Warum kommen diese erfolgreichen Unternehmen nicht aus Europa, aus Deutschland? Fehlen uns die Voraussetzungen?

v. Frankenberg: In den letzten 12 Jahren hat die deutsche Start-up Szene erheblich aufgeholt. Es ist ein regelrechter Gründungsboom ausgebrochen und aus einer großen Anzahl von Gründungen sind auch sehr nennenswerte Erfolge entstanden. Aus dem Rocket-Umfeld sind mit Zalando, Rocket selber und Delivery Hero immerhin 3-Milliarden-IPOs entstanden. In Deutschland gibt es eine sehr beachtliche Anzahl von Exits im 3- oder 2-stelligen Millionenbereich. Aber in der Tat sind die ganz großen Erfolge im 3-stelligen Milliardenbereich noch ausgeblieben. Neue Weltmarktführer kommen nicht aus Deutschland. Das hat vielfältige Gründe: In dem sehr homogenen und großen US-Markt kann ein Start-up sehr viel schneller wachsen und größer werden als in Deutschland oder Europa. Dafür steht in den USA sehr viel mehr vor allem lokales Kapital zur Verfügung. Wir trauen uns noch zu wenig, ganz groß zu denken und sind mit – durchaus beachtlichen – Erfolgen im 2-stelligen Millionenbereich zufrieden. Der Markt für Tech IPOs ist in Deutschland sehr viel schwieriger als anderswo und wir tendieren eher zu B2B-Modellen, die langsamer skalieren und weniger dominant werden als B2C-Modelle in Winner-takes-it-all-Märkten. In Deutschland beobachten wir auf allen Ebenen – Konsumenten, Unternehmen, aber auch in der Politik und bei der Regulierung – viel weniger Innovationsbereitschaft als insbesondere in den anglo-amerikanischen Ländern. Ein Beispiel: In allen europäischen Ländern gibt es Geldautomaten, an denen man mit Bitcoin Bargeld abheben kann – nur in Deutschland gibt es keinen.

In der Start-up-Szene spricht man von einer Erfolgsquote, die kleiner als 10 % ist. Wie hoch ist die Erfolgsquote der von Ihnen unterstützten Start-ups?

v. Frankenberg: Erfolgsquoten werden sehr unterschiedlich interpretiert. Für die einen ist es ein Misserfolg, wenn sie ihr investiertes Geld wiederbekommen, anstatt es mindestens zu verdreifachen. Außerdem hängt Erfolg sehr von dem zugrundeliegenden Zeitraum ab: Innerhalb eines Jahres scheitert praktisch kein Start-up, über 100 Jahre scheitern fast alle Unternehmen. Wir haben jetzt fast 500 Unternehmen finanziert und gut 130 sind gescheitert. Letztlich erwarten wir, dass langfristig rund die Hälfte nicht wirklich erfolgreich sein wird, d.h. wir unser Geld verlieren. Es gibt aber auch Beispiele von Unternehmen, die eigenständig gescheitert sind, dann übernommen werden und sich als Teil einer größeren Einheit sehr positiv entwickeln.

Erfolgsfaktoren der Start-ups

Was sind bei der Gründung die wesentlichen Faktoren, die zum Erfolg der neuen Unternehmen führen?

v. Frankenberg: Natürlich braucht man ein sehr gutes Fundament, auf dem man ein junges Unternehmen aufbauen kann. Dazu gehören vor allem das Team, eine solide Technologie oder neues Geschäftsmodell, mit denen man ein bisher ungelöstes Problem sehr gut lösen kann, sowie ein Geschäftskonzept, das die Möglichkeit eröffnet, nachhaltig Geld zu verdienen. Entscheidend sind aber 2 Dinge: Die Richtung grundlegend ändern zu können, wenn man merkt, dass es nicht funktioniert und die Fähigkeit, gleichzeitig Gas zu geben und zu bremsen. Hinter Letzterem steckt die Erkenntnis, dass es meist länger dauert als erwartet, grundlegende neue Produkte erfolgreich zu etablieren. Das bedeutet, dass Umsätze sich verzögern, und wer in dieser Phase zu hohe Kosten hat, dem kann schnell das Geld ausgehen. Das bedeutet, man muss einerseits bremsen, bis man den Punkt spürt, an dem ein Produkt wirklich den Nerv des Marktes getroffen hat, und danach natürlich Vollgas geben. Die Kunst liegt darin, diesen Punkt schnell genug, d.h. vor den anderen zu erreichen.

Woran erkennen Sie beim Lesen eines Businessplans, ob dieser Erfolg verspricht oder nicht?

v. Frankenberg: Den Erfolg erkennt man erst, wenn man mit den Gründern gesprochen hat. Am Businessplan erkennt man eher den Misserfolg. So reflektiert z.B. eine völlig unrealistische Umsatz- oder Kostenplanung, die sich in sehr hohen EBIT-Margen äußert, ein unausgegorenes Konzept, das so nicht funktionieren wird. Außerdem ist es kritisch, wenn ein technologieverliebtes Konzept mit hoher Detailtiefe auf der Technologie- oder Produktseite vorgestellt wird, aber nur ein paar kurze Sätze zum Markt und zum Vertrieb geäußert werden. Zumindest fehlt dann im Gründerteam die Vertriebskompetenz. Denn es gibt praktisch nichts, was sich von alleine verkauft – man muss die Kunden aktiv finden und überzeugen. Entscheidend sind die Kompetenzen, der Erfolgswille, das Durchhaltevermögen und die Flexibilität der Gründer. Das erkennt man nur ansatzweise am Businessplan.

Start-ups haben es oft mit jungen bzw. noch nicht vorhandenen Märkten zu tun und müssen erst ein funktionierendes, skalierbares Geschäftsmodell finden. Was ist dabei besonders zu beachten?

v. Frankenberg: Zunächst einmal muss klar sein, dass ein Unternehmen nur dann überleben kann, wenn es – zumindest langfristig – Geld verdient. Natürlich gibt es Fälle, bei denen für sehr hohe Beträge Unternehmen ohne Umsätze mit sehr hohen Verlusten übernommen werden. Aber das sind die absoluten Ausnahmen. In vielen Fällen sind nicht-profitable Unternehmen unverkäuflich oder nur zu sehr niedrigen Preisen an den Mann zu bringen. Es macht viel Sinn, einen guten Blick auf die verschiedenen Stufen der Deckungsbeitragsrechnung zu werfen. Die Rohmarge oder der DB I, also die Differenz zwischen dem Verkaufserlös und den direkten Produktkosten, muss groß genug sein, um alle anderen Kosten des Unternehmens zu decken. Vor allem die Vertriebskosten werden oft erheblich unterschätzt, aber auch die allgemeinen Kosten des Unternehmens. Bspw. steigt der sog. Overhead mit wachsendem Personalbestand erheblich. Dinge, die bisher nebenher gemacht wurden, brauchen irgendwann eine eigene Abteilung, z.B. Personal. Das bedeutet, man braucht auch in jungen Unternehmen relativ bald einen erfahrenen Finanzexperten oder Controller, der genau darauf achtet, wie sich das Unternehmen wirtschaftlich schlägt und den Gründern sehr klaren Input gibt. Das ist eine wichtige, aber schwierige Rolle. Denn dem visionären Gründer, der die Welt verändern will, kommt der zahlenorientierte Controller wie ein Spielverderber vor. Für den Controller dagegen sind viele Gründer Hasardeure. Die Kunst ist, beide Rollen unter einen Hut zu bringen.

Der Beitrag des Controllers für ein erfolgreiches Geschäftsmodell und seiner Realisierung

Wie kann ein Controller bei der Erstellung eines Businessplans bzw. bei der Entwicklung des Geschäftsmodells, der Strategie behilflich sein?

v. Frankenberg: Ein Controller muss zunächst die schlimmsten Dinge verhindern. Z.B. sehen wir regelmäßig EBIT-Margen von 70 % und mehr. Das ist natürlich fast immer Unsinn. Entweder sind die Preise falsch geplant oder ganze Kostenblöcke vergessen worden, meistens beides. Gerade wenn Start-ups wachsen, entstehen Kosten, die man sich am Anfang kaum vorstellen kann. Controller sollten idealerweise mit den Verantwortlichen gemeinsam wichtige Key Performance Indikators (KPIs) erarbeiten, wie z.B. Sales Cycles, Marktgröße und -wachstumsmöglichkeiten, Marktanteile, die zu möglichen Absätzen führen, typische Vertriebsleistungen, aus denen sich die Kosten und Leistungsfähigkeit unterschiedlicher Vertriebskanäle einschätzen lassen etc. und können so dafür sorgen, dass die Zahlen mit Inhalten unterfüttert sind.

Die Controller sollen den Rahmen für den Businessplan vorgeben: Das Geschäftsmodell soll beschrieben sein, das Differenzierungsmerkmal soll herausgearbeitet werden, natürlich soll eine Kunden- und Marktanalyse vorgenommen werden, die Wettbewerbssituation ist darzustellen und infolge ist abzuleiten, welche Voraussetzungen im eigenen Unternehmen nötig sind, um Erfolg haben zu können. Wenn der Controller als interner Sparringspartner zur Verfügung steht, kann dadurch erreicht werden, dass auch viel inhaltlicher Input in die Erstellung eines Businessplans fließt, der eine durchgehende Betrachtung vom Markt bis zum Discounted Cashflow erlaubt. Die Kunst ist dabei, einerseits das junge Start-up auf den Boden der Tatsachen zu holen und es gleichzeitig nicht zu fesseln und damit am Abheben zu hindern. Vollkommen neue Geschäfte lassen sich schlecht planen, weil sie eben neu sind und man nur begrenzt auf alte Erfahrungen aufbauen kann.

In welchen und wie vielen Unternehmen sehen Sie heute den Controller in einer solch unterstützenden Rolle? Welche Eigenschaften muss der Controller mitbringen bzw. welche Umfeldvoraussetzungen unterstützen dabei?

v. Frankenberg: Spätestens mit der ersten Finanzierungsrunde braucht man ein grundlegendes Finanzgerüst. Nach der Finanzierungsrunde wird die tatsächliche Performance am Plan gemessen. Es ist klar und letztlich auch in Ordnung, wenn die Performance (erheblich) von der Planung abweicht. Z.B. betrachten wir in der Startphase eines Unternehmens eine Umsatzverfehlung von bis zu 30 % als normal. Wichtig ist, und hier kommt der Controller ins Spiel, dass man daraus lernt und die weitere Planung deutlich verbessert. Ausgehend von einer Analyse, geben Controller wesentlichen Input in die Entwicklung geeigneter Maßnahmen bzw. einer realistischeren Planung. Auch hierbei kann es wieder zu Konflikten zwischen dem Controller und den Gründern sowie Investoren kommen. Denn die realistische, vielleicht ein wenig konservative Planung des Controllers ist wahrscheinlich nicht die Planung, die sich der Unternehmer bzw. die Investoren vorstellen. Das bedeutet, wir brauchen hier Konfliktfähigkeit, aber auch eine unternehmerische Komponente beim Controller, die beides verbindet, eine realistische Planung mit der Vision, ein Unternehmen mit neuen Technologien, evtl. sogar in neuen Märkten, aufzubauen. Die Kombination von Unternehmertum und soliden Finanzen ist mitunter nicht einfach, kann dem Controller aber eine ganz neue Herausforderung und Perspektive geben.

Gibt es aus Ihrer Praxis heraus Empfehlungen und Tipps, die Sie den Controllern für die Unterstützung der Gründer mit auf den Weg geben können?

v. Frankenberg: Letztlich ist die Zukunft ungewiss, wir wissen nicht, was in der nächsten Sekunde passieren wird. Im Gründungsumfeld müssen Controller sich auf Neues und Unbekanntes einlassen können. Dabei können sie einen erheblichen Mehrwert stiften, wenn sie Gründer auf den Boden der Tatsachen holen und so dazu beitragen, ein Unternehmen auch wirtschaftlich erfolgreich aufzubauen. Die Bereitschaft, Konflikte einzugehen und konstruktiv zu lösen ist dabei entscheidend. Ein großer Fehler wäre es, zu sehr in die Vergangenheit zu blicken. Mit dem Satz „Das hat ja noch nie funktioniert" treibt man die guten Gründer in den Wahnsinn und sich als Controller aus dem Unternehmen. Zukunftsgestaltung benötigt neben den Gründern, Investoren und vielen mehr auch Controller.

Herzlichen Dank, Herr von Frankenberg, dass Sie für dieses Interview zur Verfügung standen. 500 Start-ups zu betreuen ist eine sehr verantwortungsvolle und auch zeitintensive Tätigkeit, umso mehr weiß ich zu schätzen, dass Sie unseren Lesern Ihre Zeit gewidmet haben. Weiterhin viel Erfolg bei der Auswahl und Betreuung der vielen Jungunternehmen, auf dass die Erfolgsquote so hoch bleibe.

Kapitel 2: Grundlagen & Konzepte

Strategieentwicklung: Prozess, Team und Analysefelder als Grundlagen und Erfolgsfaktoren

- Unternehmen müssen sich immer wieder erneuern, Strategieentwicklung muss laufend erfolgen.
- Die Beteiligung der richtigen Führungskräfte an der Strategieentwicklung ist ein wesentlicher Erfolgsfaktor. Know-how-Träger und Meinungsbildner, auch aus der 2. oder 3. Führungsebene, sollen involviert werden.
- Die Bedürfnisse der Kunden bzw. des Markts müssen im Mittelpunkt der Analysen stehen.
- Die Strategieentwicklung soll einem systematischen Prozess folgen. Dieser wird beim ersten Mal als Projekt erarbeitet und dann als Standard regelmäßig wiederholt.
- Zum Abschluss werden 7 Erfolgsfaktoren beschrieben, die bei der Strategieentwicklung berücksichtigt werden sollten.

Inhalt — **Seite**

Der Autor

Dr. Markus Kottbauer, Gründer und Geschäftsführer der Strategie- und Managementberatung aquma GmbH. Seit 2002 ist er Trainer der Controller Akademie, seit 2012 Dozent an der Hochschule für Wirtschaft in Zürich. Von 2013 bis 2016 leitete er den Verlag für ControllingWissen und war Herausgeber des Controller Magazins.

1 Braucht es Strategieentwicklung?

Unternehmen müssen sich immer wieder erneuern

Der durchschnittliche Lebenszyklus von Produkten und Dienstleistungen verkürzt sich ständig, das ist allgemein bekannt und in den Köpfen angekommen. Dass aber auch Unternehmen selbst einem Lebenszyklus unterliegen, ist vielleicht oft nicht so bewusst.

Nach einer Erhebung des US-Ökonomen John Hagel betrug noch 1940 die durchschnittliche Lebenserwartung eines Unternehmens 75 Jahre, heute sind es nur noch 15 Jahre. „Gründe dafür, dass Unternehmen wie Nixdorf, Mannesmann, Kaufhof oder Quelle – allesamt Gründungsmitglieder des Dax 30 – ihre Selbständigkeit verloren haben oder komplett verschwunden sind, gibt es viele. Übernahmen, falsches Geschäftsmodell, Kunden, die sich abwenden. Das gilt auch heute noch. Was sich jedoch gewandelt hat, ist das Tempo, in dem Unternehmen ihre Marktposition verlieren.“[1]

Unternehmen existieren nicht ewig, zumindest nicht mit der gleichen Unternehmensausrichtung. Auch wenn es manche Firmen bzw. manche Produkte schon sehr lange gibt, heißt das nicht, dass diese noch in der gleichen Form existieren könnten wie zum Gründungszeitpunkt. Zwingend braucht es eine laufende Weiterentwicklung. Manche, vor allem kleinere und mittelständische Unternehmen negieren, dass es nicht ewig einfach so weitergeht; sie ignorieren, dass der Markt und die Bedürfnisse der Kunden sich ändern. Um als Unternehmen die Existenzberechtigung nicht zu verlieren, sind der Unternehmenszweck, die Art der Problemlösung, die Produkte und Dienstleistungen, die Bedürfnisveränderung der Zielgruppe etc. immer wieder neu zu hinterfragen. Die existierenden Geschäftsfelder müssen angepasst, manche geschlossen, neueaufgebaut werden.

Es ist also unbestritten, dass Unternehmen immer wieder ihre Strategie neu ausrichten, überarbeiten müssen. Wird das auch gemacht? In Gesprächen mit Führungskräften in meinen Seminaren oder in den Strategieentwicklungsprojekten erfahre ich immer wieder das Gleiche: Das Management macht sich sehr wohl konkrete Gedanken darüber, wohin das Unternehmen steuern soll, und entwickelt Strategien. Nur ist es leider oft so, dass

- nicht alle maßgeblich Beteiligten an einem Strang ziehen oder
- das Management zwar überlegt, aber die Strategien nicht finalisiert und keine endgültigen Entscheidungen trifft oder
- die Strategie nur sehr zögerlich umgesetzt wird und bevor sich eine Wirkung einstellt, wird die Richtung bereits wieder geändert.

Was also benötigt wird, ist eine systematische und gründliche Strategieentwicklung und Strategieumsetzung.

---

[1] Vgl. Abolhassan, 2015.

2 Leitbild und Vision als Grundlage

Zu Beginn einer Strategieentwicklung ist es ratsam, sich bewusst zu machen, was das Leitbild und das Leitziel sind. Existierende Unternehmen bzw. Organisationen haben immer ein Leitbild bzw. das, was Bestandteil eines Leitbilds sein soll. Möglicherweise ist es nicht ausformuliert und liegt nicht schriftlich vor, dann existiert es zumindest in den Köpfen.

In einem Leitbild sollen folgende Fragen geklärt werden:

- Was ist der Unternehmenszweck – die Mission?
- Wem gehört das Unternehmen, wer sind und wer sollen die Eigentümer sein?
- Welche Zielgruppe wird bedient, welche nicht?
- Welche Kultur und welche Werte werden gelebt, wie geht man innerhalb des Unternehmens miteinander um und wie mit den weiteren Stakeholdern?

Leitbild soll Orientierung geben

Nach innen soll das Leitbild Orientierung geben, es soll Klarheit schaffen, wofür man als Unternehmen steht, welche Werte und Prinzipien man verfolgt, es soll eine Corporate Identity bilden, eine Gemeinschaft und Zusammengehörigkeit symbolisieren und Motivation ermöglichen. Bei einer Unternehmensgründung können die Werte vorerst durch den Eigentümer vorgelebt und an die ersten Mitarbeiter direkt vermittelt werden. Vermutlich werden nur diejenigen eingestellt, die in das Wertebild der Organisation passen. Wird ein Unternehmen größer, ist es sinnvoll, sich diese Werte durch ein gemeinsames Erarbeiten zu verdeutlichen und auch niederzuschreiben.

Nach außen soll das Leitbild einen positiven Imageeffekt erzeugen. Kunden, potenzielle neue Mitarbeiter, Lieferanten, die Öffentlichkeit, letztlich alle Stakeholder sollen über das, wofür das Unternehmen steht, informiert werden.

Zu einem Leitbild gehört auch ein Leitziel. Das Leitziel bzw. die Vision formuliert, was ein Unternehmen langfristig erreichen will. Die Vision muss kein mit einer Kennzahl versehenes, konkret formuliertes Ziel sein, es sollte aber so konkret sein, dass man merkt, wenn man es erreicht hat. Für das Leitziel sollen folgende Fragen geklärt werden:

- Was wollen wir als Firma, als Organisation erreichen?
- Wo wollen wir in 5, in 10, in 20 Jahren stehen?

Vision soll die Strategien ausrichten

Das Leitbild mit dem Leitziel bildet das Fundament für den Unternehmenserfolg. Ein Leitbild zu haben reicht allerdings nicht aus. Nur wenn es bekannt ist und gelebt, vor allem auch vorgelebt wird, kann es zum Unternehmenserfolg führen. Mit dem Leitbild und Leitziel im

Einklang stehende strategische Ziele und Strategien bzw. Teilstrategien müssen gefunden werden. Aus diesen wiederum lassen sich im nächsten Schritt die operativen Ziele und Maßnahmen ableiten (s. Abb. 1).

Die Strategie beschreibt, welchen Weg das Unternehmen gehen muss, um Vision und Mission zu erfüllen. Das Leitbild und das Leitziel bilden somit das Fundament für die Strategieentwicklung, für die Ableitung der strategischen Ziele, die wiederum die Basis für die operative Umsetzung sind.

Abb. 1: Die Vision und das Leitbild bilden die Grundlage für die Strategie und die strategischen Ziele, aus denen sich die operativen Ziele, Maßnahmen und Projekte ableiten

Wenn ein Unternehmen in Veränderung ist, wenn neue Strategien gefunden werden, die nicht direkt aus der Vision abgeleitet werden, dann ist zu überprüfen, ob diese Strategien zum bestehenden Leitbild bzw. zur Vision passen. Natürlich kann es sein, dass dies nicht der Fall ist. Dann ist im Eigentümerkreis und im Management zu klären, ob man diese

Manchmal muss ein Leitbild an die neuen Strategien angepasst werden tatsächlich weiterverfolgen möchte. Wenn ja, ist das Leitbild, vielleicht auch der Unternehmenszweck, anzupassen, vielleicht auch die Vision. Ein Leitbild soll sowohl innerhalb des Unternehmens als auch den externen Stakeholdern (den Kunden, den Lieferanten, der Öffentlichkeit etc.) Orientierung geben und Vertrauen schaffen. Verändert man dieses regelmäßig, ist es schwierig, Vertrauen und echte Orientierung zu ermöglichen. Es sollte also nicht laufend verändert werden. Nichtsdestotrotz muss immer wieder die Daseinsberechtigung in der bestehenden Form hinterfragt werden, wenn z. B. eine Anpassung an neue Bedürfnisse der Kunden und des Markts nötig sind, wenn Zielgruppen wegbrechen, wenn sich Produkte oder Dienstleistungen erübrigen etc.

3 Harmonischer Dreiklang zur erfolgreichen Strategieentwicklung

Um für ein Unternehmen erfolgreich eine Strategie entwickeln und implementieren zu können, werden folgende Komponenten benötigt (s. Abb. 2):[2]

1. Ein Strategieteam mit den richtigen Fähigkeiten.
2. Die richtigen Werkzeuge zur Strategiefindung.
3. Eine effiziente und effektive Vorgehensweise.

Nach meiner Erfahrung hängt der Erfolg einer Strategie im Unternehmen vor allem an den mitwirkenden Menschen. Deshalb möchte ich mich in diesem Beitrag zuerst der Auswahl der Mitglieder des Strategieteams widmen.

Ist das Unternehmen erst in der Entstehung, reden wir also von einem Start-up, dann ist es natürlich der Gründer bzw. das Gründerteam, das die Strategie zu erarbeiten hat. Für ein bestehendes Unternehmen, eine bestehende Organisation gilt: Je mehr an der Strategieentwicklung beteiligt sind, desto breitere Akzeptanz kann erreicht werden. Die Menschen wollen immer lieber das umsetzen, was sie selbst (mit)entwickelt, (mit)entschieden haben. Dabei geht es nicht nur darum, dass man hinter der eigenen Entscheidung leichter stehen kann, sondern auch darum, dass man den Prozess der Meinungsbildung miterlebt und so seine Meinung festigen kann.

Strategieteam als Erfolgsfaktor

Auch aus fachlicher Sicht kann es sinnvoll sein, das Team größer zu halten, denn es sind eine Reihe von Analysen erforderlich. Ein breites Wissen und viele unterschiedliche Erfahrungen sind dabei sehr hilfreich. Aus Projektsicht gilt jedoch, dass ein Projekt umso aufwendiger und

[2] Kottbauer, 2016.

schwieriger zu managen ist, je größer das Team ist. Positiv formuliert kann man sagen, dass ein kleines, schlankes Projektteam effizienter ist.

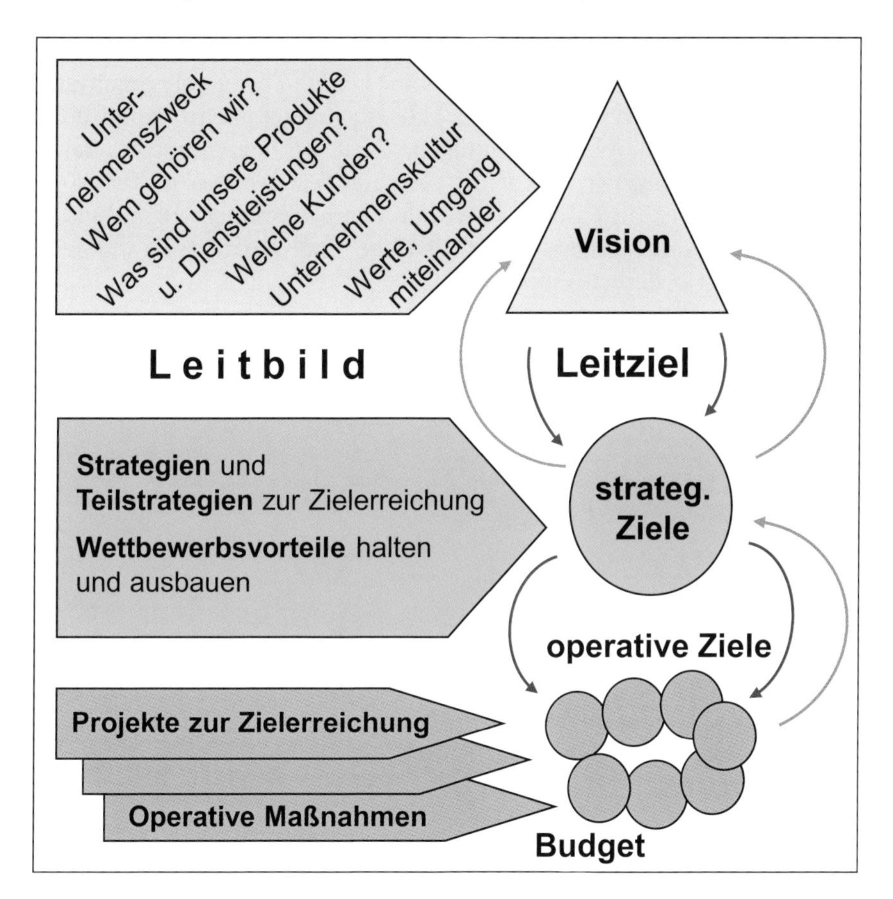

Abb. 2: Erfolgreiche Strategiefindung und -umsetzung benötigen das harmonische Zusammenspiel von richtig eingesetzten Strategiewerkzeugen, richtig ausgewählten und befähigten Beteiligten und passendem Prozess

Meinungsbildner bewusst integrieren

Wenn Mitarbeiter aus verschiedenen für das Unternehmen wichtigen Bereichen in den Strategieprozess mit eingebunden werden (z. B. Vertrieb, Marketing, Produktion, Einkauf, Entwicklung, Controlling etc.) und auch hierarchisch durchmischt wird, ist gewährleistet, dass sowohl die relevanten „Fähigkeiten" und Informationen als auch die Verantwortlichen und diejenigen, die nahe am operativen Geschäft sind, im Zugriff sind. Durch den gemeinsam durchlaufenen Strategieentwicklungsprozess können die Strategien und Zielvorstellungen an den „Leitplanken des Leitbilds" ausgerichtet werden; idealerweise wird am Ende an einem Strang gezogen (s. Abb. 3). Sofern möglich, sollten Führungskräfte und Mitarbeiter eingebunden werden, die sich freiwillig für die Erarbeitung der Strategie zur Verfügung stellen. Um nach der Strategieentwicklung eine breite Zustimmung im Unternehmen zu erreichen, sollten bewusst sog. „Meinungsbildner" im Team integriert sein. Wie groß das Strategieteam nun tatsächlich gewählt wird, hängt auch vom Umfang der Analysen ab und wie lange man sich Zeit nehmen möchte (in Kapitel 5 wird darauf noch näher eingegangen). Werden gründliche Analysen vorgenommen, bevor man sich auf Strategien festlegt, ist ein paralleles Arbeiten in Teams zu empfehlen. Bevor intensiver über die Teamzusammensetzung nachgedacht wird, sollte geklärt werden, welche Analysen für die Strategieentwicklung erforderlich sind.

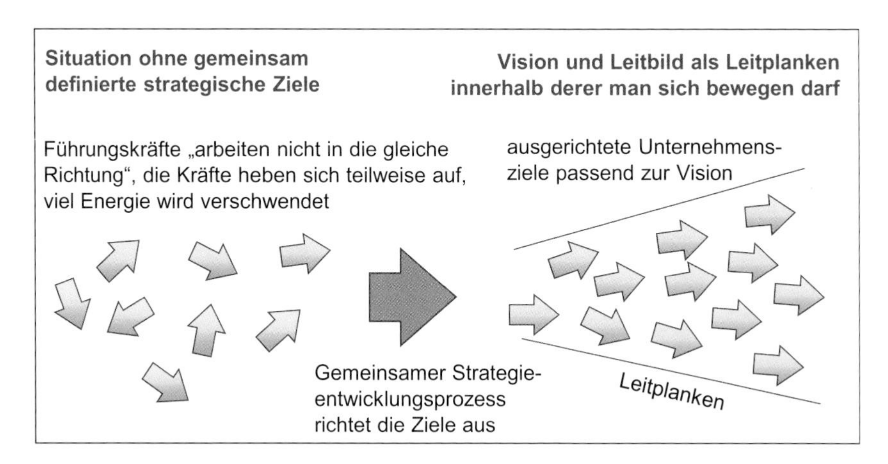

Abb. 3: Durch die Beteiligung der richtigen Personen am Strategieentwicklungsprozess können die Zielvorstellungen der Beteiligten an den gemeinsamen Leitplanken ausgerichtet werden

4 Welche Analysen werden benötigt?

Ein häufig zu beobachtender Fehler ist, dass die strategische Planung aus der Innensicht des Unternehmens heraus angegangen wird und evtl. aus der Not heraus eine Veränderung vorgenommen werden muss. Diese Sichtweise schränkt ein. Das „Strategische Dreieck" von Ohmae (1982) zeigt die nötigen Analysegebiete (s. Abb. 4). Dazu gehört auch die Analyse des Unternehmens (also die Innensicht) mit seinen Stärken und Schwächen. Im Zentrum der Betrachtung sollte aber immer der Kunde bzw. der Markt mit den Bedürfnissen stehen.

4.1 Bedürfnisse der Kunden bilden die Grundlage

Produkte auf Bedürfnisse abstimmen

Es muss verstanden werden, was das Bedürfnis der Kunden ist, wie sich das Bedürfnis der Zielgruppen verändert, wohin es sich entwickelt, Trends sollen frühzeitig wahrgenommen oder vielleicht sogar selbst gesetzt werden. Um Bedürfnisse spezifisch ermitteln zu können, ist eine Gliederung in Zielsegmente vorzunehmen. Z.B. wäre ein Auto für alle sehr unspezifisch. Entwickelt man aber ein Auto für eine ganz bestimmte Zielgruppe, können auch spezifische Bedürfnisse erfüllt werden. Ein Landwirt oder ein Handwerker hat andere Anforderungen an ein Auto als ein Familienvater mit 4 Kindern oder ein Yuppie (Young urban professional). Um später die relevanten Zielgruppen auswählen zu können, sind die Größe und die Dynamik des Segments (Wachstum, Stagnation, Schrumpfung, verändert sich die Zielgruppe?) zu ermitteln. Die Einflüsse eines sich verändernden Markts bzw. eines Zielsegments sollten rechtzeitig erkannt und berücksichtigt werden. Herauszufinden ist, welche Möglichkeiten, welche Chancen die betrachteten Segmente bieten.

4.2 Wettbewerbs- und Umfeldanalyse

Was kann man vom Wettbewerber lernen?

Der 2. Blick gilt den Marktbegleitern, den Wettbewerbern, der Konkurrenz. Wie gut sind diese bei der Befriedigung der Bedürfnisse der Kunden, wie schätzen wir deren Fähigkeiten und Möglichkeiten ein und wie werden sich diese wohl entwickeln? Welche neuen Wettbewerber könnten in den Markt eindringen, können diese gefährlich werden? Welche Stärken haben sie und auch welche Schwächen? Was können wir von ihnen lernen? Bei der Bedienung welcher Zielgruppen haben wir Vorteile gegenüber den Wettbewerbern? Bei der Strategiefindung sollen natürlich jene Strategien ausgewählt werden, bei denen das eigene Unternehmen im Vergleich zu den relevanten Wettbewerbern einen sog. Wettbewerbsvorteil hat oder haben kann.

PESTEL beschreibt die Umfeldanalyse

Das aus den 1980er-Jahren stammende klassische Strategische Dreieck von Ohmae wurde in Abb. 4 um heute wichtige Umfeldanalysen ergänzt.[3] Die zu betrachtenden Felder können mit dem Merkwort PEST(EL) beschrieben werden. P steht dabei für die politischen Einflüsse und die daraus resultierenden Sicherheiten bzw. Unsicherheiten. Man denkt da schnell an Länder wie China, Russland oder afrikanische Länder, wo wir schwer vorhersagbare politische Einflüsse zumeist schon erwarten. Soweit braucht der Blick dabei aber nicht zu schweifen. Wie wir im Jahr 2016 erleben mussten, können auch bisher sehr zuverlässige Partner wie die USA mit einem neuen Präsidenten ganz schnell zu einem großen Unsicherheitsfaktor werden.

[3] Vgl. Kottbauer, 2011, S. 11.

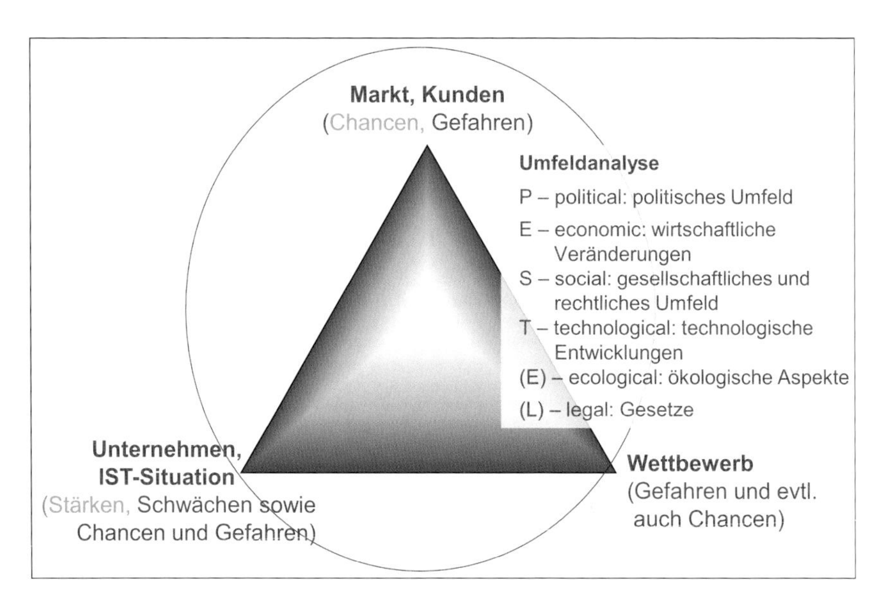

Abb. 4: Das Strategische Dreieck von Ohmae, ergänzt um die Umfeldanalyse PEST(EL), zeigt die zur Findung der passenden Strategie nötigen Analysefelder

Einfluss der Öffentlichkeit ist mit Facebook gewachsen

Das E steht für Economic und soll den Einfluss der allgemeinen wirtschaftlichen Entwicklung berücksichtigen. Manche Branchen wie Automotive, beeinflusst z.B. eine Konjunkturschwäche sehr stark, andere Branchen wie Nahrungsmittelhersteller wieder weniger. Der Einfluss der Gesellschaft bzw. der Öffentlichkeit wird mit dem S (Social) berücksichtigt. Das Interesse der Bürger an fairem Unternehmertum ist wieder mehr präsent, Compliance ist durch Anlässe wie dem Dieselskandal bei VW oder etliche Skandale bei der Deutschen Bank oder bei Siemens zu einem relevanten Thema geworden. Zusätzlich hat sich durch neue Medien (z.B. durch Facebook, Kundenbewertungen bei Online-Händlern), aber auch durch Organisationen wie Konsumentenschutz, Fairtrade etc. die Macht und somit die Beeinflussungsmöglichkeit dieser Stakeholder-Gruppe erhöht.

Digitalisierung verursacht disruptive Veränderungen

Der Einfluss von technologischen Entwicklungen (T) wird in den Unternehmen am ehesten bedacht und trotzdem immer noch sehr unterschätzt. Gerade durch die Digitalisierung erleben wir im Moment häufig sog. disruptive Veränderungen. Dabei werden existierende traditionelle Geschäftsmodelle, Produkte, Technologien oder Dienstleistungen abgelöst und teilweise vollständig verdrängt. Derartige disruptive Veränderungen sind deswegen für etablierte Unternehmen extrem gefährlich, weil diese sehr schnell wirken und auch fatal sein können. Z.B. hat die digitale Fotografie die analoge Welt und alles, was dazugehört, nahezu vollständig verdrängt. Traditionelle Unternehmen wie AGFA oder Kodak haben sich nicht rechtzeitig darauf eingestellt und mussten Insolvenz anmelden. Die

Entwicklung ist noch nicht zu Ende. Das klassische Fernsehen wird im Moment durch Dienstleister wie Amazon prime oder Netflix abgelöst.

Das (E) steht für Ecological. Damit sind ökologische Aspekte gemeint. Zu überdenken ist, welche umweltbedingten Einflüsse berücksichtigt werden sollten, egal ob es um die Rohstoffversorgung, um den Produktionsprozess, die Logistik oder um das Image geht. Das L (Legal) steht für den Einfluss der Gesetzgebung. Dies können sowohl staatliche als auch z.B. EU-Regularien sein (z.B. überraschende Kürzung von Solarförderung, Verschrottungsprämie, Dieselverbot, Prämie für Elektroautos etc.).

4.3 Unternehmensanalyse

Erst im letzten Schritt bzw. parallel sollte man sich der internen Unternehmensanalyse widmen. In Abb. 5 sehen Sie relevante Analysefelder und Fragestellungen zur Situation im Unternehmen. Eine zentrale Frage ist natürlich immer, wie gut man für die Zukunft gerüstet ist? Welche Produkte und Dienstleistungen hat man gegenwärtig im Sortiment, wo stehen diese im Lebenszyklus und wie sieht der Ergebnisbeitrag (Deckungsbeitrag) aus? Wie sieht die Finanzsituation aus, welchen Spielraum hat das Unternehmen?

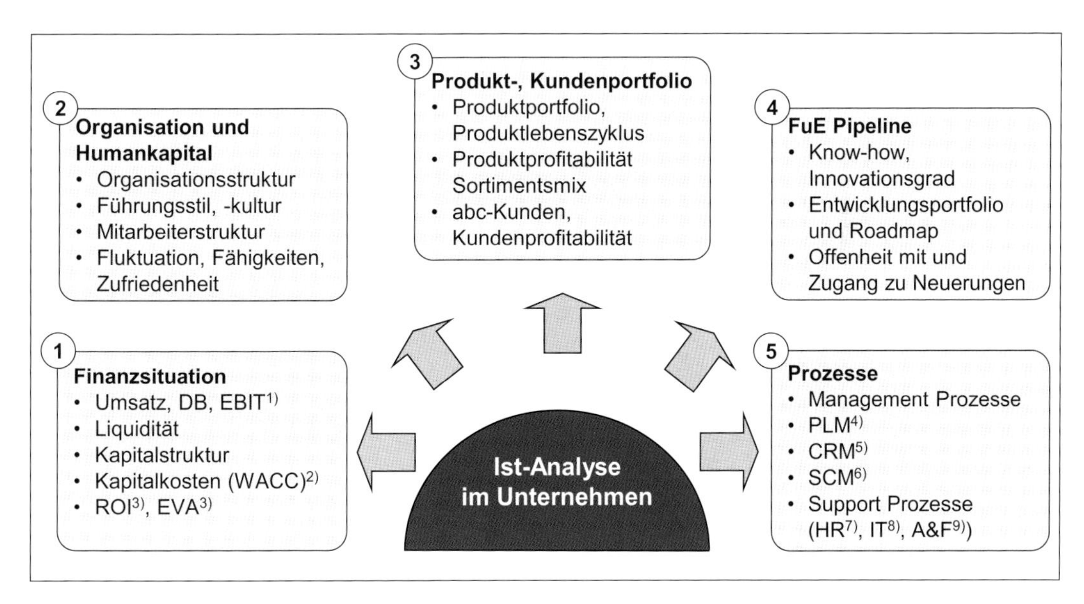

Abb. 5: Innerhalb des Unternehmens müssen entlang der gesamten Wertschöpfungskette die Voraussetzungen und Fähigkeiten analysiert sowie Stärken und Schwächen dargestellt werden

Legende zu Abb. 5:

1) EBIT = Earnings Before Interest and Taxes

2) WACC = Weighted Average Cost of Capital

3) ROI = Return on Investment, EVA(TM) = Economic Value Added

4) PLM = Product Lifecycle Management

5) CRM = Customer Relationship Management

6) SCM = Supply Chain Management

7) HR = Human Resources

8) IT = Information Technology

9) A&F = Accounting & Finance

Fähigkeiten sind zu analysieren

Herauszufinden gilt es, welche Fähigkeiten im Unternehmen benötigt werden, um die attraktiven Zielgruppen möglichst besser als der Wettbewerber bedienen zu können. Es muss analysiert werden, wie gut man momentan darin ist, und was zu tun ist, um zukünftig besser zu sein, um den zukünftigen Entwicklungen gerecht werden zu können – dies entlang der gesamten Wertschöpfungskette. Stärken und Schwächen des Unternehmens sollen transparent gemacht werden. Potenziale der Weiterentwicklung sollen aufgezeigt werden.

5 Strategieteam

Kernteam soll 4-6 Personen umfassen

Wird in einem Unternehmen erstmals ein ausführlicher Strategieentwicklungsprozess durchlaufen, empfiehlt es sich, dafür ein Projekt aufzusetzen. Die Analyseteams (s. Abb. 6) können in Teilprojekten organisiert sein. Wenn z.B. in einem Workshop 3 Teams (1. Markt/Kunde, 2. Wettbewerb/Umfeld und 3. Unternehmensanalyse) parallel arbeiten wollen, dann wären bei einer Mindestteamgröße von 3 Personen mindestens 3 × 3 = 9 Personen im Workshop nötig. Bei 4-6 Personen je Team würde man Idealgröße haben (12-18 Personen). Das 4. Team zur Ausarbeitung der Optionen kann aus Mitgliedern der ersten 3 Teams zusammengesetzt sein. Workshops sind auch mit viel größeren Teams möglich (Großgruppenintervention), nach oben hin ist die Anzahl an involvierten Mitarbeitern theoretisch offen. Empfehlenswert ist allerdings, dass das Kernteam (4-6 Personen) nicht zu groß gehalten wird. Nicht alle Personen, die an einem Strategieworkshop teilnehmen, müssen auch dem Projektteam angehören. Nichtsdestotrotz können für bestimmte Fragestellungen bei den Analysen auch z.T. sehr viele Mitarbeiter einbezogen werden. In einem familiengeführten Unternehmen aus der Nahrungsmittelbranche mit ca. 2.500 Mitarbeitern haben wir im Zuge der Strategieentwicklung z.B. an 80

Führungskräfte einen Fragebogen mit Fragen aus den unterschiedlichen Analysefeldern verschickt. Natürlich wiederholen sich die Antworten sehr oft. Vermutlich wäre die gleiche Erkenntnis schon mit 25 Interviewten möglich gewesen, jedoch hätte keine so große Bereitschaft bei der Umsetzung der abgeleiteten Strategien erreicht werden können.

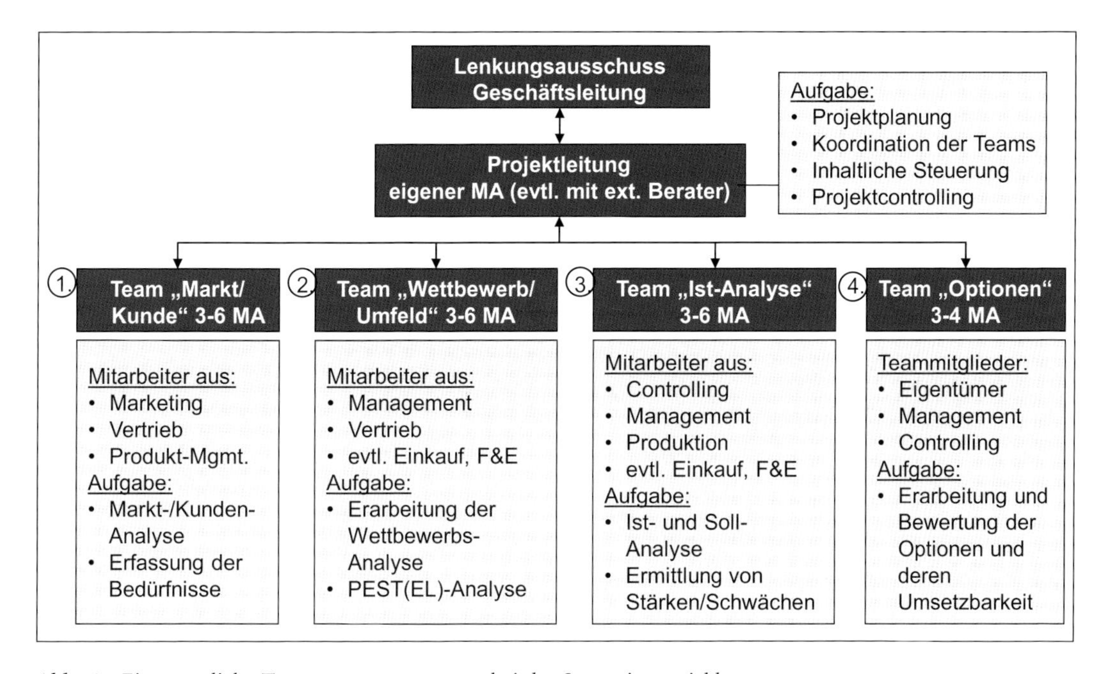

Abb. 6: Eine mögliche Teamzusammensetzung bei der Strategieentwicklung

6 Strategieentwicklungsprozess

Werden die beschriebenen Analysen nicht regelmäßig, sondern erstmals systematisch in Form eines Projekts durchgeführt, könnte der Ablauf wie in Abb. 7 dargestellt erfolgen.

Beim Kick-off-Meeting soll das gesamte Team anwesend sein

Den Auftakt des erstmaligen Durchlaufens des Prozesses bildet ein Vorbereitungsmeeting zum gegenseitigen Kennenlernen, zur Besprechung der Vorgehensweise und vor allem zur Absteckung der Zielsetzung. Von vornherein soll klargestellt sein, dass am Ende Entscheidungen zu treffen sind, die gemeinsam im Team erarbeitet werden. Dazu ist eine offene Kultur nötig. Die beteiligten Mitarbeiter sollen, ja müssen sogar, offen aussprechen (dürfen), was jeweils ihre Gedanken, Sorgen, Vorstellungen bzw. Einschätzungen sind. Das Kick-off-Meeting ist der offizielle Startschuss im Unternehmen. Das gesamte Team soll daran teilnehmen.

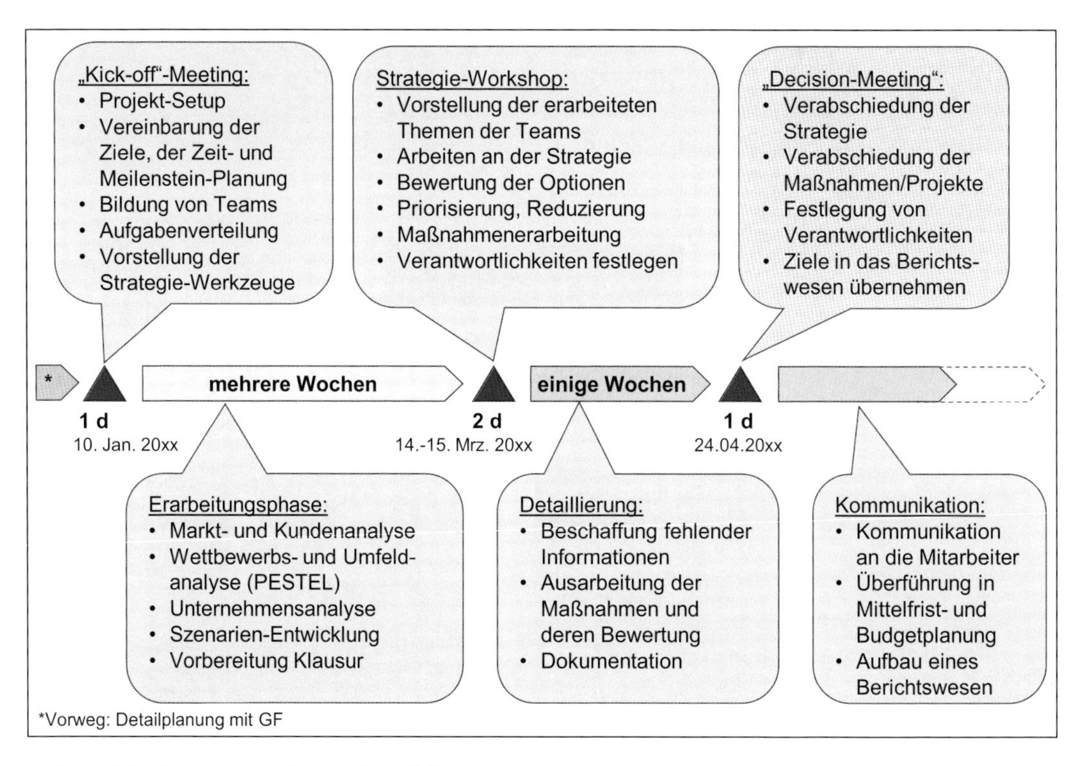

Abb. 7: Die Strategieentwicklung als Projekt

Im Kick-off-Meeting wird den Teammitgliedern die Vorgehensweise dargestellt und gleichzeitig können die wichtigsten Strategieinstrumente erläutert werden. Nach dem Kick-off-Meeting sollen die Fragestellungen aus

a) der Markt- und Kundenanalyse,

b) der Wettbewerbs- und Umfeldanalyse und

c) der Unternehmensanalyse

beantwortet sein. Das klingt sehr arbeitsintensiv– und das ist es auch, wenn dies gründlich und vollständig passiert (s. Abb. 8).

Strategieentwicklung beginnt niemals bei null

Kann bzw. will man nur wenig Zeit investieren, kann man die einzelnen in Abb. 8 genannten Punkte mit dem bereits vorhandenen Wissen abarbeiten. Meine Erfahrung aus Projekten in ganz unterschiedlichen Unternehmen ist, dass oft schon viele dieser Fragestellungen in der Vergangenheit bearbeitet wurden und die Informationen dazu mit relativ wenig Aufwand aktualisiert und zur Verfügung gestellt werden können.

Markt- und Kundenanalyse	Wettbewerbs- und Umfeldanalyse	Ist-Analyse im Unternehmen	Ableitung und Bewertung Optionsraum
• Analyse der bestehenden Märkte und Kunden • Segmentierung der Kunden u. Märkte nach Bedürfnis und Relevanz • Ermittlung der Marktgrößen, des Wachstumspotenzials u. der eigenen Anteile • Identifikation von potenziellen neuen Zielgruppen • Analyse der Kundenbedürfnisse, deren Veränderung und Trends	• Identifikation der Wettbewerber und Analyse des Wettbewerberprofils • Welche Gefahr droht, was kann gelernt werden? • Identifikation möglicher Substitutionsprodukte und –technologien • Identifikation potenzieller neuer Wettbewerber • Analyse des Umfelds in den PEST(EL)-Feldern	• Ergebnis- und Finanzanalyse • Analyse des Produkt- bzw. Dienstleistungsportfolios und deren Lebenszyklen • Analyse F+E, sowie Produktpipeline • Analyse der Skills, des Führungsstils, der Kommunikation etc. • Analyse der Prozesse und Strukturen • Identifikation der Stärken und Schwächen – SWOT	• Unter Berücksichtigung des Marktes, der Wettbewerber, der eigenen Situation: • Analyse möglicher strategischer Optionen (Szenarien) • Bewertung der Optionen (quantitativ: Business Case, qualitativ: Wie realistisch? Risiken) • Priorisierung der möglichen Strategien und Optionen • Auswahl der besten möglichen Option
Was ist der attraktivste Markt für uns? Wer sind unsere (potenziellen) Kunden und welches Bedürfnis steht dahinter?	Welchen Wettbewerb haben wir zu erwarten? Wohin entwickeln sich unsere Wettbewerber? Welche Gefahren drohen?	Wo stehen wir heute? Was sind unsere Stärken und Schwächen? Was ist zu tun, um Bedürfnisse bedienen zu können?	Welche Optionen stehen uns offen? Welche Optionen versprechen den größten Erfolg?

Abb. 8: Die Elemente der Strategieentwicklung

Mitarbeiter sollen mitreden dürfen, in welchem Team sie arbeiten

Beim Kick-off-Meeting wird festgelegt, wer in welchem Team (s. Abb. 6) an welchen Themen bis zum eigentlichen Strategieworkshop arbeiten soll. Zwischen dem Kick-off-Meeting und einer Strategieklausur soll genügend Zeit sein, um die anstehenden Analysen vornehmen und die noch fehlenden Informationen beschaffen und dokumentieren zu können. Damit in diesen Wochen auch tatsächlich konsequent an den Analysen gearbeitet wird, sollen die Teams bereits beim Kick-off-Meeting in der Gruppe festlegen, wer für welche Analysen und für die Beschaffung welcher Informationen zuständig ist. Um die Verbindlichkeit zu erhöhen, wird dies dann zum Abschluss des Kick-off-Meetings bekannt gemacht und im Anschluss evtl. in Form von Teilprojekten definiert. In den Wochen bis zur Strategieklausur koordiniert dann der Projektleiter die Arbeit der 3 Teams.

6.1 Strategieklausur sorgt für Meinungsaustausch und Konkretisierung

Führungskräfte müssen ertragen, dass Schwächen angesprochen werden

Ein Strategieworkshop, eine Klausur sollte aus dem Tagesgeschäft herausgelöst werden. Nur so kann eine kreative Atmosphäre entstehen, in der ungestört die Meinungen offen kommuniziert werden. Suchen Sie sich ein schönes Ambiente, in dem Sie ungestört und frei vom operativen Geschäft arbeiten können. Schaffen Sie eine offene und freundliche Atmosphäre, in der die Beiträge aller Teilnehmer wohlwollend diskutiert bzw. respektiert werden. Vermeiden Sie bei einer Strategiediskussion unbedingt Hierarchien; besonders das Top-Management sollte sich „zurücknehmen“ und die Teilnehmer als ein Team von „Gleichgestellten“ betrachten. Bereiten Sie die Strategieklausur sehr gut vor und halten Sie sich an Ihren Zeitplan. Bestimmen Sie vor der Strategieklausur einen unabhängigen, neutralen Moderator. Wenn Sie diesen nicht innerhalb Ihres Unternehmens haben, leisten Sie sich einen externen Moderationsexperten. Dem Moderator kommt bei der Strategieklausur eine ganz besondere Rolle zu. Er sollte vor allem versuchen, eine neutrale Rolle einzunehmen und zwischen verschiedenen Meinungen zu vermitteln. Der Moderator sollte sich strikt an die vorher festgelegten Abläufe halten. Dabei kommt der Rolle des „Time-Keepers“ eine wichtige Funktion zu. Es empfiehlt sich, als Moderator viel mit der „Brainwriting“-Methode zu arbeiten. Die Teilnehmer schreiben dabei Ideen oder Meinungen parallel auf Karten, die an eine Metaplanwand geheftet werden. Die Auswertung und Zuordnung von Karten erfolgen dann in der Gruppe. Das Verfahren nimmt Hemmungen, offen seine Meinung kundzutun, und spart durch paralleles Arbeiten viel Zeit.

Moderator muss eine akzeptierte Person sein

Es empfiehlt sich, eine „Offene-Punkte-Liste“ oder einen „Themenspeicher“ zu führen. So gehen keine Ideen verloren, die gerade nicht in die Diskussion passen. Der Moderator sollte eine von allen Teilnehmern akzeptierte Person sein. Deshalb einigen Sie sich unbedingt schon vor der Klausur, wer die Rolle übernehmen soll! Verbinden Sie die Klausur mit einem Team-Event. Das lockert die Stimmung, stärkt das Team-Gefühl und erhöht die Kreativität.

Bestimmen Sie evtl. eine Protokollantin/einen Protokollanten. Oft ist es hilfreich, wenn diese Person nicht an den Diskussionen teilnimmt, um eine neutrale Darstellung der Ergebnisse zu gewährleisten. Alternativ können Sie sich aber auch auf die Verwendung von Moderationskarten und die am Flipchart erarbeiteten Ergebnisse verlassen.

Gemeinsames Verständnis über die besten Optionen erarbeiten

Das wichtigste Ziel des Workshops ist die Identifikation der erfolgversprechendsten strategischen Option und die Operationalisierung und somit Konkretisierung der Strategie.[4]

Die vorbereiteten Analysen sollen mithilfe von konkreten Fragestellungen und strategischen Werkzeugen erarbeitet, die Ergebnisse im Workshop vorgestellt und diskutiert werden. Dabei können die „5 Forces nach M. Porter“,[5] die 9-Felder-Matrix von McKinsey, die „Portfolioanalyse“ der Boston Consulting Group und die „Potenzialanalyse“ sowie die „SWOT-Analyse“ hilfreich sein. Mithilfe dieser Werkzeuge lassen sich Strategien bzw. Teilstrategien und letztendlich Maßnahmen bestimmen.[6]

Priorisieren Sie die Themen

Das Ergebnis des Workshops sollen die definierten strategischen Projekte bzw. strategischen Themen mit den definierten Verantwortlichen sein. Da man zumeist mehr Möglichkeiten und Projekte findet, als die Organisation verkraften kann, ist eine Priorisierung wichtig und die Anzahl an Projekten auf ein umsetzbares Maß zu reduzieren. Am letzten Tag des Workshops kann eine schnelle Priorisierung mithilfe einer Matrix (1. Achse „Nutzen, strateg. Bedeutung“; 2. Achse „Kosten bzw. Aufwand“) vorgenommen werden. Eine endgültige Priorisierung ist aber erst möglich, wenn die Projekte und Maßnahmen detailliert in einem Businessplan beschrieben und bewertet worden sind, indem neben der qualitativen Beschreibung der Strategie auch die Risiken, die Kosten, die Investitionen und vor allem die Wirkung genauer eingeschätzt worden sind.

Getroffene Annahmen dokumentieren

Die vernetzten und aggregierten Risiken der Strategien werden transparent, indem man im Businessplan die Unsicherheiten in den Annahmen der einflussgebenden Faktoren über Bandbreiten zum Ausdruck bringt (Bandbreitenplanung). Die Empfehlung ist, die getroffenen Annahmen für die maßgeblich einflussgebenden Randbedingungen auch zu dokumentieren (z.B. Annahmen über Marktentwicklung, Rohstoffverfügbarkeit, Preisentwicklung, Wettbewerbsreaktionen, Personalkostenentwicklung etc.). Die eintretenden und transparent gemachten Abweichungen über die Annahmen sind die Frühwarnindikatoren für später auftretende Abweichungen in der Wirkung (Umsatz bis EBIT und Cashflow). Das Strategieumsetzungscontrolling muss dieses Berichtswesen beinhalten, denn das ist die Grundlage für die laufende Steuerung der Strategieumsetzung. Als Geschäftsführer

---

[4] Eine ausführliche Beschreibung der Vorbereitungen und des Ablaufs eines Strategieworkshops finden Sie im Beitrag von Manfred Grotheer „Organisation einer Strategieklausur“.

[5] Porter, 2000.

[6] Eine ausführliche Beschreibung der Fragestellungen und Werkzeuge finden Sie in den Beiträgen „Strategieentwicklung: Instrumente und Fragestellungen der Analysephase“ und „Strategieentwicklung: Werkzeuge und Fragestellungen der Unternehmensanalyse und Beschreibung des Geschäftsmodells“ von Markus Kottbauer sowie im Beitrag von Heimel/Stirzel „Strategische Analyse für Start-ups der Mobilitätsbranche: Anregungen und Erfahrungen für Gründer und etablierte Unternehmen“.

bzw. Vorstand ist es übrigens laut KonTraG[7] auch Ihre Pflicht, die Entwicklungen im Unternehmen zu überwachen.

Strategie muss kommuniziert werden

Erst nach Vorliegen der genauen Beschreibung der Projekte und deren Wirkung kann eine endgültige Verabschiedung in einem offiziellen „Decision Meeting“ erfolgen. Der letzte noch sehr wichtige Schritt vor der Umsetzung ist die Kommunikation an die Belegschaft. Diejenigen, die die Strategie zu implementieren haben, sollen diese auch verstehen und auch die Gründe dahinter kennen und auch eine Unterstützung bei der Umsetzung erhalten. Die operative Planung kann nun im nächsten Schritt erfolgen. Evtl. mag es sinnvoll sein, die strategischen Ziele auch in die persönlichen Ziele der Mitarbeiter oder zumindest in die der Führungskräfte mit einfließen zu lassen. Wie erwähnt soll die Umsetzung der Strategie in einem laufenden Strategieumsetzungscontrolling-Prozess beobachtet und bei Bedarf angepasst werden. Dies könnte z.B. in Form einer Balanced Scorecard erfolgen.

6.2 Strategieentwicklung als ständiger Prozess

Strategieentwicklung soll kein einmaliges Projekt sein

Das Durchlaufen des Strategieentwicklungsprozesses soll keine einmalige Sache bleiben. Vor der Mittelfrist- und Budgetplanung soll jährlich die bestehende Strategie hinterfragt und angepasst bzw. u.U. eben auch neu entwickelt werden. Es wird nicht nötig sein, jährlich mit gleich großem Aufwand ein Strategieentwicklungsprojekt zu durchlaufen. Es sollte eher so sein, dass nach einem erstmaligen Aufsetzen der 3 Analysegruppen zumindest manche der dazugehörigen Analysen in das kontinuierliche Geschäft überführt werden.

Sich immer wieder selbst zu hinterfragen ist eine Kulturfrage

Die Kultur, dass laufend an der Strategie des Unternehmens gearbeitet wird, dass man sich immer wieder selbst hinterfragt, muss in einer Organisation erst erlernt werden. Führungskräfte müssen damit umgehen können, dass bei den Analysen auch Schwächen angesprochen werden. Welcher Manager möchte schon gerne von seinen Mitarbeitern aufgezeigt bekommen, was alles nicht so gut läuft? Dies soll ja nicht immer gleich bedeuten, dass bisher schlecht gearbeitet wurde, sondern dass es eben immer wieder Mittel und Wege gibt, etwas noch besser zu machen, zu optimieren oder eben an neue Begebenheiten anzupassen. Bei der Strategieentwicklung sollen ohne Einschränkungen auch ganz neue mögliche Wege in Betracht gezogen werden können („thinking outside the box“). Das ist oft nicht einfach zu

[7] Vgl. § 91 Abs. 2 AktG, Gesetz zur Kontrolle und Transparenz im Unternehmen: „Der Vorstand ist verpflichtet, geeignete Maßnahmen zu treffen, insbesondere ein Überwachungssystem einzurichten, damit den Fortbestand der Gesellschaft gefährdende Entwicklungen früh erkannt werden.“ Und § 93 AktG: Sorgfaltspflicht und Verantwortlichkeit der Vorstandsmitglieder.

akzeptieren. Die Aussage „Das haben wir aber noch nie gemacht.“ soll nicht bestimmend sein, sondern ganz im Gegenteil als ein Tabu gehandhabt werden.

7 Erfolgsfaktoren der Strategieentwicklung

Als Fazit möchte ich die aus meiner Sicht wichtigsten Punkte der Strategieentwicklung in einer kurzen Merkliste zusammenführen:

1. **Vision:** Leitbild und Leitziel als Basis.
2. **Mitarbeitereinbindung:** Quer über die Wertschöpfungskette und hierarchisch durchmischt Know-how-Träger und Vertrauenspersonen einbinden.
3. **Ausgewogene und konkrete Ziele:** Wann ist das Ziel erreicht?
4. **Priorisierung:** Projekte und Maßnahmen müssen zusätzlich zum operativen Alltag zu schaffen sein.
5. **Kommunikation:** Die Mitarbeiter sollen die Strategie kennen, verstehen und an der Umsetzung teilhaben.
6. **Strategieumsetzungscontrolling:** Nur was gemessen wird, wird wirklich gemacht; aus den Abweichungen soll gelernt werden.
7. **Fixer Bestandteil im jährlichen Planungsprozess:** Strategieentwicklung ist nichts Einmaliges, die strategischen Projekte müssen angepasst, weiterentwickelt und abgeschlossen werden, neue Projekte folgen.

8 Literaturhinweise

Abolhassan, Wirtschaft 4.0. Das passiert, wenn Unternehmen die digitale Revolution verschlafen, Focus Money Online, 30.7.2015, http://www.focus.de/finanzen/experten/feri_abolhassan/wirtschaft-4-0-das-passiert-wenn-unternehmen-die-digitale-revolution-verschlafen_id_4836763.html, Abrufdatum: 2.10.2017.

Drucker, Management Challenges for the 21st Century, 1999.

Ohmae, The Mind of the Strategist – The Art of Japanese Business, 1982.

Kottbauer, Integration von strategischer und operativer Unternehmenssteuerung, in Roth (Hrsg.), Ganzheitliches Performance Management – Unternehmenserfolg durch Perspektivenintegration in ein Management Cockpit, 2014, S. 51–73.

Kottbauer, Richtig Entscheiden – Der Dreiklang von Fähigkeiten, Strukturen und Werkzeugen führt zu richtigen Entscheidungen, Controller Magazin 2/2016, S. 28–35.

Kottbauer, Strategieentwicklung in mittelständischen Unternehmen, Controller Magazin 4/2011, S. 10–17.

Porter, Wettbewerbsstrategie, 6. Aufl. 2000.

v. Oettinger (Hrsg.), Das Boston Consulting Strategie Buch, 7. Aufl. 2000.

Strategieentwicklung: Instrumente und Fragestellungen der Markt- und Wettbewerbsanalyse

- Eine Strategie zu finden zählt zu den schwierigsten Aufgaben der Unternehmenssteuerung. Mit leicht anwendbaren Strategiewerkzeugen und gezielten Fragestellungen wird in diesem Beitrag eine systematische Suche nach möglichen Strategien unterstützt.
- Versteht man die grundlegenden Wettbewerbsstrategien von Porter wird schnell klar, welche Strategien nicht in Frage kommen.
- Eine 10-Punkte-Liste mit typischen Strategien zeigt Ihnen die grundsätzlich in Frage kommenden strategischen Wege auf. Die Ansoff-Matrix soll die Risiken korrekt einzuschätzen helfen.
- Die 5-Forces-Analyse von Porter unterstützt beim Aufzeigen der Gefahren und zeigt Möglichkeiten der Abwehr von Konkurrenten auf.
- Die McKinsey-Matrix hilft bei der Auswahl der erfolgsträchtigen Segmente.

Inhalt Seite

Der Autor

Dr. Markus Kottbauer, Gründer und Geschäftsführer der Strategie- und Managementberatung aquma GmbH. Seit 2002 ist er Trainer der Controller Akademie, seit 2012 Dozent an der Hochschule für Wirtschaft in Zürich. Von 2013 bis 2016 leitete er den Verlag für ControllingWissen und war Herausgeber des Controller Magazins.

1 Das Finden von möglichen Strategien

Wenn in Unternehmen erstmalig eine Strategie entwickelt wird, stellt sich die Frage, woher die Ideen für mögliche Strategien kommen. Hierbei kann die Ausgangssituation für das Finden passender Strategien sehr unterschiedlich sein. In manchen Unternehmen denken die Führungskräfte und Mitarbeiter auch ohne Auftrag darüber nach, was man an neuen Produkten oder Dienstleistungen ins Sortiment aufnehmen könnte oder welche Schwächen existieren und verringert werden sollten. Seltener wird über Stärken nachgedacht, die man halten und ausbauen müsste. Nicht wahrgenommene Chancen werden da schon öfter diskutiert. Andere Unternehmen sind von ängstlichen und pessimistischen Menschen geprägt, die oft nur die Bedrohungen sehen, nicht aber die Chancen. Erfolgreiche Unternehmer ignorieren wiederum manchmal alle Bedrohungen, weil sie eben nur den Erfolg gewohnt sind.

Es gilt passende Strategien effizient zu finden

Unabhängig davon, in welcher Ausgangssituation man als Unternehmen ist, und auch unabhängig davon, welche Charaktere in der Firma tätig sind, möchte man die am besten passenden Strategien finden. Möglichst umfassend und gründlich sollte die Suche sein, andererseits aber auch ohne unnötigen Aufwand zu betreiben. Die Strategie soll am Ende die Richtige sein, also effektiv, das Finden der Strategie sollte effizient sein, also schnell und mit geringem Aufwand.

Dieser Beitrag bietet Ihnen eine Auswahl an klassischen Strategiewerkzeugen bzw. gezielten Fragestellungen für die Entdeckung möglicher Strategien, für die Markt- und Kundenanalyse sowie für die Wettbewerbsanalyse.

1.1 Die grundlegenden Wettbewerbsstrategien nach M. Porter

Bevor man sich über viele neue mögliche Strategien Gedanken macht, sollte man klären, was für das eigene Unternehmen an Strategie nicht in Frage kommt. Was ausgeschlossen werden soll, kann vom Eigentümer vorgegeben werden, bzw. kann sich aus dem Leitbild ergeben. Eine nicht zum Leitbild passende Strategie muss jedoch nicht zwingend ausgeschlossen werden, nur müsste man zuvor eingeräumt haben, dass eine Leitbildanpassung in Frage kommt.

Kostenführer, Differenzierer und Fokussierer

Die 3 Grundstrategien von M. Porter können behilflich sein, herauszufinden welche Strategien (vermutlich) aussichtslos sind.[1] Die erste in Abb. 1 dargestellte Strategie ist die der Kostenführerschaft. Diese geht einher mit großen Marktanteilen, einer Massenherstellung der Produkte

[1] Porter, 1999, S. 67.

bzw. Dienstleistungen und infolge sind Skalen-und Lerneffekte maßgeblich. Der günstigste in der Herstellung eines Produkts kann immer nur Einer bzw. können nur sehr Wenige sein.

Die allermeisten Unternehmen verfolgen bewusst oder vielleicht auch unbewusst die Differenzierungs– oder auch die Fokussierungsstrategie. Die Differenzierungsstrategie zeichnet eine Einzigartigkeit in einer für den Kunden (subjektiv) wahrgenommenen besonderen Eigenschaft bzw. Problemlösungsfähigkeit aus. Zumeist denkt man dabei an eine technische oder qualitative Differenzierung. In der Praxis zeigt sich, dass die Marke, das Image oder Besonderheiten im Service um das Produkt oft das nachhaltigere Argument für den Erfolg sind. Ein Unternehmen mit Fokussierungsstrategie ist spezialisiert auf ein bestimmtes Segment. Das kann eine sehr spezifische Kundengruppe sein, eine Region, ein bestimmter Vertriebsweg oder ein spezieller Teil der Wertschöpfungskette. Bei der Fokussierungs- und auch bei der Differenzierungsstrategie sind höhere Renditen möglich und auch nötig, da nicht die große Masse dahintersteht. Wichtig ist, die bestehenden Bedürfnisse und Trends sehr gut zu kennen oder vielleicht sogar selbst Trends zu setzen, Innovation ist Pflicht.

Abb. 1: Die Grundstrategien nach M. Porter[2]

[2] Porter, 1999, S. 67.

Ein Kostenführer würde zumeist schnell seine Position mit sehr hohen Marktanteilen verlieren, wenn dieser die Strategie wählt, höhere Renditen zu erwirtschaften, die Preise also überdurchschnittlich anhebt. Es muss also die Strategie „stay-out-pricing“ verfolgt werden, die Konkurrenz durch niedrige Preise klein bzw. draußen zu halten, die Markteintrittsbarriere für die Konkurrenz bzw. die Wechselbarriere für Kunden hoch zu halten. Wird der Marktführer zu gierig, ermöglicht er anderen Wettbewerbern groß zu werden. Die Wettbewerber müssen durch die günstigen Preise (und somit kleinerer Rendite) abgewehrt werden, diese Strategie darf nur aufgegeben werden, wenn man zusätzlich zur günstigen Herstellung ein anderes starkes Differenzierungsmerkmal aufgebaut hat.

Niedriger Preis als Markteintritts-barriere

Probiert ein Fokussierer oder auch ein Differenzierer mit zumeist schlechterer Kostenstruktur (aufgrund der kleineren Absatzmenge können nicht die gleichen Skalen- und Lerneffekte möglich sein) zu wachsen, muss er in andere Zielsegmente eindringen, wo sein Wettbewerbsvorteil der Spezialisierung bzw. Differenzierung keine Gültigkeit mehr hat. Es sind nicht mehr die gleichen Renditen möglich wie gewohnt. Wird dann auch noch neue Struktur aufgebaut, ist es eventuell schwer, diese wieder zurückzuverdienen. Auch könnte es der Fall sein, dass im „fremden Segment“ Konkurrenten unliebsam reagieren und einen verlustreichen Wettbewerbskampf einleiten. Die Eingliederung des Unternehmens in die Grundstrategien nach Porter soll dabei helfen, sich seiner bestehenden Strategie und der bestehenden Wettbewerbsvorteile bewusst zu werden, um diese nicht unbedacht aufzugeben. Verlässt man sein angestammtes Gebiet, muss man wissen, worauf man sich in der neuen ungewohnten Umgebung einlässt. Nur wenn man gut vorbereitet eindringt, kann man Erfolg haben, ansonsten droht die Gefahr in die Verlustzone abzudriften, in der Mitte zwischen der Differenzierung und der Kostenführerschaft stecken zu bleiben („stuck in the middle“).

Erfolgsfaktoren für profitables Wachstum

1.2 Mögliche Strategien diskutiert anhand der Ansoff-Matrix

Mit der nach Igor Ansoff benannten Matrix können die verschiedenen strategischen Handlungsfelder systematisch (1-7 in der unten aufgeführten Liste) aufgezeigt und im Risiko eingeschätzt werden. In der auch manchmal Quo-Vadis-Matrix (=lateinisch und heißt „Wohin gehst du?“) genannten Darstellung, werden auf der x-Achse bestehende und neue Produkte oder Dienstleistungen unterschieden, auf der y-Achse differenziert man bestehende und neue Märkte bzw. Kunden oder auch Vertriebswege. Das bestehende Portfolio des Unternehmens ist demgemäß in Abb. 2 im linken oberen Quadranten abgebildet. Die folgende Liste von strategischen Handlungsfeldern hat keinen Anspruch auf Vollständigkeit, zeigt aber schon die allermeisten Möglichkeiten auf.

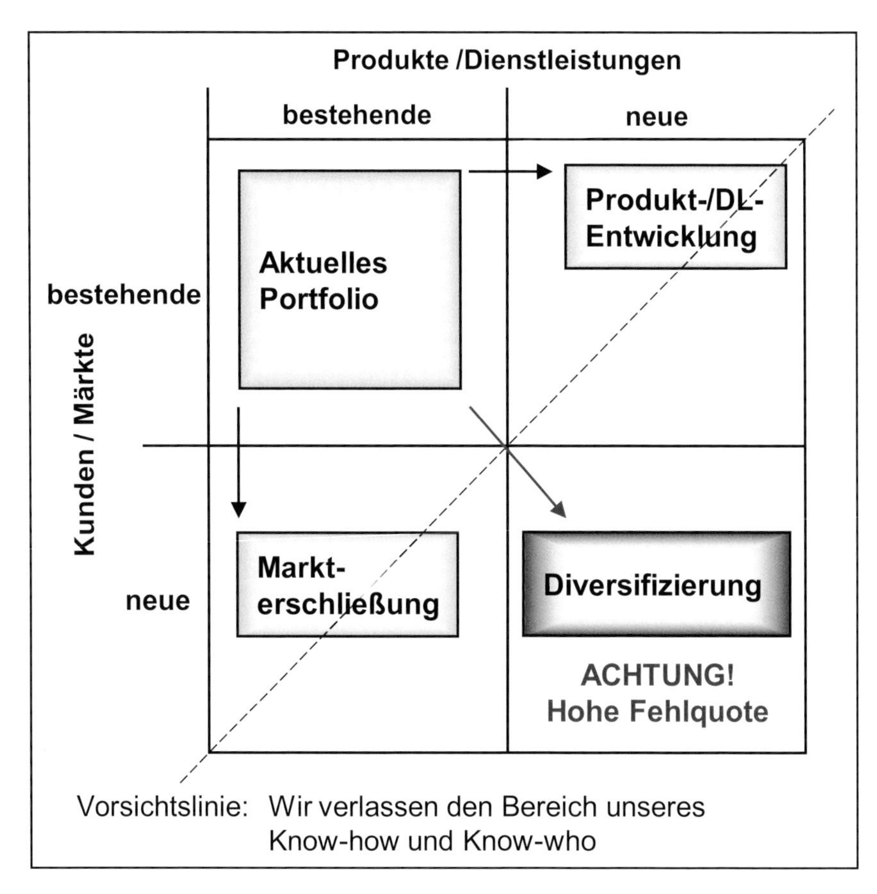

Abb. 2: Die Ansoff-Matrix soll bei Neuerungen die Risiken bewusst machen

1. **Optimierung des bestehenden Geschäfts**

   Bleibt man mit der Strategie im linken oberen Quadranten, ist das Risiko etwas falsch zu machen sehr gering. Das bestehende Geschäft wird optimiert. Man kann probieren, die Bedürfnisse der Kunden noch besser zu stillen, die Differenzierungsmerkmale können gefestigt bzw. ausgebaut werden, an Skalen- und Lerneffekten kann gearbeitet werden. Kosteneinsparung, Prozessoptimierung, Qualifikation von Führungskräften und Mitarbeitern sind beispielhafte relevante Themen. Diese „Strategien" sind oft „nur" operative Optimierungen und eben keine Strategien i.S.v. „Wettbewerbsvorteil ausbauen". Trotzdem sollten auch solche Bemühungen stets angedacht werden.

2. **Produktionsverlagerung, Outsourcing**

   Etwas mehr Veränderung und somit auch etwas mehr Risiko bringen das Outsourcen oder auch Insourcen von Leistungen mit sich, d.h. wenn sog. „Make-or-buy–Entscheidungen" getroffen werden und sich die

Bedienung der Wertschöpfungstiefe verändert. Shared Service Center einzurichten oder eine Verlagerung von Teilen der Produktion in „Niedriglohnländer“ können zu diskutierende Strategien sein, die einen Ausbau von Wettbewerbsvorteilen ermöglichen.

3. **Neue Produkte bzw. Dienstleistungen**

   Die übliche und zumeist am ehesten erfolgreiche Strategie ist die Erweiterung oder Einschränkung des Produktportfolios für bestehende Zielgruppen auf bereits bekannten Märkten. Damit bewegen wir uns in der Matrix horizontal vom linken oberen Quadranten in den rechten oberen Quadranten.

4. **Neue Märkte erschließen**

   Ausweitung oder Rückzug von (regionalen) Märkten mit dem bestehenden Produktsortiment ist eine senkrechte Bewegung in der Matrix. Eine Markterschließung wird im Risiko des Öfteren unterschätzt, denn eine andere Sprache, fremde Kultur und Religion können viele Unsicherheiten mit sich bringen.

5. **Neue Zielgruppen**

   Eine Erweiterung (Rückzug) der Zielgruppen bzw. Bedienung neuer Zielgruppen im angestammten Markt erfordert, dass die eventuell unterschiedlichen Bedürfnisse richtig bedient werden.

6. **Diversifikation**

   Geht man mit vollkommen neuen Produkten oder Dienstleistungen in einen neuen Markt bzw. an neue Zielgruppen, ist die Wahrscheinlichkeit des Scheiterns sehr hoch. In der Quo-Vadis-Matrix in Abb. 2 ist eine Vorsichtslinie eingezeichnet, die auf Risiken hinweisen soll. Probiert man gleichzeitig viel Neues aus, können viele vorher für einen selbst noch unbekannte Probleme auftauchen. Jedes Problem für sich ist vielleicht zu meistern, die Summe bzw. Verkettung von mehreren Problemen gleichzeitig kann aber unter Umständen ein zu großes Risiko darstellen. Wenn man ein solches Risiko eingeht, sollte man das sehr bewusst angehen.

7. **Rückwärts-, Vorwärtsintegration**

   Von einer vertikalen Integration spricht man, wenn man entlang der Wertschöpfungstiefe eine Rückwärts- bzw. Vorwärtsintegration vornimmt. Erbringt man Leistungen, die bisher der Lieferant erbracht hat, spricht man von einer Rückwärtsintegration. Z.B., wenn ein Solarzellenhersteller die bisher eingekauften Wafer selbst herstellt. Eine Vorwärtsintegration ist es, wenn die Leistung der bisherigen direkten Kunden erbracht wird. Beim Solarzellenhersteller könnte das z.B. der Bau von eigenen Solarparks sein.

8. **Markteintritts- bzw. Austrittsbarrieren verändern**

   Um potenziellen neuen Wettbewerbern den Eintritt in den Markt zu erschweren, können die Barrieren bewusst erhöht werden. Indem man z.B. die eigenen Kostenvorteile in Form von niedrigen Preisen an den Markt weitergibt, kann kein Wettbewerber mit deutlich geringeren Marktanteilen und somit höherer Kostenstruktur lukrativ in den Markt eindringen („stay out pricing“). Oder man bindet den Kunden mit Verträgen oder sehr gutem Service an das eigene Unternehmen bzw. Produkt, die Wechselbarriere für die Kunden ist somit sehr hoch und die Konkurrenz kann schwer neue Kunden gewinnen. Nicht so edel aber auch wirksam kann ein aggressiver Marktauftritt sein. Versucht ein Neuer in den eigenen Markt einzudringen, kann probiert werden, den Rohstoffzugang oder Lieferantenzugang zu erschweren. Manche unternehmen den Versuch durch ein Verklagen, die neuen Wettbewerber einzuschüchtern bzw. zu beschäftigen, sodass die Konzentration auf das eigentliche Geschäft verloren geht.

   Wenn Märkte schrumpfen, kann es auch sinnvoll sein, Austrittsbarrieren zu verringern. Bevor aufgrund zurückgehender Absätze Wettbewerber unvernünftige Preissenkungen vornehmen, könnte man probieren, dem Wettbewerber den Ausstieg zu erleichtern. Das kann bedeuten, dass man diesen kauft oder einfach nur einen gesichtswahrenden Ausstieg ermöglicht.

9. **Joint Venture, Partnerschaften**

   Ist der Markteintritt oder die Produktentwicklung sehr schwierig bzw. riskant, ist immer auch die Möglichkeit einer Partnerschaft zu bedenken. Win-Win-Beziehungen sind anzustreben, denn diese können sehr lange erfolgreich bestehen.

10. **Exit**

    Auch ein rechtzeitiger Ausstieg des Unternehmens oder vielleicht auch nur Teilbereiche sollten als Alternative immer in Betracht gezogen werden. Viele Start-ups haben von Anfang an einen solchen baldigen Ausstieg als Ziel. Schafft man es mit einer guten Idee bzw. einem guten Produkt am Markt erfolgreich zu sein, werden große Konzerne mit viel Geld schnell probieren ein vergleichbares Produkt zu entwickeln. Lässt man sich rechtzeitig kaufen, kann man gutes Geld anstelle einer Vernichtung erhalten. Ist man in einem schrumpfenden Markt der Unterlegene, dann sollte der Ausstieg umgesetzt werden, solange man noch die Möglichkeit hat auch Geld dafür zu erhalten.

2 Werkzeuge der Markt- und Kundenanalyse

Im Zentrum der Analysen soll immer der Kunde stehen. Um die Bedürfnisse der Kunden spezifisch erfassen zu können, müssen die Kunden segmentiert werden. Typische Segmentierungen sind Alter, Geschlecht, Region, Privat-/Firmenkunden, Einkommensklasse, Vertriebsweg etc. Die wichtigste Segmentierung ist jedoch die nach den unterschiedlichen Bedürfnissen. Im nächsten Schritt gilt es herauszufinden, welche Zielgruppen für das eigene Unternehmen die attraktivsten sind. Die folgenden Fragestellungen sollen Ihnen die Analysen erleichtern, müssen allerdings an das jeweilige Unternehmen angepasst werden.

2.1 Mögliche Aufgaben/Themen und Fragen für die Markt- und Kundenanalyse

1. **Die Kunden zu kennen ist die oberste Maxime**
   - Wer sind die Kunden des Unternehmens?
   - Welches sind die grundlegenden Bedürfnisse der Kunden?
   - Wohin könnten sich die Bedürfnisse der Kunden entwickeln?
   - Welche Trends sind zu erkennen?
   - Welche Kunden sind gewollt?
   - Welche Kunden sind ungewollt?
   - Wer sollen die zukünftigen Kunden sein?
2. **Darstellung und Entwicklung der Markt- bzw. Kundensegmente**
   - Wie können die Kunden bzw. Märkte abgegrenzt werden?
   - Ist eine Segmentierung nach Kundenbedürfnissen möglich?
   - Wie groß sind die jeweiligen Segmente?
   - Wie groß ist der eigene (Markt-)Anteil?
   - Wie ist die Entwicklung dieser Segmente (wachsend, stagnierend, rückläufig)?
   - Welche sind die wichtigsten Segmente, Märkte bzw. Kunden (Paretoprinzip: 20 % der Kunden bringen oft 80 % des Ergebnisses)?
   - Welche zukünftigen Märkte bzw. Dienstleistungssegmente könnten von Bedeutung sein?
   - Wie groß könnten die wichtigsten Märkte werden?
   - Inwieweit sind die Kunden priorisiert nach bestimmten Kriterien in A, B und C – Kunden?

3. **Was sind die wichtigen Erfolgskriterien der Produkte/Dienstleistungen aus Kundensicht?**
    - Welchen grundsätzlichen Kundennutzen schafft das Unternehmen, das Produkt, die Dienstleistung pro wichtiger Kundengruppe bzw. pro relevanten Markt?
    - Was ist der Wettbewerbsvorteil, das Differenzierungsmerkmal?
4. **In welcher Form können die Kunden am besten bedient werden?**
    - Über welche Vertriebswege (direkt, stationär, über Händler, online, Distributor, ...) werden die Kunden bedient bzw. könnten die Kunden bedient werden?
    - Wie gut sind die Kundenbeziehungen?
    - Wo gibt es Verbesserungspotenziale?
    - Wie werden und wie können die Kunden entsprechend ihrer Priorisierung bedient werden?
    - Mit welchen Instrumenten/Ressourcen wird Kundenbindung betrieben?
    - Wird die Zufriedenheit der Kunden gezielt gemanagt?
    - Werden Kunden gefragt bzw. interviewt?
    - Wird gründlich analysiert warum Kunden verloren gehen?
    - Welche organisatorische Ausrichtung ist zur Bedienung der Kunden am besten geeignet (nach Produkten, Regionen, Absatzkanälen oder Kunden)?

Direkte Befragung der Kunden ist essentiell

Um die Bedürfnisse der Zielgruppen möglichst gut kennen zu lernen, ist es anzuraten, die Kunden in den Analyseprozess einzubinden. Dies kann z. B. in Form von persönlichen Interviews geschehen, mit Hilfe von Fragebögen oder auch durch Analysen der Voraussetzungen und Prozesse direkt beim Kunden („Customer Process Mapping"). Eine inzwischen altbewährte Methode ist Target Costing. Dabei wird schon bei der Entwicklung des Produkts in die Erfüllung der wichtigsten Kriterien aus Kundensicht auch die größte Anstrengung und zumeist auch das meiste Geld gesteckt. Target Costing setzt allerdings voraus, dass man die Bedürfnisse der Zielgruppe bereits sehr gut kennt.

Begeisterte Kunden als „Markenbotschafter"

Die Methode „Customer Experience Management (CEM)" sammelt positive Kundenerfahrungen mit den Produkten bzw. Dienstleistungen, um eine emotionale Bindung zwischen Anwender und Produkt herzustellen. Vorrangiges Ziel von CEM ist es, aus zufriedenen Kunden loyale und begeisterte Kunden zu machen und somit „begeisterte Botschafter" der Marke oder des Produkts zu erzeugen. Die gewonnenen Erkenntnisse fließen dann systematisch in die Entwicklung bzw. Anpassung der Produkte/Dienstleistungen. Neben der objektiven Qualität eines Produktes wird somit die vom Kunden subjektiv wahrgenommene Qualität und Leistung des Produktes mit einbezogen.

Durch die Digitalisierung und der Weiterentwicklung von Analysemethoden (Business Analytics) können heute die Erfahrungen der Kunden zum Teil hoch automatisiert und systematisch eingebunden werden.

2.2 Big Data und Design Thinking zur Entwicklung bedürfnisgerechter Produkte

Design Thinking ist eine heute bei Start-ups sehr beliebte Vorgehensweise, die systematisch bereits bei der Entwicklung die Erfahrungen der Kunden einfließen lässt. Durch Testung von Prototypen an den Kunden bzw. an Personas (Personas sind Nutzermodelle, die Personen einer Zielgruppe in ihren Merkmalen charakterisieren) werden Erkenntnisse gesammelt und am Produkt iterativ Verbesserungen vorgenommen (s. Abb. 3). Die Idee dahinter ist, dass man nicht schon zu Beginn sehr hohe Investitionen tätigen will, ohne noch die Reaktion der Kunden zu kennen, ohne noch die wahren Bedürfnisse der Kunden verstanden zu haben.

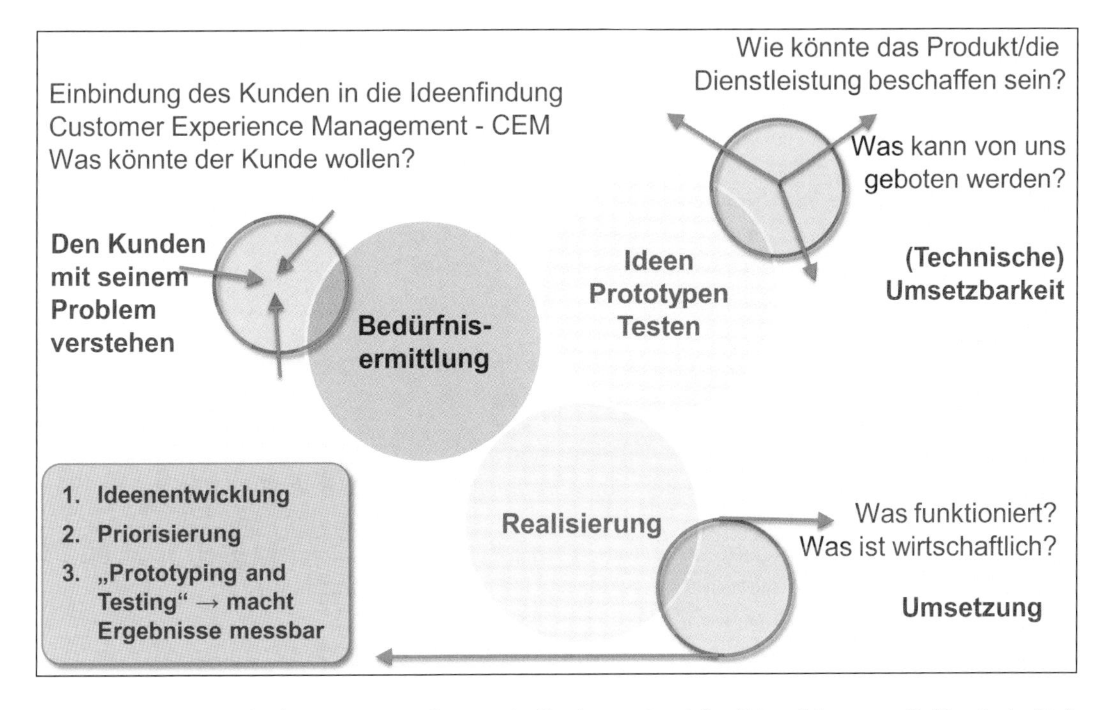

Abb. 3: Der Design-Thinking-Prozess: Erlernen wie die eigenen Produkte/Dienstleistungen die Kundenbedürfnisse erfüllen können

Zu Beginn einer Produktentwicklung beschränkt man sich am besten auf das „Minimum Viable Product (MVP)“, was auf Deutsch so viel bedeutet wie „ein Produkt mit den minimalen Anforderungen und Eigenschaften“. Der Hauptgrund für das Entwickeln eines MVP ist das Minimieren von Risiko. Wenn man sich für den Weg entscheidet, ein vollwertiges Produkt zu entwickeln und zu veröffentlichen, kann es zu einer Vielzahl von Problemen kommen, die Entwicklung eines vollwertigen, ausgereiften Produkts benötigt sehr viel Zeit und Geld. Weitaus mehr, als es mit der Entwicklung eines MVPs ist.

Iterative Produktentwicklung minimiert das Risiko

Das größte Risiko ist die Entwicklung vorbei an den Kundenbedürfnissen. Wenn Monate der Entwicklung in ein Produkt gesteckt werden, es jedoch nach Veröffentlichung niemand haben möchte, dann ist dies nicht nur ärgerlich, sondern auch sehr verlustreich – also gleichbedeutend mit Risiko. Die Entwicklung eines MVP verringert hingegen das Risiko für das Start-up oder ein neues Geschäftsmodell, indem nur ein Prototyp mit den nötigsten Funktionen entwickelt wird und das Unternehmen zunächst viel Zeit und Geld spart. Zusätzlich wird mit dem frühen Markteintritt („time to market“) schnell evaluiert, ob die Idee und das Produkt am Markt überhaupt eine Chance haben.

Vor allem durch die Digitalisierung und die massenhafte Sammlung von Daten von Kunden, deren Gewohnheiten und Vorlieben, haben sich die Möglichkeiten und die Methoden der Erkenntnisgewinnung über die Bedürfnisse extrem verbessert. Big Data, Industrie 4.0 und die Methode Business Analytics ermöglichen heute eine Automatisierung der Informationsgewinnung, Informationsverarbeitung, eine Segmentierung der Zielgruppen mit Hilfe von Clusteranalyseverfahren, bis hin zur automatisierten Produkt(weiter)entwicklung und dem Pricing.

2.3 Priorisierung der Kunden mit dem Customer-Value/Customer-Equity-Portfolio

Balance zwischen Geben und Nehmen

Kennt man die Bedürfnisse seiner jetzigen und die möglicher, zukünftiger Kunden, dann sollen diese im nächsten Schritt priorisiert werden. Herauszufinden gilt es, welche die attraktivsten Kunden (Customer Equity – welche Kunden schaffen einen hohen Wert im eigenen Unternehmen) sind. Die Attraktivität muss aber auch umgekehrt gegeben sein. Der Kunde soll durch das angebotene Produkt bzw. Dienstleistung auch einen entsprechenden Wert erhalten (Customer Value), denn ansonsten ist kein ausgewogenes Verhältnis gegeben und die Beziehung wird nur schwer auf Dauer bestehen können. Das sog. Customer-Value/Customer-Equity-Portfolio kann zur Visualisierung verwendet werden (s. Abb. 4). Dort wo man sich gegenseitig zu einem hohen Wert verhilft, kann am ehesten eine dauerhafte, stabile Kundenbeziehung erreicht werden, dahingehend sollte die Priorisierung vorgenommen werden.

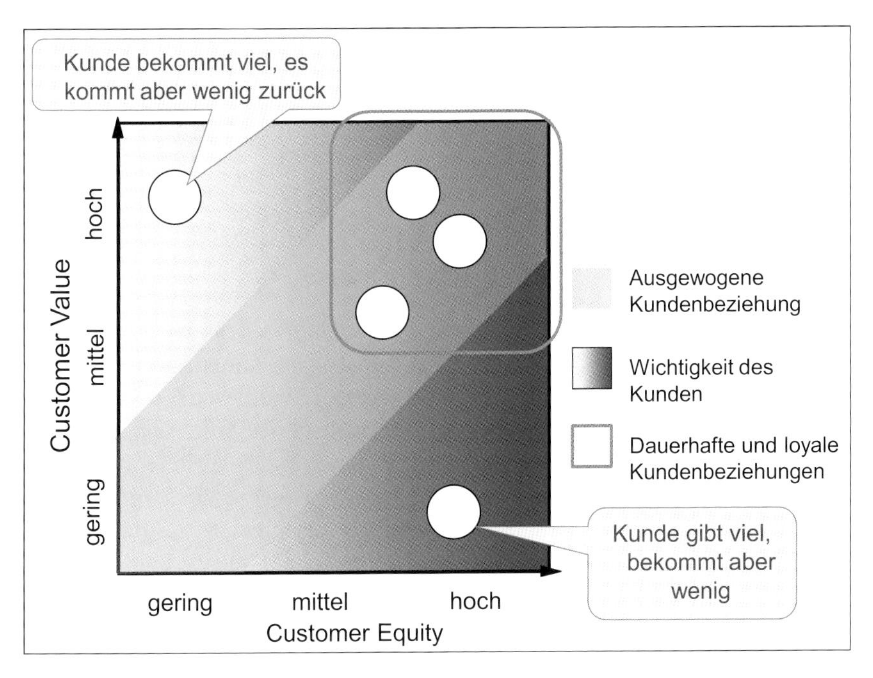

Abb. 4: Das Customer-Value/Customer-Equity-Portfolio. Was der Kunde bringt und was man dem Kunden gibt soll im ausgewogenen Verhältnis stehen.

„Customer Value" beschreibt, welchen Wert wir als Unternehmen beim Kunden erzeugen (können), dies könnten z.B. folgende Werte sein:

- Kunde erhält die Lösung eines Problems, besser und/oder schneller als er es selbst lösen könnte oder möchte.
- Kunde erlangt mit dem Produkt bzw. der Dienstleistung einen Wettbewerbsvorteil bzw. ein Differenzierungsmerkmal.
- Kunde kann Kosten sparen.
- Kunde erhält eine zuverlässige Dienstleistung mit hoher Qualität, termingerecht, in der ausreichenden Menge.
- Kunde kann sich auf seine Kernkompetenzen beschränken.
- Kunde kann sein Risiko verringern.

„Customer Equity" beschreibt, was wir im Gegenzug von unserem Kunden erhalten (können), z.B.:

- Umsatz, Deckungsbeitrag;
- (Unternehmens-)Größe und infolge Kostenvorteile in der eigenen Herstellung;

- Auslastung der eigenen Strukturen und Mitarbeiter;
- Es werden nicht nur die operativen, sondern gerade auch strategische Aspekte mitberücksichtigt, z. B.:
  - Wachstumspotenzial,
  - Marktanteil und Image,
  - Know-how-Zuwachs,
  - Zugang zu weiteren Kunden.

3 Wettbewerbs- und Umfeldanalyse

Wettbewerb fördert Innovation

Um sich selbst in seinen Fähigkeiten bzw. Differenzierungsmerkmalen einschätzen zu können, ist es ratsam genau zu kennen, wer die ausgewählten Zielgruppen bedient. Die Analyse der Wettbewerber oder etwas neutraler ausgedrückt der Marktbegleiter, soll helfen, die Gefahren, die Bedrohung zu realisieren und aber auch Potenziale der Weiterentwicklung aufzuzeigen. Als Unternehmer wünscht man sich gerne ein Umfeld ohne Wettbewerb. Aus der Vergangenheit haben wir jedoch zum Teil sehr schmerzhaft erlernt, dass ein Monopoldasein nichts Gutes bringt, Trägheit und Lethargie entsteht, es gibt nur wenig Innovation in Monopolkulturen. Wettbewerb spornt an und bringt nicht nur den Kunden einen Mehrwert, sondern zumeist auch den Unternehmen selbst. Zum Teil ist es auch so, dass ein Markt oft erst gemeinsam mit Wettbewerbern geschaffen werden kann. Gäbe es z. B. nur einen Hersteller von Elektrofahrzeugen, würde nur sehr schwer die Technologie (z. B. Batterien) und die Infrastruktur (z. B. ein Tankstellen-Netz von Ladestationen) aufgebaut werden können, die letztlich der Hersteller und auch der Kunde zwingend benötigen. Erst wenn viele mitmachen, ist der Markt bereit für Elektromobilität.

3.1 Die Wettbewerbskräfte nach M. Porter

Kräfteverhältnis zwischen aktuellen Marktteilnehmern verstehen

Die „Five-Forces"-Analyse (Abb. 5) nach Michael Porter ist das klassische Instrument der Wettbewerbsanalyse.[3] Bei der Wettbewerbsanalyse denkt man immer zuerst an die bereits existierenden Konkurrenten, diese sind in Abbildung 5 als die 1. Kraft dargestellt. Von den relevanten Wettbewerbern sollen die Stärken und Schwächen transparent gemacht werden. Um die Gefahren und die Bedrohung durch die Konkurrenten einschätzen zu können, soll bewusst gemacht werden, wie gut das Bedürfnis der Kunden von den Wettbewerbern zufrieden gestellt wird. Welche Fähigkeiten bringen diese mit, welche Marktanteile haben sie, welches Potenzial der Weiterentwicklung besitzen sie? Was können wir eventuell von diesen

[3] Porter, S. 26.

Wettbewerbern lernen? Was können wir eventuell besser als die Konkurrenten? Wie aggressiv sind gewisse Wettbewerber in der Vergangenheit aufgetreten? Muss mit Vergeltung gerechnet werden, wenn wir sichtbar in den Markt eindringen? Die Gefahr ist besonders groß, wenn wir uns in einem schrumpfenden Markt bewegen. Dann ist vor allem relevant, wie hoch bzw. wie niedrig die Austrittsbarriere ist. Kann ein Wettbewerber mit wenig Verlust den Markt verlassen, ist die Gefahr weniger groß. Hat ein anderes Unternehmen z.B. hohe Investitionen in der Vergangenheit getätigt (z.B. teure Flugzeuge gekauft), dann wird vor einem Marktaustritt mit größerer Wahrscheinlichkeit erst ein Preiskampf eintreten. In solch einer Situation könnte man gezielt versuchen, dem Wettbewerber den Marktaustritt durch z.B. einen teilweisen Kauf der teuren Infrastruktur oder Übernahme des Personals zu erleichtern und dem Konkurrenten somit einen gesichtswahrenden, verlustärmeren Ausstieg ermöglichen, irrationale Handlungen können dadurch eher verhindert werden. Ist man selbst der Schwächere, ist ein rechtzeitiger Ausstieg (Exit) zu überlegen.

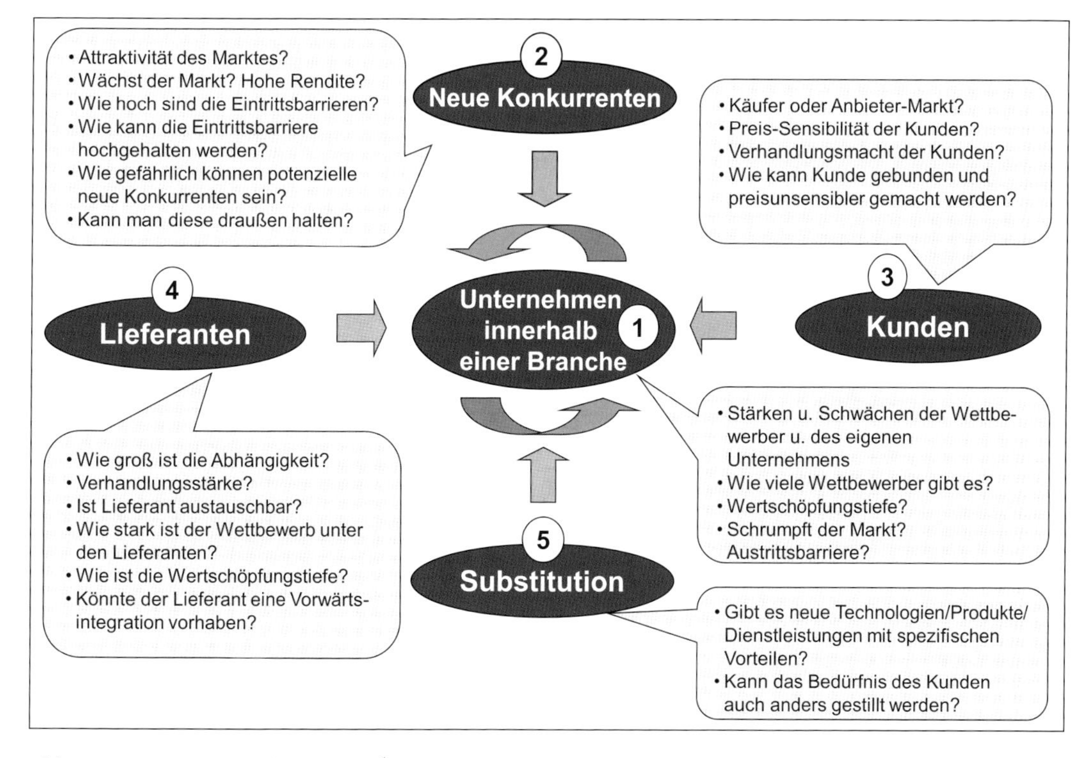

Abb. 5: Die 5 Forces nach M. Porter[4]

[4] Porter, S. 26.

Gefahren durch neue Wettbewerber analysieren

Die 2. Kraft sind die „Neuen Wettbewerber“. Wächst der Markt und verspricht dieser eine hohe Rendite, so zieht das neue Konkurrenten an. Da ist zu überlegen, wie die Eintrittsbarriere für die potenziellen Neuen hochgehalten werden kann, wie die Kunden an das eigene Unternehmen gebunden werden können, vielleicht mit hoher Kundenzufriedenheit, mit einem Zusatznutzen, eventuell mit langfristigen Verträgen?

Die 3. Kraft bilden die Kunden. Verkauft man ein auswechselbares Produkt bzw. Dienstleistung, hat man eine schwierige Ausgangssituation. Um nicht hinnehmen zu müssen, dass alleine der Preis zählt, sollte ein Differenzierungsmerkmal geschaffen werden. Zumeist denkt man dabei an einen Technologievorsprung und Qualität. Gerade ein solcher Vorsprung kann heute durch hohe Investitionen beim Wettbewerber schnell eingeholt werden (s. Beispiel Samsung vs. Apple Smartphone). Image oder Markenbildung können da oft nachhaltiger in der Wirkung sein.

Dominante Kräfte von Kunden und Lieferanten vermeiden

Die 4. Kraft bilden die Lieferanten. Da stellt sich vor allem die Frage, wie ersetzbar die Lieferanten sind. Man sollte bewusst darauf achten, nicht in Abhängigkeit von nur einem Lieferanten zu kommen. Auch gilt es zu beobachten, ob nicht der Lieferant ev. eine Vorwärtsintegration plant, d.h. zu unserem direkten Konkurrenten werden könnte.

Achtung vor disruptiven Technologien

Die 5. Kraft steht für Ersatzprodukte, sogenannte Substitute. Diese Kraft ist oft die gefährlichste, weil diese den Markt oft vollkommen verändern, manchmal sogar disruptiv. Ein klassisches Beispiel ist Margarine als Ersatzprodukt für Butter oder die digitale Fotografie als Ersatz für die Analoge oder der Flachbildschirm, der die Bildröhre abgelöst hat.

Weitere Einflüsse aus Umwelt und Wirtschaft

Die von Michael Porter entwickelte Wettbewerbsanalyse aus den 1980er Jahren kann durch zusätzliche auf das Unternehmen wirkende Kräfte erweitert werden. In Strategieentwicklungsprojekten hat sich gezeigt, dass der Einfluss weiterer Stakeholder nicht unberücksichtigt bleiben sollte. Der regulierende Staat, die Politik, der Gesetzgeber sind ein maßgeblicher Einflussnehmer. Ein Beispiel dafür ist die Kürzung der Solarförderung im Jahr 2012 in Deutschland, die so einige zuvor Erfolg versprechende Businesspläne obsolet gemacht haben. Aber auch die Arbeitnehmer können z.B. über Gewerkschaften einen großen Einfluss auf die Arbeitgeber ausüben. In den letzten Jahren wurden manche Kämpfe sehr öffentlichkeitswirksam ausgetragen (z.B. Streiks der Piloten, der Lokführer etc.). Mit den neuen Medien kann die Öffentlichkeit heute leichter auf Unternehmen Einfluss nehmen und sollte ebenso berücksichtigt werden. Weitere mögliche Kräfte bzw. einflussnehmende Randbedingungen können die Umwelt und die wirtschaftliche Lage ein. Haben wir vor noch 10 Jahren bei Kunden diese Kräfte als 6. und 7. Kraft bezeichnet, so verwenden wir in unseren Projekten heute gerne die sog. PEST(EL)-Analyse,[5] die weitere von außen Einfluss nehmende Kräfte sehr gut abbildet.

Zusammengefasst kann man feststellen, dass die Wettbewerbs- und Umfeldanalyse vor allem erkennen lassen soll, welche Gefahren drohen, welche Märkte, welche Segmente vom eigenen Unternehmen besser nicht bedient werden sollten, weil man zu schwach im Wettbewerbskampf wäre und die Erfolgsaussichten vage sind. Bzw. soll die Analyse erkennen lassen, in welchen Fähigkeiten man sich im Wettbewerbskampf anstrengen muss, seine eigenen Fähigkeiten weiterzuentwickeln, um eben wettbewerbsfähig zu bleiben oder wieder zu werden.

3.2 Die McKinsey-Matrix

Visualisierung der gesammelten Analyseergebnisse

In Kombination mit der Markt- und Kundenanalyse kann jetzt resümiert werden, welche Märkte, welche Kundengruppen attraktiv und welche weniger attraktiv sind. Die McKinsey-Matrix bringt die Ergebnisse der Markt- und Kundenanalyse und der Wettbewerbs- und Umfeldanalyse in einem Portfolio zusammen (s. Abb. 6).

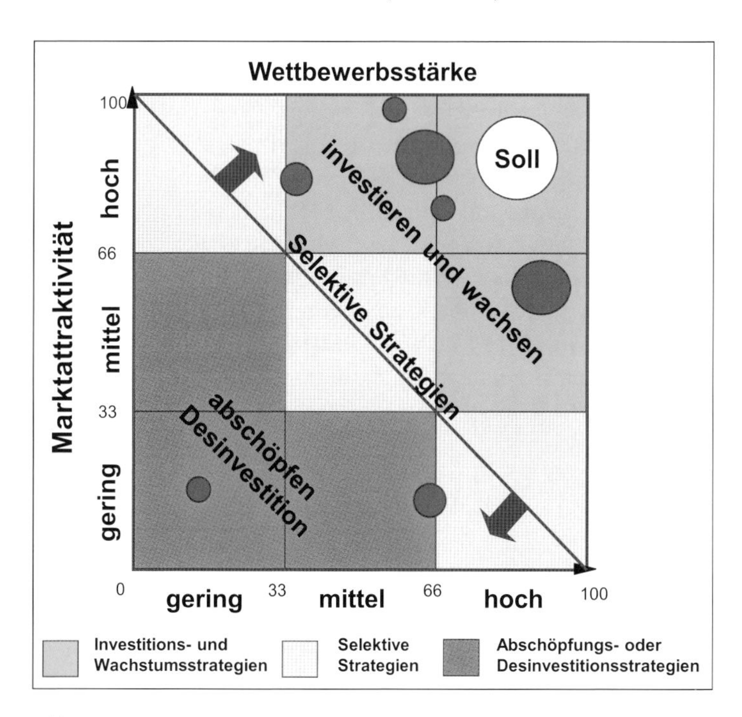

Abb. 6: Die 9-Felder-Matrix von McKinsey

[5] S. Kap. 4.2 im Beitrag „Strategieentwicklung: Prozess, Team und Analysefelder als Grundlagen und Erfolgsfaktoren".

Die Marktattraktivität wird durch verschiedene, gewichtete qualitative und quantitative Faktoren bestimmt, z. B.:

- Marktwachstum,
- Marktvolumen,
- Preis- bzw. Profitabilitätsniveau,
- Anzahl und Stärke der Wettbewerber und
- Markteintrittsbarriere.

Die Wettbewerbsstärke wird ebenfalls durch verschiedene, gewichtete qualitative und quantitative Faktoren bestimmt, z. B.:

- Marktanteil,
- Markenstärke, Bekanntheit, Image,
- Know-how,
- Erfahrung,
- Zugang zu Ressourcen,
- Finanz- und Investitionskraft sowie
- Innovationskraft.

Der gegenwärtige Umsatz in den bestehenden Segmenten bzw. Produkten kann die dritte Dimension bilden, die sich dann in der Größe der Kreise (der sog. „Bubbles") zum Ausdruck bringt. Wenn im Team die wesentlichen gegenwärtig bedienten Segmente auf einer selbst definierten Skala von vielleicht 1 bis 10 in jedem Kriterium eingeschätzt werden, dann kann mit wenig Aufwand ein schneller Überblick über das bestehende Portfolio erzeugt werden. Die McKinsey-Matrix soll vor allem bei der Priorisierung seiner Vorhaben und somit bei der Auswahl der Investitionen behilflich sein. In jene Segmente, die im rechten oberen Bereich einsortiert sind, lohnt es sich zu investieren. In den Segmenten, die sich im linken unteren Bereich wiederfinden, ist eine erfolgsträchtige Investition weniger wahrscheinlich, diese Segmente sollten abgeschöpft werden ohne zu investieren.

4 Literaturhinweise

Drucker, Management Challenges for the 21st Century, 1999.

Kottbauer, Strategieentwicklung in mittelständischen Unternehmen, Controller Magazin 4/2011, S. 10–17.

Porter, Wettbewerbsstrategie, 6. Aufl. 2000.

Strategieentwicklung: Werkzeuge und Fragestellungen der Unternehmensanalyse und Beschreibung des Geschäftsmodells

- Strategieentwicklung hat das Ziel, Wettbewerbsvorteile zu schaffen.
- Das Kompetenzportfolio offenbart, dass Kernkompetenzen vergänglich sind.
- Das Ziel der unternehmensinternen Analyse ist, die Potenziale im Ausbau der benötigten Fähigkeiten aufzuzeigen.
- Die BCG-Matrix macht sichtbar, wie ausgewogen das Produktportfolio ist.
- Erst die ausführliche Beschreibung und Konkretisierung von strategischen Zielen erzeugt ein gemeinsames Verständnis über die Vorhaben.
- Eine Geschäftsmodellbeschreibung sollte sowohl für neue als auch für bestehende Geschäftsfelder erstellt werden.

Inhalt | Seite

Der Autor

Dr. Markus Kottbauer, Gründer und Geschäftsführer der Strategie- und Managementberatung aquma GmbH. Seit 2002 ist er Trainer der Controller Akademie, seit 2012 Dozent an der Hochschule für Wirtschaft in Zürich. Von 2013 bis 2016 leitete er den Verlag für ControllingWissen und war Herausgeber des Controller Magazins.

1 Ausbau des Wettbewerbsvorteils durch Entwicklung von Kernkompetenzen

Haben Sie sich schon mal die Frage gestellt, was denn das eigentliche Ziel einer Strategieentwicklung sein sollte? Für die meisten passt wohl die Antwort, dass man damit dem Unternehmen die Basis für nachhaltigen Erfolg schaffen möchte, möglichst dauerhaft und mit überdurchschnittlicher Profitabilität. Um das zu erreichen, muss man im Vergleich zu den Wettbewerbern besser sein, also einen Wettbewerbsvorteil aufweisen. Zweck der Strategieentwicklung muss also die Erzeugung bzw. der Ausbau von Wettbewerbsvorteilen sein.

Wettbewerbsvorteile sind Merkmale (z.B. Fähigkeiten oder Eigenschaften des Produkts oder der Dienstleistung), die der Kunde als bedeutend einschätzt und von diesem wahrgenommen werden, die sich durch eine gewisse Dauerhaftigkeit auszeichnen und die der Wettbewerber nicht gleichwertig vorweisen kann.

Die Markt- und Kundenanalysen sollen die Bedürfnisse und die bedeutenden Leistungsmerkmale der Zielgruppe als Ergebnis haben. Die Wettbewerbsanalyse liefert die Informationen für den Vergleich der wichtigen Fähigkeiten mit jenen der Konkurrenz. Das Kompetenzportfolio (Abb. 1) ermöglicht eine Verdeutlichung der eigenen Positionierung.

In Wettbewerbsmärkten sind Schrittmacherkompetenzen zeitlich begrenzt

Ein Wettbewerbsvorteil erfordert eine (1.) Differenzierung gegenüber dem Wettbewerber, die (2.) der Kunde auch als Differenzierung wahrnimmt. Im Kompetenzportfolio in Abb. 1 bilden diese beiden Arten der Differenzierung die Achsen. Im rechten unteren Quadranten sind jene Kompetenzen einsortiert, die die Konkurrenz nicht hat, dem Kunden allerdings auch (noch) nicht bekannt sind. Diese sog. Schrittmacherkompetenzen bilden das Zukunftspotenzial. Das könnte bspw. ein neues innovatives Produkt sein, das konkurrenzlose Eigenschaften aufweist. Wenn diese Innovation vermarktet wird, dem Kunden also bekannt gemacht wird, wandert diese Kompetenz im Portfolio in den Quadranten senkrecht nach oben. Dies ist unser Zielquadrant, denn dort wirken die Kompetenzen als Kernkompetenzen und bringen den gewünschten Wettbewerbsvorteil. Wenn auch der Wettbewerber diese Fähigkeit erwirbt, wandert die bisherige Kernkompetenz waagrecht nach links in das Feld der Schlüsselkompetenzen. Der Kunde glaubt zwar noch, dass eine Differenzierung besteht, objektiv gesehen ist aber kein Vorteil mehr vorhanden. Durch geschicktes Marketing kann beim Kunden die Differenzierung und somit der Wettbewerbsvorteil noch aufrechterhalten werden. Wenn das Aufholen der Wettbewerber auch vom Kunden wahrgenommen wird, „verkümmert“ jedoch die Schlüsselkompetenz zur Basiskompetenz.

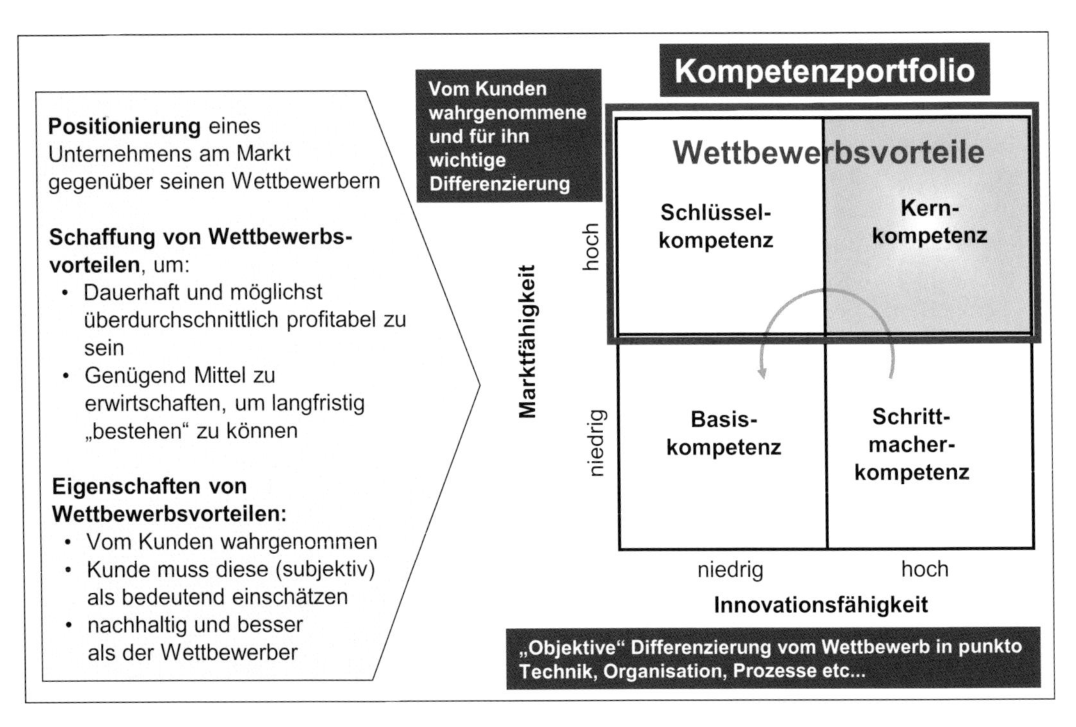

Abb. 1: Das Kompetenzportfolio zeigt die Vergänglichkeit von Kernkompetenzen

Innovation schafft neue Differenzierungsmöglichkeiten

Das Kompetenzportfolio soll dem Management bewusstmachen, dass Kernkompetenzen ein Ablaufdatum haben. Man wünscht sich zwar, dass diese über lange Zeit verteidigt werden können, die Praxis zeigt jedoch, dass die Zyklen immer kürzer werden. Es ist also nötig, ständig an den eigenen Fähigkeiten zu arbeiten und sich immer wieder zu erneuern. Reiht man seine eigenen Kompetenzen und Fähigkeiten in das Kompetenzportfolio ein, sieht man, wie viel Innovation gebraucht wird, um rechtzeitig neue wesentliche Differenzierungsmerkmale aufzuweisen. Diese Kenntnis zu haben, schärft den Blick, welche Fähigkeiten im Unternehmen benötigt werden und bilden eine gute Ausgangsposition für die unternehmensinterne Analyse.

2 Unternehmensinterne Analyse

Herauszufinden gilt es, welche Fähigkeiten im Unternehmen benötigt werden, um die attraktiven Zielgruppen möglichst besser als der Wettbewerber bedienen zu können. Im Kapitel 4.3 in Abb. 5 im Beitrag „Strategieentwicklung: Prozess, Team und Analysefelder als Grundlage und Erfolgsfaktoren" sind die Gebiete der unternehmensinternen Analyse aufgezeigt. Bei dieser Analyse soll im 1. Schritt der gegenwärtige

Zustand des Unternehmens aufgezeigt werden, im 2. Schritt sollen Überlegungen angestellt werden, welche Fähigkeiten und Voraussetzungen zur Bedienung zukünftiger Märkte und Kunden erforderlich sind. Dabei kann folgende beispielhafte Frageliste einen Anhalt geben.

2.1 Beispielhafte Frageliste für unternehmensinterne Analysen

1. Analysen zum Produkt- (bzw. Dienstleistungs-)Portfolio
   - Welche Produkte(gruppen)/Dienstleistungen (DL) sind im Sortiment, wie können diese voneinander abgegrenzt werden?
   - Wo stehen diese im Lebenszyklus und wie schnell erneuern sich diese?
   - Wie ist die Profitabilität der Produkte / Dienstleistungen (DL)?
   - Welche dieser Produkte/DL sind A-, B-, C-Produkte? Gibt es eine solche Einteilung und wird daraus etwas abgeleitet?
   - Welche der bestehenden Produkte bzw. DL könnten eventuell bald nicht mehr gewollte sein (bzw. auslaufende DL)?
   - Was könnten neue Produkte und DL sein (Ziel-Produkt- bzw. DL-Portfolio)?
   - Wie ausgewogen ist das Entwicklungsportfolio?
   - Wie viele neue Produkte werden bis wann benötigt?
2. Analysen zur Organisation, zur Führung und zum Humankapital
   - Ist die Organisationsstruktur passend zur Strategie (zentralisiert, dezentralisiert)?
   - Welcher Führungsstil wird gelebt? Streng hierarchisch? Führung durch Ziele? Ist ein agiles Handeln möglich?
   - Gibt es ein funktionierendes mittleres Management? Gibt es Nachwuchsführungskräfte? Ist die Nachfolge in der Eigentümerschaft geklärt?
   - Sind Anforderungs- und Fähigkeits-Profile der Mitarbeiter passend, ist die Personalentwicklung passend? Sind im Konkreten die Aufgaben, die Befugnisse, die Kompetenzen, die Verantwortung, die Vergütung (ABKVV) systematisch für Führungskräfte und Mitarbeiter definiert und wird danach auch gemanagt?
   - Wie ist die Altersstruktur, Krankheitsquote, Motivation?
   - Wie ist der Recruiting-Prozess organisiert?
3. Analysen zu Prozessen: Bei welchen wesentlichen Prozessen im Unternehmen werden Verbesserungspotenziale bzw. neue Anforderungen für die Bedienung der bestehenden und auch der neuen Produkte, Kunden, Geschäftsfelder gesehen?

- Kernprozesse: Einkauf, Entwicklung, Produktion, Marketing, Vertrieb.
- Unterstützende und Managementprozesse: Controlling, IT, Personal, allgemeine Verwaltung.
- Wie effizient und effektiv wird die Produktion gemanagt? Welche Teile der Wertschöpfungskette werden bedient? Was ist outgesourct? Welche Produktionsstätten gibt es, auf wie viele Werke ist die Fertigung verteilt? Wie sind diese organisiert? Welche Effizienz steigernde Methoden werden verwendet (Kaizen, 6Sigma, TPM, KVP ...)? Wie ist die Auslastung?
- Ist eine Rückwärts- oder Vorwärtsintegration denkbar bzw. sinnvoll?
- Wie ist der Vertrieb organisiert? Welche Vertriebswege werden wie professionell verwendet?
- Welche Marketingformen werden genutzt?
- Wie gut ist das Controlling, die Unternehmenssteuerung aufgestellt? Sind Werkzeuge wie die Kostenstellenrechnung, Kalkulation, DB-Rechnung, Reporting, Planung, Business Intelligence, Business Analytics, Investitionsrechnung, Risikomanagement passend implementiert?
- Wie sicher, zukunftsorientiert und effizient ist die IT organisiert?
- Sind Teile der unterstützenden Prozesse in Shared Service Center organisiert?

4. Finanzielle Voraussetzungen
   - Wie ist die bestehende und die zu erwartende Gesamtrentabilität (ROI, ROS)?
   - Welche Eigenkapitalquote, Anlagendeckung bietet wie viel Stabilität?
   - Welche Liquidität ist vorhanden (Dynam. Verschuldungsgrad, Liquiditätsgrad II)?
   - Welche Finanzierungsmöglichkeiten stehen uns für Investitionen in neue Produkte, neue Geschäftsfelder oder für Unternehmenszukäufe zur Verfügung?

2.2 Die Boston-Consulting-Group-(BCG)-Matrix

Bei der Ist-Analyse im Unternehmen ist eines der wichtigsten Werkzeuge die Portfolioanalyse, z. B. das 4-Felder-Portfolio der Boston Consulting Group (BCG) (s. Abb. 2).[1] Derartige Portfolioanalysen können für Produkte, für Kunden als auch auf strategische Geschäftsfelder oder auf Produkte in der Entwicklungspipeline angewendet werden.

[1] v. Oettinger, 2000.

Das BCG-Portfolio (Abb. 2) verknüpft den Lebenszyklus eines Produkts mit der Marktposition und dem Marktwachstum. Bei einem Produkt, das früh im Lebenszyklus steht, weiß man noch nicht, ob es ein erfolgreiches Produkt oder ein Flop wird. Startet man mit einem neuen Produkt, dann ist der Marktanteil noch Null, deswegen muss der Lebenszyklus links in unserem Portfolio beginnen, der linke obere Quadrant ist mit einem Fragezeichen gekennzeichnet und wird als „Questionmark-Bereich" bezeichnet. Kann das Produkt erfolgreich etabliert werden, dann folgt eine Wachstumsphase und das Produkt wandert in den rechten oberen Quadranten, dem „Star-Bereich". Tritt beim Wachstum eine Sättigung ein, dann ist das Produkt (bzw. der Markt) in der Reifephase, dem sog. „Cash Cow-Bereich", der untere rechte Quadrant. Später folgt ein Absatzrückgang („Poor Dog-Bereich") bis das Produkt das Lebensende erreicht und vom Markt genommen werden muss.

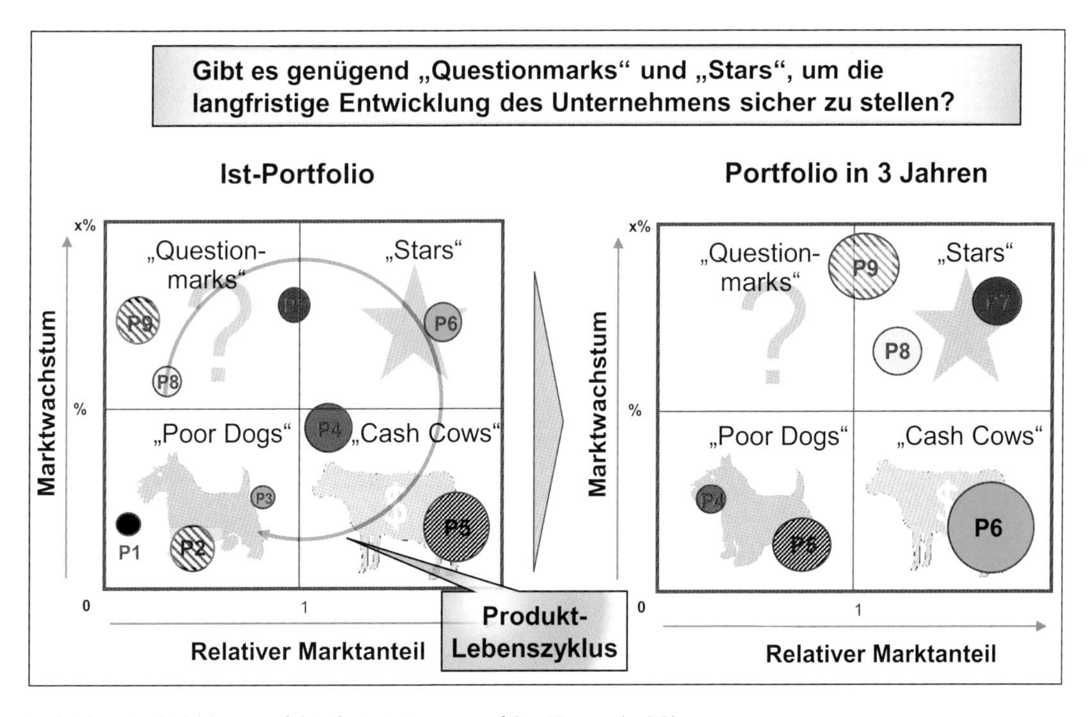

Abb. 2: Das 4-Felder-Portfolio der Boston Consulting Group (BCG)

Der (richtige) Zeitpunkt ist kritisch für den Erfolg

Eine 1. Aussage des BCG-Portfolios ist, dass eine Neuproduktplatzierung mit einer höheren Wahrscheinlichkeit erfolgreich sein wird, wenn bereits ein gewisses Marktwachstum vorhanden ist. Ist das Wachstum allerdings bereits sehr hoch, sind zumeist schon mehrere Wettbewerber im Markt etabliert, die einen Erfahrungsvorteil haben, und die Flop-Rate ist höher. Ist die Wachstumsrate bereits wieder rückläufig, dann ist der Einstiegszeitpunkt ungünstig, denn die Flop-Rate ist noch größer. Nokia ist z.B. zwar Pionier im Handy-Markt gewesen, aber erst sehr spät in den Smartphone-Markt eingedrungen und erlitt einen Flop.

Ausgewogene Verteilung der Produkte über die Lebenszyklen entscheidend

Die 2. und noch wichtigere Anwendung der BCG-Matrix ist die Erzeugung eines Überblicks über die Ausgewogenheit des Produktportfolios. Wie bereits beschrieben, ermöglicht die Betrachtung der Absatzentwicklung über die Periode eine Beurteilung und Positionierung des Produktes im Lebenszyklus (s. Abb. 3). Die Anwendung in der Praxis zeigt, dass die Positionierung manchmal nur schwer aus der Entwicklung des Marktwachstums und relativen Marktanteils abgeleitet werden kann. Wenn ein Produkt gegenüber den Wettbewerbsprodukten ein Differenzierungsmerkmal aufweist, das dem Kunden wichtig ist, könnte es auch überdurchschnittlich wachsen und entzieht sich der Logik der BCG-Darstellung. Betrachtet man aber die Absatzentwicklung und leitet daraus den Lebenszykluszustand ab, kann man das Produkt zumeist leicht in eines der 4 Felder einsortieren. Die Empfehlung ist, das Werkzeug nicht streng wissenschaftlich anzuwenden, eine pragmatische Einschätzung im Lebenszyklus reicht meist aus. Wichtig ist, die richtigen Erkenntnisse aus der Analyse zu ziehen. Wenn die meisten Produkte im Lebenszyklus weit fortgeschritten sind, ist es ratsam, rasch neue Produkte in den Markt zu bringen, bzw. einen Relaunch bestehender Produkte vorzunehmen. Ein Relaunch ist die Erneuerung eines bestehenden Produkts in für den Kunden wesentlichen Eigenschaften.

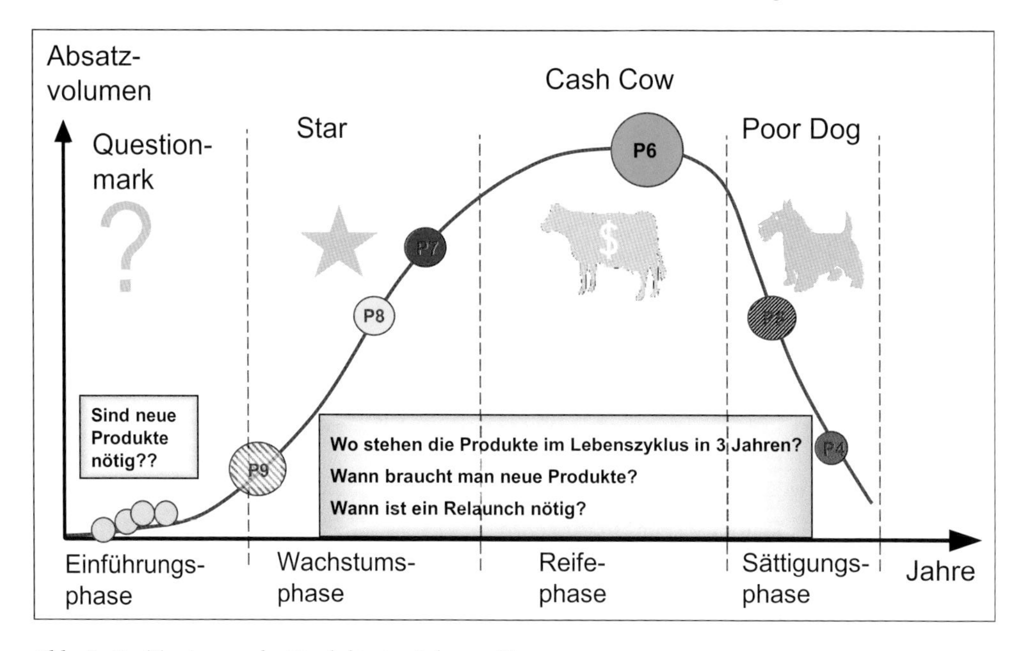

Abb. 3: Positionierung der Produkte im Lebenszyklus

Die Produkte im Cash-Cow-Bereich werfen i. d. R. einen hohen Deckungsbeitrag und auch einen höheren Cashflow ab. Wandert ein Produkt weiter in den Poor-Dog-Bereich, dann verringert sich der Deckungsbeitrag und auch der Cashflow. Produkte am Anfang des Lebenszyklus (Questionmark- und Star-Bereich) haben meist noch einen höheren Investitionsbedarf (Weiterentwicklung des Produkts, Investition in die Produktionsanlagen, Marketingausgaben) und weisen typischerweise noch negativen Cashflow auf. Im ausgewogenen Portfolio ermöglichen die reifen Produkte die Investitionen in die neuen Produkte. Ist das Portfolio nicht ausgewogen, muss die Strategie sein, so viele neue Produkte in den Markt zu bringen, dass das Portfolio wieder ausgewogen werden kann.

2.3 Die Potenzialanalyse

Das Werkzeug der Potenzialanalyse kombiniert die Ergebnisse der 3 Analysefelder

1. Markt-/Kundenanalyse,
2. Wettbewerbs-/Umfeldanalyse und
3. unternehmensinterne Analyse.

Quantitative Beurteilung von Wettbewerbsvorteilen

Im ersten Schritt sucht man die für den Kunden bei der Auswahl des Produktanbieters wesentlichen Kriterien (Kriterien aus Kundensicht, ca. 5 bis 10 Kriterien), welche im Anschluss gewichtet werden (in Summe 100 %). Das dafür benötigte Know-how über die Bedürfnisse erhält man aus der Markt- und Kundenanalyse. Mithilfe der Informationen aus der Wettbewerbsanalyse wird eine Bewertung im Vergleich zum relevanten Konkurrenten vorgenommen. Schätzt man sich gleich gut bei der Erfüllung eines Kriteriums ein, dann erhält hat man 3 Punkte, ist man etwas besser, dann erhält man 4 Punkte und mit 5 Punkten wird man bewertet, wenn man sich viel besser einschätzt. Entsprechend erhält man 2 Punkte, wenn man etwas schlechter in dieser Eigenschaft ist bzw. 1 Punkt, wenn man viel schlechter ist. Multipliziert man die Beurteilungspunkte mit der Gewichtung, erhält man eine Punktezahl. Der betrachtete Wettbewerber wird per Definition in der Mitte angesiedelt, hat also 300 Punkte. Ergibt die Analyse, dass das eigene Unternehmen (bzw. Geschäftsfeld oder Produkt/DL) mehr als 300 Punkten hat, ist man in der Gesamtbeurteilung besser als der entsprechende Konkurrent. Infolge müsste daraus auch ein höherer Marktanteil resultieren oder ein höherer Verkaufspreis möglich sein.

Maßnahmen zur Verbesserung der Wettbewerbsposition vergleichen

Hat man in der Ist-Situation mehr Punkte als der Wettbewerber, trotzdem aber einen geringeren Marktanteil (bei ähnlichem Preis), dann wurde entweder in der Beurteilung eine Fehleinschätzung vorgenommen oder man ist wirklich besser, die Kunden nehmen dies aber nicht wahr.

In Konsequenz müssten die vorhandenen Wettbewerbsvorteile bekannt gemacht werden. Bei jenen Kriterien, die für die Kunden sehr wichtig sind (hohe Gewichtung), die Beurteilung bei 2 oder gar bei 1 liegt (in unserem Beispiel in Abb. 4 die Online-Präsenz mit 20 % Gewichtung), sollten Maßnahmen zur Verbesserung eingeleitet werden. Es sollte auch in Betracht gezogen werden, dort wo man sehr gut ist, dem Kunden es aber nicht wichtig ist, Abstriche vorzunehmen, um Kosten zu sparen (im Beispiel die Produktverfügbarkeit). Aus der Potenzialanalyse werden die wesentlichen Stärken und Schwächen sichtbar. Die abgeleiteten Strategien, Projekte bzw. Verbesserungsmaßnahmen, können mit Hilfe der Punkte die dazugewonnen werden, priorisiert werden. In unserem Beispiel bringt der Ausbau der „internationalen Marktpräsenz“ 70 Punkte und müsste somit höher gewichtet werden als der Ausbau der „Online-Präsenz“, da diese Strategie mit 40 Punkten ein geringeres Potenzial aufweist.

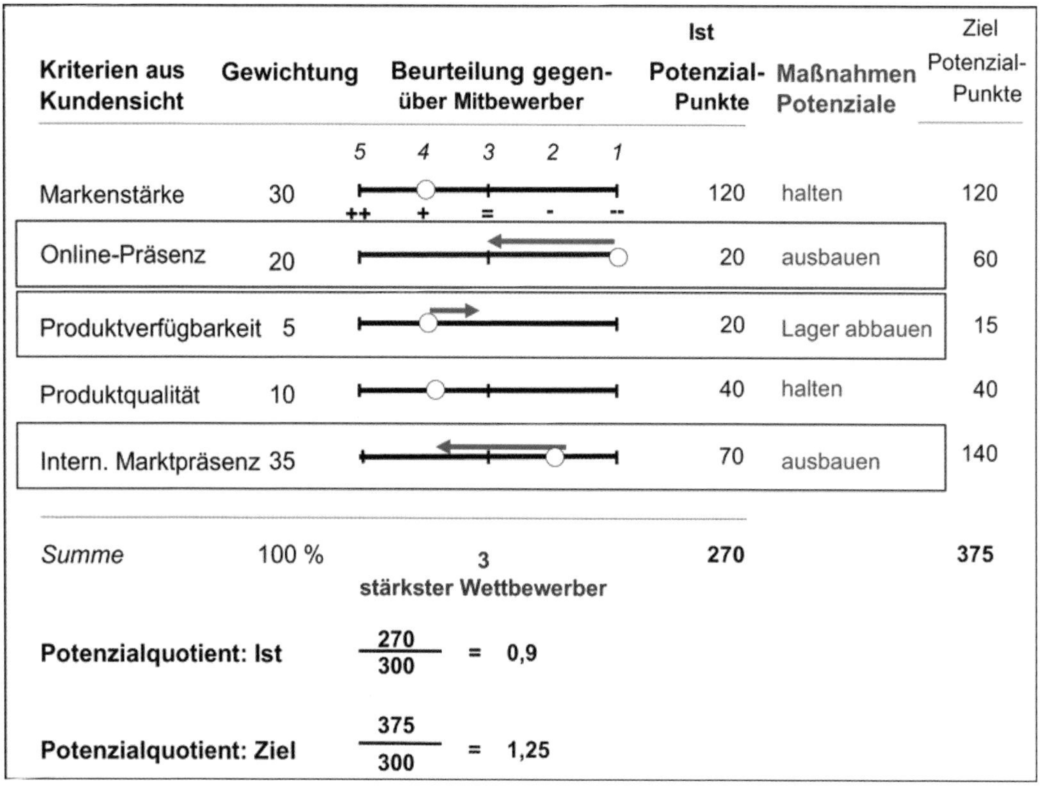

Kriterien aus Kundensicht	Gewichtung	Beurteilung gegenüber Mitbewerber	Ist Potenzial-Punkte	Maßnahmen Potenziale	Ziel Potenzial-Punkte
		5 4 3 2 1			
		++ + = - --			
Markenstärke	30		120	halten	120
Online-Präsenz	20		20	ausbauen	60
Produktverfügbarkeit	5		20	Lager abbauen	15
Produktqualität	10		40	halten	40
Intern. Marktpräsenz	35		70	ausbauen	140
Summe	100 %	3 **stärkster Wettbewerber**	**270**		**375**

Potenzialquotient: Ist $\frac{270}{300} = 0{,}9$

Potenzialquotient: Ziel $\frac{375}{300} = 1{,}25$

Abb. 4: Das Werkzeug der Potenzialanalyse

2.4 Die SWOT-Analyse

SWOT steht für Strengths (Stärken), Weaknesses (Schwächen), Opportunities (Chancen), Threats (Gefahren). Das Instrument der SWOT-Analyse kann dazu genutzt werden, am Ende alle Analysen zusammenzuführen (s. Abb. 5). Die Stärken und die Schwächen folgen vor allem aus der unternehmensinternen Analyse. Viele der Gefahren (nicht ausschließlich) ergeben sich aus der Wettbewerbs- und Umfeldanalyse. Aus der Markt- und Kundenanalyse werden vor allem die Chancen und Möglichkeiten sichtbar.

Jede Strategieentwicklung sollte zumindest eine SWOT Analyse beinhalten

Hat man nicht die Möglichkeit oder will man den Aufwand einer ausführlichen Analyse mit all den vorgestellten Werkzeugen der 3 Analysefelder nicht betreiben, so wäre die SWOT-Analyse die Mindestanforderung an eine Strategieentwicklung. Professionelle SWOT-Analysen können bereits sehr gute Ergebnisse liefern (s. der Beitrag von Stephan, „SWOT-Analyse: Controllinginstrument zur Identifikation strategischer Handlungsoptionen" und der Beitrag von Heimel/Stirzel, „Strategische Analyse am Beispiel von zwei Start-up-Unternehmen der Mobilitätsbranche"). Wichtig ist, dass nicht nur die Stärken, Schwächen, Chancen und Gefahren niedergeschrieben werden, sondern dass aus den Analysen die entsprechenden Maßnahmen bzw. strategischen Projekte bzw. Handlungsfelder abgeleitet werden.

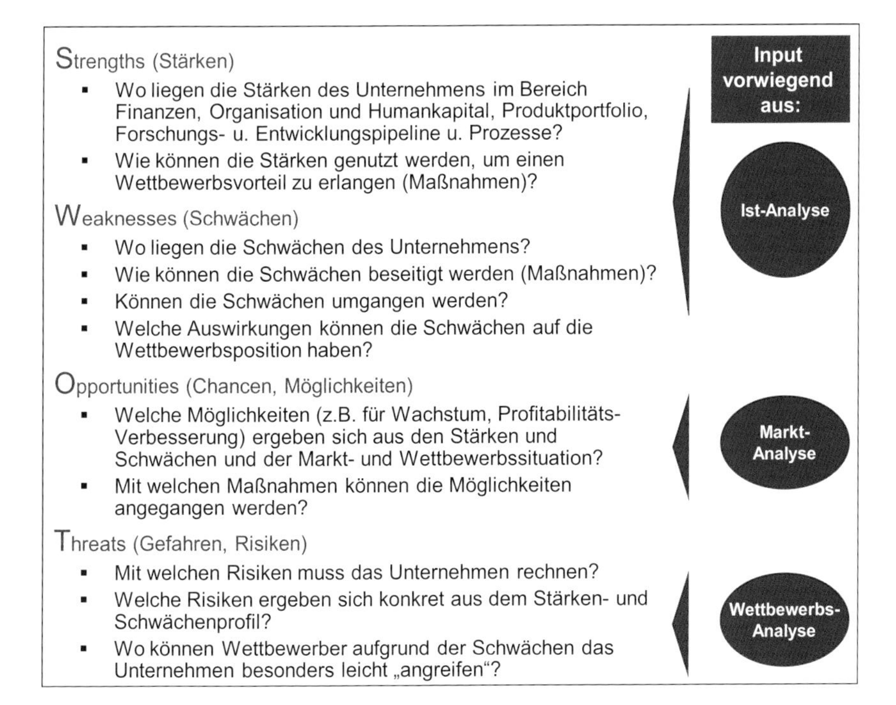

Abb. 5: Die SWOT-Analyse

3 Optionen und Szenarien

Aus den durchgeführten Analysen in den 3 Analysefeldern ergeben sich i.d.R. mehr strategische Handlungsfelder als in der Realität umgesetzt werden können und auch umgesetzt werden sollen. Manchmal sind es auch sehr unterschiedliche Wege, die zur Diskussion stehen und es muss erst entschieden werden, welches Szenario einem eher zusagt. Das können z.B. Entscheidungen sein, wie: „Bauen wir das internationale Geschäft über Distributoren auf oder gründen wir eigene Vertriebsgesellschaften?“ oder „Soll das Unternehmen zu 100 % in Familienbesitz bleiben und wir beschränken uns im Wachstum oder beschreiten wir einen aggressiven Wachstumskurs mit einem Investor?“ Der Szenario-Trichter in Abb. 6 stellt symbolisch die unterschiedlichen Optionen dar.

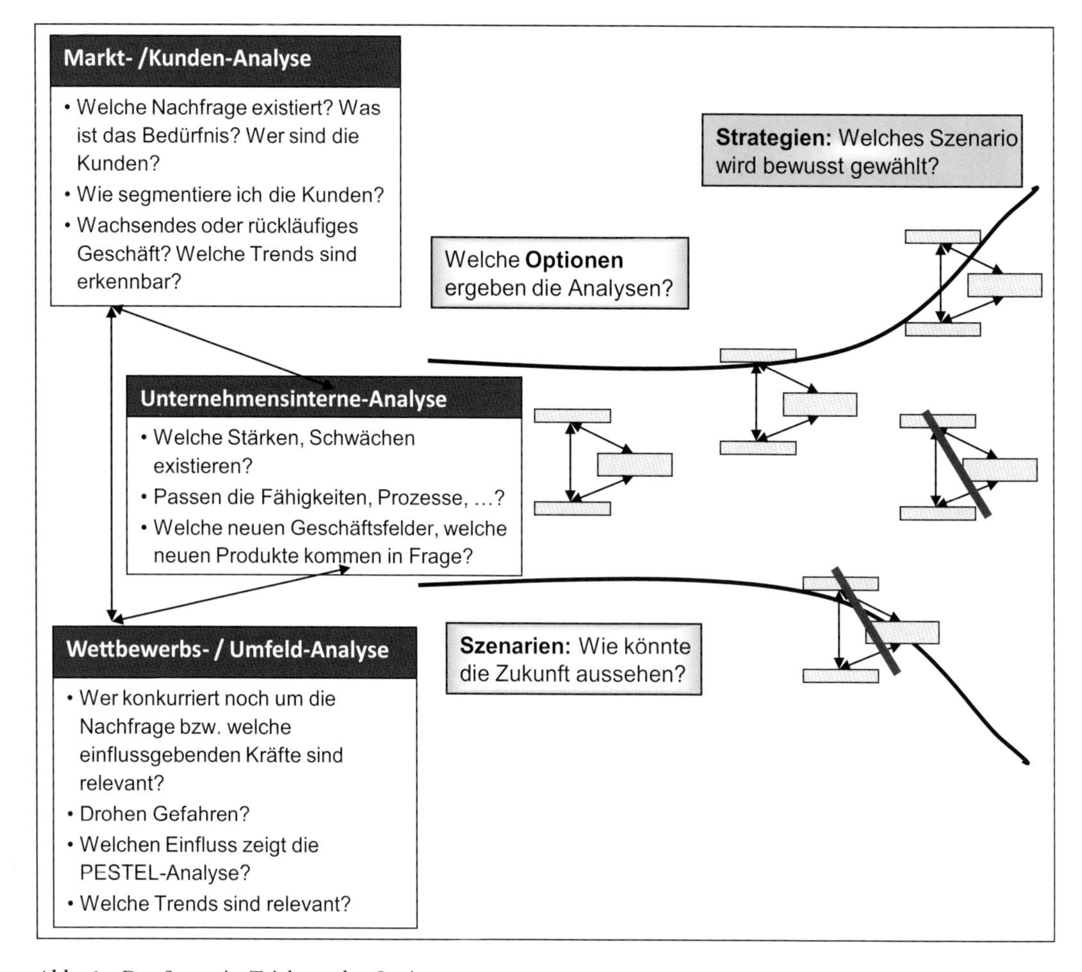

Abb. 6: Der Szenario-Trichter, der Optionenraum

Auszuwählen, welche Strategien gewollt sind, ist der nächste wichtige Schritt in der Strategieentwicklung. Ein Abgleich mit dem Leitbild und eine Rücksprache mit den Eigentümern kann möglicherweise dafür sorgen, dass manche der Optionen schon vor weitergehenden Analysen ausgeschieden werden, aus welchen Gründen auch immer.

Strategische Projekte müssen auf machbare Zahl reduziert werden

Die üblicherweise immer noch größere Anzahl an zur Wahl stehenden strategischen Projekten können auch mit Hilfe eines Priorisierungsportfolios (s. Abb. 7) reduziert werden. Eine endgültige Auswahl der zukünftigen Strategie ist oft erst möglich, wenn die in Frage kommenden Strategien in einem strategischen Konzept detailliert ausformuliert werden, vor allem die strategischen Ziele konkretisiert werden.

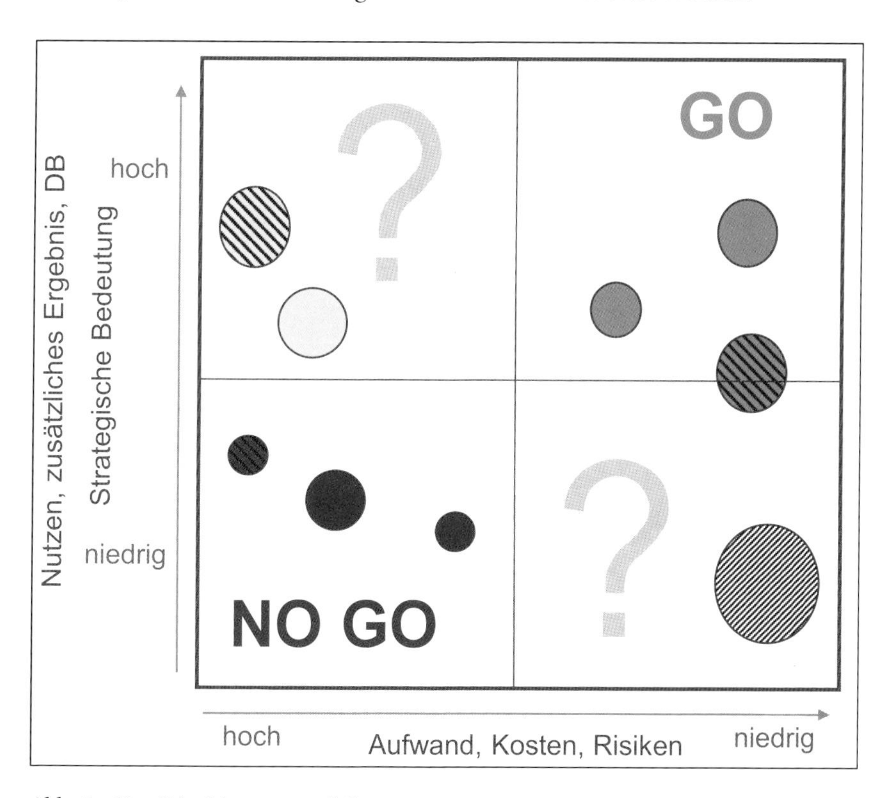

Abb. 7: Das Priorisierungsportfolio

4 Das strategische Konzept, Konkretisierung der Ziele

Nach der (Erst-)Auswahl der Strategien müssen diese konkretisiert werden. Dabei kann das Strategische Formular,[2] wie in Abb. 8 gezeigt, eine Unter-

[2] Deyhle, 2010, S. 155.

stützung sein. Besonders hervorzuheben ist, dass die Annahmen über die von außen vorgegebenen Randbedingungen (=Prämissen, z.B. Wettbewerbsreaktionen, gesetzliche Vorschriften, Trendentwicklungen, Rohstoffverfügbarkeit, Rohstoffkosten) festgehalten werden sollen, denn diese bilden die Unsicherheiten und somit die Risiken der Strategieumsetzungserfolge ab. Ebenso sind Annahmen über maßgeblich einflussgebende unternehmensinterne Variablen vorzunehmen (z.B. Entwicklungskosten, Herstellzeiten, Personalkostenentwicklung, Marketing- und Vertriebsaufwendungen)

Formulierung von Zielen nach HEUREKA-Prinzip

Bei der Zielformulierung kann das HEUREKA-Prinzip zur Anwendung kommen.[3] Heureka ist altgriechisch und bedeutet „Ich habe (es) gefunden". Es gilt als ein freudiger Ausruf bei der Findung einer Lösung einer schwierigen Aufgabe. In diesem Sinne passt das Wort auch für die Findung geeigneter (strategischer) Ziele und kann uns als ein Merkwort dienen. Die Buchstaben stehen als Anfangsbuchstaben für beschreibende Eigenschaften der Zielformulierung:

Herausfordernd und

Erreichbar;

Ursache-Wirkungsbeziehungen sollen beachtet werden;

Runtergebrochen auf arbeitsfähige und beeinflussbare

E inzelziele;

K onkret und einfach messbar, **K**ennzahlen mit Zielhöhe und Zeitfaktor versehen;

Ausgewogen und priorisiert sowie **a**kzeptiert.

Die Erfahrung hat gelehrt, dass Ziele erst dann im gesamten Team einheitlich verstanden werden, wenn diese gründlich ausformuliert und mit Kennzahlen und Zielhöhen und einem Zeitbezug versehen sind, sowie in ihren Ursache-Wirkungs-Beziehungen in Relation gestellt worden sind.

Damit die Zielsetzung auch motivierend ist, sollen die übergeordneten Ziele heruntergebrochen werden auf arbeitsfähige Einzelziele, dabei ist auf eine Ausgewogenheit zu achten. Nicht nur Finanzziele, sondern auch Kunden- und Marktziele, Produkt- und Prozessziele sowie Ziele in Bezug auf die Mitarbeiter sollen formuliert werden. Die Mitarbeiter sollen ihre tägliche operative Arbeit an ihren Zielen ausrichten und so im Sinne der Strategie des Gesamtunternehmens arbeiten. Die Zielerreichung kann auch zur Leistungsbeurteilung herangezogen werden.

---

[3] Kottbauer, 2014, S. 62.

Die 2 Eigenschaften herausfordernd und erreichbar stehen dafür, dass Ziele motivierend sein sollen. Ist von vornherein klar, dass Ziele nicht erreichbar sind, ist das in keiner Weise motivierend. Planungsziele sollen erreicht werden wollen, die Planung soll akzeptiert werden und soll eine Willenserklärung sein. Ist ein Ziel so niedrig gesteckt, dass es keine Herausforderung darstellt, fühlt sich ein Verantwortlicher auch nicht motiviert, es stellt keinen Reiz dar zu beweisen, dass man das Ziel erreichen kann.

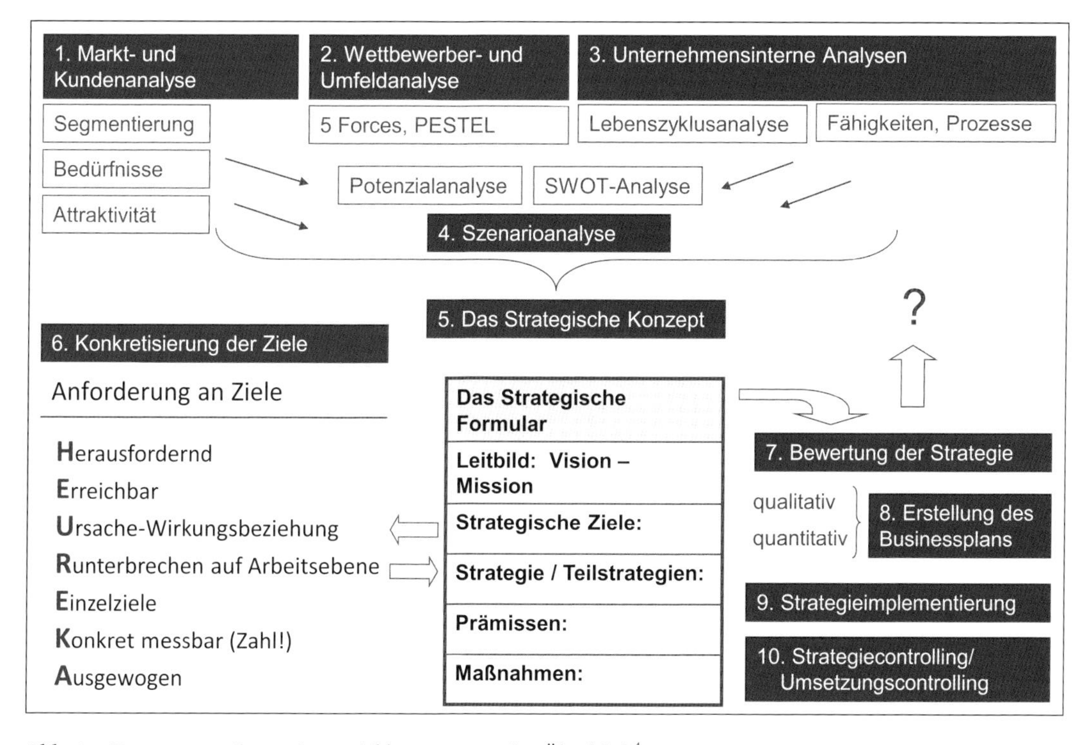

Abb. 8: Der gesamte Strategieentwicklungsprozess im Überblick[4]

5 Beschreibung des Geschäftsmodells, Bewertung der Strategie

Geschäftsmodell-beschreibung ist auch für etablierte Geschäftsfelder sinnvoll

Wird im Zuge der Strategieentwicklung die Erschließung neuer Geschäftsfelder angedacht, so soll das neue Geschäftsmodell ausführlich beschrieben werden. Vor allem, wenn man auf der Suche nach Investoren ist, muss dieser Schritt zwingend passieren. Die Empfehlung ist, dass man auch die

[4] Kottbauer, 2011.

etablierten Geschäftsfelder des Unternehmens zusammenfassend beschreibt. Folgende Gliederung könnte verwendet werden.

1. **Der Kunde, der Markt und das Bedürfnis**

   Der Kunde steht im Zentrum jedes Geschäftsmodells. Zu beschreiben ist, was die relevanten Kunden- bzw. Marktsegmente sind und auch welche nicht bedient werden sollen? Was ist das konkrete Bedürfnis der Kunden? Wie könnte sich das Bedürfnis verändern? Was wird zukünftig das Bedürfnis des Kunden sein? Was stellt die Kunden zufrieden? Wie groß sind die relevanten Zielsegmente und wie ist die Dynamik auf den relevanten Märkten (Wachstum, Stagnation, Schrumpfung), wie ist die (eingeschätzte) Rendite heute und wie wird sich diese entwickeln?

2. **Der Kundennutzen (Customer Value)**

   Was wird dem Kunden angeboten, was ist das Nutzenversprechen? Das Nutzenversprechen beschreibt die Leistungen des Geschäftsfeldes bzw. des Unternehmens. Das können Produkte und auch Dienstleistungen sein. Was ist der Customer Value – der Wert, der dem Kunden geboten wird? Was ist die (besondere, differenzierte) Problemlösungsfähigkeit, die von anderen Anbietern unterscheidet?

3. **Die Kundenbeziehung, Zugang zum Kunden, Kundenpflege, Marketing**

   Auf welchem Weg werden die Kunden erreicht? Was sind die besten Berührungspunkte? Welche Vertriebskanäle, welches Vertriebsnetz soll genutzt werden? Wie wird um die Kunden geworben, welche Marketingmaßnahmen sind vorgesehen?

4. **Das Umfeld: PESTEL**

   Welche Voraussetzungen (Politik, Wirtschaft, Öffentlichkeit, Technologie, Umwelt, Gesetzgebung) sind im Umfeld heute und evtl. zukünftig gegeben, welche (Mega-) Trends könnten das Geschäft beeinflussen?

5. **Der Wettbewerb**

   Wer bedient heute (noch) diese Zielgruppe bzw. befriedigt heute diese betrachteten Bedürfnisse? Wie gut sind die Wettbewerber darin die Bedürfnisse zu decken? Welche Stärken (Marktanteile, Fähigkeiten) und Schwächen weisen die Wettbewerber auf? Was kann von diesen Wettbewerbern gelernt werden? In welcher Fähigkeit ist man selbst besser? Welchen Einfluss haben bzw. welche Kräfte wirken im Sinne der 5 Forces von M. Porter? Welche neuen Wettbewerber könnte es geben? Wie kann eine Eintrittsbarriere für neue Wettbewerber hochgehalten bzw. wie kann die Austrittsbarriere für bestehende Konkurrenten verringert werden? Welche Substitute könnte es geben?

6. **Die Voraussetzungen im Unternehmen**

   Was an (weiteren) Voraussetzungen entlang der gesamten Wertschöpfungskette (F&E, Einkauf, Logistik, Produktion, Vertrieb, Marketing, IT etc.) sind zu schaffen, sodass die Leistung hergestellt und angeboten werden kann, in einer Form, welche die Kunden zufriedenstellt (besser als der Wettbewerber). Welche Fähigkeiten und welche (Schlüssel-)Ressourcen werden dafür benötigt?

7. **Die Partner**

   Welche Partnerschaften sind von Bedeutung, um das beschriebene Geschäft erfolgreich betreiben zu können? Zu welchen Lieferanten, Distributoren, Know-how-Trägern, Personalressourcen etc. wird welche Art von Beziehung benötigt? Was kann zur Absicherung vorgenommen werden?

8. **Customer Equity**

   Welchen Wert (Customer Equity) kann diese Zielgruppe (Kunde) dem Unternehmen schaffen, welchen Wert verspricht man sich von der Bedienung dieser Zielgruppe? Das können sowohl quantitative als auch qualitative Werte sein wie Absatz, Unternehmensgröße und somit Skalen- bzw. Lerneffekte, Umsatz, Deckungsbeitrag, Auslastung, Know-how, Image, Zugang zu Ressourcen etc.

9. **Strategiebewertung, der Businessplan in Zahlen**

   Ausgehend vom betrachteten Markt im Zielsegment sollen Marktanteile, Absätze, Verkaufspreise, Umsätze, Produktkosten (ProKo, variable Kosten) bis zum Deckungsbeitrag, Strukturkosten (StruKo, Fixkosten) bis zu einem operativen Ergebnis (EBIT), im Net-Working-Capital, Investitionsbedarf bis zum Free-Cashflow, (Fremd-)Kapitalbedarf bzw. Summe der diskontierten Cashflows über einen sinnvoll zu betrachtenden Zeitraum von 3, 5, 7 oder vielleicht 10 Jahren dargestellt werden (Abb. 9).

   Da es immer verschiedene Optionen gibt, sollen die in Frage kommenden Szenarien in Zahlen ausgedrückt werden, erst dann existiert die Grundlage zur Beurteilung der Optionen. Eine Mehrjahresbetrachtung der Entwicklung der angedachten Strategie ist vorzunehmen. Ob sich die zu tätigenden Investitionen jemals rechnen, muss in einer Discounted-Cashflow-Analyse beurteilt werden. Der zu betrachtende Zeitraum erstreckt sich längstens über die Nutzungszeit der angedachten Investition (Lebenszeit eines neuen Produkts, Relaunch-Kosten bis zum nächsten Relaunch etc.), zumeist über eine Periode von 3 bis 8 Jahren.

Mehrjahresrechnung für das neue Geschäftsfeld XY				
Zeitraum	**Jahr**	**1**	**2**	**...**
Marktvolumen gesamt (Absatz)	Einheit			
eigener Marktanteil	%			
eigene Absatzentwicklung	Einheit			
Verkaufspreis / Einheit	in €			
ProKo (variable Kosten) / Einheit	in €			
Deckungsbeitrag 1 / Einh.	in €			
Umsatz	**in T€**			
Deckungsbeitrag 1	in T€			
StruKo (Fixkosten) Herstellung	in T€			
Kosten Entwicklung	MA			
Kosten Vertrieb	MA			
Kosten Marketing	in T€			
Allg. Verwaltung	in T€			
EBIT	in T€			
Veränderungen im net working capital	in T€			
Investitionen / Desinvestitionen	in T€			
Aufnahme / Rückzahlung Darlehen	in T€			
Cash-fow CF	in T€			
diskontierter Cashflow DCF	in T€			

Abb. 9: Die Struktur der Mehrjahresrechnung des Businessplans

10. **Die Risikoanalyse:**Welche Risiken bringt das Geschäft mit sich?

    Für eine endgültige Strategiebewertung reicht die Berechnung eines „Realistic-Case-Szenario“ noch nicht aus. Bei der Beschreibung des strategischen Konzepts (Kapitel 4) wurden im strategischen Formular Prämissen für die Erreichung der strategischen Ziele festgehalten. Werden die beschriebenen Voraussetzungen ev. nicht erfüllt, stellt das ein Risiko bei der Erreichung der Ziele dar. Diese und weitere Risiken müssen in die Berechnungen mit einfließen. Wenn die relevanten einflussgebenden Variablen (Absatz, Verkaufspreis, Rohstoffpreise etc.) mit Hilfe der Monte Carlo Methode in ihrer Bandbreite variiert werden, ist ersichtlich, welches Ergebnis (EBIT, Cashflow) mit welcher Wahrscheinlichkeit, in welchem Jahr erreicht werden kann. Das Ergebnis ist nun nicht mehr nur eine Zahl, sondern eine mögliche Bandbreite von Ergebnissen mit einer Normalverteilung.[5] Für eine zu treffende Entscheidung stellt es einen wesentlichen Unterschied dar, ob ein zu erwartender EBIT (Erwartungswert μ) von z.B. 2,5 Mio EUR

[5] Gleißner, 2011.

mit einer Wahrscheinlichkeit von 99,7 % zwischen bspw. +1 und +4 Mio. EUR (2,5 ±1,5) liegt oder zwischen -2 und +7 Mio. EUR (2,5 ±4,5) (s. Abb. 10). Die Breite der Schwankung (DVaR, Deviation Value at Risk) des Ergebnisses stellt ein Maß für das Risiko dar. Das Resultat der Risikoanalysen kann bewirken, dass es nun noch einmal zu Anpassungen in der Strategie bzw. bei der Priorisierung der Vorhaben kommt.

Ist die Risikoanalyse abgeschlossen und hat man sich endgültig auf Strategien geeinigt, dann folgt die Eingliederung in den operativen Planungsprozess (Punkt 9 in Abb. 8). Um das Commitment der Umsetzenden zu erreichen, ist dabei eine frühe und verständliche Kommunikation von immenser Bedeutung. Über die Umsetzungserfolge ist zu berichten, ein Strategieumsetzungscontrolling (Punkt 10 in Abb. 8) ist in das Berichtswesen zu integrieren. Die dabei sichtbar werdenden Erfolge und vor allem Nicht-Erfolge der Umsetzung fließen wiederum in die nächste Strategieentwicklung ein.

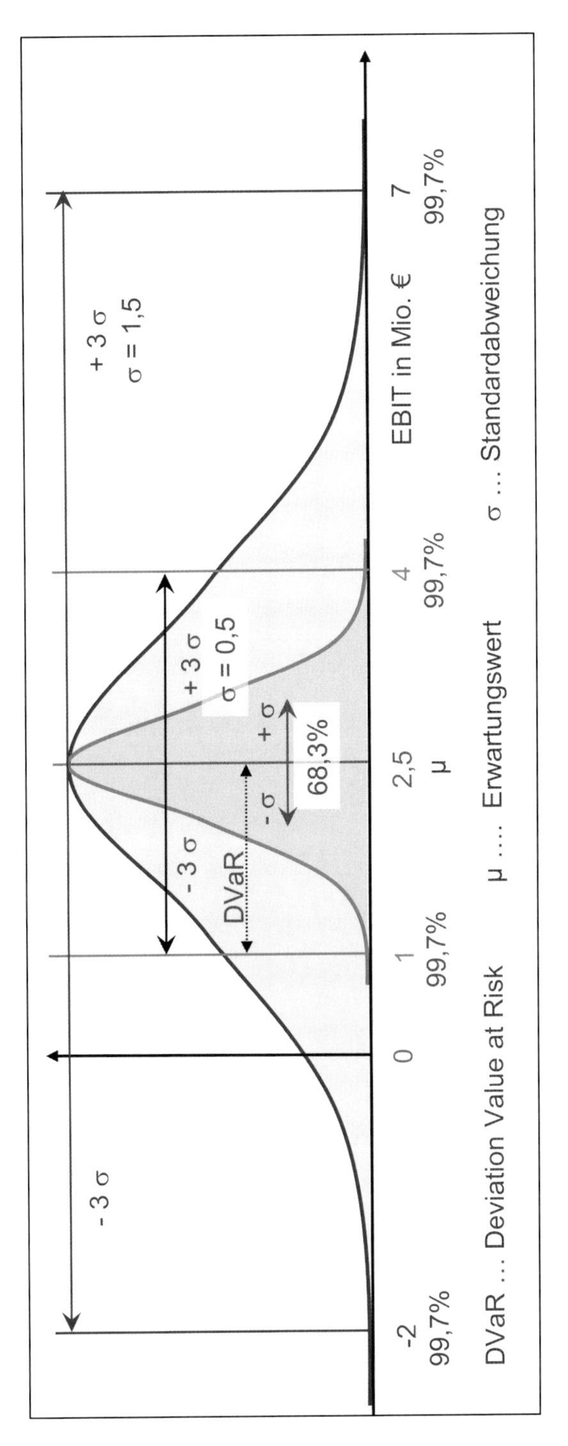

Abb. 10: Die Bandbreite des zu erwartenden Ergebnisses bei unterschiedlichen Risiken

6 Literaturhinweise

Deyhle/Kottbauer/Pascher, Manager und Controlling, 2010.

Gleißner, Risikoanalyse und Replikation für Unternehmensbewertung und wertorientierte Unternehmenssteuerung, WiSt 7/2011, S. 345–352.

Gleißner, Grundlagen des Risikomanagements, 2017.

Kottbauer, Strategieentwicklung in mittelständischen Unternehmen, Controller Magazin 4/2011, S. 10–17.

Kottbauer, Integration von strategischer und operativer Unternehmenssteuerung, in Roth (Hrsg.), Ganzheitliches Performance Management – Unternehmenserfolg durch Perspektivenintegration in ein Management Cockpit, 2014, S. 51–73.

Ohmae, The Mind of the Strategist – The Art of Japanese Business, 1982.

v. Oettinger, Das Boston Consulting Strategie Buch, 7. Aufl. 2000.

Digitalisierung: Erfolgreiche digitale Transformation braucht eine Strategie

- Die zunehmende Digitalisierung stellt sowohl Unternehmen als auch deren Mitarbeiter vor viele neue Herausforderungen und bietet zugleich ein hohes Chancenpotenzial.
- Die Chance, das mit der Digitalisierung verbundene Potenzial (Steigerung der Produktivität, Flexibilität, Geschwindigkeit, Individualisierung von Kundenwünschen sowie die Erweiterung des Geschäftsmodells etc.) zu heben, ist abhängig von der Konsequenz der Umsetzung der Digitalisierung.
- Voraussetzung für eine erfolgreiche Umsetzung ist eine Digitalisierungsstrategie, die den Weg und die Ziele für alle Beteiligten (Kunden, Lieferanten, Mitarbeiter) transparent, nachvollziehbar und erstrebenswert macht.
- Eine gelebte und von allen mitgetragene Digitalisierungsstrategie impliziert eine Kulturveränderung im Unternehmen.

Inhalt **Seite**

Der Autor

Prof. Dr. Armin Roth, Inhaber des Lehrstuhls Unternehmenssteuerung und Leiter des Forschungsbereichs "Enterprise Performance Management & Business Intelligence" im Studiengang Wirtschaftsinformatik der Hochschule Reutlingen sowie Senior Partner der Braincourt GmbH, Managementberatung und Informationssysteme in Leinfelden-Echterdingen.

1 Die fortschreitende Digitalisierung verändert die Unternehmensumwelt

Die digitale Transformation erfasst derzeit alle Lebensbereiche. Nahezu ständig sind wir mit den neuen Informations- und Kommunikationstechnologien über unsere Smartphones, Tablets, PCs etc. verbunden und nutzen die angebotenen Services (Chats, Shops, Online-Banking, Reiseportale, eTickets, mobile Apps zur Steuerung von Außendienst-, Lager- oder Instandhaltungsmitarbeitern etc.) wie eine Selbstverständlichkeit. Häufig wird vergessen, dass diese Dienstleistungen noch nicht sehr lange zur Verfügung stehen und mit welcher Geschwindigkeit diese Veränderung stattfand und noch immer stattfindet.

Derzeit sind ca. 8 Mrd. Endgeräte mit dem Internet verbunden. Nach Prognosen sollen es im Jahr 2020 bereits ca. 30 Mrd. Endgeräte sein, d.h. die Möglichkeiten zur Entwicklung digitaler Services und das Angebot an digitalen Produkten werden sich drastisch erhöhen.

Schnelle Anpassung entscheidend

Unternehmen müssen heute ständig auf der Suche sein, wie sie ihre Wertschöpfungsprozesse durch den Einsatz digitaler Technologien schlanker und effizienter gestalten und ihr Produkt- und Leistungsportfolio an die veränderten Möglichkeiten anpassen können. Diejenigen Unternehmen die, unterstützt durch die technologischen Chancen der digitalen Kunden-Unternehmens-Interaktion, am schnellsten für die Kunden überzeugende Lösungen anbieten, werden ihre Marktattraktivität und Wettbewerbsfähigkeit deutlich steigern.

„Wenn Technologien und Gesellschaft sich schneller ändern, als Unternehmen in der Lage sind sich anzupassen, dann kommt es ganz nach den Regeln der Evolution zum Aussterben bestimmter Unternehmenstypen.[1]“

Das obige Zitat macht deutlich: Die zunehmende Digitalisierung und Vernetzung der realen Welt mit der digitalen Welt verändert das Alltagsleben der Menschen, sowie die Märkte, Geschäftsbeziehungen und Wertschöpfungsketten drastisch. Die digitale Transformation – d.h., die Integration und Implementierung der digitalen Technologien in die bestehende Geschäftswelt – wird einerseits als Chance für einen Wandel bestehender Geschäftsmodelle und die Generierung neuer Geschäftspotenziale angesehen. Anderseits stellt sie für die Unternehmen aber zugleich eine große Herausforderung dar, denn um ihre Wettbewerbsfähigkeit nachhaltig zu sichern oder auszubauen, müssen sich Organisationen schnell den Zeichen der Zeit anpassen und auf die Veränderungen reagieren.

1 Land, 2015.

Märkte, Geschäftsbeziehungen und Wertschöpfung ändern sich radikal

Aus den letzten Sätzen wird deutlich, dass der Begriff „Digitalisierung" sehr breit interpretiert werden kann. Dieser Artikel versteht unter Digitalisierung:

- Die **Automatisierung** von bisher durch analoge Schritte geprägten Prozessen sowie
- die **Vernetzung** von bisher isoliert agierenden Komponenten und Prozessen unter Ausnutzung der technologischen Möglichkeiten,
- um innerhalb **von bestehenden oder neuen Geschäftsmodellen** die **Wertschöpfung signifikant zu flexibilisieren** und zu **optimieren**
- und durch **Individualisierung der Produkte und Services**
- den **Kundennutzen zu maximieren.**

Durch die Vernetzung entsteht die Möglichkeit alle relevanten Informationen in Echtzeit auszuwerten und dadurch Prozesse transparenter und effizienter zu gestalten. Die neuen technologischen Möglichkeiten (z.B. die der Mensch-zu-Mensch, Mensch-zu-Maschine und Maschine-zu-Maschine-Kommunikation und -Interaktion) bieten die Chance das Verhältnis zwischen Unternehmen und Kunden grundlegend weiter zu entwickeln. Die Innovationen wirken sich nicht nur auf der Marketing- oder Vertriebsseite von Unternehmen z.B. durch die neuen Interaktionsmöglichkeiten im Social Web aus. Insbesondere die Entwicklung und Entstehung von Produkten und Services, z.B. in Unternehmensbereichen wie Produktion und Logistik sowie der Sales- und After-Sales-Prozess werden sich deutlich weiter verändern.

Das Zusammenwachsen der digitalen und produzierenden Industrie gilt dabei als Schlüssel für eine Effizienzsteigerung und neues Wachstum. Studien zufolge haben digitalisierte Unternehmen die Chance ihre Schnelligkeit, Flexibilität und Produktivität um ca. 40 % zu steigern.[2] Gleichzeitig kann die Digitalisierung auch genutzt werden, um die Unternehmensstrategien neu auszurichten und die Produkt- und Servicepalette weiter zu entwickeln.

Anstreben einer „Nulldistanz" zwischen Angebot und Nachfrage

In diesem Zusammenhang werden die neuen Chancen, welche aus der digitalen Vernetzung zwischen Märkten und Unternehmen sowie innerhalb des Unternehmens entstehen, als erfolgskritisch für die Zukunft angesehen. Ziel ist es, die Distanz zwischen Angebot und Nachfrage durch die Digitalisierung zu minimieren. Man spricht im Idealzustand von einer „Nulldistanz" (Zero Distance) z.B. zwischen Endkunden und Unternehmen (s. Abb. 1), so dass Innovationen sehr nahe am Kunden entwickelt werden können.

[2] Vgl. Forst, 2014.

Geschäftsmodelle, basierend auf einer starren, losgrößenoptimalen Massenproduktion standardisierter Produkte, welche anschließend an Kunden verkauft werden sollen, sind nicht effizient und werden zukünftig als nicht mehr wettbewerbsfähig eingestuft. In den nächsten Jahren werden nur die Unternehmen beim Erreichen einer Nulldistanz erfolgreich sein, die es schaffen, 2 grundlegende Unternehmensorientierungen miteinander in Einklang zu bringen, die wie 2 Kreisläufe ineinander greifen und sich gegenseitig beeinflussen:

- Die „Outside-in-Orientierung": Schnelle Anpassung der Ressourcen und Fähigkeiten des Unternehmens an dynamische Umweltveränderungen (z. B. technologische Trends, veränderte Kundenbedürfnisse, neue Lieferantenbeziehungen)
- Die „Inside-out-Orientierung": Fokussierung des Unternehmens auf die Optimierung seiner internen Ressourcen und den Ausbau wesentlicher Kernkompetenzen mit dem Ziel einer Effizienzsteigerung und Kostensenkung in der Leistungserbringung.

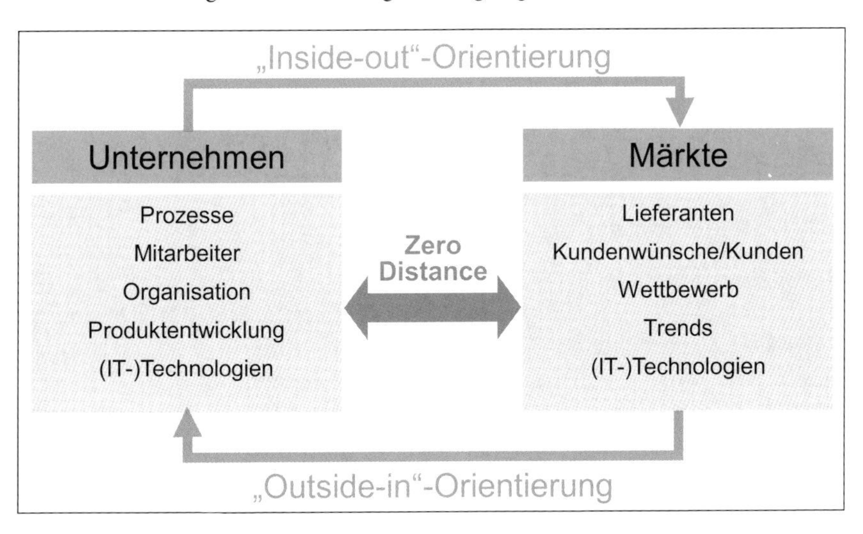

Abb. 1: Zusammenhang und Kreislauf zwischen Unternehmen und Märkten zum Erreichen einer „Nulldistanz" (Zero Distance)

Neue technologische Ansätze und Konzeptionen fungieren in diesem Wechselspiel als Katalysatoren. Sie dienen dazu, den Datenaustausch zwischen den Akteuren in den Unternehmen und Märkten (z. B. zwischen dem Produktionsbereich eines Unternehmens und einem Lieferanten) so zu beschleunigen, dass diese quasi in Echtzeit miteinander kommunizieren, Informationen austauschen und sich aufeinander einstellen können. Dadurch verkürzt sich die Reaktionszeit auf Veränderungen drastisch und Standard-Produkte verwandeln sich in individuelle Sonderanfertigungen, die ganz nach Kundenwünschen (effizient in Losgröße 1) produziert werden können.

Idealerweise sind Kunden, neben den Lieferanten, Bestandteil dieser Wertschöpfungskette von der Produktentwicklung, über die Produktion und Logistik bis zum After-Sales. Durch die enge Interaktion und den zeitnahen Informationsaustausch entstehen kundengetrieben marktgerechte Produkte und Leistungsangebote.

2 Welchen Mehrwert kann Digitalisierung den Unternehmen bringen?

Neben dem skizzierten Erreichen der „Nulldistanz“ zwischen Unternehmen und Kunden, das zur Befriedigung des Kundenbedarfs und zur Entwicklung von marktgerechten Leistungsangeboten führt, entstehen unternehmensintern Chancen, die sich in 3 Ebenen einordnen lassen:

1. Steigerung der operativen Excellence (Operative Wertschöpfung).
2. Entwicklung des Unternehmens und der Unternehmensressourcen (Mitarbeiter- und Kulturentwicklung).
3. Weiterentwicklung von Geschäftsmodell und Unternehmensstrategie.

2.1 Steigerung der operativen Excellence

Der Hauptnutzen der Digitalisierung wird häufig in der Steigerung der Produktivität gesehen. Die Automatisierung von bisher durch manuelle Eingriffe unterbrochenen Prozessen stellen Optimierungspotenziale dar. Durch den Einsatz von intelligenten Agenten oder Robotern (Robotic Process Automation) lassen sich wiederkehrende, gut strukturierbare Aufgaben oder einfache Entscheidungssituationen automatisieren und damit die Unabhängigkeit von menschlichen Eingriffen erhöhen. Neben der Prozessbeschleunigung wird zudem die geringere Fehleranfälligkeit als Vorteil gesehen.

Auch in der Produktion lassen sich durch die neuen Möglichkeiten des direkten Zusammenspiels von Mensch und Maschine (Roboter arbeiten nicht mehr isoliert in Schutzzonen) die Vorteile der jeweiligen Ressource besser nutzen. Die Vernetzung der intelligenten Objekte (Maschinen, Werkzeuge, Werkstücke) ermöglicht eine Kommunikation in Echtzeit und steigert dadurch die Einsatzfähigkeit und Auslastung der Ressourcen. Dies verbessert Ressourceneffizienz, Energieverbrauch und Emission der Anlagen.

Mithilfe von Predictive Maintenance im Produktions- und Servicebereich lassen sich erforderliche Wartungsprozesse besser vorhersagen und Wartungsfenster bzw. Maschinenausfallzeiten minimieren. Ein durchgängiges digitales Engineering ermöglicht es Geschäftsprozesse vorab zu simulieren und Engpässe sowie Unwägbarkeiten frühzeitig zu erkennen. Ferner lassen sich durch die durchgehende digitale Transparenz sowohl globale als auch lokale Optimierungen erzielen. Produktentwicklungen und Prozessveränderungen können frühzeitig simuliert und abgesichert werden. Die erhöhte Flexibilität führt zu einer Verkürzung der Lead-Time (Reaktion auf Kundenanfragen) als auch der Time-to-Market (Verkürzung der Entwicklungszeiten). Darüber hinaus kann auf Veränderungen des Marktes (Ausfälle von Lieferanten, Erhöhung der Nachfrage) schneller und flexibler reagiert werden.

Durchgängiges, digitales Engineering als wichtiger Erfolgsfaktor

Die Steigerung der Flexibilität unterstützt zugleich die Individualisierung. Digitales Engineering ermöglicht es, dass individuelle und kurzfristige Kundenanforderungen beim Design sowie bei der Planung und der Produktion außerhalb von vorgedachten Konfigurationen der Serienfertigung, berücksichtigt werden können.

2.2 Entwicklung des Unternehmens und seiner Ressourcen

Chancen für Mitarbeiter stärker beachten

Bei der Digitalisierung stehen häufig die IT-technischen Themen, wie Verbauung der Sensorik, horizontale und vertikale Integration entlang der Wertschöpfung und Automatisierungspyramide, Echtzeitkommunikation und –analyse sowie Prognosen auf Basis dieser Analysen im Mittelpunkt. Die verstärkte Vernetzung und der dadurch entstehende bessere Informationsaustausch aller am Wertschöpfungsprozess beteiligten Anlagen und Maschinen führt ohne Zweifel zu einer besseren Interaktion und trägt somit zu einer Weiterentwicklung des Unternehmens bei.

In vielen Diskussionen werden die Auswirkungen der Optimierung der Wertschöpfung auf die Mitarbeiter und den Erhalt der Arbeitsplätze sehr kritisch beleuchtet. Dabei wird vielfach unterschätzt, wie Digitalisierung hilft, die Einsatzfähigkeit der Mitarbeiter zu steigern:

- Sicherstellung der gleichbleibenden Qualität in der Produktion durch visuelle, qualitätssichernde Systeme (Einsatz intelligenter Assistenzsysteme).
- Umfangreiche Job-Enrichment und -Enlargement-Möglichkeiten durch permanent aktualisiertes Informations- und Trainingsmaterial.
- Verbessertes Wissensmanagement erleichtert die Einarbeitung und Weiterqualifizierung von Mitarbeitern.
- Demographie-orientierte Arbeitsgestaltung durch das Zusammenspiel zwischen Mensch und technischen Systemen.

- Bekämpfung des Fachkräftemangels durch neue Laufbahnmodelle und zunehmende Diversität der Beschäftigten (Alter, Geschlecht, Kultur).
- Verbesserte Work-Life-Balance aufgrund erhöhter Flexibilität in der Arbeitsorganisation.

2.3 Weiterentwicklung von Geschäftsmodell und Strategie

Neben der Weiterentwicklung der Mitarbeiter besteht insbesondere die Notwendigkeit und auch die Chance, die aktuelle Unternehmensstrategie sowie das bestehende Geschäftsmodell zu verifizieren. Diverse prominente Beispiele aus der Wirtschaftspresse zeigen, wie schnell ehemalige Weltmarktführer (Nokia, Kodak etc.) durch disruptive Technologien und Geschäftsmodelle an den Rand ihrer Existenz gedrängt wurden. Deshalb ist es für Unternehmen unerlässlich, permanent zu prüfen, inwiefern sich das bisherige Leistungsportfolio durch die neuen Wertschöpfungspotenziale ergänzen oder erweitern lässt.

Die Digitalisierung ermöglicht es die Kommunikation und Zusammenarbeit mit Kunden auf eine andere Qualitätsstufe zu heben. Zulieferunternehmen habe die Chance sich durch den Einsatz geeigneter Informations- und Kommunikationstechnologien als Teil der Wertschöpfungskette zu etablieren. Produktanbieter können sich durch die Kombination mit intelligenten Dienstleistungen zum Lösungsanbieter entwickeln. Im Mittelpunkt der Betrachtung sollte jeweils stehen, inwiefern Mehrwert für den Kunden und seine Prozesse generiert werden kann.[3]

Digitalisierung als strategische Chance wahrnehmen

Die skizzierten Mehrwerte sind nur zu erreichen, wenn die Digitalisierung nicht als technische Herausforderung, sondern als strategische Chance wahrgenommen wird. Isolierte, technologiegetriebene, Bottom-up-Ansätze werden nur punktuell in der Lage sein, Potenziale zu heben. Deshalb ist es erforderlich, das Thema Digitalisierung ganzheitlich und strategisch auf der Top-Management-Ebene anzugehen. Der erste Schritt besteht in der Erstellung einer Digitalisierungsstrategie.

3 Vorgehensmodell zur Erstellung und Umsetzung einer Digitalisierungsstrategie

Die wahre Chance liegt in der Konsequenz, wie das Thema Digitalisierung angegangen wird.[4] Studien zufolge haben Unternehmen durch die Digitalisierung das Potenzial, ihre Schnelligkeit, Flexibilität und Pro-

---

[3] Vgl. Roth, 2014, S. 40.
[4] Vgl. Roth, 2016, S. 13.

duktivität um ca. 40 % zu steigern.[5] Dies scheint allerdings nur möglich, wenn das Thema strategisch initiiert und ganzheitlich gesteuert wird.

3.1 Erste Phase: Aktivieren

Digitalisierungsteam braucht volle Unterstützung des Top-Managements

Wie konsequent das Thema verfolgt wird, zeigt sich zumeist an der organisatorischen Verankerung sowie an der Größe und der Zusammenstellung des Projektteams. Da die Auswirkungen der Digitalisierung das gesamte Unternehmen betreffen und häufig von weitreichender Natur sind, empfiehlt es sich das Thema direkt auf der C-Level-Ebene zu verankern. Ob direkt ein Chief Digital Officer (CDO) berufen wird oder ein C-Level-Mitglied diese Aufgabe mitverantwortet, hängt u. a. von dem Stellenwert des Themas ab. Entscheidend ist jedoch, dass die operativ mit dem Thema Digitalisierung beauftragten Personen die volle Unterstützung und den Rückhalt des Top-Managements erhalten. Idealerweise ist das operative Team direkt bei dem C-Level-Verantwortlichen aufgehängt und interdisziplinär besetzt. Die interdisziplinäre Besetzung sichert den ganzheitlichen Blick aus unterschiedlichen Perspektiven ab. Ob dieses Team dauerhaft als Linienfunktion etabliert wird oder in einem Projektteam- oder Taskforcemodus agiert, ist abhängig von den strategischen Herausforderungen zu entscheiden.

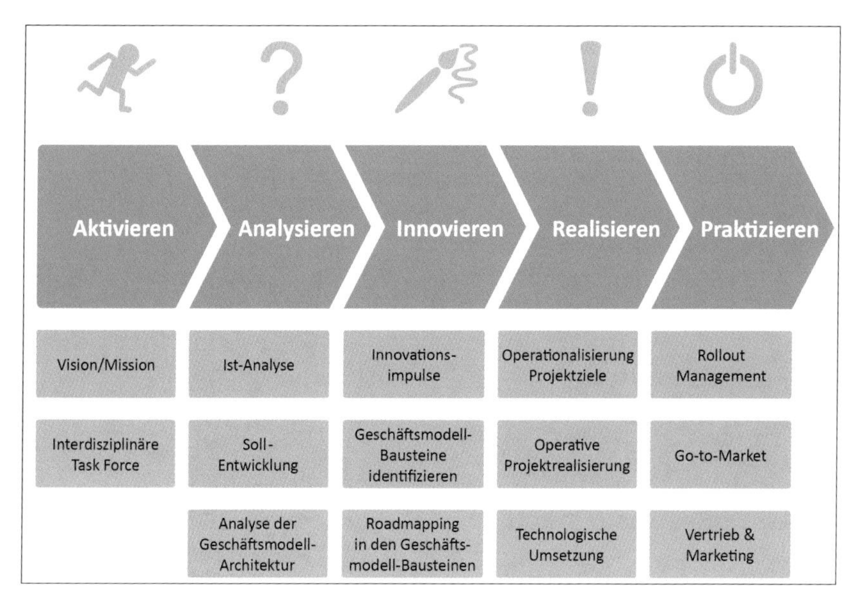

Abb. 2: Vorgehensmodell für die erfolgreiche Initiierung, Planung und Umsetzung der digitalen Transformation

[5] Vgl. Frost, 2014.

Genauso wie die Besetzung und organisatorische Verankerung des Kernteams ist die jeweilige Vorgehensweise unternehmensindividuell, je nach den jeweiligen Zielsetzungen und Rahmenbedingungen, auszuprägen. Aus einer Vielzahl von Digitalisierungsprojekten hat sich für uns als Beratungsunternehmen folgendes Vorgehensmodell (s. Abb. 2) herausgebildet und sich als eine generische Vorgehensweise zur erfolgreichen Initiierung und Umsetzung von Digitalisierungsprojekten bewährt.

In der Phase „Aktivieren" wird neben der Etablierung des interdisziplinären Kernteams die Vision des Unternehmens hinsichtlich der Digitalisierung definiert. Selbstverständlich wird diese Vision aus der generellen Unternehmensvision als auch der Unternehmensstrategie abgeleitet.

Aus Marktsicht wird ein Werteversprechen formuliert, das aufzeigt, welche Vorteile und welcher Nutzen durch die Digitalisierungsmaßnahmen für die Kunden entstehen. Innerhalb des Unternehmens soll die Vision als Orientierungsrahmen dienen, indem für die Mitarbeiter Ziel, Sinn und Nutzen der Maßnahmen kommuniziert werden.

In der Mission werden der Zweck und der Auftrag des Unternehmens aus Kundensicht beschrieben. Dabei soll aufgenommen werden, was für den Kunden wichtig ist und warum der Kunde dem Unternehmen vertrauen sollte. Mit den „Mission Statements" wird nach Innen und Außen der Weg der digitalen Transformation beschrieben.

3.2 Zweite Phase: Analysieren

Nachdem Vision und Mission definiert sind, ist es für die Strategieformulierung wichtig die Ausgangssituation in Form einer Ist-Analyse transparent zu machen. Hierfür ist es erforderlich die eigene Positionierung im Vergleich zu den Wettbewerbern und zu den Kundenerwartungen hinsichtlich der Digitalisierung zu beleuchten. Daraus lässt sich der Anpassungsbedarf für die Unternehmensstrategie ableiten. Zusätzlich sollte eine Einschätzung vorgenommen werden, wie hoch das Kompetenz- und Erfahrungslevel bzgl. der Digitalisierung bereits im Unternehmen oder dem Netzwerk ist.

Einschätzung gegenüber Wettbewerb und Kundenerwartung

Ein detailliertes Modell, welches die einzelnen Dimensionen im Detail beleuchtet, liefert Anhaltspunkte dafür, ob und wie sich Produkte und Prozesse im Hinblick auf Kunden, Wettbewerber und Unternehmensziele verändern müssen, um einen nachhaltigen Wettbewerbsvorteil zu erzielen. In Kombination mit dem Grad der Erfahrungen in der Digitalisierung lassen sich Positionierungen und Stoßrichtungen für die Digitalisierungsstrategie ableiten (vgl. Abb. 3).

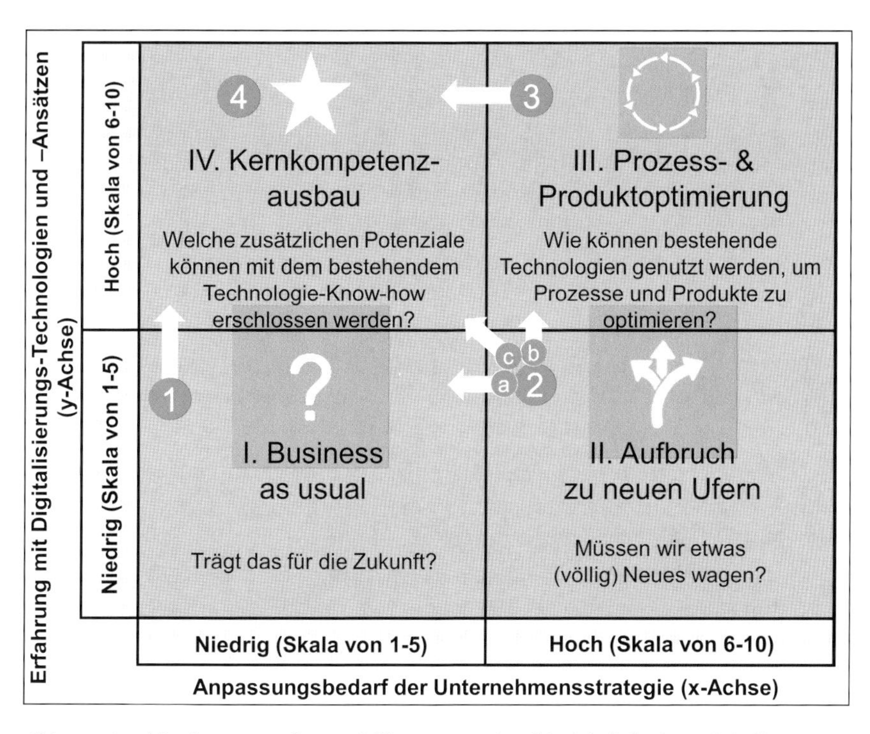

Abb. 3: Positionierung und Entwicklungsszenarien hinsichtlich der Digitalisierungsstrategie

Je nach individueller Ist-und Soll-Positionierung wird ein mögliches Entwicklungsszenario skizziert. Wenn, wie in dem oben skizzierten Fall, das Entwicklungsszenario 1 relevant wäre, muss ein Unternehmen entscheiden, ob es grundsätzlich in diesem Quadranten verbleiben will (keine Veränderung erforderlich) oder die vorhandene Technologie- und Wissenslücke schließen will, um sich zum Quadranten IV zu entwickeln, um bspw. Prozesse zu optimieren und Produktionskosten zu senken.

Etwas detaillierter kann das bestehende Geschäftsmodell anhand der Geschäftsmodellbausteine betrachtet werden. Es gibt eine Vielzahl von Methoden und Strukturierungsmöglichkeiten. Das Business Model Canvas bietet dafür eine kompakte und übersichtliche Darstellung, welche die Geschäftsmodell-Bausteine (Schlüsselaktivitäten und -ressourcen, Partner, Wertangebote, Kundenbeziehungen und –kanäle, Kostenstruktur, Ertragsquelle etc.) idealerweise auf einer „Leinwand" in einem Gesamtbild strukturiert.[6]

[6] Vgl. Osterwalder/Pigneur,2011, S. 48.

3.3 Dritte Phase: Innovieren

Nachdem das Nutzenversprechen und die Ertragsmechanik analysiert sind, gilt es in einem Kreativprozess die Rollen und Bedürfnisse aller relevanten Stakeholder in den unterschiedlichen Kundensegmenten zu begreifen und zu strukturieren. Auch für die Phase „Innovieren" gibt es eine Vielzahl von Methoden. Ein Beispiel für einen extrem kunden- und userzentrierten Ansatz ist die Methode Design Thinking. Wie es der Name schon vermuten lässt, hat sich dieser Ansatz aus der nutzerorientierten Denkweise von Designern entwickelt. Er basiert auf der Annahme, dass interdisziplinär, experimentell und konsequent nutzerorientierte Ideen erfolgreich sind. Die Vorgehensweise beim Design Thinking (s. Abb. 4) teilt sich in drei Phasen auf.

Zuerst versucht man im sog. „Problemraum" durch intensives Beobachten die Probleme und Herausforderungen der jeweiligen Stakeholder zu verstehen, um deren Standpunkte einnehmen zu können. Danach beginnt die eigentliche Kreativphase, in der man zunächst möglichst viele Ideen zur Problemlösung generiert. Nach diesem divergierenden Prozessschritt werden die Ideen in einer Synthese auf die herausgearbeiteten Standpunkte und Zielstellungen der jeweiligen Stakeholder konvergiert. Anschließend werden die erfolgsversprechenden Ideen im „Lösungsraum" in Form von User Interfaces prototypisiert, um den Stakeholdern eine visuelle Vorstellung zu geben, wie die Ideen anschließend umgesetzt werden könnten.

Gerade bei der Digitalisierung ist es sinnvoll mit solchen Mock-Ups zu arbeiten, um den potenziellen Kunden ein möglichst konkretes Bild des neuen Prozesses, Produktes oder Services zu geben. Dadurch können diese den Nutzen und Mehrwert der jeweiligen Ideen besser verstehen und deren Eignung für die Ausprägung der Strategie besser abschätzen.

In der Praxis ist sehr häufig zu beobachten, dass nicht alle Strategien oder Geschäftsmodellbausteine komplette Eigenentwicklungen oder neu entwickelt sind. Viele Ideen und Strategieelemente werden auch aus anderen Branchen entliehen oder übertragen. Mithilfe des Business Modell Navigators kann ein Überblick generiert werden, welche Geschäftsmodellmuster in anderen Branchen erfolgreich sind. Teilweise dienen diese auch als Inspiration im Ideenfindungsprozess.

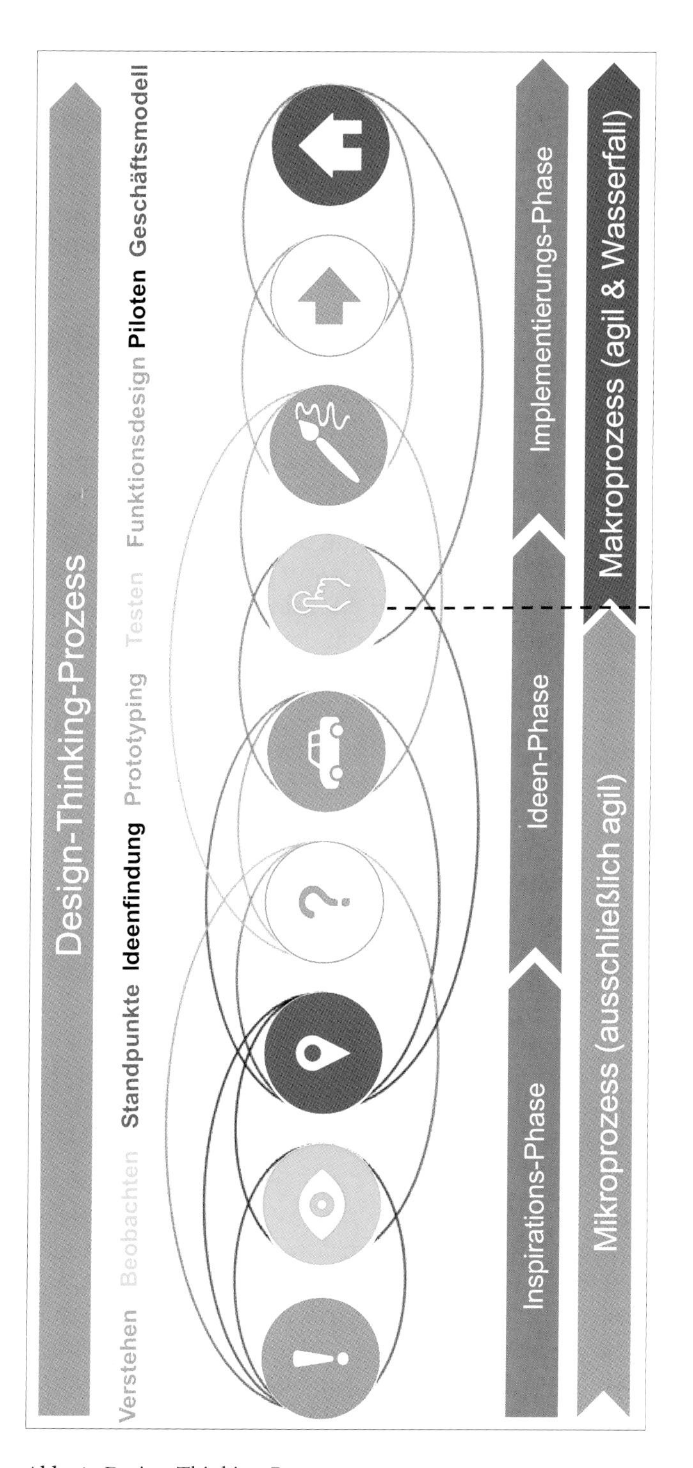

Abb. 4: Design-Thinking-Prozess

3.4 Vierte Phase: Realisieren

In dieser Phase werden die Ideen in Form von Prototypen (z. B. Minimum Viable Products) getestet, damit die Stakeholder eine Potenzial- und Nutzenabschätzung abgeben können. Der Design-Thinking-Prozess kann auch mit einem Data-Thinking-Prozess kombiniert werden, um datengetrieben neue Ideen, einen Mehrwert für Kunden oder neue Geschäftsmodelle zu entwickeln.

Auf dieser Grundlage wird verifiziert, welche Ideen geeignet sind in eine Strategieformulierung und die anschließende Strategieumsetzung einzufließen. Die Phasen Analysieren, Innovieren und Realisieren stellen idealerweise einen iterativen Prozess dar, dessen Ziel es ist, Ideen mit einen hohen Nutzenpotenzial zu identifizieren und deren Umsetzungsfähigkeit zu evaluieren.

Ideen hinsichtlich Potenzial und Nutzen überprüfen

Im Design-Thinking-Prozess werden dann die für attraktiv befundenen Ideen und Prototypen in Form eines Funktionsdesigns weiter ausgebildet, um die Vorlage für eine Pilotierung zu haben. Dieser Pilot stellt eine weitere Form des Tests dar, bevor die Ideen in der Breite umgesetzt und ausgerollt werden.

Da der Fokus dieses Beitrags auf der Formulierung und Etablierung einer Digitalisierungsstrategie liegt, wird an dieser Stelle auf die Beschreibung der fünften Phase „Praktizieren" verzichtet.

4 Fazit

Es wurde deutlich, dass die digitale Transformation vor allem dann erfolgreich ist, wenn Sie ganzheitlich, unternehmensweit und vor allem strategisch geplant wird. Die Fundierung dieser Planung in einer Strategie hat den Vorteil, dass die verfolgte Zielsetzung für alle Beteiligten (Kunden, Lieferanten, Mitarbeiter) transparent und nachvollziehbar wird. Dadurch lassen sich die mit der Digitalisierung verbundenen Effizienzpotenziale als auch die Chancen zur Überarbeitung bzw. ggf. Erweiterung des Geschäftsmodells besser ausschöpfen.

Die vorgestellte Vorgehensweise zur Strategieentwicklung klingt in den einzelnen Schritten logisch und der Einsatz der etablierten Methoden sinnvoll. Wenn man jedoch den Ergebnissen der Studien Glauben schenken kann, tun sich die meisten Unternehmen weiterhin mit der Formulierung einer Digitalisierungsstrategie enorm schwer. „Den meisten Unternehmen fällt es schwer zu erkennen, welche Innovationen helfen einen entscheidenden Wettbewerbsvorteil zu generieren" so das Fazit einer Studie der TU

Darmstadt.[7] Deshalb würden bei der Digitalisierung Prozessverbesserungen sowie die Kundenbindung im Vordergrund stehen und die Entwicklung neuer Geschäftsmodelle oder die Erschließung neuer Märkte vernachlässigt werden.

Unternehmen stehen vor der Herausforderung einen Veränderungs- und Transformationsprozess zu initiieren. Die Digitalisierung bringt die Chance die permanente Innovation als Bestandteil der Strategie in den Unternehmen zu verankern. Aufgrund dessen sollte dieser Prozess so professionell wie möglich gestaltet und begleitet werden.

5 Literaturhinweise

Bayer, Unternehmen gehen bei der Digitalisierung auf Nummer sicher, https://www.computerwoche.de/a/unternehmen-gehen-bei-der-digitalisierung-auf-nummer-sicher,3330079, Abrufdatum 25.8.2017.

Frost, Industrie 4.0 soll Europa retten, http://www.tagesspiegel.de/wirtschaft/keinkontinent-der-zukunft-ausstrahlt-industrie-4-0-soll-europa-retten/11075408.html, 2014, Abrufdatum 30.8.2017.

Land, Digitale Transformation am Beispiel der Automobilindustrie, in Leopold, Digitaler Darwinismus: Friss oder stirb!? – Im Interview mit Karl-Heinz Land, https://www.salesforce.com/de/blog/2015/02/digitaler-darwinismus-friss-oder-stirb-im-interview-mit-karlheinz-land.html, 2015, Abrufdatum 25.7.2017.

Merz, Industrie 4.0-Strategie: So geht man bei der Einführung vor, in Roth (Hrsg.), Einführung und Umsetzung von Industrie 4.0 – Grundlagen, Vorgehensmodell und Use Cases aus der Praxis, 2016, S. 83–109.

Osterwalder/Pigneur, Business Model Generation. Ein Handbuch für Visionäre, Spielveränderer und Herausforderer, 2011.

Roth, Ganzheitliches Performance Management – Unternehmenserfolg durch Perspektivenintegration in ein Management Cockpit, 2014.

Roth (Hrsg.), Einführung und Umsetzung von Industrie 4.0 – Grundlagen, Vorgehensmodell und Use Cases aus der Praxis, 2016.

[7] Vgl. Bayer, 2017.

Design Thinking: Komplexität bei Innovation und Strategieentwicklung besser bewältigen

- Design Thinking ist ein aus den Künsten hervorgegangener Ansatz für Innovation, Veränderung und Problemlösung, der betriebswirtschaftlich nutzbar ist. Dabei ist es das Ziel, den Nutzer intensiv zu beobachten und besser zu verstehen, um so ein tieferes Problemverständnis zu erhalten und stärker nutzerzentrierte Lösungen zu entwickeln.
- Die Methode ist agil und humanzentriert, da die erarbeiteten Möglichkeiten stetig am Nutzer-Feedback gemessen werden. Die Prozesse wechseln zwischen Divergenz und Konvergenz, um Chancen zu erforschen und Entscheidungen zu treffen.
- Nachdem agile Methoden die Technologieentwicklung in den letzten Jahren bereits nachhaltig verändert haben, erreicht das Thema Agilität nun verstärkt auch die Entwicklung von Geschäfts- und Produktideen.
- In der Strategieentwicklung kann Design Thinking eingesetzt werden, um wechselseitig mit dem Kunden die besten Strategien für die Zukunft zu gestalten.

Inhalt — **Seite**

Der Autor

Thomas Vehmeier, Volkswirt, selbstständiger Berater und Trainer für Unternehmensführung mit den Schwerpunkten Strategieentwicklung, Business Development und Innovation. Außerdem ist er Experte für digitale Transformation und Plattformökonomie.

1 Ausgangssituation erschwerter Planbarkeit

1.1 Zunehmende Komplexität und Nichtlinearität

Zunehmende Vernetzung erhöht Komplexität

Die Welle digitaler Basisinnovationen wie Internet, Blockchain oder künstliche Intelligenz macht uns zunehmend zu Zuschauern einer rasanten Entwicklung, die zu einer zunehmenden Vernetzung sowie zu veränderten Einstellungen und Erwartungen der Wirtschaftssubjekte führt. In der Folge verändert sich die Vorhersehbarkeit zukünftiger Ereignisse.

Die steigende Komplexität erwächst heute vor allem aus einer zunehmenden Vernetzungsdichte;[1] immer mehr lineare Systeme werden durch nichtlineare ersetzt. Ein lineares System geht davon aus, dass wir Regeln kennen. Wenn ich X tue, wird das den Effekt Y haben. Nichtlineare Systeme sind komplex und deren Regeln oft nicht erkenn- oder steuerbar. Nach dem Motto: Wenn ich ein Loch stopfe, tun sich 2 weitere auf.

Nichtlinearität verringert betriebswirtschaftliche Planbarkeit

Dies hat Auswirkungen auf die betriebswirtschaftliche Planbarkeit und die Effektivität der bekannten Instrumente. Die nichtlineare Systemdynamik führt zu zunehmend chaotischen Situationen, einer geringeren Verlässlichkeit von Expertenaussagen sowie abnehmender Zuverlässigkeit von Planung insgesamt.

1.2 Von Push zu Pull

Umkehrung der Wertschöpfung

Aufgrund der wachsenden Komplexität stellen neuere Ansätze den Kunden in den Fokus und an den Beginn der Planung. Die Richtung der Wertschöpfungskette wird gedanklich quasi umgedreht. John Hagel spricht daher vom „Big Shift“. Die grundsätzliche Richtung der Leistungserstellung in Unternehmen wird mittel- bis langfristig umgekehrt („from push to pull“).[2]

Diese Pull-Ansätze betonen, dass sich Wertschöpfung nur gemeinsam mit dem Kunden entwickeln lässt (siehe Ansätze wie Co-Creation[3]). Damit verwandte Konzepte wie die servicedominante Logik verwerfen sogar, dass ein Produkt einen inneren Wert haben kann, und gehen davon aus, dass der Produktwert nur vom Kunden während der Nutzung erschlossen werden kann (sog. „value in use“).[4] Insgesamt lässt sich also ein Umdenken in der Betriebswirtschaft weg vom Planer hin zum Kunden als Ausgangspunkt konzeptioneller Erkenntnis beobachten.

---

1 Kruse, zitiert nach Dallwitz-Wegner, 2016, S. 19.
2 Hagel et al., 2010.
3 Prahalad, 2004.
4 Vargo/Lusch, 2004.

1.3 Agilität und Nutzerzentriertheit in der Innovationsentwicklung notwendig

Breiterer Wissenserwerb durch Kollaboration

Kollaborative Ansätze wie Open Innovation und Open Source sind daher als Innovationsstrategien unter den Bedingungen steigender Komplexität und abnehmender Vorhersagbarkeit zu betrachten. Sie erschließen weitere Wissensquellen, als es die klassischen Innovationsmethoden der Push-Ökonomie ermöglichen.

Mehr Wendigkeit durch Agilität

Eine weitere wichtige Komponente zukünftiger Innovationsmethoden im Kontext von Komplexität und Nichtlinearität ist Agilität. Agilität meint nicht Schnelligkeit i. S. e. per se verkürzten Entwicklungsprozesses. Es geht nicht um Prozesseffizienz, sondern um Effektivität, da Sackgassen der Innovation früher erkannt werden und so Ressourcen für unsinnige Entwicklungsaufgaben gespart werden können. Agile Methoden dienen daher im übertragenen Sinne auch dem Risikomanagement.

Die bekannteste agile Methode ist Scrum, die vor allem in der Lösungsentwicklung eingesetzt wird. Dabei fokussiert Scrum eher darauf, welche Funktionen einer Gesamtlösung priorisiert werden sollen. Gegenüber dem Wasserfall-Modell, welches alle Anforderungen zu Beginn festlegt (und somit von einem höheren Grad der Planbarkeit und Vorhersagbarkeit ausgeht), arbeitet Scrum streng iterativ. Die Entwicklung ist in sog. Sprints (etwa 2- bis 4-wöchige Perioden) eingeteilt, in denen hoch priorisierte Anforderungen umgesetzt werden. Am Ende einer Iteration ist prinzipiell eine Feedbackschleife zum Kunden bzw. Nutzer vorgesehen – entweder durch Launch und Tests oder intern durch ein Sprint-Review, in dem das Scrum-Team dem Product Owner (der die Kundenperspektive vertritt) die Ergebnisse präsentiert. Scrum und andere agile Methoden haben sich als wertvoll erwiesen, weil sie früher Feedbacks und Erkenntnisse über die Adaption des Produkts bzw. Service ermöglichen. Dadurch können auch Entscheidungen über die Richtung der Weiterentwicklung bereits in früheren Abschnitten getroffen werden.

Damit ermöglichen agile Methoden wie Scrum einem Team eine höhere Wendigkeit in einer komplexen Situation. Der Herausforderung höherer Komplexität wird hier durch eine höhere Komplexitätsfähigkeit des Teams begegnet.

Frühes Kundenfeedback in agilen Methoden

Frühe und wiederkehrende Feedbacksignale vom Markt und von den Nutzern erklären die Notwendigkeit einer Nutzerzentriertheit agiler Ansätze. Eine iterative Arbeitsweise ohne Kundenkontakt, ohne einen Austausch und Dialog mit dem Kunden während der Entwicklungsphase wäre somit lediglich eine Simulation agiler Methodik.

1.4 Design Thinking: das Unbekannte kennenlernen

Scrum: Bessere Umsetzungsmöglichkeiten

Während Scrum und andere agile Methoden vor allem in der Entwicklung konkreter Lösungen eingesetzt werden, so gehen sie doch davon aus, dass das grundsätzliche Problem, die grundsätzliche Aufgabenstellung im Wesentlichen bekannt ist. Ein Beispiel ist etwa die Entwicklung einer bestimmten Software, deren grundsätzliche Notwendigkeit unbestritten ist, etwa einer Textverarbeitungssoftware. Scrum priorisiert etwa die einzelnen Anforderungen und sorgt dafür, dass kein sog. „Feature Creep"[5] entsteht.

Aber wie nähern wir uns einer Aufgabe, die noch im Unklaren ist? Denken wir an unkonkrete Problemstellungen wie etwa die Entwicklung neuer Lösungen für ältere Teilnehmer im öffentlichen Nahverkehr. Während Scrum von einer agilen Methode zur besseren Umsetzung eines grundsätzlich bereits begriffenen Problems und einer ausgearbeiteten Produktidee ausgeht, so benötigen wir hier eine Methodik, die uns hilft, mehr über eine noch weitgehend Unbekannte zu erfahren.

Design Thinking: Knowing the Unknown

Hier setzt die Methode des Design Thinking an, ein aus den Künsten hervorgegangener Ansatz für Innovation, Veränderung und Problemlösung, der betriebswirtschaftlich für Ausgangssituationen nutzbar ist, bei denen zunächst ein tieferes Problemverständnis notwendig ist.

Design ist mehr als äußere Formgebung

Der Name der Methode verwirrt zunächst, verstehen doch die meisten Menschen unter Design einen Entwurf, der die ästhetischen Gesichtspunkte, also die äußere Formgebung umfasst. Tatsächlich beinhaltet Design jedoch eine Vielzahl von Aspekten und geht über die rein äußerliche Form- und Farbgestaltung eines Objekts hinaus. Insbesondere umfasst Design auch die Auseinandersetzung des Designers mit der Funktion eines Objekts sowie der Benutzer-Interaktion. Im Design-Prozess wird u.a. Einfluss auf die Funktion, Bedienbarkeit und Lebensdauer eines Objekts genommen. In Design-Prozessen werden also Probleme gelöst und durch kreative Techniken zielgerichtet Innovationen entwickelt.

Schnittmenge zwischen Anziehungskraft, Machbarkeit und Wirtschaftlichkeit

Die Methode des Design Thinking[6] versucht also – angelehnt an die Arbeit in Design-Prozessen (Denken wie ein Designer!) –, neue Erkenntnisse zum Zwecke der Innovationsentwicklung zu gewinnen. Neue Produkte und Services müssen sich am Menschen und dessen Bedürfnissen orientieren. Design Thinking ist daher zunächst humanzentriert, sieht Innovation aber in der Schnittmenge der Faktoren Anziehungskraft (Desirability), Machbarkeit (Feasibility) und Wirtschaftlichkeit (Viability).[7]

---

[5] Zum Feature Creep s. https://en.wikipedia.org/wiki/Feature_creep (Abruf: 10.10.2017).
[6] Kelley, 2001; Brown, 2008; Wylant, 2008.
[7] Weiss, 2002.

Der Ansatz des Design Thinking wird heute von zahlreichen wissenschaftlichen Instituten wie etwa der Hochschule St. Gallen oder den D-Schools in Stanford und Potsdam (Hasso-Plattner-Institut) gefördert. Im praktischen Einsatz wird der ursprünglich von der Agentur IDEO entwickelte Ansatz inzwischen bei zahlreichen Innovationsabteilungen auch großer Konzerne betrieben.

Im Folgenden soll die Methode des Design Thinking vorgestellt werden und im Anschluss ihre Eignung auch für weitere Anwendungen untersucht werden.

2 Voraussetzungen für Design Thinking

Design Thinking setzt auf interdisziplinäre Teams, Visualisierung und klar umrissene Schritte zur Ideenfindung.

2.1 Team

Diversität im Team sorgt für vielfältige Perspektiven

Die oben angesprochene Komplexitätsfähigkeit des Teams ist für das Design Thinking elementar. Das Team sollte möglichst divers aus verschiedenen Disziplinen, Abteilungen und Hierarchieebenen zusammengesetzt sein. Neben internen können auch externe Mitglieder, etwa Mitarbeiter von Lieferanten und Partnern, Teil des Teams sein. Die Diversität des Teams verhindert Silodenken von Beginn an und sorgt für vielfältigere Erfahrungshorizonte und Perspektiven.

Die Mitglieder sollten sich durch folgende Eigenschaften (auch als „T-Profil" bezeichnet) auszeichnen:[8] einerseits tiefes fachspezifisches und analytisches Wissens in ihrer Disziplin, andererseits Offenheit und Neugier gegenüber Menschen und anderen Wissensgebieten sowie Vernetzungs- und Sprachfähigkeit mit anderen Fachbereichen.

2.2 Raum

Umgebung beeinflusst Prozess und Ergebnis

Die räumliche Umgebung sollte möglichst offen sein, um kollaborative Kommunikation und Kreativität im Design-Thinking-Arbeitsprozess zu fördern.

Sowohl in der Design-Ausbildung, wie etwa an den Universitäten in Stanford und Potsdam,[9] als auch in Unternehmen, die mit Design Thinking

---

[8] Leonard-Barton, 1995.

[9] S. https://dschool.stanford.edu/; https://hpi.de/en/school-of-design-thinking.html.

arbeiten, etwa im E.ON B2C Innovation Lab in Essen, werden ganz spezielle Bürokonzepte eingeführt, um Design Thinking zu unterstützen.

Dazu gehört oft eine ganz bestimmte, eher an einer Werkstatt als an einem Büro orientierte Einrichtung aus flexiblen Rollmöbeln, Werkzeug und Material (vor allem jede Menge Post-Its und Stifte in verschiedenen Farben und Größen), um Eindrücke und Ideen schnell und jederzeit visualisieren zu können, sowie Rückzugsorte, in denen Ideen ihre erste Form gegeben werden kann.

Abb. 1: Design-Thinking-Umgebung[10]

3 Design-Thinking-Prozess

Phasen

Neben den räumlichen und organisatorischen Voraussetzungen gehört ein klar definierter Ablaufplan zum Fundament des Design Thinking. Je nachdem, welcher Ansatz verfolgt wird, gibt es 3–7 Phasen. Jede dieser Phasen hat eine eigene Zielsetzung und eigene Instrumente.

Der ursprüngliche Ansatz von Tom Kelley und Tim Brown unterscheidet die 3 Schritte Beobachten, Brainstorming und Prototyping. Der Design-Pionier Herbert Simon arbeitet statt in einem Prozess in den 7 Schleifen Definieren, Erforschen, Ideenfindung, Prototyping, Auswählen, Implementieren, Lernen. Sehr verbreitet ist auch das Konzept von Terry

[10] School of Design Thinking, Hasso-Plattner-Institut Potsdam.

Winograd, das auch von den D-Schools in Stanford und Potsdam gefördert und weiterentwickelt wird, daher eine gewisse Verbreitung hat und im Folgenden verwendet werden soll.

Hier unterscheidet man 6 Stufen:

1. **Verstehen:** Den Kontext und das Problem verstehen.
2. **Beobachten:** Die tatsächliche Erlebniswelt der potenziellen Nutzer empathisch kennenlernen, um Bedürfnisse und Umweltfaktoren zu begreifen.
3. **Sichtweise definieren:** Die Erkenntnisse der ersten beiden Phasen verdichten und in einer Fragestellung verorten.
4. **Ideen finden:** Mit Kreativitätstechniken eine Vielfalt an Ideen entwickeln und mit interdisziplinären Teams qualitativ hochwertige Lösungsansätze finden.
5. **Prototypen entwickeln:** Die Lösungen erlebbar machen, um darüber in den Dialog kommen zu können.
6. **Testen:** Herausfinden, ob die Ideen bei den Nutzern aufgenommen werden. Verfeinerung des Konzepts bis zu einer bestmöglichen Lösung.

Jeder einzelne Schritt erfordert Zusammenarbeit, Kommunikation, Kreativität und kritisches Denken.

3.1 Verstehen

Sämtliche Daten und Fakten nutzbar machen

Ausgangspunkt ist das tiefere Verstehen all der Bedingungen und verbundenen Einflussfaktoren der Problemstellung. Diese 1. Phase wird auch als Recherchephase bezeichnet.

Die Rechercheaktivitäten werden aufwendig geplant. Ziel ist es, das Team auf einen gemeinsamen „Experten-Stand" zu bringen. Dazu gehören Tätigkeiten wie eine Internet-Recherche, Beschaffung von Studien, Auswertungen von Daten oder eine Umformulierung der Aufgabenstellung.

Gemeinsame Ausgangsposition für das Team schaffen

Am Ende der Recherchephase wird aufgrund neuer Fakten oder des Hinterfragens und der Verschiebung der Problemstellung oft der Fokus der Aufgabenstellung auf eine tiefer liegende Frage verschoben. Neben der Vorbereitung und Durchführung der Recherche sind vor allem Unvoreingenommenheit und Offenheit gegenüber der Herausforderung sowie laterales Denken gefragt, um zu einer Präzisierung der Problemstellung zu gelangen.

Werkzeug	Beschreibung
Brain Dump	Assoziationen der Teilnehmer zur vorformulierten Fragestellung werden gesammelt (am besten auf Post-Its) und von der Gruppe inhaltlich geclustert. Das Ergebnis ist eine Context Map. Dabei ergeben sich Hinweise auf die eigentliche Herausforderung hinter der ursprünglichen Aufgabenstellung (Design Challenge).
Personas	Die Zielgruppen werden in stereotypen Klischees beschrieben, gezeichnet, mit Namen versehen und in ihren Eigenschaften beschrieben, teilweise auch visualisiert. Diese Klischees werden in späteren Phasen dann im Feld mit der Realität abgeglichen.

3.2 Beobachten

Den Nutzer in seinem Umfeld kennenlernen

In der Beobachtungsphase – manchmal auch Empathiephase genannt – geht es darum, den Nutzer wirklich kennenzulernen, sich einzufühlen, die großen Fragen zu stellen, Eindrücke und Beispiele zu sammeln, die das Problemfeld beschreiben und erlebbar machen, sowie Hindernisse aus Sicht des Nutzers zu identifizieren.

Der wesentliche Teil des Beobachtens erfolgt durch qualitative Untersuchungen bei Menschen[11] in zeitaufwendigen Feld-Interviews mit möglichen Nutzern oder persönliche Ortserkundungen und Dokumentationen der Umgebung und der Situation (z.B. durch Fotos, Ton oder Video). Wie ein Food-Designer selbst die Zutaten auf den Märkten sucht und erprobt, nimmt das Team direkten Kontakt mit dem Anwender und seiner Umgebung auf.

Gefühltes, Gehörtes und Gesehenes dokumentieren

Zur Beobachtung gehören auch die mit dem Nutzungskontext zusammengehörenden Dialoge, Gefühlsäußerungen und Interaktionen des potenziellen Nutzers[12] sowie nicht vorhergesehene Nutzungen des Produkts. Dabei ist es erforderlich, den Menschen im jeweiligen Kontext ihres persönlichen Umfelds zu begegnen. Dabei kann der Blick auch vom eigentlichen Kernproblem entfernt werden, um weitere Einsichten und Inspirationen zu bekommen.

Erkenntnisse visualisieren

Die Erkenntnisse der ersten beiden Phasen (Verstehen und Beobachten) werden am Ende visualisiert, für alle Team-Mitglieder dokumentiert und zugänglich gemacht. Dabei können Massen an Fotos, Notizen und Skizzen sowie Tonaufnahmen entstehen. Meist werden diese Inhalte auf meter-

[11] Zum Human- bzw. User-Centered-Design-Ansatz vgl. Norman, 1988.
[12] IDEO, 2003.

hohen Papptafeln festgehalten, vor allem in verteilten Teams kommt auch Kollaborations-Software (z. B. Online-Kanban-Boards) zum Einsatz, um Inhalte und Medien und Eindrücke zu teilen.

Werkzeug	Beschreibung
Befragung	Interviews werden immer zu zweit geführt. Einer stellt die Fragen, einer beobachtet. Ein Tonbandgerät oder eine Videokamera sollten mitlaufen. Alle Fragen sind offen gehalten, der Nutzer wird in seinen Äußerungen nicht gebremst oder gesteuert. Körpersprache, Stimme und Mimik sind wichtige Elemente und ergänzen das Gesagte.
Fotodokumentation	Potenzielle Nutzer werden gebeten, ihren Tagesablauf mit Fotos je Stunde zu dokumentieren und ggf. zu kommentieren (hierzu bieten sich soziale Messenger-Apps wie WhatsApp an).

3.3 Sichtweise definieren

Erkenntnisse verdichten

Bereits gegen Ende des Beobachtens beginnt die Synthese der gesammelten Informationen, um ein tieferes Problemverständnis zu erlangen und die Fakten und Eindrücke zu konkreteren Aufgabenstellungen für den weiteren Ablauf zu verdichten.

Zunächst werden alle Daten und Eindrücke visuell oder narrativ in der Gruppe geteilt, damit sich das Team auf ein Gesamtbild einigen kann. Der gemeinsame Dialog und die Deutung des Erlebten sind dabei zentrale Elemente. Danach werden die Erkenntnisse verdichtet und zusammengefasst, um Muster, zentrale Handlungsfelder und Prioritäten zu erkennen, um konkrete Fragen für die Ideenfindung zu formulieren. Im Ergebnis werden die Innovationsfelder und Fragestellungen festgehalten, die im anschließenden Ideenfindungsprozess zu konkreten Lösungsansätzen entwickelt werden können.

Atmendes Arbeiten zwischen Divergenz und Konvergenz

Bei der Erarbeitung einer Sichtweise zeigt sich am besten die Parallele zur Arbeit klassischer Designer. Die Fragestellungen werden gedanklich geöffnet und wieder verengt. Dieses Atmen, dieser Wechsel zwischen Abstraktion und Konkretheit, zwischen Divergieren und Konvergieren symbolisiert der doppelte (oder 3-fache) Diamant.[13] Am Ende der Arbeit steht zwar ein konkretes Ergebnis, zuvor muss der Blick jedoch immer auf einen größeren Lösungsraum erweitert werden, um ihn dann wieder einzuengen.

[13] Pink, 2005.

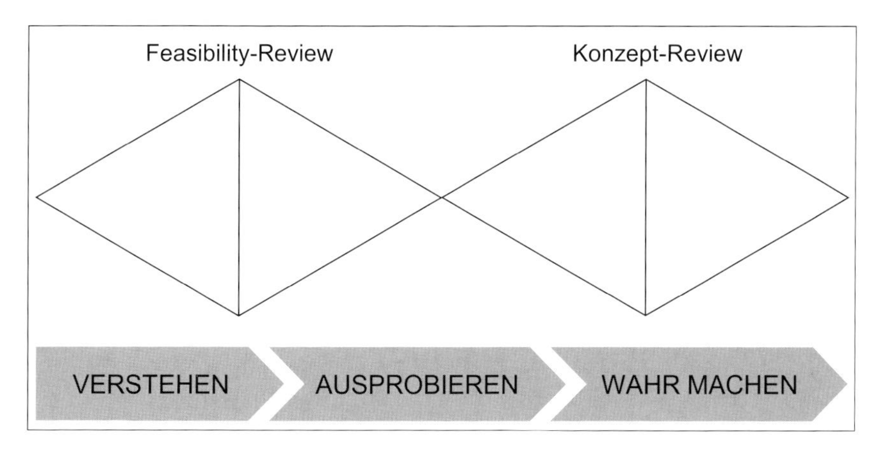

Abb. 2: Design-Thinking-Prozess als doppelter Diamant

Werkzeug	Beschreibung
Visualisierung	Alle Informationen und Einsichten aus den ersten beiden Phasen werden visuell an die Wände des Projektraums oder auf einer großen Tafel angebracht und mit passenden Beschreibungen oder Ausdrücken versehen.
Storytelling	Typische Situationen werden den anderen Teammitgliedern in narrativer Form nähergebracht.
A Day in the Life	Auf eine Metaplanwand wird eine 24-Stunden-Tagesuhr gezeichnet und alle wesentlichen Ereignisse des Tages, die sich aus Interviews und Beobachtungen ergeben haben, visualisiert. Dies kann je nach Situation für alle Personas umgesetzt werden.
Customer Journey Map	Einzelne Schritte in der Nutzung eines Produkts oder Services werden aus der Sicht des Nutzers in einer Abfolge dargestellt. Dabei werden Schnittstellen zum Anbieter sowie problematische Bereiche deutlich, in denen sich der Nutzer schwertut.
Point of View	Dabei handelt es sich um eine ausformulierte Frage in der Form einer Zeitungsmeldung (Wer? Wie? Was? Wann? Wo? Warum?) Diese Frage beschreibt den Standpunkt und damit bereits ein tieferes Verständnis des Problems. Etwa „Wie kann sichergestellt werden, dass die Behindertensitze auch tatsächlich zur Verfügung stehen?“

3.4 Ideen finden

Viele Ideen in kurzer Zeit erzeugen

In der nun anschließenden Phase geht es darum, für die identifizierten Innovationsfelder in kürzester Zeit möglichst viele Ideen zu generieren. Hierbei können zahlreiche Kreativitätswerkzeuge zum Einsatz kommen. Zu den potenziellen Innovationsfeldern – die oft noch sehr abstrakt sind – werden als Vorbereitung zunächst konkrete Fragestellungen abgeleitet und formuliert. Dies dient als gedankliche Brücke zwischen den abstrakten Innovationsfeldern und den möglichst konkreten Ideen, die im Kreativitätsprozess entstehen sollen. Die Qualität der Fragen entscheidet auch über die Qualität der nachher erzeugten Ideen.

Ideen clustern

Nachdem mittels der Kreativitätstechniken massenhaft Ideen hervorgebracht (und die Zwischenergebnisse fotografisch festgehalten) worden sind, werden die meist auf Post-Its festgehaltenen Ideen sortiert und gruppiert. Ähnliche oder aufeinander aufbauende Ideen werden so zusammengefasst und der Lösungsraum auf diese Weise wieder etwas konzentriert.

Machbare, anziehende und wirtschaftliche Ideen auswählen

Das Team wählt nun unter Berücksichtigung der 3 Maximen der Umsetzbarkeit, Anziehungskraft Wirtschaftlichkeit aus, welche Ideen am vielversprechendsten sind.[14]

Werkzeug	Beschreibung
Brainstorming[15]	Mehrere Personen sammeln nach bestimmten Regeln in einer Gruppe Lösungsalternativen. Ein Moderator motiviert die Teilnehmer zur möglichst schnellen und spontanen Nennung von Ideen. Jede Idee ist willkommen, es findet keine Bewertung statt, Qualität und Realisierbarkeit spielen keine Rolle, einzig die Quantität zählt. Ideen anderer können aufgenommen und verfeinert oder geändert werden. Killerphrasen und Kritik sind verboten.
Brainwriting	Bei dieser Spielart des Brainstorming sammelt jeder - Teilnehmer in Ruhe seine Ideen und schreibt sie auf Post-Its. Damit die Spontaneität der Gruppe nicht verloren geht, kann es empfehlenswert sein, die Ideen direkt an eine Wand zu kleben, sodass andere Teilnehmer sie lesen und aufgreifen können (auch mit elektronischen Meeting-Systemen möglich[16]). Es wirdkaum gesprochen, auch eine Moderation ist meist nicht nötig.

[14] Design Thinking ist ein nutzerzentrierter Ansatz, daher hat die Anziehungskraft hierbei eine besondere Bedeutung.

[15] Osborn, 1957.

[16] Dennis/Valacich, 1993.

Werkzeug	Beschreibung
Learning from Brands	Es wird versucht, die Herangehensweise einer Marke für die entsprechende Fragestellung einzusetzen. Fragestellung: Wie würde Apple (Google, McDonalds etc.) das Problem lösen?
SCAMPER[17]	Eine von Bob Eberle (1997) entwickelte Kreativitätstechnik in Form einer Checkliste, die bei der Entwicklung von neuen aus bestehenden Produkten eingesetzt werden kann. Dabei wird gefragt, was man an einem bestehenden Produkt substituieren, kombinieren, adaptieren, modifizieren kann, welche Elemente anders eingesetzt, eliminiert oder umgekehrt werden könnten.

3.5 Prototypen entwickeln

Lernen, bewerten und darauf aufbauen

Herkömmlich wird unter einem Prototyp ein Produkt verstanden, welches schon die wesentlichen Funktionen beinhaltet und in absehbarer Zeit in Produktion gehen könnte. Im Design Thinking und in anderen agilen Innovationsmethoden sind hingegen nicht notwendigerweise bereits funktionale Prototypen gemeint. Im Vordergrund steht nicht der Stand im Entwicklungsprozess, sondern inwiefern der Prototyp geeignet ist, um von ihm zu lernen, um mit ihm in den Nutzerdialog zu treten. Tim Brown versteht unter einem Prototypen „eine Form, die uns hilft zu lernen, zu bewerten und auf ihr aufzubauen".[18]

Unterschiedliche Formen von Prototypen

Prototypen können die verschiedensten Formen annehmen: von einfachen Prototypen aus Papier oder Pappe bis hin zu voll funktionsfähigen Entwicklungsständen. Aber auch Techniken wie Storytelling oder Rollenspiele eignen sich dazu, eine Lösungsidee zu demonstrieren. Entscheidend ist, dass der Prototyp seinen potenziellen Nutzern gezeigt werden kann. Wie bei Scrum und allen agilen Methoden benötigt auch Design Thinking am Ende einer Iteration das Feedback vom Nutzer der angedachten Lösung. Das iterative Lernen steht im Zentrum des Prozesses. Ein sinnvoller Prototyp muss also nur so weit ausgearbeitet werden, dass er dieses Ziel erreicht, nämlich bestimmte Fragen zu beantworten, damit das Team an den Ideen weiterarbeiten kann. Es macht Sinn, vor der Erstellung des Prototypen die möglichen Fragen zu formulieren, die mithilfe der Ausarbeitung beantwortet werden sollen.

Visualisierung als Brücke für Dialog und Inspiration

Der Prototyp dient aber nicht nur der Validierung von Ideen, sondern der Inspiration zu neuen Ideen. Hier zeigt sich der gestalterische Aspekt des Design Thinking in Abgrenzung zu anderen Innovationsmethoden. Ge-

[17] Eberle, 1996.
[18] Brown, 2009, S. 90.

staltung ist nicht nur bloße äußere Form, also quasi ein Teil der Verpackung, sondern ist Auseinandersetzung mit dem Thema. Denken wir an einen Maler, der viele Skizzen malt und diese alle wieder verwirft, bis er am Ende ein einziges Bild gemalt hat und vielleicht alle Vorarbeiten entsorgt oder liegen lässt. Erst die Umsetzung der Ideen in Form ermöglicht es ihm, weitere Ideen und Modifikationen zu entwickeln. Der Gestaltungsprozess des Designers kennt hier im Grunde keinen Anfang und kein Ende – mit jeder Iteration wird die Aussagekraft größer und der Nutzen deutlicher.

Werkzeug	Beschreibung
Paper Prototyping[19]	Mithilfe von gezeichneten oder gedruckten Komponenten wird das Verhalten eines Produkts getestet.
High-Fidelity Prototyping	Um eine höhere Ähnlichkeit mit dem endgültigen Produkt zu erreichen, wird statt einfacher Materialien (Stifte, Haftnotizen etc.) Software (z.B. Axure, Balsamiq, InvisionApp) eingesetzt, um die Bedienelemente originalgetreu zu entwerfen.

Abb. 3: Schnelle Illustration der Customer Journey als Leitfaden für das Storytelling

[19] Bailey et al., 2006.

Abb. 4: Präsentation eines Paper-Prototypen (zusammengesetzt mit der POP-App), paralleles Erklären der neu gestalteten Customer Journey mit Storytelling-Techniken

3.6 Testen

Feedback und Testen als Element der Co-Creation

Die Prototypen geben der Lösung eine erste konkrete Form und ermöglichen so ein authentisches frühes Feedback der potenziellen Nutzer. Nutzern fällt es meist schwer, sich über abstrakte Gedanken zu unterhalten. Der Ausarbeitungsgrad kann dabei noch sehr rudimentär sein, der Nutzer muss sich aber die endgültige Lösung vorstellen können. Ist der Prototyp konkret genug, ergibt sich aus den Reaktionen der Befragten, ob eine Idee weiterverfolgt werden soll oder nicht. Außerdem können konkrete Verbesserungsmöglichkeiten und Ideen entstehen. Die Tests und Feedbackschleifen ermöglichen also Co-Creation, da die Nutzer nun bereits bei der Nutzung eines zukünftigen, aber noch nicht vollständig entwickelten Produkts beobachtet werden können. Bei der Beobachtung können wieder alle Techniken aus der Beobachtungsphase genutzt werden, etwa Videoaufnahmen oder Fragetechniken.

4 Agilität und Nichtlinearität im Design Thinking

Wenn zu Beginn dieses Beitrags darauf hingewiesen wurde, dass Design mehr ist als die äußere Formgebung, so ziehen sich doch gerade die

Visual Thinking als Erkenntnis mit allen Sinnen

Visualisierungen des Denkens (Visual Thinking) durch den gesamten Prozess.[20] Im Festhalten der Eindrücke auf Fotos, der Erstellung von Personas, dem Sammeln des Materials auf Tafeln, dem narrativen Beschreiben von Situationen, dem Erstellen von Prototypen – durch den gesamten Ablauf hindurch werden Bilder erzeugt, um Erkenntnisse und Ideen artikulieren, fassen und teilen zu können und den Denkprozess des Teams zu fördern. Design Thinking setzt diese Kulturtechnik des Visuellen intensiv ein. Der Prozess des Erkennens und Begreifens soll mit allen Sinnen erfolgen (Sehen, Hören, Anfassen), denn alle Sinneseindrücke sind kognitiv im Gehirn vernetzt und daher immer auch Teil des Denkens.

Nichtlinearität des Design Thinking

Und wie bei der künstlerischen Arbeit durchläuft die Arbeitsgruppe den Design-Thinking-Prozess nicht notwendig in einem linearen Prozess: Es können beliebig viele gedankliche Runden gedreht werden und es kann jederzeit auf eine vorherige Stufe zurückgesprungen werden. Anders als bei herkömmlichen Entwicklungsprozessen (etwa dem Wasserfall-Modell) gibt es keine Meilensteine oder zwingenden Pfadabhängigkeiten zwischen den Prozessschritten. Die Stufen folgen nicht notwendig aufeinander, sondern können auch ineinandergreifen. Es hat sich jedoch aus didaktischen Gründen als vorteilhaft erwiesen, gerade Anfängern im Design Thinking eine Ablauffolge anzubieten. Wie bei anderen agilen Methoden (etwa Scrum) ist die Abfolge iterativ und wird u. U. mehrfach wiederholt. Man spricht im Design Thinking bei einem einzigen Durchlauf daher in Anlehnung an die Scrum-Methode ebenfalls von einem Sprint.

Der Begriff des „Prozesses“ folgt natürlich einem linearen Denken, weswegen vielleicht die Vorstellung eines „Kreislaufs“ oder eines „Vor-und-Zurück“ die Sache besser treffen würde. Wichtig ist allein, dass der Prozess nicht stur verfolgt wird, sondern dynamisch auf die Erkenntnisse während seiner Durchführung reagiert bzw. angepasst wird.

Zu frühes Verfolgen von Ideen vermeiden

Vor allem Ideen entstehen eigentlich auf jeder Stufe des Ablaufs. Hier ist es wichtig, neue Lösungsansätze nicht sofort weiterzuverfolgen, sondern sie zunächst separat festzuhalten und sich später damit eingehender zu befassen. Legt sich das Team zu früh auf eine Idee fest, wird die Offenheit im Prozess gestört. Gerade Anfänger im Design Thinking neigen zu diesem Fehler, weil sie oft noch zu stark in linearen Strukturen denken und rasch die nächste Stufe im Prozess erreichen möchten.

Festhalten an alten Wegen vermeiden

Aber auch ein Festhalten an noch nicht wirklich guten Lösungen ist suboptimal. Erfahrene Design Thinker arbeiten in solchen Fällen iterativ und wiederholen einzelne Prozessschritte so lange, bis das Ergebnis zufriedenstellend ist, oder verwerfen die Ansätze komplett. Scheitern gehört also durchaus zum Konzept des Design Thinking. Es geht nicht darum,

[20] Zum anschaulichen Denken s. Arnheim, 1969.

möglichst schnell eine Lösung zu entwickeln, sondern möglichst schnell herauszufinden, ob man sich auf dem richtigen oder falschen Weg befindet, um danach effektiv an einer neuen oder besseren Lösung des Problems zu arbeiten. Je früher ein Fehler erkannt wird, desto effektiver kann der Innovationsprozess fortschreiten. Auch auf der Kostenseite ist dies vorteilhaft, denn so können Entwicklungskosten für falsche Wege gespart werden. In diesem Sinne ist Design Thinking auch „lean", denn die Methode dient dazu, die Verschwendung von Ressourcen einzuschränken.

Fehlerkultur entscheidet über Effektivität

Das Festhalten an suboptimalen Lösungen ist häufig auf eine fehlende Fehlerkultur in der Organisation zurückzuführen. Gerade Unternehmen mit Produkten im Technologiebereich benötigen oft ein ausgeklügeltes Risikomanagement, da Fehler oder falsche Nutzung ihrer Produkte ernste Auswirkungen haben können. Denken wir an die Entwicklung eines Autoreifens. Kleinste Fehler im ausgelieferten Produkt können kapitale Folgen haben. Design Thinking unter diesen Bedingungen ist daher selten erfolgreich. Gleichzeitig kann die Anwendung der Methode aber auch zu einer Öffnung und Bildung einer entsprechenden Kultur des Ausprobierens im Unternehmen beitragen.

5 Erweiterte Anwendungen von Design Thinking in der Strategieentwicklung

Methode für Veränderungsprozesse

Die Prinzipien des Design Thinking lassen sich grundsätzlich auch auf andere Formen jenseits der Entwicklung von Produkten und Services anwenden, etwa zur Entwicklung von Ideen in Veränderungsprozessen oder zur Entwicklung von Strategien auf den verschiedensten Ebenen des Unternehmens.

So könnte eine Personalabteilung ihre Prozesse in einem Design-Thinking-Prozess mit den Mitarbeitern und Kunden des Unternehmens entwickeln.

Interessant sind künftige Anwendungen des Ansatzes für alle komplexen Veränderungssituationen, in denen eine nichtlineare Systemlogik und hohe Komplexität ein tieferes Problemverständnis erschweren.

Ansatz der Strategieentwicklung

Gerade bei der Entwicklung von Unternehmensstrategien werden alternative Ansätze zur linearen Entwicklung benötigt. Brodnick empfiehlt für die Anwendung von Design Thinking auf die Strategieentwicklung einen 4-stufigen Design-Prozess.[21] Innerhalb dieser Phasen können auch bekannte Planungswerkzeuge, allerdings auch viele visuelle Werkzeuge angewendet werden, sofern sie zu frühen Erkenntnissen und Richtungsent-

[21] Vgl. Brodnick, 2012.

scheidungen beitragen. Jede Phase hat eine Reihe von Ergebnissen, die als Inputs für die nächste Phase des Prozesses dienen.

Tieferes Verständnis erarbeiten

In der ersten Phase wird zunächst erforscht, was die Erwartungen und Notwendigkeiten an den Strategieentwicklungsprozess sind. Es wird also versucht ein tieferes Verständnis für die strategischen Herausforderungen zu entwickeln. Danach bemisst sich die Planung von Zeit, Ressourcen und Werkzeugen.

Vielfalt strategischer Möglichkeiten erarbeiten

Die sich beim Design Thinking abwechselnden Phasen der Divergenz und Konvergenz sollen strategische Handlungsspielräume erforschen und frühe Richtungsentscheidungen und das Herausfiltern sinnvoller strategischer Entwicklungspfade ermöglichen. Daher liegt der Fokus in der 2. Phase der Divergenz darin, eine möglichst große Vielfalt an Möglichkeiten für die Entwicklung des Unternehmens zu entwickeln. Es werden Antworten auf zentrale Fragen gesucht: Was passiert jetzt (Research)? Was passiert in 10 Jahren (Zukunftsforschung und Forecast)? Welche Möglichkeiten und Wege eröffnen sich uns daraus (Ideenfindung, Geschäftsfeldmodellierung)?

Möglichkeiten erforschen, austesten und auswählen

Ziel der 3. Phase, der Phase der Konvergenz, ist es, die Vielzahl bereits erarbeiteter strategischer Handlungsmöglichkeiten durch das Filtern, Auswählen und Testen zu verdichten. Frühe Konzepte konkreter Strategien beginnen sich zu bilden. Es geht darum, einige „Big Ideas“ zu identifizieren, die für das Unternehmen Sinn ergeben, und die Machbarkeit zu überprüfen, indem die Ideen mit den Unternehmensressourcen und -kapazitäten abgeglichen werden. Ziel ist es, geeignete Strategiepfade und strategische Maßnahmen auszuwählen und weiter zu erforschen.

Weitere Anwendungen zukünftiger Forschung und Praxis

In der finalen Phase werden die Strategien operativ in die Organisation getragen. Auch hierbei sind Bewegungen von innen nach außen, vom Strategieteam über die Mitarbeiter hin zu den Kunden entscheidend.

Der Methode des Design Thinking, aber auch anderen agilen Werkzeugen wird in Zeiten zunehmender Komplexität und daher erschwerter Planbarkeit mit klassischen linearen Werkzeugen eine steigende Bedeutung zukommen. Die Erschließung weiterer Anwendungsfelder dieser Referenzmethoden für die betriebswirtschaftliche Planung ist ein interessantes Feld zukünftiger Forschung und Praxis.

6 Literaturhinweise

Arnheim, Visual Thinking, 1969.

Bailey/Biehl/Cook/Metcalf, Adapting paper prototyping for designing user interfaces for multiple display environments, in Personal Ubiquituos Computing, 2008, S. 269–277.

Brodnick, A Designer's Approach to Strategy Crafting, 2012.

Brown, Design Thinking, Harvard Business Review 6/2008, S. 84–92.

Brown, Change by Design. How Design Thinking is Transforming Organizations and Inspires Innovation, 2009.

Dallwitz-Wegner, Unternehmen positiv gestalten: Das strategische Einmaleins der positiven Evolution Ihres Unternehmens, 2016.

Dennis/Valacich, Computer Brainstorms – More Heads are Better than One, Journal of Applied Psychology 4/1993, S. 531–537.

Eberle, Scamper: Games for Imagination Development, 1996.

Hagel/Brown/Davison, The Power of Pull: How Small Moves, Smartly Made, Can Set Big Things in Motion, 2010.

IDEO, IDEO Method Cards: 51 Ways to Inspire Design, 2003.

Kelley, The Art of Innovation. Lessons in Creativity from IDEO, America's Leading Design Firm, 2001.

Leonard-Barton, Wellsprings of Knowledge: Building and Sustaining the Sources of Innovation, 1995.

Norman, The Design of Everyday Things, 1988.

Osborn, Applied Imagination, 1957.

Pink, A Whole New Mind. Why Right-Brainers Will Rule the Future, 2005, S. 13ff.

Prahalad/Ramaswamy, Co-creating value with customers, in Strategy and Leadership, 2004, S. 4–9.

Vargo/Lusch, Evolving to a New Dominant Logic for Marketing, Journal of Marketing, 2004.

Wylant, Design Thinking and the Experience of Innovation, Design Issues 2/2008, S. 3–14.

Kapitel 3: Umsetzung & Praxis

Strategische Analyse für Start-ups der Mobilitätsbranche: Anregungen und Erfahrungen für Gründer und etablierte Unternehmen

- Dieser Beitrag zeigt anhand von zwei Beispielen aus der Start-up-Szene Herausforderungen bei der Unternehmensgründung auf und soll Anregungen und Erfahrungen für Gründer liefern.
- Mithilfe der strategischen Analyse erläutern die Autoren die Vorgehensweise bei der Gründung und dem Aufbau eines Start-ups und stellen die einzelnen Schritte vor.
- Pragmatismus und Intuition sollten bei der Unternehmensgründung nicht vernachlässigt werden. Eine Stärke, aber zugleich eine Gefahr, steckt in der Euphorie und im Optimismus von Gründern, welche mit unterstützenden Methoden ausgependelt werden sollte.
- Die Anwendung von Methoden und Instrumenten mag theoretisch scheinen, ist jedoch essentiell für die Konkretisierung der eigenen Geschäftsidee. Ein Business-Plan als Teil der frühen Schritte ist erfolgskritisch.

Inhalt Seite

Die Autoren

Prof. Dr. Jana Heimel, Professorin an der Fakultät für International Business der Hochschule Heilbronn.

Prof. Dr. Martin Stirzel, Professor für das Lehrgebiet Informationsmanagement mit Schwerpunkt Automotive Vertriebs- und Servicemanagement an der Hochschule Neu-Ulm.

1 Gründungsboom durch Digitalisierung und neue Mobilitätsformen

Ideen und Initiativen zur Gründung neuer Unternehmen sind aus unserem Wirtschaftssystem nicht mehr wegzudenken. Darüber hinaus ist in den letzten Jahren ein regelrechter Gründungs-Boom eingetreten, welcher durch Digitalisierung, neue Geschäftsmodelle sowie eine generelle Start-up-Kultur und auch die Verfügbarkeit von Risikokapital angetrieben wurde. Auch wenn der Gründungsboom laut aktuellen Statistiken schon wieder etwas abgeflaut ist und sich auf ein natürliches Niveau eingependelt hat,[1] so wird die neue Form von Gründungen ein fester Bestandteil des Unternehmertums bleiben. Themen wie die noch Jahre andauernde Interpretation und Umsetzung von Digitalisierung fördern dies.

Innovationskraft von Start-ups nutzen

Großkonzerne nutzen Start-ups, Beteiligungsfonds und Inkubatoren, um auf diesem Wege Zugang zu Innovationen zu erhalten. Aber selbst Gründer mit kleinen Ein-Personen-Geschäftsideen begannen sich an den großen Start-ups im Silicon Valley zu orientieren. Anstelle von klassischen Unternehmensgründungen sind durch die Start-up-Kultur richtige Marktplätze entstanden. Diese folgen bestimmten Konventionen und machen eine methodische Auseinandersetzung mit neuen Geschäftsideen mehr denn je erforderlich. Am Anfang spielt hier insbesondere die strategische Analyse eine Rolle, da hier die Fundamente für ein Start-up gelegt werden.

Zwei Beispiele

Im Start-up Unternehmen erfolgreich zu sein, oder gar zusätzlich Investorengeld von Dritten einzuwerben, ist nicht einfach. Strategisches Management und insbesondere strategische Analyse sind für beide Seiten – sowohl potenzielle Gründer als auch potenzielle Käufer – essentiell, um den für die Zukunft „richtigen Weg“ zu finden und einzuschlagen und so langfristig wettbewerbsfähig zu bleiben. Die strategische Analyse leistet damit einen Beitrag zur Strukturierung und Professionalisierung. Wie diese pragmatisch und realitätsnah in Start-up-Szenarien genutzt werden kann, wird im Folgenden anhand von zwei Beispiel-Cases gezeigt:

1. Fahrrad-Tourismusunternehmen: Bietet Kunden Touren mit dem Medium Fahrrad in spezieller Form an.
2. Fahrzeug-Aftermarket-Dienstleister: Bietet Kunden eine Anpassung des Mediums Automobil auf Kundenwünsche/Spezialbedarfe an.

Beide Unternehmen gehören dem Dienstleistungssektor an und versorgen Kunden individuell mit Sonderformen der Mobilität.

[1] Vgl. HHL, 2016, S. 5; IfM, 2016, Schumacher, 2016.

2 Grundlagen „strategisches Management" und „strategische Analyse"

2.1 Definition und Einordnung

Strategisches Management bedeutet, die richtigen Dinge zu tun („doing the right things").[2] Folgt man dem Motto "Wenn ein Seemann nicht weiß, zu welchem Hafen er will, dann ist kein Wind der richtige!", ist es weniger relevant, wie man zum Ziel gelangt, sondern dass man (überhaupt) ein Ziel hat und dieses erreicht. Strategisches Management beinhaltet die Formulierung und Implementierung der vom Management beschlossenen langfristigen Ziele und Maßnahmen auf Basis gegebener und potenzieller Ressourcen sowie der Untersuchung der unternehmensinternen und -externen Umwelt einer Organisation.[3]

Im Rahmen der Strategieformulierung impliziert die strategische Analyse einen Teilprozess des strategischen Managements.[4]

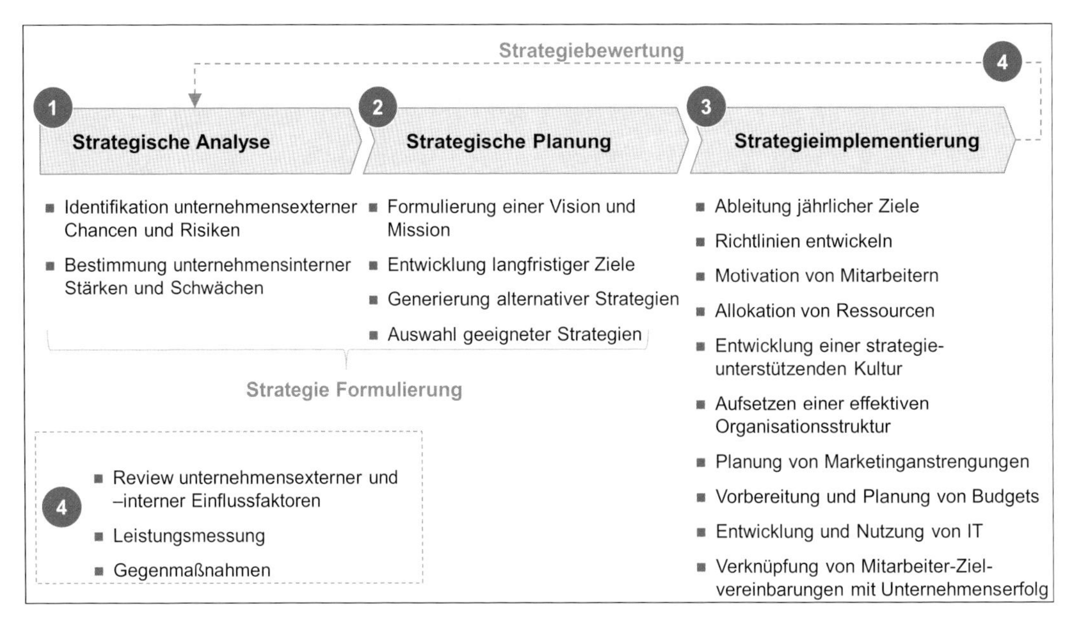

Abb. 1: Wesentliche Phasen und Arbeitspakete des Strategischen Management-Prozesses[5]

[2] Drucker, 1967, S. 1 f.
[3] Vgl. Drucker, 1954; Nagl et al., 2007, S. 949.
[4] Vgl. David/David, 2015, S. 47; David, 1988, S. 40; Hahn/Taylor, 2006, S. XVII, XIX.
[5] Eigene Darstellung, in Anlehnung an David/David, 2015, S. 47.

2.2 Aufgaben der strategischen Analyse

SWOT

Die strategische Analyse dient zur Identifikation unternehmensexterner Chancen und Risiken sowie zur Bestimmung unternehmensinterner Stärken und Schwächen (SWOT).[6] Daraus lassen sich dann Geschäftsmodelle, Positionierungen und Ausgestaltungen ableiten.

Die Aufgaben der strategischen Analyse gehen dabei über die bloße Generierung eines SWOT-Profils deutlich hinaus: Neben der Identifikation von Kernkompetenzen (Stärken) und Potenzialen (Chancen) dient sie vor allem der Ideengenerierung und strategischen Planung. Leitfragen hierfür lauten: Worauf soll das Geschäftsmodell basieren und was will ich (wie) verkaufen? Wie grenze ich mich von (potenziellen) Wettbewerbern ab?

Schließlich kann auf Basis der Ergebnisse der strategischen Analyse mit Blick auf die bewerteten Stärken & Schwächen, Chancen & Risiken das Zielbild der Organisation bestimmt und damit die Entscheidung für eine Strategie getroffen werden. Welche Strategien hierbei in Frage kommen und wie man zu einem SWOT-Profil gelangt, wird in Abschnitt 2.3 erläutert.

Auch wenn ein Gründer meint, mit seiner bloßen Geschäftsidee am Ziel zu sein, so werden ihm schnell im Zuge einer fundierten strategischen Analyse Punkte im Sinne von Klärungsbedarfe vor Augen geführt, die er so vorher nicht im Blick hatte. Daher sollte jeder Gründer als auch jedes etablierte Unternehmen sich regelmäßig und fortlaufend einer solchen Untersuchung widmen. Nur so kann die Existenz und der Erfolg eines (Start-up-)Unternehmens nachhaltig sichergestellt werden. Dabei bedarf es des Einsatzes verschiedener strategischer Management-/Analysetools, die im folgenden Abschnitt kurz genannt und situativ erläutert werden.

2.3 Instrumente und Methoden

Für die Durchführung strategischer Analysen bietet sich ein Potpourri theoretischer Ansätze und Modelle an. Diese können zwischen Instrumenten und Methoden einerseits für die Analyse der unternehmensinternen und andererseits für die der unternehmensexternen Umweltbedingungen unterschieden werden.

Interne Analyse

Die interne Analyse umfasst den Prozess der Sammlung und Zusammenfassung von Informationen über die Geschäftstätigkeit einer Unternehmung. Interne Stärken und Schwächen sind die von einer Organisation beeinflussbaren Aktivitäten, welche besonders gut bzw. schlecht absolviert werden. Sie treten im Management, Marketing, Finanzen, Produktion,

[6] Vgl. Wunder, 2016, S. 71.

F&E und MIS Aktivitäten (= Kernfunktionen) eines Unternehmens auf.[7] Meist beginnt man den internen Analyseteil mit einem internen Audit.

Umwelt-/ Branchenanalyse

Die Umwelt-/Branchenanalyse beinhaltet den Prozess der Suche, Sammlung und Aufbereitung unternehmensexterner Informationen, genauer der Identifikation und Bewertung von Chancen und Risiken.[8] Chancen und Risiken beziehen sich auf wirtschaftliche, soziale, kulturelle, demographische, ökologische, politische, rechtliche, staatliche, technologische und kompetitive Trends und Ereignisse, die die Organisation in der Zukunft wesentlich beeinflussen können. Je nach Tiefe der Analyseebene bieten sich für dieses externe Audit verschiedene Instrumente und Methoden an: für die Makroperspektive, also Untersuchung der globalen Umweltanalyse einer Unternehmung, bspw. die PEST(EL) Analyse, für die Untersuchung einer Branche die Branchenanalyse nach Porter bzw. der Wettbewerber das von Porter entwickelte Fünf-Kräfte-Modell. Da der Unternehmenserfolg maßgeblich von der Branchenstruktur determiniert wird, sollte ein jedes Unternehmen stets das Wettbewerbsumfeld im Blick haben, indem es die Wettbewerbsintensität, die Bedrohung neuer Anbieter, die Verhandlungsstärke der Kunden, die Bedrohung durch Ersatzprodukte sowie Verhandlungsstärke der Lieferanten regelmäßig überprüft. Abb. 2 gibt eine Übersicht über mögliche Instrumente und Methoden, die im Rahmen eines internen bzw. externen Audits zur Anwendung kommen können.

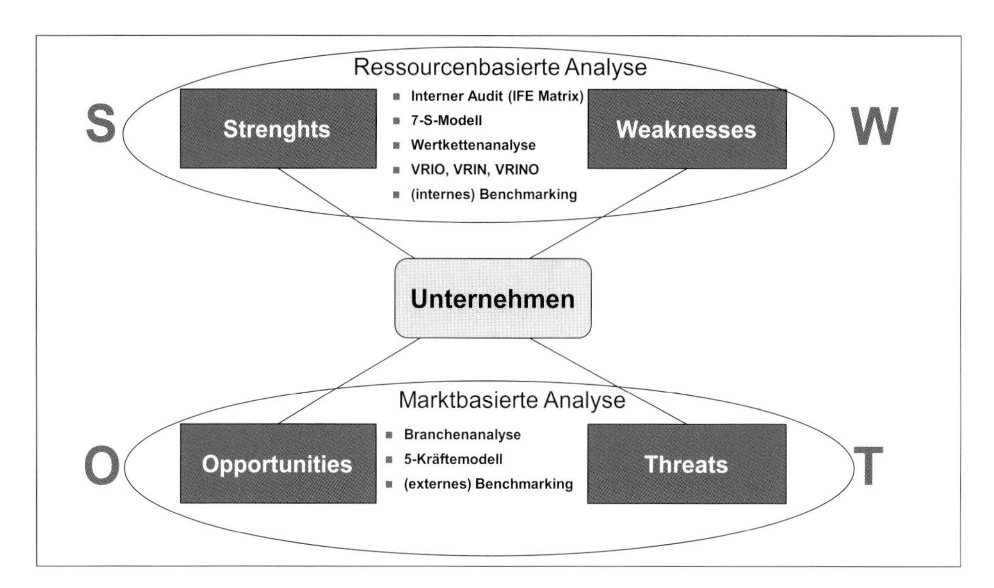

Abb. 2: Die SWOT-Analyse verbindet die Untersuchung der unternehmensinternen und -externen Bedingungen mit der Auswahl möglicher Analyseinstrumente und -methoden

[7] Vgl. David/David, 2015, S. 44-45; Barney, 1991.
[8] Vgl. David/David, 2015, S. 44.

Ein Instrument, welches beide Perspektiven und damit die oben genannten Instrumente zu verbinden vermag, ist die oben bereits angesprochene SWOT-Analyse. Die SWOT stellt ein ideales Strategieanalyseinstrument dar – gerade für Jungunternehmer/Gründer ist sie sehr geeignet, da sie eine systematische und strukturierte Unternehmens- und Umfeldanalyse auf deskriptiver und weniger quantitativer Weise ermöglicht. Start-up-Unternehmen fehlt es an Bezugsdaten aus der Vergangenheit, so dass Aufstellungen und Kalkulationen größtenteils auf Annahmen die Zukunft betreffend basieren, welches quantitative Analysen, wie sie den anderen Instrumenten oftmals zugrunde liegen, nur eingeschränkt erlaubt. Daher wird im vorliegenden Beitrag und den weiteren Ausführungen auf die SWOT-Analyse fokussiert.

Um eine aussagekräftige SWOT-Analyse erstellen zu können, gilt es jede Perspektive (SWOT) mit entsprechenden Fragestellungen zu beleuchten. Abb. 3 gibt eine Übersicht über mögliche Fragestellungen für jede der vier Dimensionen.

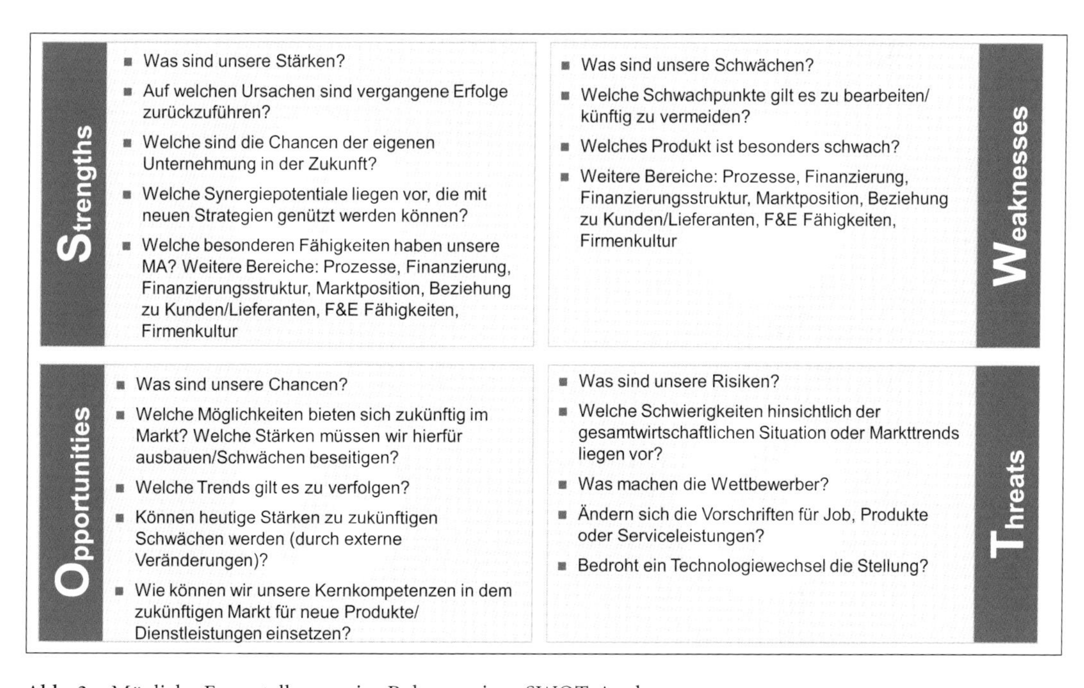

Abb. 3: Mögliche Fragestellungen im Rahmen einer SWOT-Analyse

Ablauf der SWOT

Das Aufstellen einer SWOT-Analyse beginnt mit dem Notieren der wichtigsten externen Chancen und Gefahren sowie der internen Stärken und Schwächen des Unternehmens. Danach werden vier Strategien gebildet, welche aus den Aussagen jeder Kategorie in Verbindung mit den Aussagen der in der Matrix angrenzenden Kategorie bestehen.[9]

Dabei sollte man auf eine quantitative Formulierung der Aussagen und der Strategien achten. Der Zweck des zweiten Schrittes ist, mögliche Alternativstrategien zu generieren, nicht zu bestimmen, welche Strategien am besten sind. Nicht alle Strategien, die in der SWOT Matrix entwickelt wurden, werden daher für die Implementierung ausgewählt.

Dabei ist zu beachten, dass nicht nur eine Strategie entwickelt werden muss, sondern für jede identifizierte SWOT eine entsprechende Strategie abgeleitet werden muss. Folgende vier Strategietypen können nach stärken- (S-) bzw. schwächenorientierte (W-) Strategien unterschieden werden (s. Abb. 3):

1. SO (Strengths-Opportunities)-Strategien > Ausbauen
2. WO (Weaknesses-Opportunities)-Strategien > Aufholen
3. ST (Strengths-Threats)-Strategien > Absichern
4. WT (Weaknesses-Threats)-Strategien > Meiden

	Strengths	Weaknesses	
Opportunities	**SO Strategien** Ausbauen *Matching*	**WO Strategien** Aufholen *Transformieren*	**Aktiv Strategien**
Threats	**ST Strategien** Absichern *Neutralisieren*	**WT Strategien** Meiden *Verteidigen*	**Passiv Strategien**
	Stärken orientierte Strategien	**Schwächen orientierte Strategien**	

Abb. 4: Ableitung generischer Strategien auf Basis von SWOT

[9] Vgl. Wunder, 2016, S. 126.

Strategietypen

Bei SO-Strategien werden bestehende interne Stärken genutzt, um von externen Chancen zu profitieren. Es handelt sich um Offensiv-/Matchingstrategien, um die eigene starke Marktposition zu definieren. Voraussetzung ist ein bestehendes Stärkenprofil, welches sich im Markt durchsetzen kann.

WO-Strategien zielen auf die Verbesserung bzw. Eliminierung interner Schwächen durch Nutzung von Marktpotenzialen (Chancen) ab. Zu einem gewissen Grad ist dies naturgemäß bei vielen Start-ups, die etwas Neues angehen, der Fall.

Beide Strategietypen verstehen sich demnach als Aktiv-Strategien, wohingegen die anderen beiden Strategietypen als Passivstrategien einzuordnen sind.

So werden bei ST-Strategien interne Stärken zur Vermeidung externer Risiken genutzt. Dieser Fall tritt bei Start-ups auf, die Innovationen mit hohen Alleinstellungsmerkmalen kommerzialisieren und sich damit aus der Stärke heraus dem Wettbewerb stellen können und ggf. als Game Changer auftreten können.

WT-Strategien zielen darauf ab, interne Schwächen auf das Mindestmaß zu reduzieren und (weitere) Risiken zu vermeiden. In Branchen, in denen wenig Wettbewerbsdruck herrscht, ist dies denkbar. Kommt man zu dem Schluss, dass dies die einzige Strategie sein könnte, ist möglicherweise die Geschäftsidee nicht geeignet bzw. zumindest zu modifizieren.[10]

Hinsichtlich der Produkte und der Markterschließung sollen hier auch noch die Preis-/Differenzierungs-Strategiewahl und die Ansoff-Matrix genannt werden.[11]

Bei der näheren Detaillierung gibt es zahlreiche weitere Methoden der strategischen Analyse, welche hier nicht näher vertieft werden sollen. Bspw. Pricing beziehungsweise die Kostenkalkulation z.B. anhand einer Break-Even-Analyse, Deckungsbeitragsrechnung oder Target Costing. Mit diesen Kalkulationen werden die Weichen für den Erfolg der Unternehmung gestellt.

3 Case A: Stuttgart by Bike – Lokaler Fahrradtouren- und Eventanbieter

3.1 Unternehmensvorstellung

Das Start-up-Unternehmen Stuttgart by Bike (im Folgenden mit SbB abgekürzt) wurde mit Anmeldung beim Gewerbeamt offiziell am 1. Mai

[10] Vgl. Horváth/Gleich/Seiter, 2015, S. 191.
[11] Vgl. Kutschker/Schmid, 2011.

2017 gegründet. SbB versteht sich als Touren- und Veranstaltungsanbieter in Stuttgart und der Region.

Dienstleistungen rund ums Rad

Als Dienstleistungsunternehmen zielt es darauf ab, geführte Fahrradtouren in und um Stuttgart für jedermann ebenso wie (Schrauber-)Kurse anzubieten sowie Fahrräder und E-Bikes zu verleihen. Damit ist SbB der erste professionelle Fahrradtourenanbieter in der Schwabenmetropole. Der Tourenanbieter will nicht nur Touristen auf das Fahrrad locken, sondern auch Einheimischen die Stadt und Region näherbringen. Idee ist, auch Nicht-Radlern insbesondere Autofahrern das Fahrrad nahe zu bringen, sie zum Rad fahren zu motivieren und somit einen wesentlichen Beitrag für einen nachhaltigen (Stadt-/Nah-) Verkehr und Tourismus in Stuttgart zu leisten.

3.2 Von der Idee zum Start

Im Folgenden werden der Gründungsprozess von Stuttgart by Bike und die Realisierungsphase mit Blick auf Herausforderungen, angewendete Methoden und Instrumente sowie Tipps und Tricks für die Praxis näher erläutert. Dabei werden wesentliche Unterschiede zu aus theoretischer Sicht logisch erscheinenden Schritten aufgezeigt und entsprechend begründet, warum in diversen Situationen dann doch zu pragmatischen Lösungsansätze gegriffen wurde. Abb. 5 gibt einen Überblick über die im Wesentlichen 4 verfolgten Phasen von der Ideenfindung bis zur Projektrealisierung also Unternehmensgründung. Die einzelnen Phasen werden mit Blick auf die eingesetzten Methoden und Instrumente sowie (kritischen) Erfolgsfaktoren und Herausforderungen im Einzelnen im Detail beleuchtet.

Business-Plan zur Formulierung der Geschäftsidee

Alle Schritte mögen sehr theoretisch erscheinen, sind jedoch essentiell für die Konkretisierung der eigenen Geschäftsidee. Daher erweist sich insbesondere in den frühen Schritten als erfolgskritisch, einen strukturierten Business Plan zu schreiben, der genau diese Punkte mit abdeckt. Hierfür bieten öffentliche Einrichtungen (wie z. B. die IHK oder Wirtschaftsförderung) Unterstützung und geeignete standardisierte Vorlagen. Diese ermöglichen Gründern auch ohne formale betriebswirtschaftliche Ausbildung strukturiert und zielführend ihre Geschäftsidee zu formulieren und vor allem ins Leben zu rufen, also in der Realität umzusetzen.

Hinweis: Strategische Analyse-, Planungs- und Implementierungsinstrumente wurden nicht partout formalisiert eingesetzt

Es ist weniger relevant, dass diese strategischen Analysen (wie zumeist von Beratungsunternehmen proklamiert und gelebt) formalisiert, also wie in der Beraterwelt üblich auf Folien dokumentiert, werden. Vielmehr sollten überhaupt deren inhaltliche Anhaltspunkte wohl durchdacht und bestenfalls im Business Plan dokumentiert werden, müssen aber nicht im Detail auf einer Folie gemalt werden. Hierfür fehlt es definitiv jedem Jungunternehmer an Zeit, mit der es entsprechend zu haushalten gilt. Sich hin und wieder der „professionellen (im Sinne von auch für Externe geeignete) Dokumentation" der Gedanken und theoretischen Konzepte strukturiert zu widmen, bietet die Möglichkeit an Ausschreibungen und möglichen Förderprogrammen teilzunehmen. Hier wird man als Entrepreneur gezwungen, eigene Ideen und Konzepte auch für Externe systematisch aufzubereiten und strukturiert festzuhalten. Insbesondere, wenn man auf externe Finanzmittelgeber angewiesen ist, benötigt man entsprechend aufbereitete Unterlagen. Im Zeitalter der Digitalisierung empfiehlt es sich insbesondere für Gründer bzw. Jungunternehmer, sich hierbei (für die Ideenspeicher, Analysedokumentation und Austausch im Team) Open Source-Lösungen und -Tools (wie z.B. Evernote, Slack etc.) zu bedienen.[12]

Abb. 5: Gründungsprozess mit angewendeten Methoden und Instrumenten von SbB

3.2.1 Externe Analyse: (regionale) Ausgangslage

Die Idee selbst wurde schon zwei Jahre zuvor geboren. Bis zur eigentlichen Lancierung des Start-ups am 1. Mai 2017 wurde der Markt sowohl anbieter- als auch nachfrageseitig intensiv beobachtet.

Markt & Wettbewerb

Dabei stellte sich schnell heraus, dass es in Stuttgart und/oder Umgebung bislang keine Möglichkeit gab, die Stadt mit dem Fahrrad (geführt) zu

[12] Mintzberg/Waters, 1985, S. 270.

erkunden. Einer fundierten Marktanalyse zufolge ist der Markt bis dato vollständig unbesetzt. Zwar gibt es (abgesehen vom ADFC) einige kleine Initiativen (Privatpersonen und Fahrradhändler), die geführte Fahrradtouren in und um Stuttgart anbieten, allerdings fokussieren diese v.a. auf Fahrtechnikkurse und adressieren damit eher Sportler (Mountainbiker oder Rennradfahrer). Anbieter, die Fahrradfahren als Erlebnis-/ Kennenlerntour der Stadt & Region vermarkten, sind nicht bekannt. In jeder anderen Großstadt okkupieren dabei i.d.R. gleich mehrere Fahrradtouristik-/Eventanbieter den Markt. Dass dem in Stuttgart nicht der Fall ist, ist im Wesentlichen auf zwei Marktspezifika (siehe Abschn. 3) zurückzuführen, denen es entsprechend zu begegnen gilt.

1. Stuttgarts topographische Lage: Aufgrund seiner Kessellage umgeben von einer sich bis zur Alb erstreckenden Hügellandschaft gestaltet sich Fahrradfahren für viele (insbes. Nicht-Geübte) als Herausforderung oder gar Hindernis.
2. Die Dominanz des Automobils: Stuttgart ist die Geburts- und Hauptstadt des Automobils, was sich unweigerlich in der verkehrstechnischen/-politischen Infrastruktur widerspiegelt. So ist es kaum verwunderlich, dass sie den Ruf einer wenig/nicht fahrradtauglichen Stadt genießt. Abgesehen davon müssen Radfahrer stets darum ringen, überhaupt wahrgenommen und damit als gleichberechtigte Nutzer des Straßenverkehrs akzeptiert zu werden.

Beide Aspekte können durchaus als Herausforderung und damit Risiko gesehen werden. Genauso gut kann SbB aber auch als Chance und Mittel genutzt werden, das Vehikel Fahrrad in und um Stuttgart als nachhaltiges Transportmittel sowohl für Touristen als auch für Bürger zu fördern.

Im Vergleich zu anderen Städten steckt Stuttgart hier noch in den Kinderschuhen. Es fehlt vielerorts an einer fahrradfreundlichen Infrastruktur, so dass sich die Mehrheit der Stuttgarter bislang scheut, sich aufs Rad zu setzen. Daher ist es kaum verwunderlich, dass es ein solches Angebot bislang für Touristen nicht gibt.

Ein Blick auf die Nachfrageseite verrät, dass auch Stuttgart sich hier langsam zu wandeln scheint. Parallel zum allgemeinen deutschland-/ weltweiten Fahrradboom und Fahrradfahr-Trend befassen sich immer mehr Stuttgarter mit dem Zweirad-Sport. Das Potenzial ist demnach bei weitem noch nicht ausgeschöpft.

Um etwaige Chancen zu nutzen bzw. den zuvor genannten Herausforderungen zu begegnen und in Chancen umzuwandeln, stellt SbB ein spezielles Produkt-/Dienstleistungsangebot bereit.

3.2.2 Interne Analyse: USPs

Gleichwenn es (noch) keinen vergleichbaren Anbieter bisher am Markt gab, ist es essentiell zu wissen, was das Geschäftsmodell auszeichnet und was dessen Stärken sind.

Schlüsselfaktor Partnernetzwerk

Die Stärken und damit Alleinstellungsmerkmale (USPs) von SbB liegen vor allem im bestehenden persönlichen Netzwerk und den damit vorhandenen Kontakten, v.a. in die Fahrrad- sowie Touristikbranche.[13] Mit Hilfe von Kontakten zu Touristikverbänden und vereinen, Hochschulen, städtischen Einrichtungen kann einschlägiges Fach- und Expertenwissen für eine schnelle und effektive Realisierung des Vorhabens bezogen werden. Intensive Verbandlungen mit der Fahrradszene (von lokalen Fahrradhändlern und deutschen/internationalen Herstellern), Sportvereinen und -verbänden können für den Aufbau und die Wartung des Fuhrparks sowie der Konzeptionierung von Touren zweckstiftend genutzt werden. Neben bestehenden Kontakten wurde aber auch intensiv an der stetigen Ausweitung des Netzwerks gearbeitet. Es ist extrem wichtig, über die Idee und das Vorgehen zu sprechen und so den eigenen Weg kritisch zu hinterfragen, Feedback einzuholen bzw. weitere Ideen zu sammeln und natürlich auch weitere Kontakte zu knüpfen.[14]

Beide Kanäle sind auch für eine rasche und effektive Vermarktung des Konzepts und damit Gewinnung potenzieller Kunden wertvoll.

Interdisziplinäres Team

Ein interdisziplinäres Team – mit Mitarbeitern aus der Unternehmensberatungs-, Fahrrad-, IT-, Marketing- und Touristik-Branche – soll die erfolgreiche Realisierung und kontinuierliche Weiterentwicklung der Geschäftsidee absichern. Das Team funktioniert im Wesentlichen auf der Basis von Geben und Nehmen. Jeder bringt seine Fähigkeiten entsprechend seines Kompetenzprofils ein. So können Kosten für die Entwicklung der Geschäftsidee im Zaum gehalten werden.

Externe und interne Faktoren ergeben in Summe eine positive „SWOT-Bilanz“, in der Chancen und Stärken überwiegen, Risiken und Schwächen überschaubar/moderat sind. Vor diesem Hintergrund wurde die verhältnismäßig wenig innovative, dafür aber für Stuttgart neuartige Idee weiterfolgt und in die nächste Phase, den Business Plan, getrieben.

3.2.3 Business-Plan: Geschäftsmodell

Der strategischen Analysephase folgend bzw. damit einhergehend wurde im Januar 2017 mit dem Schreiben des Business Plans begonnen und in dem Zuge die Vision, Mission und mögliche strategische Ausrichtungen des Start-ups konkretisiert. Eingeplant waren hierfür ursprünglich fünf

[13] Vgl. Grichnik et al., 2017, S. 186ff..
[14] Vgl. Blank, 2013, S. 9; Grichnik et al., 2017, S. 200.

Tage, die sich schnell verdoppelten und final mehr als verdreifachten. Denn mit jeder Idee, die zu Papier getragen wurde, kam eine neue Fragestellung auf, die wiederum mit einer neuen Idee beantwortet werden musste und so weiter. Schließlich kann festgehalten werden, dass dieser Geschäftsplan ein lebendes Kernstück des Start-ups impliziert, welches noch nach dem Go live also dem offiziellen Startpunkt des Unternehmens weiterentwickelt wird – so zumindest im Falle von SbB. Denn jegliche Gespräche, Entscheidungen, neue (im)materielle Errungenschaften etc. führen nicht nur zu neuen Erkenntnissen, sondern auch Änderungen in getroffenen Annahmen und verfolgten Ansätzen, die es ggf. anzupassen gilt. Demnach kann und sollte auch der strategische Analyseprozess als iterativer Prozess verstanden werden, um die Aktualität und damit die erfolgssichernde Fahrspur der Geschäftsidee langfristig zu gewährleisten.

Wahl der Gesellschaftsform

In einem ersten Schritt wurde das Geschäftsmodell konkretisiert und beschrieben. Eine wesentliche Fragestellung, welche sich im Rahmen dessen auftat und das fortwährende Business entscheidend beeinflusst, war die Frage nach der Firmierung und damit einhergehenden Ausrichtung des Geschäftsmodells und Steuerungsansatzes. Solange man nicht selbst einmal vor dieser Entscheidung stand, mag diese Frage durchaus banal erscheinen. Steht man selbst davor, ohne bisher den Betrieb am Laufen zu haben und auf Basis dessen Vor- und Nachteile einander abwiegen zu können, ist das eine harte Nuss, die es zu knacken gilt. Hierzu wurden diverse Gespräche geführt, u.a. auch mit der IHK, um eine „richtige“ Entscheidung zu treffen. Aufgrund der geplanten Finanzkennzahlen (mit einem Umsatzvolumen von weniger als 17.500 Euro im 1. Geschäftsjahr) und des relativ geringen Aufwands in puncto Publikationspflichten von Finanzkennzahlen fiel die Entscheidung final auf ein Kleingewerbe. Den Wertvorstellungen, Vision und Mission entsprechend wäre durchaus auch ein Verein in Frage gekommen, nur wären hier die rechtlichen Auflagen ähnlich groß wie bei der GmbH und damit deutlich kostspieliger als die eines Einzelunternehmens gewesen. Im Nachhinein hätte die Firmierung als Verein durchaus einige wesentliche Vorteile mit sich gebracht bzw. die Umsetzung erster Inbetriebsetzungsmaßnahmen (wie bspw. die Suche eines Standortes) im Rahmen des Realisierungsprozesses deutlich erleichtert.

Aufgrund der eher sozial- und ökologischen und weniger profitorientierten Ausrichtung des Geschäftsmodells, welche mit SbB verfolgt wird, versteht sich das Unternehmen selbst als Social Business. Abgesehen von dem ökologisch-orientieren Produkt-/Serviceportfolio baut das Geschäftsmodell auf sozialen Wertvorstellungen auf, indem sich die Beteiligten gegenseitig nach dem Prinzip „Geben und Nehmen“ helfen.

Aus dem Geschäftsmodell ableitend wurden in einem nächsten Schritt die Vision, Mission und damit das Leitbild von SbB formuliert.

Unternehmensvision

Vision von SbB ist es, bis 2027 der bekannteste und beliebteste Touren- und Eventanbieter in Stuttgart zu werden. Nach dem Motto *„Einmal mitgeradelt und nimmer satt, vom Vierrad aufs Zweirad“* möchte SbB Einwohnern (insbes. Pendlern) Appetit aufs Radfahren machen. Ziel von SbB ist, möglichst viele Stuttgarter vom Auto zum Rad fahren zu bewegen und ihnen auf unbeschwerte Weise zu zeigen, dass dies a) möglich ist und b) Spaß macht. So soll die Verkehrs- und Feinstaublage nachhaltig verbessert werden. Zudem zielt SbB darauf ab, nachhaltig zum Klimawandel beizutragen, die Feinstaubbelastung in der Landeshauptstadt zu senken und schließlich die staugeplagte Verkehrslage in Stuttgart zu entspannen. SbB versteht sich folglich als Botschafter und Treiber der klimafreundlichen Gestaltung des Personenverkehrs, der auch einen Fokus auf die Stärkung des Rad- und Fußverkehrs legt.

Zielmarkt sind demnach sowohl Touristen als auch Anwohner aus der Stadt und Region Stuttgart.

3.2.4 Realisierungs-/Implementierungsphase: Aufbau einer Unternehmensinfrastruktur

Mit dem Start im Mai 2017 konnte sich SbB wesentliche Marktvorteile sichern. Als First Mover war das Projekt durch zahlreiche Presseartikel in den Medien sehr präsent, was sich sehr positiv auf den Bekanntheitsgrad und damit auf die Verkaufszahlen auswirkte. Touren von SbB wurden direkt von diversen Partnerorganisationen mit vermarktet.

Marktbearbeitung

Zu Beginn wurden neben dem klassischen Tages-/Tourengeschäft hauptsächlich die Themen Marketing und Vertrieb getrieben. Hierfür wurden eine professionell gestaltete Werbemappe (Flyer, Visitenkarten, Sticker, T-Shirts, Sponsoren Info Package, Messeflagge) sowie Homepage entwickelt. Insbesondere der Internetauftritt kam bei den Stakeholdern gut an und diente damit oft als Türöffner zu potenziellen Partnerorganisationen und Kunden. Als durchaus herausfordernd erwies sich, Kunden (vom Klick zum Kauf) zu begeistern. Als Start-up lässt man sich anfangs gerne mal vom positiven Feedback seiner (potenziellen) Kunden blenden. Es geht aber darum, Kunden von „Wow, das klingt interessant“ zu „Wow, das kaufe ich“ zu bringen, denn das einzig wahre Feedback ist ein unterschriebener Vertrag. Ein systematisch aufbereitetes und gut gepflegtes Feedback-/Review-/Bewertungsmanagement stellt im Zeitalter der Digitalisierung und v.a. für Dienstleistungsunternehmen einen essentiellen Stellhebel. Ebenso wichtig ist ein wohl dosierter und nicht in Penetranz abdriftender Auftritt in sozialen Netzwerken. Hier geht es darum, möglichst viele Likes und Sterne auf etablierten Plattformen zu sammeln. Diese stellen Multiplikatoren dar und tragen damit zur nachhaltigen Etablierung des Geschäftsmodells bei. Die organische Suchmaschinenoptimierung (SEO) noch vor Lancierung des Business spielte eine entscheidende Rolle.

Mithilfe dieser Maßnahmen im Online- und Offline-Bereich lief das Geschäft wie geplant erfolgreich an.

Time-to-Market

Der Faktor Zeit wurde als kritisches Erfolgskriterium erachtet.[15] Die Gefahr bestand und besteht noch immer, dass, wenn SbB nicht im gleichen Jahr, also 2017, an den Start geht, ein Wettbewerber die Idee aufgreifen und ins Leben rufen würde. Vor diesem Hintergrund wurde es als notwendig erachtet, sich in bestimmten Situationen für eine andere als aus theoretischer Sicht vielleicht plausiblere Reihenfolge von Umsetzungsschritten zu entscheiden.

Kritische Erfolgsfaktoren

Diesen Punkt betrifft im Falle von SbB v.a. das Thema „Betriebsstätte“. Denn wesentliche und für das Business essentielle Grundbausteine wie die sichere und wetterfeste Unterbringung der Fahrradflotte konnten mit dem Kooperationspartner noch nicht gewährleistet werden. Zwar konnte ein sehr attraktiver Start- und Zielpunkt für die Touren gewonnen werden, nur war die Fahrradflotte dort in keinem verschließbaren Raum, sondern lediglich auf einem abgesperrten Bereich deponiert. Ein Versicherungsschutz war unter diesen Bedingungen nicht gegeben. Daher liefen seit Jahresbeginn zahlreiche Termine und intensive Verhandlungsrunden mit der Stadt, um ein adäquates Fahrraddepot am favorisierten Standort errichten zu dürfen. Denn Gelder für die langfristige Finanzierung einer in Stuttgart üblich hohen Miete wirft das Geschäftsmodell nicht ab. Nach vier Monaten Verhandlung hat die Stadt den Antrag abgelehnt.

Im Laufe der weiteren Geschäftstätigkeit kristallisierten die sichere und wetterfeste Unterbringung der Fahrradflotte sowie das Recruiting von ortskundigen Tour-Guides als zunehmend herausfordernd heraus. Zwar konnten potenzielle Guides angeworben und eingearbeitet werden, nur sprangen einige aus diversen Gründen nach kurzer Zeit wieder ab. Auch nach zwei Monaten Betriebslaufzeit und insgesamt vier Monaten Verhandlungszeit mit der Stadt war keine Lösung für die adäquate Unterbringung der Flotte gefunden.

Nach weniger als zwei Monaten Betriebszeit erlitt das Start-up einen herben Rückschlag. Die gesamte E-Bike-Flotte wurde entwendet. Die folgenden zwei Monate standen folglich Schadensbegrenzungsmaßnahmen im Vordergrund des Geschäftsbetriebs. Touren wurden nur auf Anfrage durchgeführt, damit jegliche Kapazitäten in die Suche einer neuen Betriebsstätte fließen konnten.

---

[15] Vgl. auch Stirzel/Hüntelmann, 2008, S. 49.

Im Zuge dieses Such- und Findungsprozesses wurde die strategische Ausrichtung permanent kritisch hinterfragt und weiteren Reviews unterzogen, was unweigerlich auch zu neuen Erkenntnisgewinnen und Ideen führte. Infolgedessen ergab sich auch ein neues SWOT-Profil (siehe Abb. 6). Einst nicht erkannte Schwächen und Risiken wurden auf einmal mit hohem Risikofaktor eingestuft. Infolge des aktualisierten SWOT-Profils wurden geplante Maßnahmen umpriorisiert, was wiederum ein verändertes SWOT-Strategie-Portfolio mit sich brachte. Die mangelnde Flexibilität öffentlicher Behörden führte beispielsweise zur Suche nach einer „richtigen" Immobilie sowie Anpassung bestimmter Routenführung und zum Teil gar Absage ausgewählter Touren in Waldflächen.

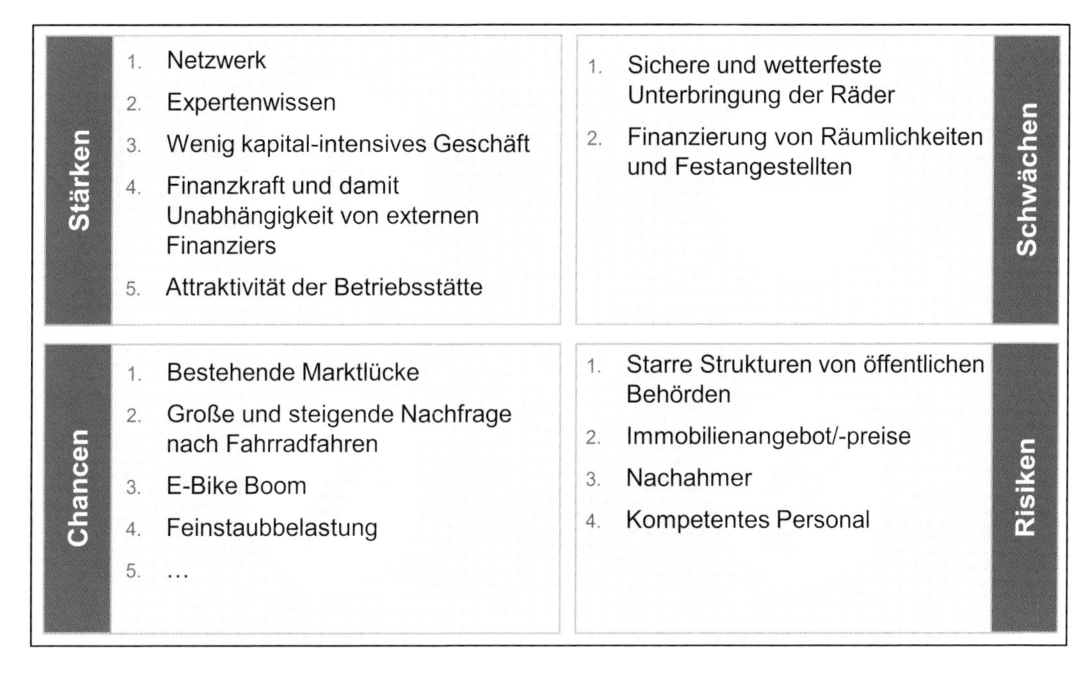

Abb. 6: SWOT-Profil von SbB nach Fortschreibung

3.2.5 Erfahrungen und Fazit

Es zeigt sich, dass die Durchführung strategischer Analysen keine Einmalaufgabe ist, sondern Strategie Reviews in regelmäßigen Abständen wiederholt werden sollten, insbesondere um vor Eventualitäten gefeit zu sein. Natürlich sollte man sich nicht „überanalysieren" und nicht riskieren, den Blick für die relevanten zu verlieren.

Von den (erschwerten politisch-rechtlichen) Rahmenbedingungen mal abgesehen, erwies sich als größter Stolperstein, Entscheidungen unter Zeitdruck treffen zu müssen. Hier wäre es im Nachhinein manchmal vielleicht besser gewesen, doch die Zeitkarte auszuspielen, bevor man eine „falsche" Entscheidung trifft. Allerdings gilt es, irgendwann auch mal einen Haken zu setzen, um dem möglichen „Analysestrudel" rechtzeitig zu entfliehen.

Wie in der Start-up-Sphäre durchaus nicht ganz unüblich, verlief die Umsetzung einzelner Schritte nicht immer lehrbuchkonform, sondern viel auf Basis von Intuitionen sowie Pragmatismus. Strategische Analysen wurden weniger auf dem Papier als in Form von Gesprächen mit Experten aus der Branche. Die nachträgliche Dokumentation dieser (auch informellen) Austausche erwies sich als zweckstiftend, da so strategische Reviews schneller und effektiver durchgeführt werden konnten.

Als Gründer ist es wichtig, auf das Bauchgefühl zu hören, da sich nicht alle Entscheidungen mit dem rationalen Menschenverstand treffen lassen. Und im Zweifel, also für den Fall, dass sowohl Bauch als auch Kopfgefühl nicht stimmig sind, dann Dinge doch einfach mal laufen und sich von allein fügen lassen. Ergo, man kann als Gründer nicht die Kontrolle über alles besitzen, auch wenn man das gern würde. Hier muss man lernen, auch mal (sein Baby) loszulassen. Wo und wie die Reise von SbB weitergeht, bleibt abzuwarten.

4 Case B: Custom Auto International – Automobil-Individualisierungsunternehmen

4.1 Das Unternehmen

Das Unternehmen Custom Auto International (nachfolgend „CA" genannt) versteht sich als Individualisierungsunternehmen für Premium-Automobile. Aufsetzend auf den bereits hohen Werksstandards von Premium-Automobilen werden den Kunden zusätzliche Optionen zur Modifikation und Individualisierung angeboten. Dadurch entstehen Unikate für die Kunden. Die Unikate tragen der Nachfrage nach individuellen Luxusgütern Rechnung. Bei Automobilen kann dies als Erweiterung der Premium-OEM-Produkte gewertet werden, die inzwischen auch in enormen Stückzahlen entstehen und zur Massenware geworden sind.

4.2 Die Ausgangslage

Hohe Markteintrittsbarrieren

Die Automobilbranche ist generell von hoher Komplexität und hohen Investitionsbedarfen geprägt. Viele Unternehmen auf der Stufe der OEM oder Tier 1 sind daher international vernetzte Konzerne. Der Grund ist im Produkt zu sehen. Einem hochtechnisierten Produkt, bestehend aus vielen tausend Teilen, und zudem in hohen Zertifizierungsanforderungen. I. S. v.

Porters 5 Wettbewerbskräften (siehe auch Abschnitt 2.3) gehört die Automobilindustrie zu den Branchen, in die neue Akteure einen tendenziell eher schweren Einstieg finden. Dies gilt insbesondere auf der Stufe der OEMs, dort ist für einen Einstieg ein Budget von mehreren hundert Millionen erforderlich, in der Regel aber im einstelligen Milliardenbereich vorzusehen. Für Zulieferunternehmen, Dienstleister etc. sind die Investitionen nicht so hoch einzustufen, die branchenspezifischen Anforderungen sind dennoch vergleichsweise hoch.

Hoher Anfangsinvest

Das hier beschriebene Geschäftsmodell zur Individualisierung (von vorhandenen Automobilen) ist im kleineren Rahmen realisierbar. Auf der Vertriebsseite ist ein Distributionssystem mit zentralem Marketing zu steuern, auf der technischen Seite sind Entwicklung und Einkauf zu koordinieren. Für ein Geschäftssystem dieser Art sind zunächst Aufbau-Investments zu tätigen, Produkte müssen entwickelt werden, die Organisation muss lauffähig und zertifiziert sein, noch ehe ein Erfolg/laufendes Geschäft nachgewiesen werden kann. Erste Umsätze am Markt können erst nach ungefähr einem Jahr erwartet werden. Erhebliche Differenzierung und Preisabschöpfung ist erst mit Verzug möglich, da in der Automobilbranche Marken eine wichtige Rolle spielen und eine Luxusmarke Zeit benötigt, um im Markt bekannt gemacht und etabliert zu werden.

4.3 Zielsetzung des Unternehmens

CA hat sich zum Ziel gesetzt, hochpreisige Automobile von Premium-Marken zu individualisieren.

Bei der Individualisierung betrachtet CA sowohl ästhetische als auch technisch-funktionale Veränderungen. Die einzelnen Leistungsangebote sind:

1. Konzeption und Aufbau von individualisierten kompletten Fahrzeugen

   Auf Basis von Premium-Fahrzeugen führender OEM werden vollständige Konzepte für anspruchsvolle Kunden erstellt und als schlüsselfertiges Luxusprodukt umgesetzt. Der Veränderungsumfang kann sich dabei circa in der Bandbreite von 10-50 % des Werts des Basisfahrzeugs bewegen.

2. B2B-Geschäft

   Durchführung von Sonderaufträgen für den B2B-Bedarf in Form von Einzelstücken und Kleinserien

3. Verkauf von Zubehörteilen

   Die Entwicklung und Vermarktung von Zubehörteilen (After Sales) für Händler und Privatpersonen zum eigenständigen Umbau ist eine weitere Umsatz-Säule. Privatpersonen kommen als Kunden insbesondere im lokalen deutschen Markt in Frage, da hier eine Bastel- und Do-it-Yourself-Kultur herrscht, insbesondere auch von jüngeren Käufern mit geringerem Budget.

4.4 Chancen und Risiken

Zur generellen Markt- und Wettbewerbssituation ist zu sagen, dass in den Premium-OEM und ihren internen Individualisierungsbereichen bereits sehr starke Wettbewerber bestehen. Chancen bestehen darin, Ausführungen anzubieten, die die OEM aufgrund der Stückzahlen und Variantenkomplexität oder aus sonstigen Gründen nicht anbieten.

Da Luxusautomobile sehr häufig als „Spielzeuge" besessen werden, spielen Substitute von fremden Anbietern (wie z.B. Limousinenfahrdiensten) eine untergeordnete Rolle. Das Vorgehen und die eingesetzten Methoden im Start-up CA zeigt Abb. 7.

Abb. 7: Gründungsprozess mit angewendeten Methoden und Instrumenten bei CA

Die genutzten Methoden und entstandenen Unterlagen dienten für CA insbesondere auch zur Stakeholder-Kommunikation.

An dieser Stelle sollen die konkreten situativen Faktoren des Geschäftsmodells und -unternehmens beschrieben werden, welche zugleich Chancen und Risiken darstellen können. Neben den allgemeinen Wettbewerbsthemen wurden in einer SWOT-Analyse die spezifischen Punkte aus der konkreten Situation heraus gesammelt und reflektiert.

Zahlreiche Inhalte der SWOT waren bereits bei der Gründung bekannt, jedoch zahlte es sich aus, nach einigen Monaten eine Verfeinerung und Ergänzung auf Basis der inzwischen neu gewonnenen Erkenntnisse vorzunehmen. Abbildung 8 zeigt den überarbeiteten Stand nach ersten Erfahrungen und Erkenntnissen.

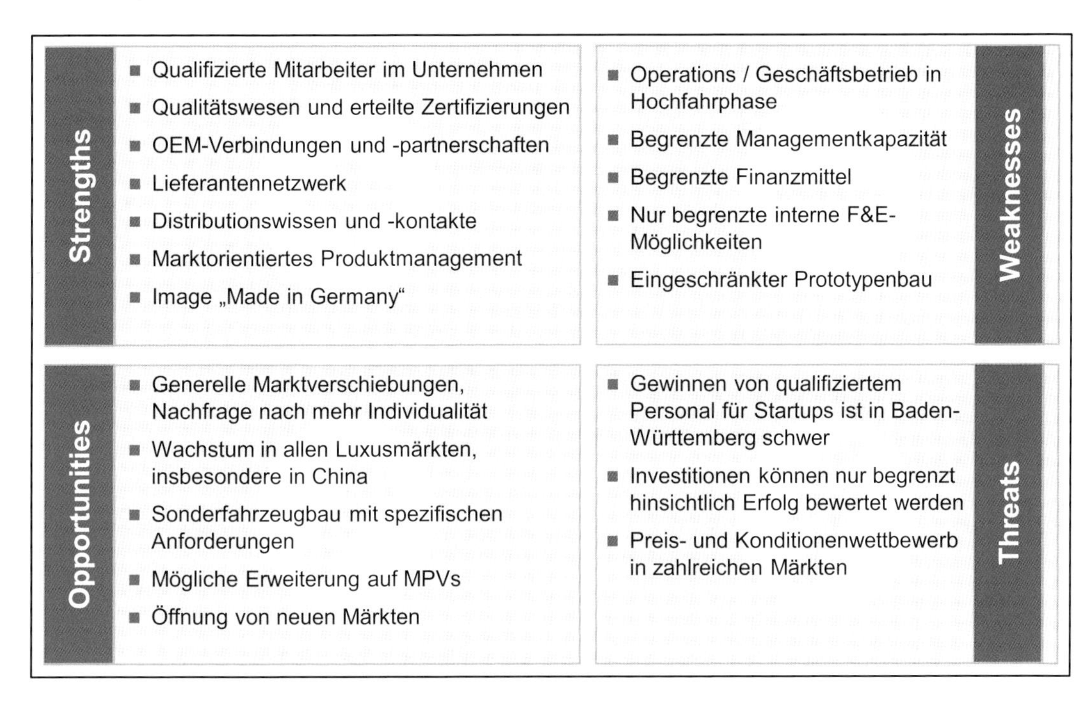

Abb: 8: SWOT für CA

4.5 Erfahrungen und Fazit

Im Falle des Automobil-Start-ups CA konnte deutlich beobachtet werden, wie die allgemein bekannten Methoden eingesetzt wurden, und an welchen Stellen diese Nutzen brachten.

Für eine Gründung wie CA sind wie beschrieben beträchtliche Investitionen erforderlich. Dies hatte zur Konsequenz, dass Mittel von branchenfremden Finanzinvestoren sowie von Banken akquiriert werden mussten. Damit einher gehen Anforderungen an die Stakeholder-Kommunikation und das Reporting. Die Beantwortung von Fragen der Stakeholder zu Status und Hintergründen erwies sich anhand der allen bekannten Instrumente der strategischen Analyse als besonders effizient. Die Strukturen konnten rasch erfasst und nachvollzogen werden und vereinfachten somit die Kommunikation von in der Sache komplexen oder in der Kommunikation schwierigen Themen.

Der Austausch der Unterlagen erfolgte auf Basis einer Cloud-Lösung, wobei hier anzumerken ist, dass durch entsprechende Berechtigungsstrukturen die einzelnen Stakeholder individuelle Bereiche besitzen müssen (um z.B. Entwürfe oder Zwischen-Arbeitsstände nur operativ tätigen Managern zugänglich zu machen).

Interne und externe Analysen wurden von Anfang der Planung an durchgeführt, auch aufgrund von Anforderungen von Geldgebern; insofern ist eine Absicherung erfolgt. Die Ausrichtung wurde mit zunehmendem Reifegrad des Geschäftssystems angepasst. Interessant war, dass nach einigen Monaten des Aufbaus derart viele neue Detailerkenntnisse auftraten, dass eine regelmäßige Fortschreibung der strategischen Analysen und Planungen sinnvoll erschien. Ein strategisches Lernen fand also bereits innerhalb weniger Monate statt.

5 Zusammenfassender Vergleich der Cases

Generell ist die Auseinandersetzung mit Strategie und entsprechender Planung wichtig. Die strategische Analyse eignet sich zur Aufbereitung der konstituierenden Entscheidungen für ein Start-up. Aber auch in der Hochfahr- und Betriebsphase liefert sie nützliche Chancen und Risiken adressierende Anstöße.

Eine Stärke, aber zugleich eine Gefahr, steckt in der Euphorie und im Optimismus von Gründern. Die strategische Analyse hilft dabei, die Rahmenbedingungen zu versachlichen und realistisch darzustellen. Bei der Umsetzung einer Geschäftsidee nehmen die Erkenntnisse auf der Zeitachse zu, und der Grad der Unsicherheit nimmt – abgesehen von plötzlichen unerwarteten Ereignissen – ab. Zunächst hat eine strategische Analyse mehr einen Hypothesen-Charakter, während sie mit zunehmendem Reifegrad des Unternehmens sich in Richtung eines Tracking-Tools wandeln kann (auch bspw. in Verbindung mit einer Balanced Scorecard).[16]

In den vorgestellten Cases wurden strategische Analysen genutzt, wenn auch aufgrund der Situation und der Akteure jeweils auf unterschiedliche Art und Weise.

Beide Unternehmen gehören der Dienstleistungsbranche an und versorgen Kunden individuell mit Sonderformen der Mobilität. Das Fahrrad-Tourismusunternehmen SbB zum Einen bietet Kunden das Medium Fahrrad in spezieller Form an. Auf der anderen Seite befasst sich der Fahrzeug-

[16] Vgl. Kaplan/Norton, 1996; Kaplan/Norton, 2001.

Aftermarket-Dienstleister CA mit der Anpassung des Mediums Automobil auf Kundenwünsche/Spezialbedarfe. In Abb. 9 werden die Rahmenbedingungen sowie die Erfahrungen mit der strategischen Analyse nochmals zusammenfassend dargestellt.

	Case SbB	**Case CA**
Rahmenbedingungen	Lokale und regionale geltende Rechtmäßigkeiten, öffentliche Behörden, geringe Komplexität des Geschäftsmodells, hohe Anforderungen an Personal- und Fuhrparkmanagement	Hohe Komplexität der mit den Dienstleistungen verbundenen Produkte, hohe Anforderungen an das Geschäftssystem
Investitionsbedarf	Eher gering, Beginn als Einzelgewerbe möglich	Eher hoch und nicht von Einzelpersonen zu stemmen, daher Abhängigkeit von externen Stakeholdern wie Geldgebern
Relevanz der strategischen Analysen	Strategische Analysen wurden eingesetzt, wobei parallel „unternehmerische Intuition" eine sehr wichtige Rolle spielte	Strategische Analysen wurden regelmäßig eingesetzt, in diese ging sehr viel Branchen-Erfahrungswissen von den Gründern ein
Eingesetzte Methode(n)	Lokale Marktanalysen, Benchmarking, Desk & Field Research, Deckungsbeitragsrechnungen, Target Costing, Preiskalkulationen, Social Media Controlling	Marktanalysen auf Basis von Marktforschungsdaten und prognostizierten Absatzzahlen und qualitativen Kundenanforderungen, Business Case mit Plan-GuV und -Liquiditätsrechnung, Übersicht in einer SWOT-Darstellung
Bewertung des Nutzens strategischer Analysen für die Start-ups	Ideengenerierung, Identifikation von Potenzialen, Kommunikations- und Informationsinstrument für Mitarbeiter u. a. Stakeholder	Insbesondere auch als Tool zur Stakeholder-Kommunikation

Abb 9: Zusammenfassung der Cases

6 Literatur

Blank, Why the Lean Start-Up Changes Everything, in Harvard Business Review, 2013, S. 3–9.

David/David, Strategic Management: A Competitive Advantage Approach, Concepts & Cases, 15. Aufl. 2015.

Drucker, The Effective Executive, 1967.

Drucker, The practice of management, 1954.

Grichnik/Brettel/Koropp/Mauer, Entrepreneurship, 2. Aufl. 2017.

Hahn/Taylor (Hrsg.), Strategische Unternehmungsplanung – Strategische Unternehmungsführung. Stand und Entwicklungstendenzen, 9., überarb. Aufl. 2006.

HHL, Analyse des Gründungsgeschehens in Deutschland mit Vorschlägen zur Verbesserung der Gründungsbedingungen, 2016. https://www.hhl.de/fileadmin/texte/publikationen/studien/LS_Innovation/Analyse_des_Gruendungsgeschehens_in_Deutschland.pdf, Stand 30.10.2017.

Horváth/Gleich/Seiter, Controlling, 13. Aufl. 2015.

IfM, Statistik der Gründungen und Unternehmensschließungen, 2016, https://www.ifm-bonn.org/statistiken/gruendungen-und-unternehmensschliessungen/, Stand: 10.11.2016.

Kaplan/Norton, The balanced scorecard – Translating strategy into action, 1996.

Kaplan/Norton, Die strategiefokussierte Organisation – Führen mit der Balanced Scorecard, 2001.

Kutschker/Schmid, Internationales Management, 7. überarb. und aktualisierte Aufl. 2011.

Mintzberg/Waters, Of Strategies: Deliberate and Emergent, 1985.

Nagl et. al., Der Businessplan – Geschäftspläne professionell erstellen, 2007.

Schumacher, Ende des Start-up Hypes, Das kurze Leben der Einhörner, 2016, http://www.spiegel.de/wirtschaft/unternehmen/start-ups-hype-um-gruenderszene-verdeckt-ihre-wahre-lage-a-1121623.html, Stand: 7.9.2017.

Stirzel/Hüntelmann, Möglichst schnell ans Ziel kommen – Studie über Faktoren zur Verkürzung der Time to Market, in: Innovationsmanager, 2008, S. 48–50.

Wunder, Essentials of Strategic Management, Effective Formulation and Execution of Strategy, 2016.

Strategieentwicklung: Ziele setzen, konsequent sein, die Menschen mitnehmen, Konflikte konstruktiv nutzen

- Lorenz Dental aus Zwickau ist eine Dentallabor-Gruppe mit rund 30 Betriebsstätten in allen Teilen Deutschlands und zählt zu den Marktführern.
- Wie haben die Mitarbeiter der Lorenz-Gruppe diesen Aufstieg erreicht? Das Wichtigste: Sie gehen seit mehr als 20 Jahren strategisch vor, haben sich Strategie als eine Kunst angeeignet.
- Sie setzen Ziele, dass für alle Anderen die beste Option darin besteht, mit dem Unternehmen zu kooperieren – und diese Ziele setzen sie durch.
- Die Strategie ist einfach und konsequent. Einfach, damit all jene, die sie im Boot haben wollen, ihren Beitrag zur Strategie verstehen können. Und konsequent, damit jeder im praktischen Alltag erleben kann, dass die Lorenz-Gruppe es ernst meint.
- Sie nehmen die Menschen mit, holen sie dort ab, wo sie sind. Können ihre eigenen Motive durch aktive Teilhabe an der Strategie mobilisieren. Und versuchen, die inneren und äußeren Hindernisse aus dem Weg zu räumen.
- Sie gehen mit Konflikten konstruktiv um. Sagen was geht und was nicht geht. Wandeln Rückschläge in Lernerfolge um. Bauen Respekt als Grundlage für positiven Streit auf.

Inhalt | Seite

Die Autoren

Johannes Lorenz, Gründer und geschäftsführender Gesellschafter der Gruppe „Lorenz-Dental."

Dr. Walter Schmidt, Inhaber der Unternehmensberatung ask Dr. Walter Schmidt in Berlin. Sein Fokus liegt auf der Moderation und Begleitung von Strategieprozessen. Gemeinsam mit Herwig Friedag ist er Autor mehrerer Bestseller (u.a. Balanced Scorecard einfach konsequent, TaschenGuide Balanced Score-card, My Balanced Scorecard). Er ist Senior Advisor des Vorstands im Internationalen Controller Verein (ICV) und Mitglied im Fachbeirat des Controlling-Beraters.

Dr. Herwig R. Friedag, Inhaber der Friedag Consult in Berlin. Sein Schwerpunkt liegt auf der Moderation von Strategieentwicklungsprojekten in Unternehmen. Dr. Friedag leitet den Internationalen Arbeitskreis im Internationalen Controller Verein e.V. und war viele Jahre Lehrbeauftragter an der Humboldt-Universität zu Berlin sowie an der Universität Rostock.

1 Strategie – ein ewig „neues" Thema

Strategie ist die Kunst, Ziele so zu setzen und durch-zu-setzen, dass für alle Anderen die beste Option darin besteht, mit unserem Unternehmen zu kooperieren.

Der Satz ist leicht geschrieben und schwer gelebt. Er setzt innere Stärke, Bereitschaft zu Offenheit und Transparenz, ständigen Anpassungswillen an die Veränderungen der Umweltbedingungen und vor allem klare Vorstellungen über den Sinn der eigenen Tätigkeit voraus. Doch es lohnt sich darüber nachzudenken, wie wir eine solche Position erreichen können. Solange alle Anderen es als Vorteil ansehen, dass wir auf dem Markt agieren, haben wir unsere (Über-)Lebensperspektiven selbst in der Hand. Das ist das oberste Streben jeder Strategie.

Strategie und Taktik

Wenn wir Ziele nicht nur setzen, sondern auch durchsetzen wollen, benötigen wir Führung. Dabei müssen wir die konkreten Machtverhältnisse beachten – die Kunst des Machbaren. Das bezeichnen wir als Taktik. Wir benötigen eine Strategie, um Ziele zu setzen und durchzusetzen. Und wir benötigen Taktik, um die Menschen mitzunehmen auf dem Weg zu den Zielen.

Aber ein wesentlicher Punkt fehlt noch: Jede Strategie muss finanziert werden können. Wer Ziele setzen und durchsetzen will, sollte wissen oder zumindest ein Gespür dafür haben, wie viel das kostet. Ob er das bezahlen kann. Und woher das Geld kommen soll. Das gilt im Privaten ebenso wie im geschäftlichen Bereich. Und umgekehrt: Ob ein Gewinn „ausreicht", hängt immer von den Zielen ab, die damit realisiert werden sollen. Die Finanzierung der Strategie zu gewährleisten – das ist die Aufgabe des operativen Geschäfts.

Landläufig wird „strategisch" meist als das Langfristige, „taktisch" als das Mittelfristige und „operativ" als das Kurzfristige bezeichnet. Aber diese Auffassung verbaut uns in der Praxis die Sicht auf die inhaltlichen Unterschiede:

- In der Strategie suchen wir nach den Potenzialen, die wir benötigen, um nachhaltig am Markt zu bestehen. Wir setzen Ziele für die Potenzialentwicklung. Und wir schauen nach den Wegen und Maßnahmen, wie wir die Ziele praktisch durchsetzen, jeden Tag – und nicht erst „morgen".
- In der Taktik suchen wir nach geeigneten Möglichkeiten, die Menschen für unseren Weg zu gewinnen. Wie wir sie dort abholen, wo sie sind. In ihrem Alltag. Wie wir die Hindernisse aus dem Weg räumen können, die sie bei der Arbeit behindern.

Und im operativen Geschäft suchen wir auf möglichst effiziente Weise ausreichend Geld zu verdienen, um unsere Strategie, unsere nachhaltige Entwicklung finanzieren zu können.

Für alle drei Herangehensweisen benötigen wir langfristige Konzepte, mittelfristige Pläne und kurzfristige Umsetzungsmaßnahmen. Und wir müssen die inhaltlichen Unterschiede greifbar werden lassen. Denn sie führen zu unterschiedlichen Interessen aller Beteiligten. Zu unterschiedlichen Sichten (Perspektiven) auf unser praktisches Handeln.

Balance der Interessen

Diese Interessenunterschiede in eine Balance zu bringen, ist die Aufgabe der Balanced Scorecard. Davor aber steht die Aufgabe, die strategischen, taktischen und operativen Aufgaben klar zu umreißen. Ihre Inhalte zu bestimmen. Damit wir wissen, worum es geht.

Das klingt simpel. Und das ist es auch. Erfolgreiche Strategien sind einfach und konsequent. Einfach, weil sie an die Erfahrungen im Alltag anknüpfen und daher verständlich sind. Und konsequent, weil sie attraktiv erscheinen – entweder um einem Druck ausweichen oder eigene Ziele verfolgen zu können. Oder beides. Erst Attraktivität führt zur Konsequenz.

2 Das Herangehen mit dem strategischen Triptychon

Strategie hat mit Veränderungen zu tun. Und wenn wir Veränderungen anstreben, sollten wir uns verständigen, wohin die Reise gehen soll. Welchen Weg wir einschlagen und wie flexibel wir sein wollen. Wen wir alles für die Reise benötigen, weil wir im selben Boot sitzen. Und wer wofür Verantwortung übernimmt. Das ist der strategische Prozess.

Aber wenn wir Veränderungen im Alltag verankern wollen, müssen wir die gelebten Selbstverständlichkeiten anpassen. Wir müssen die Kultur verändern. Das ist das Herzstück jeder Strategie. Wieweit sie Eingang findet in die Kultur des Zusammenlebens. Daran erweist sich letztendlich, ob und in welchem Maß wir erfolgreich sind – oder eben nicht.

Schließlich benötigen wir noch etwas: geeignete Instrumente. Es reicht eben nicht aus, sich auf Ziele und Wege zu verständigen. Wir müssen auch noch lernen, herausfinden, testen, mit welchen Formaten, Methoden, Kennzahlen und anderen Hilfsmitteln – z.B. Workshops, Gesprächsrunden, Malen von Bildern – wir Strategie, Taktik und operatives Geschäft wirksam unterstürzen können. Das gilt ein Leben lang. Wie die Engländer es so treffend formulieren: „A fool with a tool is still a fool“. Was in unserer Interpretation so viel bedeuten soll, dass wer nicht beständig bereit ist zu lernen, auch mit den besten Instrumenten nichts anzufangen weiß.

In diesem Sinne ist jede Strategie ein Dreiklang oder wenn wir es in ein Bild fassen wollen – ein Triptychon aus Prozess, Kultur und Instrumenten (s. Abb. 1):

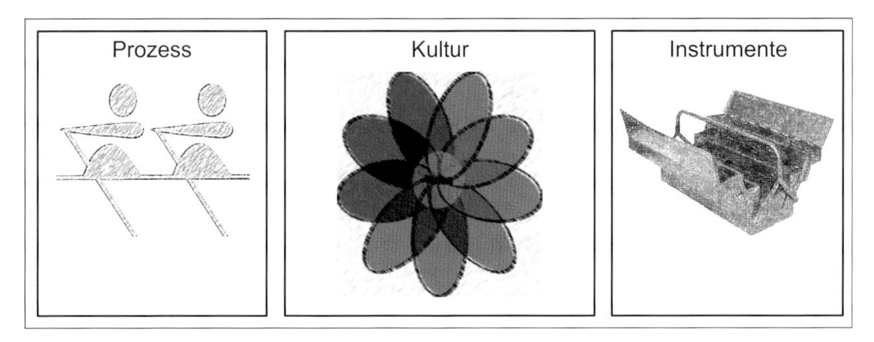

Abb. 1: Strategisches Triptychon

In der Praxis greifen die 3 Teile des Triptychons eng ineinander. Dennoch ist es wichtig, darauf zu achten, dass keines der Teile vernachlässigt wird, und dass sie zueinander passen. Darauf werden wir an den passenden Stellen immer wieder verweisen.

3 Das Praxisbeispiel: Die Geschichte von Lorenz Dental

Begonnen hat die Geschichte von Lorenz Dental vor 28 Jahren in Zwickau (Sachsen). Anfangs als die aus den neuen Bundesländern belächelt, ist die Lorenz-Gruppe heute einer der größten Unternehmen in einem immer noch sehr zersplitterten Markt. Johannes Lorenz zeigt in diesem Beitrag, wie die Formung und Veränderung einer Strategie in seinem Unternehmen vor sich gegangen ist, seit er am 20. August 2003 die Zusammenarbeit mit Herwig Friedag und Walter Schmidt begann:

Ich hatte 1989 ein zahntechnisches Labor eröffnet und nach der Wende schrittweise ausgebaut. Anfang der 1990er Jahre beschäftigte mein Labor 3 Mitarbeiter.

Dann folgten „die goldenen Zeiten der Zahntechnik in den neuen Bundesländern". Es lief einfach gut. Zu gut vielleicht. So verfielen viele Laborinhaber der Illusion, dass das immer so weitergehen würde. Sie steckten das Geld in ihre Häuser und Autos. Ich investierte lieber in mein Unternehmen. Und in die Auswahl und Qualifizierung meiner Leute. Modernisierung, Erweiterung, Zukauf.

Im August 2003 zählten zum Dentallabor Lorenz bereits 140 Mitarbeiter in 6 Standorten. Da schien der Zeitpunkt gekommen, systematischer als bisher an der eigenen Strategie zu arbeiten. Eine Balanced Scorecard sollte dabei helfen. Es begann eine sehr fruchtbare Zusammenarbeit mit Friedag & Schmidt. Die sowohl von greifbaren Erfolgen als auch von herben Rückschlägen und Konflikten geprägt war. Aber wir haben gelernt, die Konflikte auszuhalten. Weil wir uns respektieren. Und wenn man sich respektiert, verwandelt sich Streit in eine sehr konstruktive Ressource.

Inzwischen ist die Lorenz-Gruppe zu einer bekannten Marke in der Branche herangewachsen: Lorenz Dental. Sie verfügt deutschlandweit über 13 Standorte, die als eigene GmbH & Co. KG organisiert werden. Ihnen sind weitere 15 Betriebsstätten zugeordnet. Seit 2003 haben wir unseren Umsatz mehr als verdreifacht. Aus einem kleinen zahntechnischen Labor ist ein erfolgreiches Unternehmen geworden.

Und die strategische Orientierung geht weiter. Jetzt wird die Digitalisierung und Vernetzung der Zahntechnik ins Visier genommen. Die Vorüberlegungen laufen schon seit einigen Jahren. Doch das war nur das Vorspiel. Auch wenn sich das Unternehmen schon mehrfach gewandelt hat, steht nun eine erneute Metamorphose bevor. Ich werde diesen Weg – wie schon in den fast 30 Jahren meiner Entwicklung – gemeinsam mit den Mitarbeitern gehen. Wir setzen auf Kooperation statt auf „Überstülpen". Das mag zwar auf den ersten Blick etwas länger dauern. Aber es ist nachhaltiger. Und schafft die Basis für einen gemeinsamen Erfolg. Für eine lange Zeit.

Der strategische Prozess, den wir gemeinsam durchlaufen haben und immer weiter durchlaufen, besteht aus vier Ebenen (s. Abb. 2):

- Strategie-Konzept
- Strategie-Entwicklung
- Strategie-Umsetzung
- Strategie-Nutzung

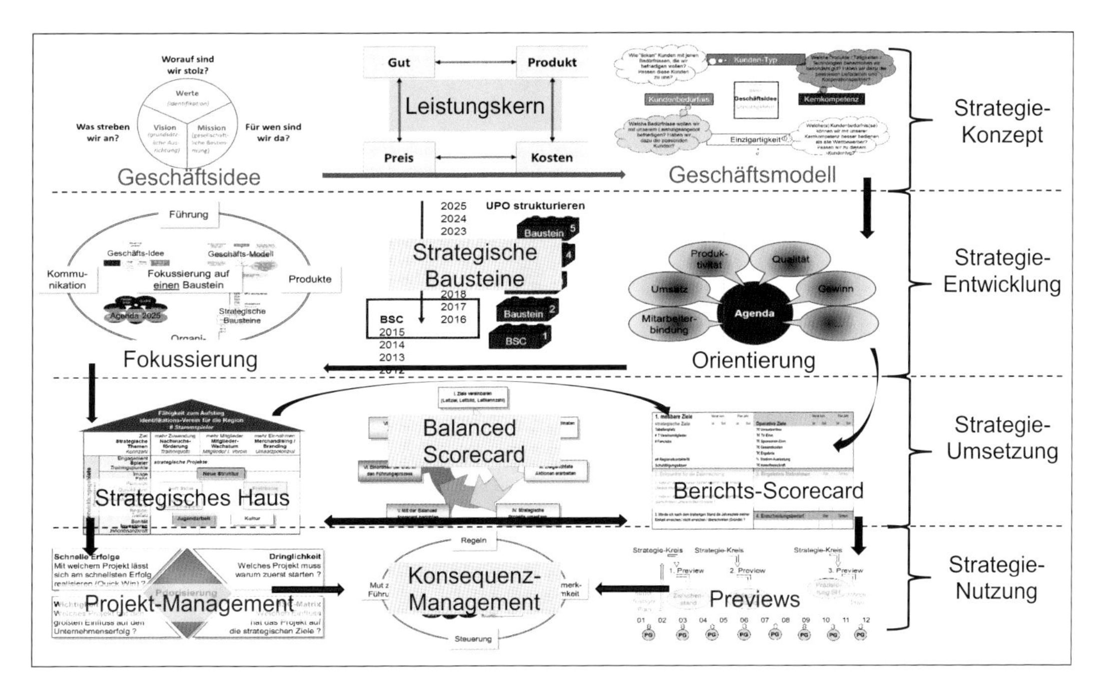

Abb. 2: Die 4 Ebenen des strategischen Prozesses

4 Ein Konzept entwickeln und leben

4.1 Die Geschäftsidee finden

Eine Vision (Was streben wir an?), eine Mission (Für wen sind wir da?) und gemeinsame Werte (worauf sind wir stolz?) waren in der Lorenz-Gruppe schon 2003 latent vorhanden. Wir mussten sie nur noch gemeinsam in einem Workshop formulieren:

- „Wir werden als Experten angesprochen" (Vision).
- „Wir sind DAS Netzwerk persönlicher Partner für alles, was Zahnärzte stark macht" (Mission).
- „Unsere Zusammenarbeit beruht auf menschlicher Kompetenz, Verantwortungsbewusstsein, Qualität & Perfektion sowie auf Erfolg" (Werte).

Die Worte fanden sich schnell. Doch in den folgenden Jahren wurde mehr und mehr spürbar, dass hinter den Formulierungen ein Identitätswechsel verborgen war, der das Selbstverständnis der meisten Mitarbeiter infrage stellte. Produktorientierte Zahntechniker wollten Partner von Zahnärzten sein. Also mehr als Service bieten. Und wirtschaftlichen Erfolg auch für die Zahnärzte. Sie waren zu Lorenz gekommen, weil sie sich als Handwerker verstanden. Die ganz in diesem Sinne stolz sein wollten auf die Produkte, die sie mit eigenen Händen erzeugen. Expertentum, menschliche Kompetenz, Verantwortung und Qualität – das alles war damit vereinbar. Ein hoher Anspruch zwar. Doch für einen Handwerker erstrebenswert und möglich. Aber Partnerschaft zu Zahnärzten und wirtschaftlicher Erfolg? Auf der Vernunftebene lässt sich das alles argumentieren und akzeptieren. Nur, Identifikation schließt Herz und Gefühl mit ein. Und das Herz eines Handwerkers tickt anders. Wir befanden uns mit diesen Problemen unmittelbar im Zentrum unserer Strategie. Identifikationsfragen sind kulturelle Fragen. Sie berühren die Selbstverständlichkeiten, das Selbstverständnis der Menschen. Daran kann jede Strategie scheitern.

Heute lässt sich das so leicht aufschreiben. Aber vor 10 Jahren haben wir eine ganze Weile gebraucht, um zu begreifen, was passierte. Es war ja kein aktiver Widerstand da. Wir waren uns alle einig. Und dennoch ging es nur langsam voran. Die angestrebten Veränderungen konnten sich im Alltag nicht wirklich durchsetzen.

Ende 2007 nutzte ich eine längere gemeinsame Autofahrt mit Walter Schmidt, um uns zu verständigen. Danach haben wir die Herausforderungen offen angesprochen und zur Diskussion gestellt. Und Bilder malen lassen.

Das waren keine Meisterwerke, aber sie verdeutlichten die Situation – und 3 verschiedene Selbstverständnisse:

- das Bild der Sicherheit, der Geborgenheit in der Gruppe;
- das Bild des gemeinsamen Basislagers, von dem einige aufbrechen zu hohen Gipfeln;
- das Bild der gemeinsamen Expedition zu neuen Ufern, zu einer Insel, auf der der Baum des Erfolges wächst und Früchte trägt und die wir Schritt für Schritt vergrößern.

Wir haben bewusst darauf verzichtet, die drei Bilder in ein gemeinsames zu überführen. Das hilft uns bis heute, die verschiedenen Menschen von Lorenz Dental in die Veränderungen einzubinden. Weil sie sich in ihren unterschiedlichen Gefühlen und Bildern respektiert fühlen. Das hat den kulturellen Wandel schließlich möglich gemacht. Und das hilft uns bei den aktuellen Herausforderungen nach wie vor.

Die „Expeditionäre“ hatten sich bereits auf das Abenteuer eingelassen. Andere zogen etwas später nach. Inzwischen haben die meisten gelernt, dass Partnerschaft und Erfolg auch etwas mit der eigenen Wertschätzung zu tun hat. Das spornt an. Doch die Erfahrungen mussten sie erst einmal selbst erleben. Das kostet Zeit und benötigt Geduld. Aber es hat sich gelohnt.

Inzwischen ist die Geschäftsidee im Alltag angekommen. Die Experten-Orientierung haben wir in die Mission integriert. Und die Vision umreißt stärker die Entwicklung zu einem Netzwerk von Dienstleistern. Heute (2017) heißt es:

- „Lorenz Dental wird als Marke für Dienstleistungen in Zusammenarbeit mit erfolgreichen Zahnärzten wahrgenommen" (Vision).
- „Wir sind persönliche Partner erfolgreicher Zahnärzte. Wir werden als DIE Experten angesprochen" (Mission).

Für die Werte haben wir ein eigenes Haus entwickelt (s. Abb. 3).

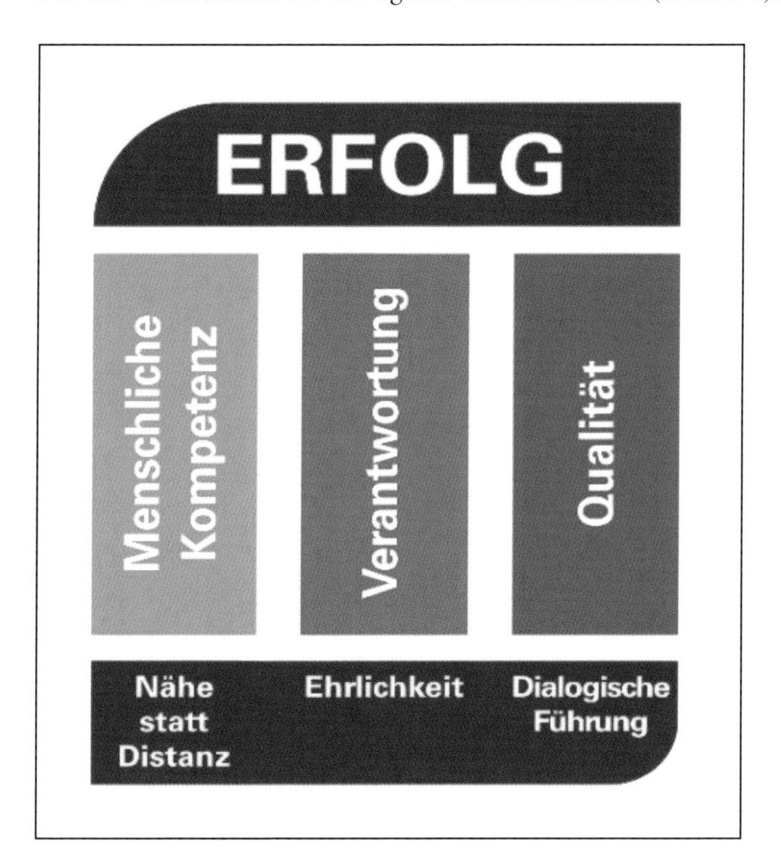

Abb. 3: Das Werte-Haus der Lorenz-Gruppe

Vor allem aber haben die treibenden Kräfte der Lorenz-Gruppe verinnerlicht, dass die Geschäftsidee in einem wachsenden Unternehmen eine ständige Herausforderung darstellt. Es reicht nicht, sie „richtig" zu formulieren. Sie muss immer wieder erläutert, neuen Mitarbeitern nahegebracht und regelmäßig diskutiert, auf den Prüfstand gestellt werden. Das werden mein Führungsteam und ich auch in der Zukunft deutlich zu spüren bekommen. Wenn Lorenz Dental sich aufmacht in die digital vernetzte Welt. Datenmanagement, maschinelle Herstellung von Zahnersatz bzw.

Komponenten oder 3-D-Druck werden sich auch in unserer Branche durchsetzen. Wir wollen „vorn sein“ bei dieser Entwicklung. Das gilt zwar noch nicht für alle. Aber es ist zu spüren.

Wille und Gründe

Woran? Es gibt einen guten Spruch: „Wo ein Wille ist, ist ein Weg. Wo kein Wille ist, gibt es Gründe.“ Die Suche nach Gründen hat abgenommen. Sie wird allmählich ersetzt durch das Bestreben, einen Weg zu finden.

4.2 Den Leistungskern gestalten

4.2.1 Zwischen „Gier "und „Schmerz"

Auch um den Leistungskern haben wir viele Jahre gerungen. Es geht dabei um die Balance zwischen

- den Ansprüchen an die Produkteigenschaften,
- dem Gefühl, warum ein Kunde unser Produkt als Gut empfindet,
- dem Verständnis für die Grundlagen des Preises – dass die „Gier“ nach dem Gut größer sein muss als der „Schmerz“ über den zu zahlenden Preis
- und der Erkenntnis, wieviel Kosten erlaubt sind, wenn wir uns erfolgreich am Markt behaupten wollen (s. Abb. 4):

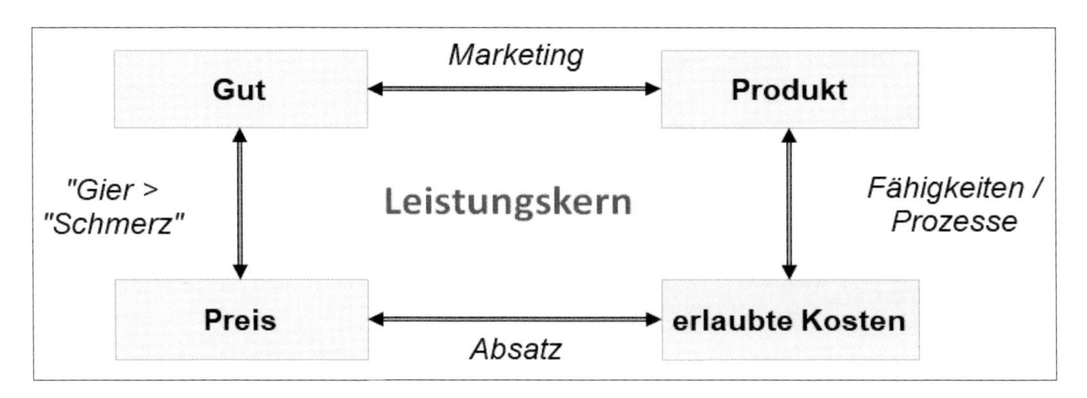

Abb. 4: Die Komponenten des Leistungskerns

Das war meiner Mannschaft nicht leicht zu vermitteln. Schon allein der Begriff des „Gutes“ – also warum ein Kunde Produkte von Lorenz Dental stärker begehren soll als Produkte anderer zahntechnischer Labore – ist für Zahntechniker starker Tobak. „Warum soll ich mir den Kopf darüber zerbrechen, ob mein Produkt ein Gut ist für den Kunden? Wann ein Zahnersatz gut gelungen ist und wann nicht, das weiß ich schon selber“. Aus dieser Einstellung heraus erschien auch die Frage nach dem Kunden ziemlich sinnlos. Warum sollte es wichtig sein zu unterscheiden, ob der Patient mein Kunde ist, weil er den Zahnersatz tragen wird? Oder der Zahnarzt, weil er mich bezahlt? Und was heißt in diesem Zusammenhang „erlaubte Kosten“? „Ich erlaube mir die Kosten, die notwendig sind, um gut zu sein“. Und wie schon gesagt. Ein Handwerker weiß selber, wann er gut ist.

4.2.2 Auf die Qualitätsstrategie ausrichten

In diese Diskussion hinein platzte die Veränderung der gesetzlichen Rahmenbedingungen für die Finanzierung der Zahnmedizin wie eine Bombe. Der Wettbewerb wurde stärker. Große Anbieter begannen Zahnlabore aufzukaufen und mit aggressiven Preisen die traditionellen Märkte aufzurollen. Billiger Zahnersatz aus dem Ausland schwappte nach Deutschland. Ein „Laborsterben“ deutete sich an.

Mit einem Mal war die Frage nach dem Kunden und was er als Gut ansah und nach dem Verhältnis zwischen „Gier“ und „Schmerz“ nicht mehr so abstrakt. Sie stand wie eine Drohung vor der Tür. Und sie erforderte eine Entscheidung:

- Wollen wir uns auf einen Preiskampf nach unten einlassen?
- Oder wollen wir auf eine Qualitätsstrategie setzen?
- Und was sollten die Kriterien für zahntechnische Qualität sein?

Diese Fragen haben uns viele Jahre begleitet. Die Grundsatzentscheidung fiel zwar relativ früh. Für die Qualitätsstrategie. Aber es war nicht wirklich klar, was das bedeutet. Wie kann man sich in einem Markt qualitativ von anderen Anbietern abheben, wenn die Produkte – der Zahnersatz – sich nicht gravierend unterscheiden?

Inzwischen haben wir gelernt, worauf es ankommt: praktizierte Nähe, Betreuung vor Ort bei komplexen Herausforderungen, gemeinsame Gespräche über die Entwicklung der Zusammenarbeit. Wertvoll sein für unsere Partner. Weil wir es uns wert sind. Und Klarheit über den Kunden. Erfolgreiche Zahnärzte sind es, die wir anstreben.

Kundenorientierung als innere Einstellung

Auch dieser Satz schreibt sich wieder so einfach. Doch dahinter standen und stehen enorme Anstrengungen: Marketing war für uns zwar kein Fremdwort aber wir haben es stiefmütterlich mit wenig Konsequenz betrieben. Das macht die Industrie. Handwerker brauchen so etwas nicht. Wieder ging es um Kultur. Um Selbstverständlichkeiten und das eigene Selbstverständnis. Das lässt sich nur durch praktische Erfahrungen verändern.

Ein paar Ideen konnten wir relativ schnell umsetzen. Beispielweise die Gründung des „Mimamo“-Vereins – Milchzähne machen mobil (http://

www.mi-ma-mo.de/). Der Mimamo e.V. engagiert sich gemeinsam mit regionalen Zahnärzten für gesunde Milchzähne. In Kindergärten und sozialen Einrichtungen, z.B. rund um den Tag der Zahngesundheit. Bei regionalen Auftritten im Rahmen öffentlicher Veranstaltungen. Durch Beteiligung an Projekten und Maßnahmen, die der Zahngesundheit dienen. Das hat uns nicht nur bekannt gemacht. Es ermöglichte auch eine engere Bindung an Zahnarztpraxen, die ähnlich ticken wie wir.

4.2.3 Das Marketing ausbauen

Als schwieriger erwies es sich, regelmäßige Kontakte der Zahntechnikermeister zu ihren Zahnärzten aufzubauen. Soweit das mit unmittelbaren Aufträgen zu tun hatte, ging das noch. Nachfragen und eigenes Expertenwissen einbringen war zwar nicht üblich. Aber es lag ja noch nahe am Handwerksverständnis. Ganz anders verhielt es sich mit dem Ansinnen, Gespräche über zukünftig zu erbringende Leistungen zu führen. Da liegt auch heute noch die Herausforderung. Über den Ausbau der Zusammenarbeit und der gemeinsamen Planungen. Da waren und sind die Hemmschwellen groß. Zahntechniker sind meist wie auch viele Zahnärzte eher handwerklich orientierte Menschen. Denen es schwer fällt, aus sich herauszugehen, auf andere zuzugehen und über die eigenen Leistungen zu sprechen. Warum sie wertvoll sind für unsere Partner. Erst allmählich kommen wir hier voran, doch wir kommen voran. Der Kulturwandel ist in Gang gekommen. Er benötigt allerdings noch Zeit und Geduld.

Aufbau eines Außendienstes

Der Aufbau eines eigenen Außendienstes zur Neukundengewinnung war von massivem passiven Widerstand begleitet. „Lass die mal tun; das ist nicht unser Ding“. In dieser Phase erwies es sich als hilfreich, einige vertriebsorientierte Zahntechnikermeister frühzeitig mit ins Boot zu nehmen – als Pioniere und Vorreiter. Und als die ersten Standorte sichtbare Erfolge vorweisen konnten, sprangen auch andere auf den Zug auf. Dafür bedurfte es allerdings eines gewissen Nachdruckes – einer „liebenswürdigen Penetranz“. Mitunter auch einer deutlichen „Ansage“. Es geht ja letzten Endes um nicht weniger als den kulturellen Wandel vom Handwerker zum Unternehmer. So etwas passiert nicht im Selbstlauf. Bis das in den Selbstverständlichkeiten des Alltags verankert ist, wird es noch einige Kraft in Anspruch nehmen. Immer noch.

Mit Beginn dieses Jahrs haben wir mit dem Aufbau von Betreuungs-, Beratungs- und Vertriebsteams an jedem Standort begonnen. Damit soll der Marketing-Gedanke endgültig in unserer Kultur verankert werden. Allmählich beginnen wir, ein kundenorientiertes Unternehmen zu werden.

Und dennoch bleibt ein gravierendes Problem noch ungelöst. Die Geschäftsführer der Standorte müssen lernen, dass sie auch verantwortlich sind für die Preisstrategie. Für die Gespräche mit ihren Kunden über die perspektivische Entwicklung von Leistungen und Preisen. Preise sind kein Mysterium. Wir können sie gestalten. Das Begehren nach unserer Leistung muss größer sein als der Schmerz über das zu zahlende Geld. Diese Herausforderung anzugehen ist die Aufgabe der Stunde.

4.2.4 Die Mitarbeiter entwickeln

Umfassende Ausbildung

Sehr früh haben wir ein umfassendes Ausbildungsprogramm umgesetzt. Wer eine Qualitätsstrategie fahren will. Wer darauf setzt, wertvoll zu sein für seine Partner. Der muss in seine Mitarbeiter investieren. Lehrlingsausbildung, Meisterausbildung und Weiterbildung sind dabei durchaus übliche Herangehensweisen in der Branche. Vielleicht engagieren wir uns in diesem Feld etwas mehr als andere. Aber es ist normal.

Nicht normal – und damit ein weiterer Kulturbruch – war die Entscheidung, ein Kommunikationstraining für Mitarbeiter mit Kundenkontakt einzuführen. Wir arbeiten dazu seit vielen Jahren mit einer Kommunikation-Trainerin zusammen. Inzwischen hat sie einige unserer Meister zu „In-house-Trainern" qualifiziert. Auch wenn am Anfang Staunen und Skepsis überwogen. Das Programm hat sich als erfolgreich erwiesen und wird von allen Mitarbeitern als hilfreich anerkannt. Es gehört heute zu den Selbstverständlichkeiten. Und es ist eine wirksame Basis für unsere Marketing-Praxis.

Expertengruppen einführen

Eine weitere für Zahnlabore eher unübliche Maßnahme war die Einrichtung von Expertengruppen z. B. in der Prothetik und Keramik. In diesen Zirkeln treffen sich regelmäßig Techniker aus verschiedenen Standorten, um sich über ihre Erfahrungen auszutauschen und damit ihre Expertise zu vertiefen. Auch das ist zum festen Bestandteil der „Lorenz-Kultur" geworden.

Unser neuestes Vorhaben ist die Bildung einer eigenen Akademie, in der wir alle Aus- und Weiterbildungsaktivitäten bündeln und unser Angebot erweitern. Vielleicht später auch für Dritte?

4.2.5 Die Produktivität steigern

Schließlich haben wir begriffen, dass zu einer Qualitätsstrategie auch die Erhöhung der Produktivität gehört. Darunter verstehen wir nicht nur, wie viele Leistungseinheiten wir pro Zeiteinheit erzeugen können. In unsere Produktivitätsbemühungen schließen wir die Verwaltung, die interne Koordination der Arbeiten und die Technologieentwicklung ein.

Und wir gehen noch einen Schritt weiter. Steigende Produktivität soll sich ökonomisch nicht zulasten der Mitarbeiter auswirken. Wir streben keinen Abbau unserer Belegschaft an. Wir wollen steigende Produktivität nutzen, um unser Geschäft zu erweitern. Um wertvoller zu werden. Dazu haben wir eine Leistungskennzahl eingeführt. Wir schauen zum einen in jedem Standort, wie sich die eigene Leistung (Umsatz minus Material und bezogene Leistungen) im Verhältnis zu den Personalkosten entwickelt. Und wir schauen darauf, wie die Leistungskennzahl in Wachstum umgesetzt wird. Nur zusammen wirkt Produktivität mobilisierend.

Begonnen hat das alles mit Untersuchungen im Rahmen einer „REFA"-Zeiterfassung. Aus der Ist-Analyse von Arbeitsabläufen wurden orientierende Soll-Werte abgeleitet. Das Ziel bestand jedoch nicht in der Einführung eines Akkordsystems, sondern in der Verbesserung der Prozessgestaltung. Dem diente auch die Aneignung der EFQM-Methodik im Rahmen der Beteiligung am Ludwig-Erhard-Preis. Dort konnte Lorenz-Dental nach mehrjährigen Anstrengungen zur Verbesserung der gesamten Organisation im Jahre 2013 den Titel „Recognized for Excellence – 4 Stars" gewinnen.

Doch so motivierend ein Titel auch sein kann. Entscheidend für uns war ein besseres Verständnis für die Stärken und Schwächen der Organisation in meinem Unternehmen. Insbesondere in der internen Koordination und Verwaltung zeigten sich erhebliche Verbesserungspotenziale. Wir haben damals damit begonnen, in allen Standorten stellvertretende Geschäftsführer einzusetzen und auszubilden. Auf diese Weise entstehen bessere Möglichkeiten, auf die Menschen zuzugehen. Mitarbeiter. Kunden. Partner. Dabei geht es um Hingehen – Zuhören – Abstimmen – Machen lassen. Dafür ist Zeit die wichtigste Ressource. Das verteilt sich nun auf zwei. Da sind wir auf einem guten Weg.

Fehlleistung	erhöhen die Kosten und führen zur Minderung der bezahlbaren Leistung *(z.B. Ausschuss, Nacharbeit, Fehlerfolgen beim Kunden, Störungen)*
Blindleistung	erhöhen die Kosten ohne Nutzen für den Kunden *(z.B.Doppelarbeit, ungeplante Änderungen, nicht geforderte Spezifikationen, Bürokratie)*
Stützleistung	unterstützen die Nutzleistungen, werden jedoch nicht vom Kunden bezahlt *(z.B. Rüsten, Transporte, Prüfen, unbezahlter Service)*
Nutzleistung	vom Kunden bezahlte Leistungen *(z.B. Konstruktion, Montage, Marketing, Einkauf, Service - soweit sie im Preis durchsetzbar sind)*

Abb. 5: Die Effizienztreppe[1]

[1] Vgl. Kamiske, 2010, S. 47ff.

Aktuell bauen wir interne Koordinatoren auf, um die Arbeitsabläufe effizienter zu gestalten. Wir stützen uns dabei auf die vor mehr als 50 Jahren im Qualitätsmanagement entwickelte „Effizienztreppe" (s. Abb. 5). Dabei geht es uns vor allem darum, Fehl- und Blindleistungen zu identifizieren, um sie zu beseitigen.

Eine andere Aufgabe besteht darin, Wege zu finden, um bisherige Stützleistungen in Nutzleistungen umzuwandeln – also bisher „kostenlose" Services zukünftig als bezahlte Dienstleistungen in Rechnung stellen zu können. Hier sind dann wieder die Geschäftsführer und ihre Stellvertreter gefragt. Den Kunden nahebringen, warum es für sie wertvoll ist, diesen Schritt mitzugehen. Daran beißen wir uns derzeit die Zähne aus. Was theoretisch so einfach klingt, erweist sich in der Praxis als äußerst heikel. Und wieder scheint es vor allem eine kulturelle Herausforderung zu sein. Eine Frage des Selbstverständnisses. Des eigenen Mutes. Des Bewusstseins für den eigenen Wert.

Zentrale Fertigung

Im Rahmen unserer Produktivitätsentwicklung haben wir im vergangenen Jahr nach langer Vorbereitungszeit einen Schritt gewagt, der die technologischen Prozesse der Lorenz-Gruppe grundlegend wandeln wird: der Aufbau einer zentralen Fertigung. Das war nicht einfach ein Verwaltungsakt. Das war der Auftakt für die Entwicklung einer digital gesteuerten, automatisierten Fertigung von Zahnersatz, der höchsten Qualitätsansprüchen gerecht wird. Individuell zugeschnitten auf jeden einzelnen Patienten. Unter Nutzung spezifischer Datensätze. Wir sind hier noch ganz am Anfang. Aber die Tür ist offen. Das hat enorme Auswirkungen auf die Standorte. Routinearbeiten nehmen ab. Veredlungsleistungen werden zunehmen. Und es steht mehr Zeit für Betreuung, Beratung und Vertrieb zur Verfügung. Durch die lange Vorbereitungszeit konnten sich die Mitarbeiter in den Standorten ausreichend darauf vorbereiten. Und sie ziehen mit. Allerdings sind wir sicher, dass auf diesem Weg noch einige Überraschungen auf uns zukommen werden.

4.3 Das eigene Geschäftsmodell verstehen

Mit der Beschreibung des Geschäftsmodells haben wir im Frühjahr 2003 angefangen. Erste Diskussionen dazu gab es zwar schon am Beginn unserer Zusammenarbeit. Aber dann kamen 2004 eine weitere Gesundheitsreform und mit ihr starke Einschränkung der Budgets für die Zahnärzte. Das hatte gravierende Auswirkungen auf die Lorenz-Gruppe. Nach ersten Stornierungen musste sie ebenso wie viele andere Dentallabore im IV. Quartal 2004 einen Umsatzeinbruch von 70 % hinnehmen. Was zur Folge hatte, dass wir einen Großteil unserer Mitarbeiter in die Kurzarbeit schicken mussten. Nach einem weiteren Rückgang Anfang

2005 gelang es, die Situation aufzufangen und wir konnten Schritt für Schritt unsere Mitarbeiter wieder einstellen. Doch die folgenden 2 Jahre waren erforderlich, um die alten Positionen der Gruppe wieder aufzubauen. In dieser Zeit war die Konsolidierung der finanziellen Lage die strategische Hauptaufgabe. Denn die beste Strategie nutzt wenig, wenn sie nicht finanziert werden kann.

Bewältigung der Gegenwart gehört auch zur Strategie

Dennoch ging es auch in dieser Zeit weiter mit der strategischen Arbeit. Die Schwerpunkte lagen verständlicherweise mehr bei der Bewältigung der Gegenwart:

- bei der Bindung der Stammbelegschaft und ihrer Qualifikation.
- bei den damals zwei großen Projekten „Neukundengewinnung“ und „Bestandskundenpflege“.

Nachdem die größten Turbulenzen beendet und der „Schock“ bei den Mitarbeitern überwunden waren. Und nachdem die strategischen Aktivitäten zum Wiederaufbau und zur Erweiterung der Kundenbasis erste Früchte trugen, war wieder Raum entstanden für konzeptionelles Arbeiten. Also wandten wir uns wieder dem Geschäftsmodell zu (s. Abb. 6).

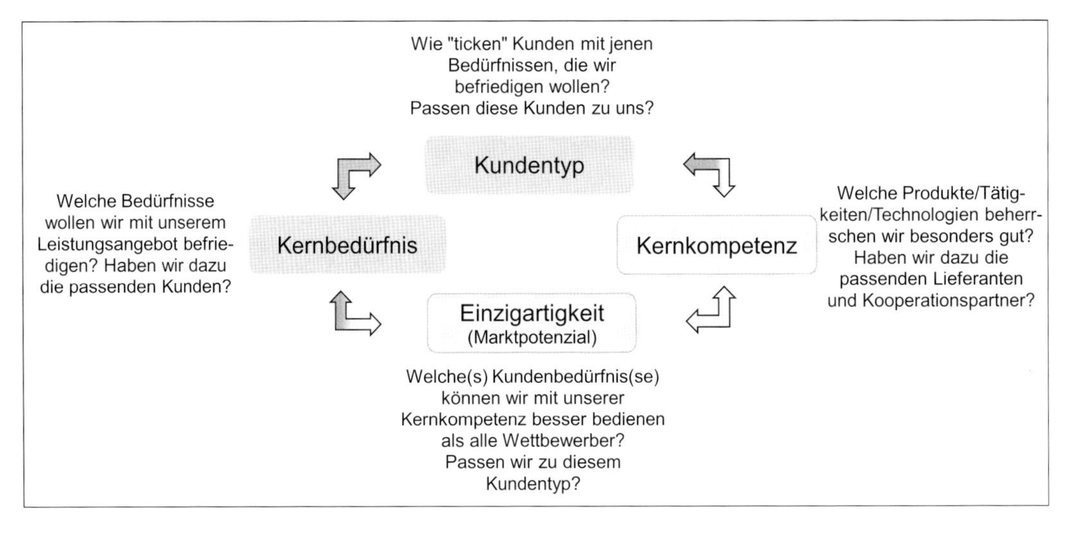

Abb. 6: Das Geschäftsmodell

Typ und Kernbedürfnis der Kunden sowie Kernkompetenz und Einzigartigkeit der Lorenz-Gruppe waren schnell beschrieben. Das gelang schon im ersten Workshop:

- Kundentyp: Zahnärzte mit implantologischer und ästhetischer Spezialisierung, die Kunden bzw. potenzielle Kunden der jeweiligen Standorte sind (deutschlandweit und ausgewählte Länder Europas; Umkreis von ca. 1h Autofahrt vom jeweiligen Standort)

- Kernbedürfnis der Kunden: Sicherheit (störungsfreies Geschäft); persönliche Anerkennung; Spaß an der Arbeit; wirtschaftliche Absicherung
- Kernkompetenz der Lorenz-Gruppe: Systeme, Methoden und Instrumente so einrichten, dass alle Kundenbetreuer der Lorenz-Gruppe in der Lage sind, ihre Kunden besser zu bedienen als die Wettbewerber am jeweiligen Standort
- Einzigartigkeit der Lorenz-Gruppe: Garantie eines definierten Lorenz-Standard bildet die Grundlage und damit exzellente Positionierung der Lorenz-Gruppe am Markt; dies unabhängig vom konkreten Kundenbetreuer; unsere Kunden wissen um die Vorteile des Lorenz-Standards und sind bereit, mehr dafür zu bezahlen

Geschäftsmodell erfordert Verständnis für den Leistungskern

Aber wir hatten unseren Leistungskern noch nicht verstanden: wertvolle Leistung für wertvolle Kunden. Und ohne ein inneres Verständnis für den Leistungskern blieb das Geschäftsmodell abstrakt. Ein schön formuliertes Wunschkonzert. Denn ein Großteil unsere realen Kunden tickte ja gar nicht so, wie wir das gerne hätten. Bei Lichte betrachtet hatten wir – grob gesagt – 3 Typen:

- Die „Rosinenpicker“: Der Preis steht an erster Stelle; wir sind Lieferant unter anderen;
- Die „Differenzierer“: Sie wissen unsere Leistung zu schätzen, kaufen aber auch woanders ein; wir sind bevorzugter Lieferant;
- Die „treuen Kunden“: Sie möchten möglichst alle Leistungen von der Lorenz-Gruppe bekommen – und sie wissen warum; wir sind Partner.

Und auch bei den treuen Kunden war uns nicht so richtig klar, warum sie für uns wertvolle Kunden sein sollen. Also haben wir klare Kriterien für einen wertvollen Kunden definiert:

- Wir erwirtschaften mit dem Kunden einen Gewinn.
- Wir richten unsere Leistungen explizit auf den individuellen Nutzen des Kunden aus.

Den Anteil wertvoller Kunden erhöhen

Die Aufgabe bestand nun darin, den Anteil wertvoller Kunden zu erhöhen durch einen gezielten Mix von Aufbau, Ausbau, Halten und Rückbau (in Kombination mit strategischer Preispolitik und Produktivitätsentwicklung). Dass das vor allem eine kulturelle Herausforderung war, habe ich schon erwähnt. Wir sind da auch noch nicht durch. Aber die Struktur unserer Kunden hat sich schon spürbar verbessert.

Auch für das Marktpotenzial hatten wir noch kein Gespür entwickelt. Es gab zwar schon erste Überlegungen zur Ermittlung von Umsatzpotenzialen und Marktsättigung. Es lässt sich ja für jeden Standort ermitteln, wie viele

Zahnärzte im Umkreis von 50 km ansässig sind. Da ist es eine leichte Rechenaufgabe, unseren Anteil zu bestimmen. Aber das führt in der Praxis nur zu abstrakten Apellen, „besser" zu werden. Also haben wir angefangen, mit Kundendatenblättern zu arbeiten. Unsere Kundenbetreuer sprechen mit jedem Zahnarzt. Auch über seine Wünsche und Ziele. Über seine Interessen in der Zahnmedizin. Auch mit neuen Kunden. Da stellt sich schnell heraus, ob eine Zahnarzt zu uns passt oder nicht. Ob er das Potenzial hat, zu einem wertvollen Kunden zu werden. Zu einem Partner. Der unsere Leistung auch aus seiner Sicht als wertvoll empfindet.

Wertvoll und wertschätzend sein

So kommen Leistungskern und Geschäftsmodell einander näher. Wertvoll sein und wertschätzen. Wertvolle Leistung für wertvolle Kunden. Bindung durch Nähe, durch Herzlichkeit – das ist die Essenz unseres Geschäftsmodells. So wollen wir es leben.

Hinweis: Strategieumsetzung folgt in anderem Beitrag
Johannes Lorenz wird seinen Bericht in dem Artikel „Strategieumsetzung: konkrete Aktionen und Projekte realisieren" fortsetzen. Der zweite Teil befasst sich mit den Ebenen Strategieentwicklung, Strategieumsetzung und Strategienutzung.

5 Literaturhinweise

Friedag/Schmidt, TaschenGuide Balanced Scorecard, 5. Aufl. 2015.

Friedag/Schmidt, Balanced Scorecard – einfach konsequent, 2014.

Kamiske, Effizienz und Qualität: Systematisch zum Erfolg, 2010.

Strategieumsetzung: konkrete Aktionen und Projekte realisieren

- Der zweite Teil des Praxisbeispiels von Lorenz Dental fokussiert auf die Strategieumsetzung.
- Aus einem strategischen Konzept (Geschäftsidee, Leistungskern, Geschäftsmodell) ist eine realisierbare Strategie zu entwickeln.
- Diese Strategie ist in konkreten Aktionen und Projekten für einen überschaubaren Zeitraum umzusetzen und mit dem operativen Geschäft zu verbinden.
- Die gemeinsam angestrebten Veränderungen müssen auch im Alltag gelebt werden – auch wenn konsequent sein verdammt schwer fällt.
- Dazu ist es notwendig, die Menschen mitzunehmen und mit Konflikten konstruktiv umzugehen.

Inhalt | Seite

Die Autoren

Johannes Lorenz, Gründer und geschäftsführender Gesellschafter der Gruppe „Lorenz-Dental".

Dr. Walter Schmidt, Inhaber der Unternehmensberatung ask Dr. Walter Schmidt in Berlin. Sein Fokus liegt auf der Moderation und Begleitung von Strategieprozessen. Gemeinsam mit Herwig Friedag ist er Autor mehrerer Bestseller (u.a. Balanced Scorecard einfach konsequent, TaschenGuide Balanced Score-card, My Balanced Scorecard). Er ist Senior Advisor des Vorstands im Internationalen Controller Verein (ICV) und Mitglied im Fachbeirat des Controlling-Beraters.

Dr. Herwig R. Friedag, Inhaber der Friedag Consult in Berlin. Sein Schwerpunkt liegt auf der Moderation von Strategieentwicklungsprojekten in Unternehmen. Dr. Friedag leitet den Internationalen Arbeitskreis im Internationalen Controller Verein e.V. und war viele Jahre Lehrbeauftragter an der Humboldt-Universität zu Berlin sowie an der Universität Rostock.

1 Vom Konzept zur Strategie

Dieser 2. Teil des Berichts von Johannes Lorenz befasst sich mit den Ebenen Strategieentwicklung, Strategieumsetzung und Strategienutzung.

Hinweis: 1. Teil des Berichts
Den 1. Teil des Berichts finden Sie im Beitrag „Strategieentwicklung: Ziele setzen, konsequent sein, die Menschen mitnehmen, Konflikte konstruktiv nutzen".

1.1 Eine Agenda als Orientierung

Partnerschaft trägt weiter

In den „Nullerjahren" gab es ein ständiges Auf und Ab. Von den Problemen der Gesundheitsreform 2004 und deren Auswirkungen auf mein Unternehmen hatte ich schon erzählt. Auch über unsere Entscheidung, keinen Preiskampf auszufechten, sondern eine Qualitätsstrategie zu verfolgen. Wertvoll sein für wertvolle Kunden. Damit hatten wir Erfolg. Lorenz Dental konnte wertvolle Zahnärzte als Kunden neu gewinnen. Und die Erfolgreichen unter unseren gewonnenen Kunden erweiterten ihre Zusammenarbeit mit uns.

Dann kam die globale Finanzkrise 2008/2009. Aber diesmal waren wir besser aufgestellt als 2004. In der Not trägt Partnerschaft doch weiter! Die Geldschneiderei mancher unserer Wettbewerber in den Jahren zuvor hatte Vertrauen zerstört. Wir hingegen hatten Vertrauen aufgebaut. Das kam uns nun zugute. Die krisenbedingte Delle konnten wir schnell ausgleichen und zu erneutem Wachstum übergehen.

2010 setzten wir dann unseren Wachstumsprozess weiter fort. Durch den Ausbau unserer bestehenden Standorte und durch den Erwerb weiterer zahntechnischer Labore. Eine der wichtigsten Erkenntnisse daraus war, dass jedes Labor, das wir erworben haben, seine eigene Unternehmenskultur entwickelt hatte. Dabei meine ich nicht die auf Hochglanzprospekt beschriebene, sondern die tatsächlich im Unternehmen bewusst oder unbewusst gelebte Kultur.

Kulturelle Integration weiterer Unternehmen

Besonderes Augenmerk legten wir daher auf den Prozess der kulturellen Integration. Dieser Transformationsprozess gestaltet sich zu einer ernst zu nehmenden Herausforderung. Die Aufgabe war und ist es hierbei, andere Unternehmenskulturen in die bestehende und gefestigte Lorenz-Dental-Kultur zu integrieren.

Das wichtigste in diesem Prozess ist das Mitnehmen der Menschen. Hier gilt es auch Personalentscheidungen zu treffen. Aber manche meiner Personalentscheidungen erwiesen sich im Nachhinein als kontraproduktiv.

Eine wichtige Erkenntnis hieraus ist, dass die zu integrierende Kultur mit unseren Grundwerten übereinstimmen muss. Und man muss im gemeinsamen Tun die Werte in der täglichen Arbeit erleben. Dafür haben wir viel Manpower und finanzielle Mittel aufgewendet.

Strategie lässt sich nicht 1:1 übertragen

Außerdem zeigte sich, dass wir unsere Qualitätsstrategie der Partnerschaft zu erfolgreichen Zahnärzten nicht 1:1 auf andere Standorte übertragen konnten. Das lässt sich nicht im Workshops umsetzen.Das lässt sich nur durch direktes Engagement vor Ort realisieren. Die alte Weisheit: Hingehen, Zuhören, Hindernisse beseitigen und die Menschen machen lassen.

So lernen wir weiter hinzu. Eine der Lehren aus dieser Zeit ist eigentlich eine Binsenweisheit: Jede Strategie muss finanziert werden können. Ohne in eine Schuldenfalle zu tappen. Ich war in Finanzierungsfragen immer vorsichtig gewesen. Doch eher aus dem Bauch heraus. Jetzt aber begannen wir Größenordnungen zu erreichen, die ein fundierteres Herangehen erforderten. Wir brauchten eine Orientierung, die allen im Unternehmen auf verständliche Weise verdeutlichen konnte, wo die Reise hingeht. Wir brauchten eine Agenda. Wir haben sie UPO genannt: Unternehmens-Politische Orientierung. Und wir wollten sie auf solide Füße stellen.

Unternehmens-Politische Orientierung

Um die UPO zu erarbeiten und in die gesamte Lorenz-Gruppe hineinzutragen, habe ich 2010 einen „beratenden Vorstand" gebildet. Er umfasste – in Anlehnung an die EFQM-Kriterien – Verantwortliche für die Aufgabenfelder

- Politik und Strategie
- Mitarbeiterentwicklung
- Kunden
- Prozesse
- Finanzen & Investitionen sowie
- Entwicklung der Gruppe.

Politik & Strategie	Mitarbeiter
600 Punkte im EFQM-Prozess erreichen und in jedem Folgejahr halten	Weiterbildungsakademie mit eigenen Ausbildungs-Konzepten
Kunden	**Prozesse**
Beziehungs-Management durch Nähe im Kundenpflegeprozess	konsequente Umsetzung vereinbarter Prozesse
Finanzen & Investition	**Gruppe**
Wir haben bis 2020 20 Standorte mit einem Umsatz von insgesamt 30 Mio EUR bei 10% Umsatzrendite und 500 Mitarbeitern	lebendige Gruppe durch aktiven Informations-/Erfahrungsaustausch und Entwicklungsprozess (Standorte untereinander selbstständig)

Abb. 1: UPO der Lorenz-Gruppe bis 2020, verantwortlich für die Zielerreichung sind die beratenden Vorstandsmitglieder

Für jedes Aufgabenfeld wurden eigenständige Orientierungen entworfen, mit allen Standorten diskutiert und schließlich Ende 2011 als „UPO 2020“ vereinbart (s. Abb. 1).

UPO hat sich bewährt

Inzwischen sind 6 Jahre vergangen. Die Agenda hat sich als Orientierung bewährt und wurde bedarfsweise angepasst.

- Der EFQM-Prozess brachte und bringt uns spürbar voran. Wie schon berichtet konnten wir beim Ludwig-Erhard-Preis ausgezeichnet werden. Und wir nutzen die EFQM-Methodik, um kontinuierlich mit allen Mitarbeitern an Verbesserungen insbesondere in deren Arbeitsumfeld zu arbeiten.
- Unser Weiterbildungskonzept haben wir schrittweise ausgebaut. Die Gründung der Akademie ist für 2018 vorgesehen.
- Im Beziehungsmanagement zu unseren Kunden gehen wir gerade einen wesentlichen Schritt zu mehr Nähe: Durch den Aufbau unserer Betreuungs-, Beratungs- und Verkaufsteams.
- Unser Prozessmanagement begreifen wir als das Setzen und Durchsetzen gemeinsamer Regeln zur Gewährleistung unserer Werte. „Regeln sichern unsere Werte“ ist ein ganzes Programm geworden. Auch dabei haben wir Lehrgeld bezahlt. Prozesse sind kein bürokratisches Werk von Definitionen für Strukturen und Abläufe. Da hatten wir anfangs Illusionen. Dass wir zu einem „Ende“ kommen, an dem wir die Prozesse im Griff haben. Heute wissen wir, dass diese Aufgabe kein Ende kennt. Sie steht immer vor uns. Tag für Tag. Aber Regeln helfen uns, sich immer neuen Anforderungen zu stellen.
- Das Zusammenwachsen der Gruppe bedarf ebenso einer täglichen Betrachtung. Der Alltag der meisten Führungskräfte und Mitarbeiter vollzieht sich in den Standorten. Die Gruppe hingegen erleben sie nur zu besonderen Anlässen. Weiterbildungen, Qualitätszirkel, Mitarbeiterveranstaltungen, Besprechungen im Kreis der Standortleiter. Das Gruppendenken ist durchaus vorhanden. Aber der Alltag wird von den Standortfragen bestimmt. Das wird sich zunehmend durch eine noch engere Zusammenarbeit zwischen den Standorten und dem Nutzen von zentralen Ressourcen ändern.
- Unsere Umsatz-und Gewinnziele hatten wir auf Gruppenebene beschrieben. Sie sind „griffig“ und hatten schnell Verbreitung in der gesamten Gruppe gefunden. Doch sie waren als ein Aggregat für die Gruppe entstanden. Und damit ohne Bezug für die einzelnen Standorte. Was sich anfangs sehr „konkret“ anfühlte, wurde am Ende zu einer leeren Formel. Denn es war nicht klar, wieviel Entwicklung aus den bestehenden Standorten kommen sollte und wieviel aus Zukäufen.

Das Bemühen um Wachstum hat eben auch einen kulturellen Kern. Warum soll ich zu neuen Ufern aufbrechen, wenn das Geschäft heute gut läuft? Die drei Bilder, von denen ich im ersten Teil berichtet habe, sind nach wie vor präsent. Und bis heute Gegenstand von Diskussionen. Doch da wir uns respektieren, halten wir diese Gespräche aus. Noch stehen drei Jahre vor uns. Wie es dann aussieht, werden wir sehen. In jedem Fall sind die Umsatz- und Gewinnziele nach wie vor ein „Stachel in unserem Fleisch" – an dem wir uns reiben und der uns vorantreibt. Gut so.

1.2 Der „Rote Faden": Einen konkreten Fahrplan erarbeiten

Eine Agenda oder UPO ist eine Sache. Eine andere Sache ist der konkrete Fahrplan.

- Wie setzen wir die Orientierungen um?
- Was soll wann getan werden?
- In welcher Schrittfolge?
- Wie können wir einen kontinuierlichen Prozess aufsetzen, um unsere Strategie immer wieder den Veränderungen des Lebens anzupassen?
- Und wie verbinden wir die Strategie mit dem operativen Geschäft? Damit wir die Finanzierung der Strategie gewährleisten können.

Um diesen Fahrplan haben wir lange gerungen. Im Ergebnis ist ein „Roter Faden" entstanden, eine Anleitung über das Jahr, wie wir vorgehen wollen (s. Abb. 2).

Über die Jahre ist daraus ein zyklisches Vorgehen geworden. Wir prüfen an unseren Ergebnissen jedes Jahr aufs Neue, an welchen Punkten sich veränderte Anforderungen an unser strategisches Konzept ergeben. Wie ich bereits an mehreren Stellen angemerkt habe, reifen nicht all unsere Blütenträume. Dann müssen wir eben nachbessern. Am Strategischen Konzept haben wir immer wieder gefeilt, während unsere Orientierung in den letzten 5 Jahren nicht mehr gravierend umformuliert wurde.

Schwieriger erweist sich hingegen die vorausschauende Verknüpfung von operativem und strategischem Geschäft. Daran „knabbern" wir nach wie vor. Insbesondere an die mittelfristige Planung können sich die Standorte nur allmählich gewöhnen. Das ist auch so ein kulturelles Problem beim Übergang von einem Handwerksbetrieb zu einem Unternehmen.

Die Jahresplanung ist inzwischen zu einem akzeptierten Arbeitsinstrument geworden. Wir verbinden sie mit der jährlichen Präzisierung unserer strategischen Aktivitäten im Rahmen des Strategischen Hauses. Auch die Nutzung der Berichts-Scorecard für die koordinierte Steuerung unseres operativen und strategischen Geschäfts gehört zu unserem

Alltag. Wir nutzen seit einigen Jahren dafür die „4-Felder-Matrix", um unsere Berichte auf die erforderliche Entscheidungsfindung zu konzentrieren. In dieser Hinsicht besteht jedoch weiterhin Lernbedarf.

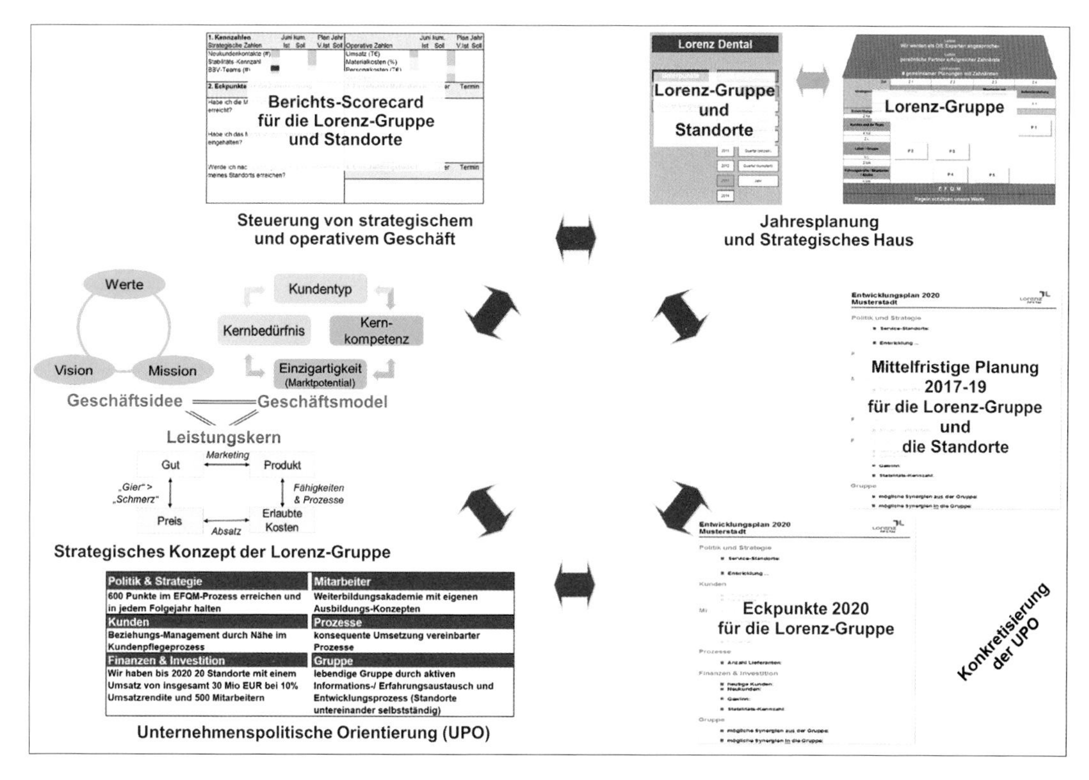

Abb. 2: Unser „Roter Faden"

1.3 Mit einem dynamischen Themenspeicher arbeiten

Ein weiteres Instrument, das wir immer noch unseren Bedürfnissen anpassen, ist der „dynamische Themenspeicher". Damit haben wir schon sehr früh angefangen. Im Grunde ist das nichts anderes als die Sammlung wichtiger Themen und Aktionsideen im Rahmen von Brainstormings. Daraus wurden dann jene ausgewählt, die wir zeitnah angehen und in unsere Balanced Scorecard einbinden. Dazu haben wir die Ideen auf einem Zeitstrahl verteilt. So konnten wir eine Vorentscheidung für die Auswahl treffen.

Was aber wird aus den nicht ausgewählten Ideen? Aus den vielen Festlegungen, die wir „Hausaufgaben" nennen? Kommen sie irgendwann „auf Wiedervorlage"? Verschenken wir da nicht viele Anregungen?

Auch in dieser Frage müssen wir erlernen, welcher Weg sich für uns eignet. Es geht ja einerseits um eine realistische Einschätzung des Machbaren. Eine Hausaufgabe oder ein ausgewähltes Thema wird nicht dadurch erledigt, dass wir sie aufschreiben. Selbst die konkrete Benennung von Verantwortung und Termin setzt keinen Automatismus in Gang.

Rückblickend betrachtet haben wir uns regelmäßig zu viel vorgenommen. Wir leben keine Kultur des „konstruktiven Nein-Sagens". Sich auf das Wesentliche konzentrieren, bedeutet eben, alles andere nicht zu tun. Aber wollen das alle? Es gibt ja diesen schönen Spruch: „Wo ein Wille ist, ist ein Weg. Wo kein Wille ist, gibt es Gründe". Wir vergeuden unsere Zeit zu oft mit der Suche nach Gründen. Vielleicht ist das ein Ausdruck dafür, dass unsere definierten Schwerpunkte nicht den gemeinsamen Willen widerspiegeln. Doch das auch offen zu sagen, fällt schwer.

Inzwischen probieren wir das Arbeiten mit einer „Thementafel" – in Ablehnung an das „Backlog", wie es im Projektmanagement genutzt wird (s. Abb. 3).

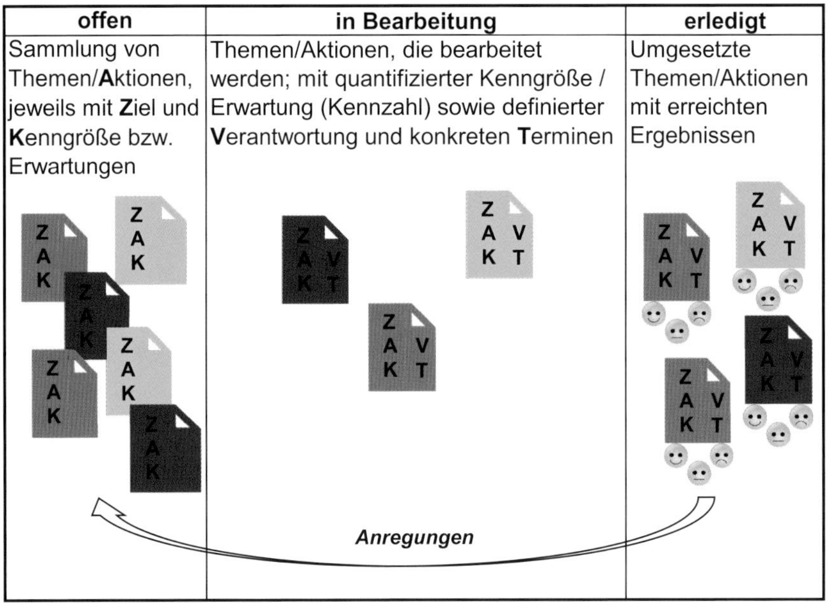

offen	in Bearbeitung	erledigt
Sammlung von Themen/**A**ktionen, jeweils mit **Z**iel und **K**enngröße bzw. Erwartungen	Themen/Aktionen, die bearbeitet werden; mit quantifizierter Kenngröße / Erwartung (Kennzahl) sowie definierter **V**erantwortung und konkreten **T**erminen	Umgesetzte Themen/Aktionen mit erreichten Ergebnissen

Anregungen

Abb. 3: Thementafel (Backlog)

So eine Tafel kann in jedem Standort geführt werden. Es reichen dafür „Post it"-Zettel – das geht also mit ganz einfachen Mitteln und ergibt einen schnellen Überblick. Zum Schluss aber braucht es immer die eigene Konsequenz. Die kann durch kein noch so geeignetes Instrument ersetzt werden. Daran müssen wir weiter arbeiten. Ich werde am Schluss noch einmal darauf zurückkommen.

2 Die Strategie in Aktionen umsetzen

„Translate strategy into action" – die Strategie in Aktionen umsetzen: Das ist das zentrale Motto der Balanced Scorecard. Damit haben wir 2003 begonnen. Und von Anfang an haben wir darunter vor allem das Übersetzen in die Sprache der Menschen verstanden. Einfach sein, einfach verständlich. Das klingt so leicht. Und erweist sich bei jedem neuen Anlauf immer wieder als ziemlich schwierige Aufgabe. Dabei hilft uns seit über 15 Jahren die Kommunikations-Ausbildung, die jeder Mitarbeiter in der Lorenz-Gruppe absolviert. Insbesondere weil wir lernen, auf das Feedback der anderen zu achten.

Das ZAK-Prinzip

Zum Einfachen gehört auch Klarheit. Klar zu sagen, was wir wollen. Durch ein einfaches Prinzip. Friedag/Schmidt haben es das **ZAK-Prinzip** genannt: Jede Aktion, jedes Thema, jedes Projekt mit einem Ziel und einer Kennzahl verbinden. Das Ziel zwingt uns, Erwartungen zu formulieren. Was wollen wir erreichen? Und die Kennzahl zwingt uns, konkret zu sein. Woran wollen wir messen, dass wir unsere Erwartungen erfüllen? Das Messen erfordert nicht nur die Konkretisierung eines Ziels. Wir müssen uns auch dazu verständigen, was uns wichtig ist, an einer Aktion. Dem Maßgeblichen ein Maß geben.

2.1 Das Strategische Haus

Das ZAK-Prinzip haben wir inzwischen verinnerlicht. Und dazu gehört eben auch, immer wieder neu zu justieren, was für uns maßgeblich sein soll. Dafür nutzen wir seit 2003 als bewährtes Instrument das Strategische Haus (s. Abb. 4).

Wir haben in den ersten Jahren noch viel am Inhalt des Hauses gebastelt. Doch seit etwa 10 Jahren bietet es uns einen stabilen Orientierungsrahmen für vielfältige strategische Aktionen, die wir in Projekten bündeln.

Unsere Werte und Regeln, die wir im Rahmen des EFQM-Prozesses kontinuierlich auf Verbesserungspotenziale abklopfen, bilden das bewährte Fundament.

Auf dieser Grundlage haben wir 3 „Etagen" errichtet, die wir als gemeinsame Plattform nutzen. Für unsere wichtigsten Stakeholder: Kunden und ihr Team; unsere dezentralen Labore und Gruppe; Führungskräfte, Mitarbeiter und Azubis. Wir nennen die Etagen „Entwicklungsgebiete". Weil wir mit den Stakeholdern gemeinsame Interessen entwickeln und ausbauen wollen. Damit sie als aktive Partner unser Strategisches Haus mitgestalten.

Leitziel
Wir werden als DIE Experten angesprochen

Leitbild
persönliche Partner erfolgreicher Zahnärzte

Leit-Kennzahl
 # gemeinsamer Planungen mit Zahnärzten

Ziel / strategisches Thema / Kennzahl	Z 1 **Führung** K 1	Z 2 **technologischer Wandel** K 2	Z 3 **Mitarbeiter mit Expertenstatus** K 3	Z 4 **Außendarstellung** K 4
Entwicklungsgebiet				
Z Kd. **Kunden und ihr Team** K Kd	**strategische Projekte:**			**P 1**
Z L **Labor / Gruppe** K L	**P 2**	**P 3**		
Z MA **Führungskräfte / Mitarbeiter / Azubis** K MA		**P 4**	**P 5**	

E F Q M

Regeln schützen unsere Werte

Abb. 4: Das Strategische Haus der Lorenz-Gruppe

Jede Etage hat 4 „Aufgänge“. Sie verschaffen uns den Zugang zu den maßgeblichen strategischen Themen, die wir in den letzten Jahren kontinuierlich gemeinsam mit unseren Stakeholdern bearbeiten: Führung; technologischer Wandel; Mitarbeiter mit Expertenstatus; Außerdarstellung.

Für jedes Entwicklungsgebiet und jedes strategische Thema gibt es in Anwendung des ZAK-Prinzips

- ein definiertes Ziel, das wir jedes Jahr bei Bedarf präzisieren;
- eine Kennzahl, die zugleich als Planungsgrundlage und Basis für die Messung der Ergebnisse dient und ebenfalls bei Bedarf präzisiert wird;

- eine(n) Verantwortliche(n), da sich Ziele nicht von allein realisieren und Kennzahlen nicht steuern können; dafür sind Menschen erforderlich, die Verantwortung übernehmen und sich verantwortlich fühlen.

Über alles spannen sich als gemeinsames Dach Leitziel, Leitbild und Leit-Kennzahl der Lorenz-Gruppe.

Die 3 Etagen und 4 Aufgänge bilden 12 Wohnungen. Die wir mit in Projekten gebündelten ZAKs füllen. Um uns nicht zu übernehmen, legen wir jedes Jahr „Schwerpunkt-Wohnungen" fest, auf die wir uns konzentrieren. Auch für die Projekte gibt es Ziele, Kennzahlen und Verantwortliche.

Das Strategische Haus hat sich zu einer für alle Führungskräfte verständlichen Visualisierung unserer Strategie entwickelt. Alle Mitarbeiter werden regelmäßig über die aktuellen Projekte informiert. Jeder neue Mitarbeiter oder Azubi lernt das Haus schon bei seinem Eintritt kennen. Und er weiß, dass wir seinen aktiven Beitrag zur Verschönerung und Ausgestaltung der Wohnungen erwarten. Konkrete Aktivitäten im Rahmen des Strategischen Hauses gehören seit Jahren zu den Selbstverständlichkeiten der Lorenz-Gruppe. Dieses Instrument ist Teil unserer Kultur geworden.

2.2 Die Berichts-Scorecard

Der Aufbau eines strategischen Berichtswesens und seine Verknüpfung mit dem operativen Geschäft hat demgegenüber wesentlich mehr Zeit erfordert. Und da sind wir auch noch nicht durch.

Als wir mit dem strategischen Arbeiten anfingen, hatten wir eine Buchhaltung. Controlling – die systematische Zielsetzung, Planung und Steuerung kannten wir zu dieser Zeit nur vom Hörensagen. Auch die Arbeit mit Kennzahlen bedeutete für mich Neuland. Im August 2004 leitete ich die ersten Schritte zum Aufbau eines Controller Service ein. Ich engagierte unseren ersten Controller. Ein Glücksgriff, wie ich heute weiß. Allerdings musste er erst einmal Feuerwehr spielen, um die Folgen der Gesundheitsreform aufzufangen. Dann kamen die Stabilisierungsphase und der Aufbau eines Planungssystems – ein Fremdwort für Zahntechniker. Umsatz, Produktkosten, Strukturkosten, Deckungsbeitrag ... „Darum hat sich doch schon immer der Chef gekümmert. Lass uns unsere Arbeit tun. Dieser ganze Geldkram hält uns nur davon ab". Da war Kärrnerarbeit zu leisten.

Im Herbst 2007 versuchten wir einen ersten Ansatz für eine Berichts-Scorecard zu erarbeiten. Aber es wurde 2010, ehe wir uns dem Aufbau eines strategischen Berichtswesens wirklich zuwandten. Sicherlich haben wir auf der einen Seite 6 Jahre verloren. Aber auf der anderen Seite mussten wir erst einmal vernünftige Grundlagen schaffen. Unsere Hausaufgaben erledigen. Ohne diese Vorarbeit hätten wir gar nicht das erforderliche Verständnis und die Bereitschaft der Standortleiter gewonnen. Und ohne deren aktive Mitwirkung helfen Berichte wenig.

Inzwischen haben wir ein Format entwickelt, das sich an die „4-Felder-Matrix" der Controller Akademie anlehnt (s. Abb. 5).

Das ermöglicht den Standortleitern, die wesentlichen Informationen zur aktuellen Situation auf einer Seite zusammenzufassen. Der Controller-Service hilft bei der Zusammenstellung der Kennzahlen und bespricht die Formulare vor Ort. Dabei geht es weniger um die Zahlen als um die Zielerreichungsprognose, die Abstimmung erforderlicher Maßnahmen und die Identifikation von Entscheidungsbedarfen auf Gruppenebene.

Berichts-Scorecard noch nicht im Alltag integriert

Hier üben wir noch. In der mittelfristigen und der Jahresplanung gehen wir klassisch nach den Strukturen der Gewinn- und Verlustrechnung vor. Dementsprechend erstellen wir auch monatliche Plan-Ist-Vergleiche, die wir in unseren Dienstberatungen durchsprechen. Die Berichts-Scorecard steht quasi „daneben". Das ist nicht der Weisheit letzter Schluss. Oder mit anderen Worten: eine offene Baustelle.

1. Kennzahlen Strategische Zahlen	Juni kum. Ist	Soll	Plan Jahr V.Ist	Soll	Operative Zahlen	Juni kum. Ist	Soll	Plan Jahr V.Ist	Soll
Neukundenkontakte (#)					Umsatz (T€)				
Stabilitäts-Kennzahl					Materialkosten (%)				
BBV-Teams (#)					Personalkosten (T€)				
					Rendite (%)				

2. Eckpunkte für die Zielerreichung	**3. Eingeleitete Maßnahmen**	Wer	Termin
Habe ich die Monatsziele meines Standorts erreicht?			
Habe ich das Monatsbudget meines Standorts eingehalten?			
Werde ich nach bisherigem Stand die Jahresziele meines Standorts erreichen?	**4. Entscheidungsbedarf**	Wer	Termin

Abb. 5: Formular für die Berichts-Scorecard eines Standorts (Stabilitätskennzahl = Eigenleistung/Personalkosten; BBV = Beratung, Betreuung, Vertrieb)

3 Die Strategie im Alltag leben

3.1 Previews und Projekte und mehr

Nun leben wir schon fast 15 Jahre mit einer Strategie. Und wir haben gelernt, dass es uns weiterbringt, sich systematisch damit zu beschäftigen.

Anfangs konzentrierten wir uns auf die strategischen Projekte, die wir im Rahmen des Strategischen Hauses entwickelt hatten. Zum ersten Mal befassten sich verschiedene Teams aus allen Standorten mit konkreten Aufgaben – ZAKs – zur Entwicklung der eigenen Potenziale. Der eigenen Möglichkeiten und Fähigkeiten. Einmal im Quartal trafen wir uns zu Previews. Um über den Arbeitsstand zu sprechen, Erfolge zu feiern und neue Herausforderungen anzugehen. Das Erfolge feiern war wichtig. Nicht nur für die Motivation der Projektteams. Sondern vor allem um zu zeigen, dass es geht und es Vorteile bringt, strategische Fragen aktiv anzugehen. Dass Strategie nicht ausschließlich „die Sache des Chefs" ist. Dass sich alle daran beteiligen können.

Am Anfang zu viel vorgenommen

Aber bald wurde es zu viel. In der ersten Euphorie hatten wir uns zu viel vorgenommen. Zu viele ZAKs. Zu viele Hausaufgaben. Und das operative Geschäft lief ja auch noch. Allmählich erst – und durch die geschilderten Krisen unterbrochen – kamen wir zu der Erkenntnis, dass wir die operative Arbeit, das Nutzen der verfügbaren Potenziale anders organisieren mussten. Um für das Entwickeln neuer Potenziale mehr Freiräume zu schaffen. Auf der anderen Seite zeigte sich, dass nicht jede strategische Aktion wirklich sinnvoll war. Dass ein Strategisches Haus und guter Wille allein nicht ausreichen. Die Verzahnung von strategischen und operativen Aktivitäten lief nicht rund. Die Balanced Scorecard drohte zur Last zu werden.

Strategische Ausbildung systematisieren

Also beschlossen wir 2011, mit einer systematischen Ausbildung zu beginnen. Über Strategie und ihre Methoden. Über das Zusammenspiel mit dem operativen Geschäft. Über ganz konkrete Fragen des eigenen Tuns. Wie wir es besser organisieren können. Dabei war es nicht immer einfach, die richtige Balance zwischen der Aneignung theoretischer Kenntnisse und deren Anwendung auf unsere alltägliche Praxis zu finden. Anfangs bewegten wir uns zu sehr in der „Vogelperspektive". Wir haben zwar bei jedem Workshop alle Teilnehmer durch Gruppenarbeit aktiv einbezogen und immer wieder ihr Feedback eingefordert. Der Erkenntnisgewinn der Teilnehmer und ihre Sichtweise auf die Bewältigung von strategischen und operativen Herausforderungen wurde besser. Aber wir waren nicht wirklich zufrieden mit der Umsetzung vor Ort.

Schließlich haben wir uns entschieden, ganz konkrete Einzelfragen in das Zentrum der Ausbildung zu stellen. Strategische Preisbildung; der „Rote

Faden“ unserer strategisch-operativen Arbeit; Zielkundendefinition; alltäglicher Umgang mit Werten und Wertschätzung; Kombination von Wachstum, Produktivität und Wirtschaftlichkeit; effektive Gestaltung der Dienstberatungen; Aufbau einer zentralen Fertigung; die Arbeit mit Kundendatenblättern; Leistungskern und Marktfähigkeit; Identifikation und Abbau von Blind- und Fehlleistungen; Planung der „strategischen Zeit“; Führen von Mitarbeitergesprächen; Konsequenz. Die Liste ist lang.

Begonnen haben wir mit allen Standortleitern. Mit dem Ausbau unserer Standorte wurde auch der Kreis der Teilnehmer größer. Inzwischen sind deren Stellvertreter auch mit dabei. Das ist eine große Runde, die dreimal pro Jahr zusammenkommt. Jede Ausbildung wird vom beratenden Vorstand gründlich vorbereitet und ausgewertet. Einmal pro Jahr erhalten die neu Hinzugekommenen eine strategische Grundschulung. Um sich besser einfügen zu können in den Kreis. Der Aufwand ist hoch. Aber er lohnt sich. Die Teambildung, der Erfahrungsaustausch, das Gefühl für die eigenen Möglichkeiten und Fähigkeiten, die Wertschätzung des „Einbezogen Seins“ – all das möchten unsere Führungskräfte nicht mehr missen. Und sie wenden ihr gewonnenes Wissen an. Sie sind professioneller geworden.

3.2 Ergebnisbezogene Verantwortung

Dazu trägt auch die ergebnisbezogene Übertragung von Verantwortung bei. Das beginnt mit der Klärung der Aufgaben und der Zuständigkeiten. Wer kümmert sich um was? Und wer ist verantwortlich für das Tun?

Kümmerer und Macher

Schon dieser erste Schritt ist schwierig. Eindeutige Zuständigkeiten scheitern meist schon daran, dass immer wieder neue Aufgaben entstehen. Da hilft uns das „Prinzip der Lücke“. Für jede Aufgabe, die nicht delegiert wird, ist der Teamleiter zuständig. Er ist immer der „Kümmerer“. Und zugleich auch der „Macher“, bis er die Aufgabe einem Mitarbeiter überträgt. Die pragmatische Unterscheidung zwischen Kümmerer und Macher und das Prinzip der Lücke haben zu mehr Klarheit geführt.

Im 2. Schritt haben wir uns dazu durchgerungen, nicht mehr im Detail festlegen zu wollen, wie eine Aufgabe zu lösen ist. Wir sprechen über die Ergebnisse, die wir erwarten. Und dass der „Kümmerer“ für die Erreichung der Ziele verantwortlich ist. Und dass der „Macher“ wissen muss, welche Kompetenzen er sich nehmen darf. Das Ganze fassen wir in Arbeitsblättern zusammen, aus denen hervorgeht, um welche Ergebnisse sich eine Führungskraft kümmern will und wie er die Verantwortung auf welche Macher verteilt (s. Abb. 6).

	Ergebnisbezogene Verantwortlichkeiten		Leiter Controlling:		C. Trollinger
	Aufgabe	Eindeutige Verantwortung für Resultate nach oben, ergebnisorientiert: ... ist erreicht / erfolgt	Kenngröße (für spätere Zielvereinbarung)	Name (Delegation der Macher-Verantwortlichkeit)	Kompetenzen
	Teil-Aufgabe	Teil-Verantwortung, nach unten	Kenngröße (Erfolgskriterium)		
1.	Compliance	Alle gesetzlichen / unternehmensweiten Regelungen sind eingehalten	# Vorkommnisse	C. Trollinger	Einblick in alle Dokumentationen Veranlassen von Veränderungen
1.1	Information-Beschaffung	alle relevanten Veränderungen sind dem Leiter Controlling bekannt	% nicht fristgerecht beschaffter Informationen	Meier	eigenverantwortliche Beschaffung / Fortbildung im Rahmen eines vereinbarten Budgets
1.2	Informations-Weitergabe	alle Führungskräfte sind aktuell informiert	% nicht fristgerecht weitergeleiteter Informationen	Meier	eigenverantwortliche Weitergabe
1.3	Prozess-änderungen	erforderliche Prozessänderungen sind dokumentiert	% angepasster Prozesse	Schulze	Einblick in die Prozessunterlagen
1.4	Kontrolle	die festgelegten Stichproben sind erfolgt und ausgewertet	% eingehaltener Regelungen	Lehmann	jederzeit unangekündigter Einblick in die Dokumente und Prozessunterlagen
1.5	Internes Kontroll-System (IKS)	das IKS ist aktuell	# Beanstandungen	Lehmann	eigenständige Überarbeitung in Abstimmung mit Leiter Controlling

Abb. 6: Beispiel für ergebnisbezogene Verantwortung (EV) (Das Beispiel ist anonymisiert; Gelb hinterlegt sind die Verantwortlichkeiten der Kümmerer; weiß die Verantwortlichkeiten, die der Kümmerer den Machern überträgt)

Leider läuft das in der Praxis nicht so glatt, wie wir uns das vorgestellt hatten. Wir dürfen nicht in bürokratischen Listen erstarren. Dann lohnt der Aufwand nicht. Wir können nicht Verantwortungsstrukturen vereinbaren und dann alles Weitere dem Selbstlauf überlassen. Es ist gut, sich Klarheit zu verschaffen. Aber Verantwortung ist keine Struktur. Sie muss gelebt werden. Und Verantwortung leben erfordert Konsequenz. Verantwortung geht nicht ohne Konsequenz. Das war und ist wohl unsere größte Herausforderung.

3.3 Konsequenz

Eine erfolgreiche Strategie hat 2 Attribute: einfach und konsequent. Einfach, um die Menschen mit ihrer Sprache in ihrem Alltag abzuholen. Und konsequent, um dran zu bleiben. Um allen Beteiligten klar zu machen, dass es uns ernst ist mit unserer Strategie und ihrer Verknüpfung mit dem operativen Geschäft. Und dass es um die Verankerung im Alltag geht. Um die Veränderung der Selbstverständlichkeiten. Um die Kultur im Unternehmen.

Konsequenz als innere Einstellung

Über Konsequenz haben wir bei uns schon sehr früh gesprochen. Wir haben das Thema dann zum Start unserer Strategieausbildung vertieft und später noch einmal behandelt, wie wir ein Konsequenz-Management aufbauen können. Aber es hat sich nicht viel getan. Wir haben erfahren müssen, dass dieses Thema keine Frage theoretischer Kenntnisse ist. Es ist auch keine Frage des guten Willens. Oder von Appellen: „Sei doch endlich konsequent"! Konsequenz ist eine Frage der inneren Einstellung, ohne die kein Kümmerer seiner Verantwortung gerecht werden kann. Dabei geht es nicht in erster Linie um Sanktionen. Um die Geißelung und Bestrafung „schlechter Leistungen". Das hat mit Konsequenz wenig zu tun, sondern eher mit dem Kaschieren eigener Unfähigkeiten im Rahmen von „Schwarzer-Peter-Spielen". Im Kern – und das üben wir gerade – besteht konsequente Führung aus der Kombination von 2 Dingen: Attraktion und Aufmerksamkeit (s. Abb. 7).

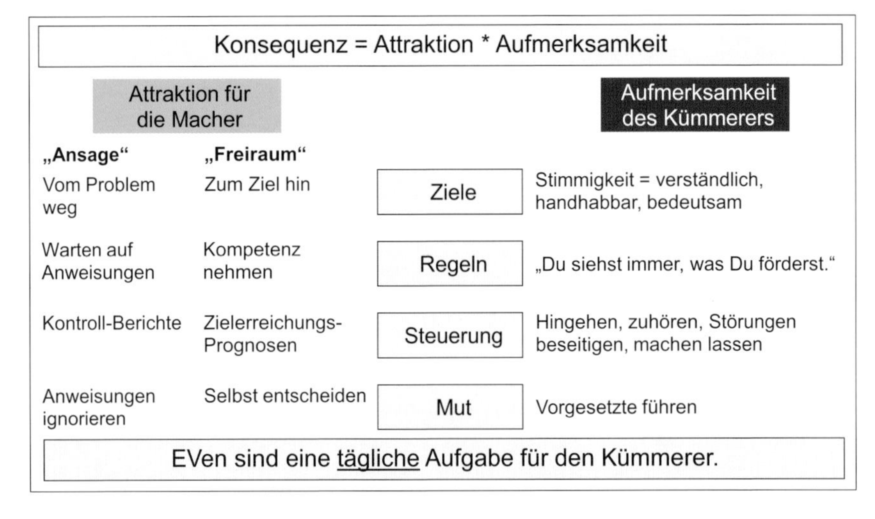

Abb. 7: Kümmerer sorgen für Konsequenz

3.3.1 Ebene der Ziele

Attraktiv sein und Aufmerksamkeit fokussieren

Auf der Ebene der Ziele muss sich die Aufmerksamkeit des Kümmerers darauf richten, sie so zu formulieren, dass sie stimmig sind für die Macher. Für die Menschen, die es tun sollen. Sie müssen verstehen, worum es geht. Wie sie mit den Zielen umgehen können. Und warum es bedeutsam ist, dass sie genau dieses Resultat erreichen.

Dabei muss ein Kümmerer lernen, 2 Typen zu unterscheiden: Menschen, die „vom Problem weg" und Menschen die „zum Ziel hin" denken. Auch wenn das eine grobe Vereinfachung darstellt. Weil sich Menschen nicht lupenrein typisieren lassen. So hilft die einfache Form der Unterscheidung dennoch, sich in der Praxis zu orientieren. In der konkreten Situation. Damit wir nicht überrascht werden von der Reaktion der anderen.

Der „vom-Problem-weg"-Typ interessiert sich nicht für Ziele, auch wenn sie für den „zum-Ziel-hin"-Typen attraktiv erscheinen mögen. Der erste Typ benötigt eher eine stimmige Ansage, die ihm sagt, was er zu tun hat. Damit ist sein Problem gelöst. Der 2. Typ hingegen benötigt Freiraum. Den ihm eine Ansage nehmen würde. Wenn er das Ziel als attraktiv empfindet, motiviert er sich lieber selber. Und will selber herausfinden, wie er es erreichen kann. Ich kenne „meine Pappenheimer". Aber ich muss noch besser lernen, die beiden Typen adäquat zu führen.

3.3.2 Ebene der Regeln

Die 2. Konsequenz-Ebene bilden die Regeln. Wir haben so einige Regeln formuliert. Im EFQM-Prozess. Oder im Controlling. Ich ertappe mich immer wieder selbst dabei, nach zusätzlichen, schärferen Regeln zu rufen, wenn unsere Organisation nicht so klappt, wie ich mir das vorstelle. Erst allmählich begreifen wir, dass es nicht so sehr darauf ankommt, Regeln zu formulieren, sondern Regeln zu leben. Durch Vorleben. Was nutzt uns eine Regel, die wir nicht durchsetzen? Sie ist das Papier nicht wert, auf dem sie steht.

Und genau da setzt die Verantwortung des Kümmerers an. Er muss seine Aufmerksamkeit auf jene Regeln richten, die ihm wichtig sind. Das können nicht viele sein. Weil seine Zeit begrenzt ist. Manchmal reicht eine einzige: „Du siehst immer, was Du förderst.". Beispiele:

- Wenn ein Zahntechniker seinen Arbeitsplatz zum Feierabend nicht ausreichend säubert und ich sage nichts, dann signalisiere ich ihm: Das ist nicht so schlimm. Also wird er auch beim nächsten Mal auf die Sauberkeit keinen gesteigerten Wert legen. Und so sieht es dann auch aus.
- Ich setze eine Besprechung für 09:00 Uhr an. Ein Teilnehmer erscheint fünf Minuten später. Wenn ich dann nichts sage, wissen alle: Fünf Minuten zu spät ist auch noch pünktlich. Dann wird Unpünktlichkeit schnell zur Regel. Und von diesem Punkt ist es bis zur Unpünktlichkeit in den Lieferbeziehungen nicht mehr weit.

„Du siehst immer, was Du förderst": Das ist eine Kultur, die wir noch nicht leben. Es wird Zeit, dass wir das ändern. Und ich weiß, dass ich das vorleben muss. Auch bei den Regeln gilt es, die unterschiedlichen Typen zu beachten. Wer auf Ansage gepolt ist, wartet auf Anweisungen. Die muss ich ihm auch geben. Während der zielorientierte Typ sich selber die Kompetenzen nehmen soll, die er braucht. Da muss ich dann nur mit ihm abstimmen, in welchen Grenzen er sich bewegt. Das muss ich nicht einmal „ein für alle Mal" definieren. Das kann ich auch von Fall zu Fall klären. Anderenfalls entstehen nur wieder „Korsette“, die den Freiraum unnötig einengen.

3.3.3 Ebene der Steuerung

Die dritte Konsequenz-Ebene bildet die Steuerung. Dafür nutzen wir Kennzahlen. Aber Kennzahlen können nicht steuern. Darum müssen die Kümmerer schon selber sorgen. Indem sie hingehen, um zu sehen, ob sie das fördern, was sie erreichen wollen. Und indem sie zuhören und abfragen. Die Abfrage gilt eher für den „Ansage-Typ“. Da muss ich mich um Kontroll-Berichte kümmern. Der andere Typ liefert mir eher seine Einschätzung, ob er das Ziel erreichen kann. Und welche Maßnahmen er dafür eingeleitet hat. Hier steht das Zuhören im Vordergrund. Damit ich erfahren kann, welche Störungen es gibt. Bei denen ich entscheiden muss, um sie zu beseitigen. Manchmal einfach nur deshalb, weil ich vorher Grenzen gesetzt habe für die Kompetenzen. Das kommt dann eben zu mir zurück.

3.3.4 Mut

Zum Schluss erfordert Konsequenz auch immer Mut. Den Mut der Kümmerer, ihre Vorgesetzten zu führen. Z.B. wenn Entscheidungen erforderlich werden. Oder manchmal einfach auch, dass „die Chefs“ sich nicht einmischen. Ich habe als Inhaber der Lorenz-Gruppe eigentlich keine Vorgesetzten. Zumindest im formalen Sinne. Aber bei mir geht es um die Banken, um das Finanzamt und um andere für uns bedeutsame Einrichtungen wie Krankenkassen und Verbände.

Manchmal benötigen Kümmerer auch den Mut für klare Worte. Wenn Vereinbarungen nicht eingehalten werden. Und das zu Lasten Dritter. Wenn sich das wiederholt, kann es auch angebracht sein, Rechenschaft zu verlangen. Auch „öffentlich“ – also z.B. im Führungskreis. Meist reicht das schon. Nur im Extremfall kann es erforderlich werden, „ein Exempel zu statuieren“. Etwa durch Beschneidung von Kompetenzen oder Reduzierung des „Status“ oder Abmahnungen. Aber das sind Grenzfälle, die ich in der Lorenz-Gruppe bisher nur äußerst selten anwenden musste. Ich muss ja auch immer die Folgen bedenken. Und damit leben können. Leben wollen.

Aber Führungskräfte müssen sich auch um den Mut der Macher kümmern. Und wieder geht es darum, zu differenzieren. Wer auf Ansagen wartet muss lernen, dass es auch Situationen gibt, in denen es besser ist, sich nicht nach Anweisungen zu richten. Wenn ich das nicht fördere, hole ich mir Blockaden in meine Organisation, die uns schaden. Und auf der zielorientierten Seite sollte ich den Mut fördern, selbst zu entscheiden.

Damit komme ich zum Ende meines Berichtes. Es war ein „Ritt" durch 15 Jahre der Lorenz-Gruppe. In dieser Zeit haben wir viel erreicht. Und manche Rückschläge erfahren. Aus denen wir lernen konnten. Und zum Schluss bin ich doch noch etwas „theoretisch" geworden. Denn konsequent sein, fällt uns noch immer schwer. Aber wir haben uns entschieden, es uns anzutun. In fünf Jahren können wir vielleicht konkreter berichten, wie wir Konsequenz leben. Dann werden wir endgültig mit der Strategie im Alltag angekommen sein.

4 Literaturhinweise

Friedag/Schmidt, Taschenguide Balanced Scorecard, 5. Aufl. 2015.

Friedag/Schmidt, Balanced Scorecard – einfach konsequent, 2014.

SWOT-Analyse: Controllinginstrument zur Identifikation strategischer Handlungsoptionen

- Die SWOT-Analyse ist eines der meistgenutzten Managementinstrumente in der strategischen Planung und Analyse. Das Akronym „SWOT" steht dabei für die englischen Begriffe Strengths (Stärken), Weaknesses (Schwächen), Opportunities (Chancen) und Threats (Bedrohungen/Risiken).
- Im Prozess der (SWOT-)Analyse wird zuerst die externe Umwelt und anschließend das Unternehmen auf wettbewerbsrelevante Trends und Entwicklungen untersucht. Die kritischsten Punkte werden konsolidiert und in der bekannten 4-Felder-Matrix präsentiert (SWOT-Aggregation).
- In einem weiteren Schritt werden die externen Entwicklungen den internen Einflussfaktoren gegenübergestellt und geeignete strategische Handlungsoptionen bzw. Handlungsstrategien (SWOT-Strategien) entwickelt. Die abgeleiteten Maßnahmen gehen am Ende des Prozesses als Eingangsvariablen in den Prozess der Strategieformulierung und Strategietransformation ein.

Inhalt **Seite**

Der Autor

Dr. Mario Stephan, Leiter Controlling & Finance Schweiz bei der Horváth & Partner AG in Zürich. Daneben ist er Studiengangsleiter für Corporate Strategy am SIMT der Steinbeis-Hochschule Berlin in Stuttgart.

1 Die SWOT-Analyse im strategischen Planungsprozess

1.1 Grundsatz und Ursprung des Analyseverfahrens

Management- und Präsentations-instrument für die strategische Planung und Analyse

Das Akronym „SWOT" steht für die englischen Begriffe Strengths (Stärken), Weaknesses (Schwächen), Opportunities (Chancen) und Threats (Bedrohungen/Risiken). Die SWOT-Analyse (nachfolgend verkürzt SWOT genant) ist eines der in der Praxis meistgenutzten Management- und Präsentationsinstrumente im Prozess der strategischen Planung und Analyse. In ihr werden die Ergebnisse von auf die Umwelt (extern) und auf das Unternehmen (intern) abzielenden Analysen zusammengefasst, konsolidiert und in einfacher Form dargestellt. Die kritischsten Punkte werden konsolidiert und in der Vier-Felder-Matrix präsentiert (SWOT-Aggregation).

Anfänge der SWOT-Analyse

Ungeachtet ihrer weiten Verbreitung lassen sich die Ursprünge der SWOT nicht eindeutig identifizieren. Je nach Autor lassen sich unterschiedliche, teils sehr renommierte Väter wie z. B. Ansoff oder Drucker identifizieren. Gemeinhin wird jedoch dem Harvard-Professor Kenneth Andrews die Ehre als Erfinder der SWOT zuteil, weil er den Rahmen 1963 bei einer Schulveranstaltung einer breiteren Öffentlichkeit vorstellte und diese daraufhin eine Stütze der Harvard'schen Lehrmethodik wurde.[1]

Die SWOT ist kein eigenständiges Analyseverfahren

Die SWOT-„Analyse" ist trotz ihres Namens jedoch keine eigenständige Analyse, sondern muss durch problemadäquate Analyseinstrumente individuell ergänzt werden. Insbesondere bei turbulenten Umweltsituationen oder komplexen Problemstellungen stößt die SWOT sonst schnell an die Grenzen ihrer „Analysefähigkeit". Denn ein einfaches Brainstorming, das nach kurzer Zeit eine Liste mit SWOT-Phrasen hervorbringt, ist i. d. R. ungeeignet, die komplexen Entscheidungssituationen im Prozess der Strategiefindung und -transformation faktenbasiert zu unterstützen.

Im Gegenzug demonstriert sie bei ausreichender methodischer Untermauerung des Analyseprozesses aber auch ihre große Stärke: Durch die einfache Struktur können selbst umfangreiche Analyseergebnisse in wenigen, inhaltlich gekoppelten Kategorien (die SWOT-Quadranten der Vier-Felder-Matrix) zur weiterführenden Diskussion und insbesondere zur Ableitung von Handlungsoptionen im Führungskreis überblicksartig präsentiert werden.

1.2 Die SWOT-Analyse im Strategieprozess

Positioniert man die SWOT-Analyse in den strategischen Managementprozess (s. Abb. 1), so ist sie ein zentrales Instrument in der Phase der Strategieformulierung. Messkonzepte wie die Balanced Scorecard (BSC)

[1] Vgl. Chase, 2005, S. 39.

oder das Projekt-Portfolio-Management (PPM) ordnen sich dagegen der Phase der Strategietransformation zu. Multiprojektmanagement oder Continuous-Improvement-Ansätze wären dementsprechend der Phase der Strategieexekution zugehörig.

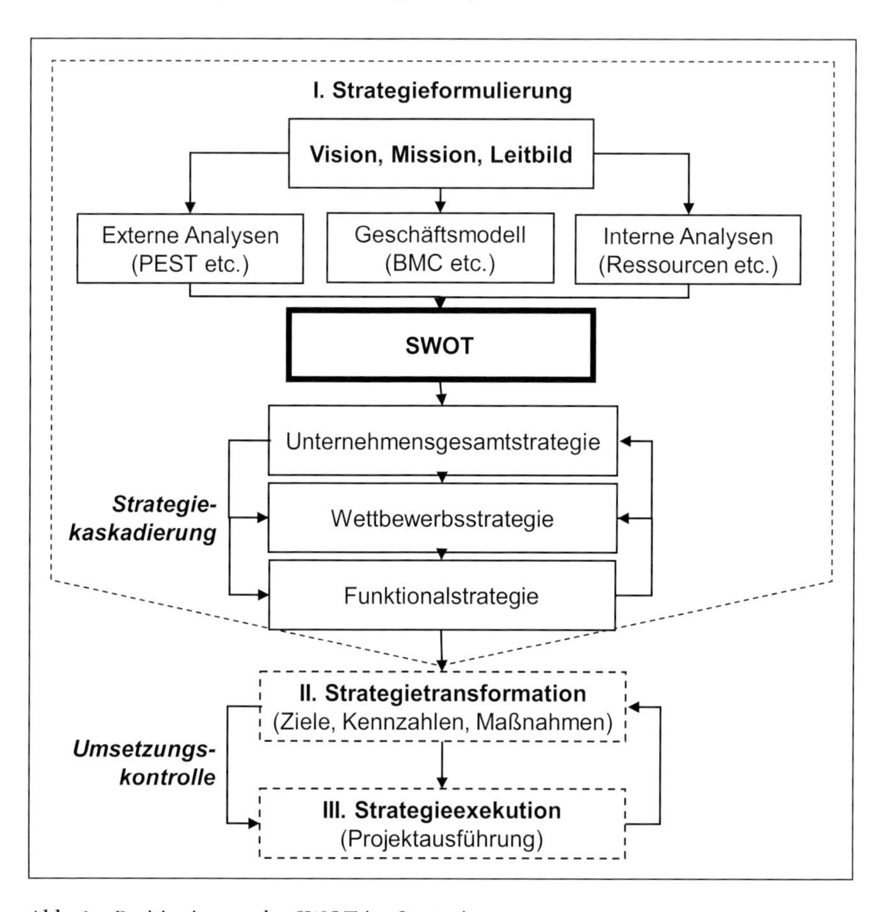

Abb. 1: Positionierung der SWOT im Strategieprozess

Ziel ist die Ableitung von Handlungs-optionen

Die Ergebnisse der SWOT-Analyse, also die in wenigen Punkten komprimierten Stärken, Schwächen, Chancen und Risiken sowie die daraus abgeleiteten Handlungsoptionen dienen dann als Grundlage für die Ableitung und Bestimmung geeigneter Strategien im Strategieprozess.

1.3 Konkretisieren der strategischen Handlungsoptionen

Externe Entwicklungen vs. interne Einflussfaktoren

Da sich aus der reinen Betrachtung der so identifizierten, aus strategischer Perspektive relevantesten Stärken, Schwächen, Chance und Risiken (SWOTs) oftmals keine genauen Handlungsempfehlungen ableiten lassen, werden die externen Entwicklungen in einem weiteren Schritt den internen Einflussfaktoren gegenübergestellt und geeignete strategische Handlungsoptionen bzw. Handlungsstrategien (SWOT-Strategien) entwickelt. Diese stellen auch das eigentliche Sollergebnis einer SWOT-Erstellung dar. Die abgeleiteten Maßnahmen gehen am Ende des Prozesses als Eingangsvariablen in den Prozess der Strategieformulierung und Strategietransformation ein.

Die aus der vergleichenden Betrachtung abgeleiteten SWOT-Strategien lassen sich inhaltlich und entsprechend ihrer Ausrichtung in 4 Gruppen einteilen:

- SO-Strategien zielen auf die Nutzung von Chancen in der externen Umwelt durch die Ausnutzung der eigenen Stärken.
- ST-Strategien versuchen, externe Bedrohungen oder Risiken durch den Einsatz der identifizierten Stärken entweder zu neutralisieren, zumindest aber zu minimieren.
- WO-Strategien zielen auf die Abschwächung der eigenen Schwächen, um eine gezielte Nutzung der externen Chancen nicht unmöglich zu machen.
- WT-Strategien versuchen, die Gefahren der Umwelt durch den Abbau der Schwächen zu reduzieren.

Der vollständige Erstellungsprozess einer SWOT-Analyse realisiert sich demzufolge in vier Phasen, die sich in weitere Teilprozesse unterteilen. Dieser Erstellungsprozess kann gleichsam als Checkliste in der Praxis dienen:

1. Bestimmung und Bewertung von Chancen und Risiken in der Unternehmensumwelt
   a) Trendanalyse (Bezeichnung, Beschreibung, Konsequenzen, Bewertung)
   b) Faktoranalyse (Makro- and Mikroumwelt)
      – Makro = soziokulturell, technologisch, politisch-legislativ etc.
      – Mikro = Märkte, Kunden, Kundenbedürfnisse, Partner, Lieferanten etc.
   c) Analyse des Geschäftsmodells (besser sein vs. anders sein)
2. Bestimmung und Bewertung von Stärken und Schwächen des eigenen Unternehmens
   a) Funktionenanalyse gegen einen Wettbewerber, z. B. im Einkauf, Marketing, Vertrieb, Personalwesen, Partnermanagement etc.

b) Ressourcenanalyse gegen einen Wettbewerber, z. B. Finanzen, Mitarbeiter, Produkte, Kostenstruktur etc.

3. Aggregation der Analyseergebnisse in den SWOT-Quadranten
   a) Zuordnung der „kritischen Faktoren/Trends“ (-- oder ++) zu den einzelnen Quadranten
   b) Zusammenfassung von gleichartigen SWOTs zu Gruppen von Faktoren
4. Gegenseitige Bewertung der SWOTs und Ableitung von Handlungsstrategien in der aufgespannten SWOT-Matrix
   a) SO-Strategien: mit den Stärken die Chancen nutzen
   b) ST-Strategien: mit Stärken Bedrohungen abwehren
   c) WO-Strategien: Schwächen abbauen, um Chancen zu nutzen
   d) WT-Strategien: Schwächen abbauen, um Bedrohungen abzumindern

In den folgenden Kapiteln wird der Erstellungsprozess einer SWOT Schritt für Schritt nachgezeichnet und auf die jeweiligen Erfolgsfaktoren im Anwendungsprozess eingegangen.

2 Durchführung der SWOT-Analyse

2.1 Analyse der Chancen und Risiken (extern)

Analyse des weiteren Umfelds durch Makroanalysen

Weil sich jedes Unternehmen mit seinen Produkten und Dienstleistungen im Wettbewerb am Markt durchsetzen muss, beginnt die SWOT-Analyse mit einer Betrachtung der externen Umwelt (Makro- und Mikroumwelt). Die Analyse als solche bedient sich dabei Methoden wie z. B. der PEST-Analyse (Makroumwelt), in der

- politische (P),
- ökonomische (E),
- soziale (S) und
- technologische (T)

Analyse des engeren Umfelds durch Mikroanalysen

Entwicklungen betrachtet und auf ihre Relevanz für die Unternehmensentwicklung analysiert werden.

- **Politische Faktoren** sind z. B. Entwicklungen in der Wettbewerbsaufsicht, der allgemeinen oder industriespezifischen Gesetzgebung, politische Stabilität in den Märkten und Ländern, in denen aktiv oder geplant Geschäft betrieben wird, Steuerrichtlinien, Handelshemmnisse, Sicherheitsvorgaben, Subventionen etc.

- **Ökonomische Faktoren** sind das allgemeine Wirtschaftswachstum, Inflation, Zinsen, Wechselkurse, Besteuerung, Arbeitslosigkeit, Konjunkturzyklen, Verfügbarkeit von geschäftsspezifischen Ressourcen etc.
- **Soziokulturelle Faktoren** sind Werte, Lebensstil, demografische Einflüsse, Einkommensverteilung, Bildung, Bevölkerungswachstum, Sicherheit etc.
- **Technologische Faktoren** umfassen Forschung, neue Produkte und Prozesse, Produktlebenszyklen, staatliche Forschungsausgaben etc.

Die Analyse dieser Kategorien deckt wichtige Bereiche der weiteren Umwelt ab, in denen sich für das Unternehmen relevante Veränderungen ergeben können und die daher bei einer Strategieentwicklung beachtet werden sollten. Neben den allgemeinen Trends, die auf alle Wettbewerber eines speziellen Marktes wirken, werden auch unternehmensindividuelle, nähere Trends beleuchtet (Mikroumwelt), die sich z. B. in Bereichen wie

- Teilmärkte,
- Kundenprofile oder Segmentstrukturen,
- Wettbewerber,
- Lieferanten oder
- Kooperationspartner

realisieren können.

In der praktischen Anwendung ist jedoch zu beachten, dass in jedem Einzelfall neu geprüft werden muss, ob mit den gewählten Analyseverfahren wie z. B. der PEST-Analyse auch alle relevanten Bereiche abgedeckt werden können oder ob weitere Aspekte ggf. mit andere Methoden beleuchtet werden müssen.

So können im Bereich des Umweltschutzes oder der Steuer- oder Wettbewerbsgesetzgebung relevante Entwicklungen stattfinden, die eine Abgrenzung dieser Kategorien erfordern.

Nachdem die grundsätzlichen Kategorien identifiziert und auf Vollständigkeit geprüft sind, werden die jeweiligen Kerntrends pro Kategorie gelistet und beschrieben.

	Makro- und Mikrotrends	Beschreibung	Konsequenzen/ Auswirkungen	Bewertung (–/0/++)
Politisch	Protektionismus	Höhere Markteintrittsbarrieren für Wettbewerber	Keine weitere Fragmentierung des Marktes zu erwarten	+
Ökonomisch	Konvergenz	Verschmelzen von bisher eigenständigen Märkten	Produktorientierte Ausrichtung nicht zukunftsfähig Kooperation mit Content-Anbieter	–
Gesellschaftlich	Informative Vernetzung der Kunden	Kunden sind informationstechnisch vernetzt	Informationsasymmetrien sinken Preisunterschiede werden transparenter	– –
Technologisch	Miniaturisierung	Bauteilevolumina müssen sinken	Aktuelle Modulkomponenten nicht mehr konkurrenzfähig	– –
Legislativ	Bürokratisierung	Ansteigen formaljuristischer Verpflichtungen	Längere Time to - Market Steigende Verwaltungskosten	–
Umwelt (schutz)	Emissionsreduzierung	(Selbstverpflichtung zur) Reduzierung CO_2-Ausstoß	Eigene CO_2-sparende Produktion im Marketing einsetzbar	++
Kundenbeziehung	Übernahme B-Kunde durch Wettbewerber	Mittelgroßer B2B-Kunde von Wettbewerber aufgekauft	Umsätze mit Kunden werden mittelfristig wegfallen	–

Tab. 1: Beispiel einer externen Makroanalyse (Auszug)

Konsequenzenanalyse als wichtigster Schritt in der Analyse

Der wichtigste Schritt ist dabei die Diskussion darüber, welche Konsequenzen sich aus den Trends ableiten lassen. Bei der Beschreibung der Konsequenzen ist deshalb darauf zu achten, dass die Aussagen sich gegenüber der Beschreibung dahingehend abgrenzen, dass der konkrete Effekt der Entwicklung auf den Geschäftserfolg gezeigt wird. Eine rein stichwortartige Nennung der Trends ohne gemeinsame Diskussion über die sich daraus ableitenden Einflüsse auf die Unternehmensentwicklung ist nicht ausreichend. Denn nur durch die gemeinsame Klärung der jeweiligen Auswirkungen entsteht ein übergreifendes Verständnis über die strategische Relevanz der identifizierten Trends.

Ein weiteres Argument für eine intensive Diskussion der einzelnen Punkte liegt in der hohen Abstraktion der gelisteten Trends. Ohne intensive Diskussion der sich hinter dem Schlagwort verbergenden Details können Potenziale unerkannt und in der Folge unausgenutzt bleiben.

Beispiel: Konkrete Beschreibung statt abstrakter Darstellungen
Bei einem mittelständischen Unternehmen mit zwei neu akquirierten Auslandsgesellschaften wurde im Rahmen des strategischen Planungsprozesses eine unternehmensweite SWOT-Analyse durchgeführt. In einer der neuen Tochtergesellschaften arbeitete in der F&E-Abteilung ein Mitarbeiter, der sich durch eine herausragende Innovationskraft auszeichnete und in der Vergangenheit mehr Patente im Kernbereich der Produktentwicklungen vorweisen konnte als alle Mitarbeiter des Unternehmens gemeinsam. Der als „Daniel Düsentrieb" in der Tochtergesellschaft bekannte Mitarbeiter wurde denn auch in der Analyse vor Ort als wichtiges Asset für die weitere Produktentwicklung identifiziert.

Im Rahmen der Zusammenfassung der SWOT-Analyseergebnisse für die Geschäftsleitung wurde dieser Sachverhalt dann jedoch verkürzt nur noch als „hohe Innovationskraft" geführt. Da bei der Sitzung der Geschäftsleitung keiner der Projektmitarbeiter aus der Tochtergesellschaft anwesend war, wurde dies wie jeder andere gelistete Punkt nur in allgemeiner Form diskutiert und das spezifische Potenzial von und durch „Daniel Düsentrieb" nicht erkannt. Durch die ausschließlich schlagwortartige Nennung dieser Stärke konnte die Geschäftsleitung nicht das wirkliche Ausmaß des Faktors erkennen. Wegen der daraus resultierenden ausbleibenden gezielten weiteren Förderung verließ der Mitarbeiter nach einem Jahr das Unternehmen und wechselte zum Konkurrenten.

Ist Einigkeit über die Relevanz und Konsequenz von Trends und Entwicklungen hergestellt, werden die jeweiligen Auswirkungen auf einer Skala bewertet, die sowohl positive als auch negative Ausprägungen abbilden kann. In den meisten Fällen ist eine von Doppelminus (– –) bis Doppelplus (+ +) reichende Skala völlig ausreichend.

Extrempositionen der Trends gehen in die Bewertung ein

Die einzelnen Trends werden einzeln bewertet und diejenigen Entwicklungen mit den größten positiven oder negativen Auswirkungen werden hervorgehoben. Diese können später (stichwortartig) in die jeweiligen SWOT-Quadranten übertragen werden.

Da bei einer Anwendung der SWOT-Frameworks ohne vorlaufende Analysen, d.h. bei einem reinen „Brainstorming“ nach den SWOTs keine oder eine nur sehr limitierte inhaltliche Diskussion stattfindet, können die sehr allgemein gehaltenen Punkte zu starken Interpretationsunterschieden führen. Jeder der Beteiligten versteht unter dem als SWOT geführten Stichpunkt dann etwas anderes oder misst eine unterschiedliche Relevanz bei.

Bei der Bewertung der Trends ist zu berücksichtigen, dass lediglich die Extrempositionen im weiteren Verlauf der Analyse weiterverarbeitet werden. So ist eine lange Diskussion über eine Bewertung eines Trends mit dem Punktwert 2 oder eher 3 bei einer Bewertungsskala, die bis 5 reicht, nicht in allen Fällen notwendig.

2.2 Analyse des Geschäftmodells

Als Quasi-Hybrid zwischen der externen und internen Analyse steht die Analyse des Geschäftsmodells. Während die grundsätzliche Überprüfung des Geschäftsmodells schon immer Bestandteil jeder strategischen Analyse war, fokussiert dieser Analyseprozess heute auf sog. „disruptive Entwicklungen“.

Damit ist gemeint, dass insbesondere die fortschreitende Digitalisierung aller Geschäftsprozesse zusammen mit gesteigerten Analysemöglichkeiten großer Datenmengen („Big Data“) etablierte Geschäftsmodelle unter Druck setzen und eine lineare Fortschreibung unmöglichen machen. Während die Analyse des Geschäftsmodells also bisher innerhalb der bestehenden Geschäftslogik vollzogen wurde, muss die Analyse heute einen viel breiteren Blickwinkel haben und vor allem die Implikationen aus aktuellsten technologischen Entwicklungen inklusive neuer, agiler Unternehmen, die in diesen Themen aktiv sind, umfassen.

Als besonders effektiver Ansatz, um das aktuelle Geschäftsmodell im Wettbewerbsvergleich zu verorten, hat sich dabei der von Horváth & Partners entwickelte Ansatz des „anders sein“ gegenüber „besser sein“ erwiesen (s. Abb. 2).

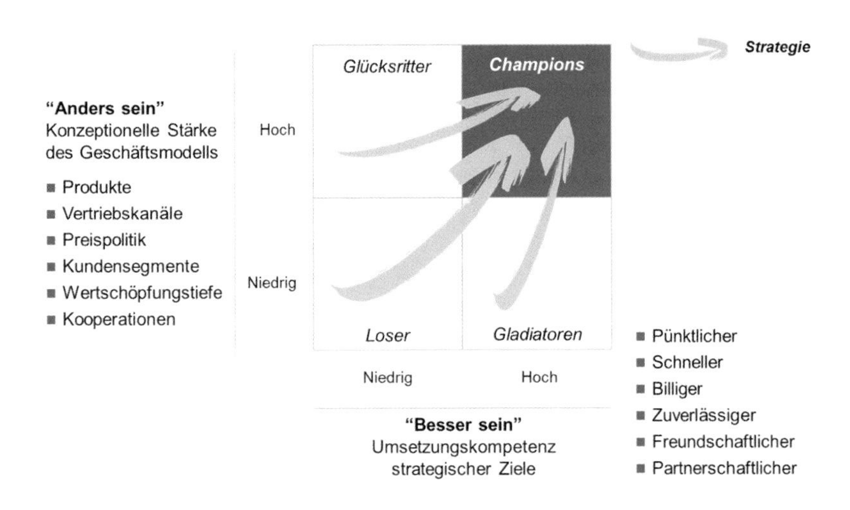

Abb. 2: Analysemodell für das Geschäftsmodell

2.2.1 Besser sein

Im ersten Schritt werden das eigene Unternehmen und seine aktuelle Leistungsfähigkeit in verschiedenen Kategorien gegenüber den existierenden Wettbewerbern verglichen (vgl. auch Abschnitt 2.3). Dabei ist die Analyse aus der Perspektive des Kunden vorzunehmen und auch nur bezüglich für den Kunden relevanten Aspekten.

Die Vergleichsdimensionen ergeben sich in Abwesenheit eines zugrunde liegenden Modells wie bspw. dem KANO-Modell aus der Logik des strategischen Dreiecks aus „Qualität, Zeit und Kosten". Konkret kann sich das Unternehmen dadurch unterscheiden, dass es

- schneller,
- pünktlicher,
- kostengünstiger,
- unkomplizierter
- etc.

ist.

Die Erfahrung aus etablierten und i. d. R. gesättigten Märkten zeigt jedoch, dass es für Unternehmen im Zeitverlauf immer schwieriger wird, stetig höhere Leistungsgrade zu realisieren. Der Grenznutzen einer weiteren Leistungssteigerung rechtfertigt die damit verbundenen Mehraufwände irgendwann nicht mehr. Die Zitrone ist sozusagen ausgepresst.

2.2.2 Anders sein

Der Ausweg aus der beschriebenen Leistungsspirale liegt deshalb nicht in der Logik des „mehr von demselben“ sondern in der Andersartigkeit. Das „anders sein“ ist jedoch kein Wert in sich selbst. D.h., dass die reine Tatsache, dass man sich von seinen Wettbewerbern unterscheidet wertlos bleibt, solange sich dies nicht in einem spürbaren Kunden- oder Kostenvorteil niederschlägt.

Möglichkeiten der Differenzierung liegen bspw. im Bereich von

- Produkten,
- Vertriebskanälen,
- Kundensegmenten oder
- Kooperationen.

Ziel jedes Geschäftsmodells muss es sein, nicht nur in einer Dimension zu brillieren, weil weder die reine Leistungsführerschaft noch der alleinige Faktor des Anderssein einen nachhaltigen Erfolg verspricht. Während die ausschließliche Leistungsführerschaft zur Klassifikation des „Gladiators“ führt, der aufreibende Schlachten um die letzten Prozente Leistungssteigerung kämpft, kann der „Glücksritter“ nur hoffen, dass es eine ausreichend große Zahl von Kunden gibt, die ausreichenden Nutzen aus der Tatsache ziehen, dass andere Wege beschritten werden.

Die Marktmeister, und damit diejenigen Wettbewerber, die mit dem größten Erfolg rechnen können, sind diejenigen, die sowohl einzigartig sind, als auch einen spürbaren Kundenvorteil generieren.

2.3 Analyse der Stärken und Schwächen (intern)

Funktions- und Ressourcenbereiche identifizieren

Bei der internen Analyse werden die wichtigsten Funktionsbereiche respektive die zur Verfügung stehenden Unternehmensressourcen auf ihre relative Wettbewerbsposition evaluiert. Dazu sind in einem ersten Schritt die relevanten Funktions-/Ressourcenbereiche zu identifizieren. Alternativ kann auf ein schon vorstrukturiertes Konzept wie z.B. die aus der Branchenstrukturanalyse bekannte Wertkettenanalyse von Porter zurückgegriffen werden. In den meisten Fällen werden unabhängig vom gewählten Vorgehen am Ende jedoch meist Funktions-/Ressourcenbereiche wie

- Forschung und Entwicklung (F&E),
- Einkauf,
- Produktion,
- Marketing und Vertrieb,

- Informationstechnologie, (IT)
- Finanzen und Controlling,
- Personalwesen

herausgestellt und mit denen von Wettbewerbern verglichen.

Ziel ist es festzustellen, in welchen Aspekten das eigene Unternehmen aktuelle Wettbewerbsvorteile besitzt und in welchen Bereichen eine Verbesserung der eigenen Position angestrebt werden soll (s. Abb. 3).

Funktionsbereich/ Ressourcen	Beschreibung	Position Unternehmen (x) vs. Wettbewerber (o)					Rel. Position	Gewichtung	Bewertung	Gewichtetes Stärken-/Schwächenprofil				
		- -		0		+ +				- 4	- 2	0	+ 2	+ 4
Einkauf	Einkaufsabteilung auf Zentraleinkaufsstrukturen vorbereitet	o				x	+ 4	5 %	**+ 20**					
Lieferanten	Enge Lieferantenbindung und hohe Beziehungsqualität sichert Versorgung und Teilequalität		o	x			+ 1	15 %	**+ 15**					
Personal	Vermehrt Probleme qualifizierte Ingeneure zu rekrutieren			x/o			0	20 %	**0**					
Kostenstruktur	Materialkosten deutlich über Wettbewerb (im Effekt 5% höhere Produktkosten)	x	o				- 1	30 %	**- 30**					
Kundenbeziehung	Kein persönlicher Kontakt zu den 3 Zielkunden aufgebaut	x		o			- 2	25 %	**- 50**					
Finanzen	Verlauf Tochter A schuf signifikantes Liquiditätspolster			o		x	+ 2	5 %	**+ 10**					
						TOTAL	+ 2	100 %	**- 35**					

Abb. 3: Beispiel einer internen Stärken- und Schwächenanalyse (Auszug)

Die gewichtete Bewertung zeigt relative Stärken und Schwächen

Wie im Fall der externen Analyse sind die einzelnen Bereiche nach der Bewertung zu gewichten und eine gewichtete Positionierung ist zu errechnen. Die so errechneten Werte können zusätzlich noch als Linienchart dargestellt werden, was einen visuellen Eindruck des gewichteten (tatsächlichen) Stärken-Schwächen-Profils vermittelt.

Stärken-Schwächen-Profil hängt vom Vergleichsmaßstab ab

Bei der Diskussion der so berechneten Stärken und Schwächen ist zu beachten, dass je nach gewähltem Vergleichs-(und Bewertungs)maßstab, also wem gegenüber man den Vergleich anstellt und welche Relevanz man den einzelnen Punkten zumisst, ein unterschiedliches Stärken- und Schwächenprofil entsteht.

Mögliche Konsequenzen lassen sich anhand von drei Beispielen illustrieren:

1. Vergleich gegenüber einem in allen Bereichen überlegenen Unternehmen
2. Vergleich gegenüber dem stärksten direkten Wettbewerber
3. Bestimmen der individuellen Faktorengewichtung

„Worst Enemy" zeigt alle Suboptima, kann jedoch Motivation hemmen

Zu 1: Im ersten Fall („Worst Enemy Scenario") besteht die Gefahr, dass ein zu negatives Bild gezeichnet wird, weil praktisch bei keinem der untersuchten Aspekte eine vergleichsweise gute Position belegt werden kann. Das eigene Unternehmen schneidet in jedem Fall schlechter ab als das Vergleichsunternehmen. Wenn der „Worst Enemy" sogar branchenübergreifend ausgewählt wurde, d.h., wenn sich z.B. ein mittelständisches Produktionsunternehmen im Rahmen der Analyse der Gehaltsabwicklung mit American Express vergleicht, dann kann der mit der Durchführung einer vergleichenden Analyse erhoffte anspornende und motivierende Effekt leicht in eine Resignation umschlagen. Es besteht die Gefahr, dass Mitarbeiter keine realistische Chance sehen, auf das präsentierte Vergleichsniveau zu kommen, und statt der erhofften zusätzlichen Anstrengung sogar ihre Leistungsbereitschaft reduzieren. Auch wenn moderne Benchmarking-Ansätze grundsätzlich immer gegen die jeweils besten Unternehmen vergleichen, ist dieser Ansatz aus motivationaler Sicht nur eingeschränkt zu empfehlen.

Vergleich mit direktem Konkurrenten ist realistischer, kann Schwächen aber verbergen

Zu 2: Im anderen Fall können durch den Vergleich mit nur einem Wettbewerber aus der gleichen Branche einzelne Bereiche als relativ stark bewertet werden, die jedoch nur aufgrund einer existierenden Schwäche des Hauptwettbewerbers nicht stärker als Schwäche hervortreten. Das erzielte Ergebnis ist in diesem Fall ins Positive verzerrt, was bezüglich der Kommunikation einer Handlungsnotwendigkeit ebenfalls problematisch ist. Denn sofern noch kein wahrnehmbarer Leidensdruck besteht, die Unternehmensführung sich jedoch schon frühzeitig auf antizipierte Veränderungen vorbereiten will, ist von diesem Vorgehen in diesem konkreten Fall ebenfalls abzuraten bzw. ganz bewusst auf diese Bewertungsdiskrepanzen einzugehen.

Gewichtungsfaktoren bestimmen maßgeblich das Gesamtergebnis

Zu 3: In der Praxis ergibt sich bei der Durchführung der Stärken- und Schwächenanalyse zudem regelmäßig eine dritte Problematik, die aus der unterschiedlichen Gewichtung der Trends und Entwicklungen (intern wie extern) resultiert. Damit gemeint ist die Situation, dass das eigene Unternehmen zwar in vielfältigen Analysebereichen besser aufgestellt ist als der beste oder direkte Wettbewerber, die Vorteile jedoch in Bereichen realisiert werden, die für die Zukunft als weniger wettbewerbsrelevant eingestuft wurden. Im Ergebnis ist die tatsächliche Wettbewerbsposition also insgesamt schlechter, obwohl vielleicht nur wenige (aber relevante) Aspekte eine Negativabweichung ausweisen.

In diesem Fall kommt zwei Punkten eine entscheidende Rolle zu:

- Zum einen ist bei der Aufstellung des Analyserasters eine intensive Diskussion über die Faktorengewichtung vonnöten.
- Zum anderen ist im Prozess der Strategiedefinition darauf zu achten, dass die Differenzierung in der Wettbewerbsstrategie in für den Kunden relevanten Aspekten geschieht.[2] Eine methodische Untermauerung dieses Prozesses lässt sich im Bedarfsfall mittels der Durchführung einer sog. KANO-Analyse bewerkstelligen, in der die für den Kunden relevanten Differenzierungskriterien identifiziert werden können.[3]

3 SWOT-Aggregation

Einbeziehen der errechneten Extrempositionen

Die identifizierten Chancen und Risiken im externen Umfeld (inkl. Geschäftsmodell) sowie die internen Stärken und Schwächen wurden im ersten Schritt in Form relativer Wettbewerbspositionen identifiziert. Um die Aufmerksamkeit der Unternehmensleitung jedoch ausschließlich auf diejenigen Punkte lenken zu können, die die größten Auswirkungen auf die Geschäftsstrategie entfalten, werden im weiteren Verlauf lediglich noch die errechneten Extrempositionen betrachtet. Das heißt, dass nicht auf die reinen Abweichungen abgestellt wird, sondern auf die sich ergebenden Ergebnisse nach erfolgter Multiplikation der relativen Bewertungsdifferenzen mit dem zugewiesenen Gewichtungsfaktor.

Extremwerte in die SWOT-Tabelle übernehmen

Die jeweiligen Extremwerte und die nach der Gewichtung resultierenden Positionierungen am oberen bzw. unteren Rand der Bewertungsskala werden mit der ggf. stichwortartigen Funktionsbeschreibung in die SWOT-Quadranten übertragen.

[2] Vgl. Siebelink, 2009.
[3] Vgl. Sauerwein/Bailom/Matler/Hinterhuber, 1996.

Ziel ist es daher nicht, alle identifizierten Positionen zu diskutieren, sondern ausschließlich die wirklich signifikanten. Die in diesem Prozess priorisierten SWOTs stehen dann zur weiteren Verarbeitung zur Verfügung, was insbesondere auf den nachfolgenden Prozess der Ableitung von Handlungsstrategien abzielt.

Intern	**Extern**
I. Stärken (> 2) 1. Einkaufsabteilung auf Zentraleinkaufsstrukturen vorbereitet 2. „Genialer" Erfinder in F&E bei Tochter XY 3. Hohe Reserven flüssiger Mittel (wegen Investitionsstau in 2008/09)	**III. Chancen (+ +)** 1. Eigene CO_2 sparende Produktion im Marketing einsetzbar 2. (Noch) nicht besetztes Segment im Niedrigenergiemarkt 3. Hauptwettbewerber A nach Übernahme von B nur noch mit sich beschäftigt
II. Schwächen (<2) 1. Kein persönlicher Kontakt zu den 3 Zielkunden aufgebaut 2. Geringe Fehlertoleranz in den F&E-Abteilungen 3. Wenig innovatives Produktportfolio 4. Schlechte Projektdisziplin bei internen Projekten	**IV. Risiken/Bedrohungen (- -)** 1. Aktuelle Modulkomponenten nicht mehr konkurrenzfähig 2. Sinkende Informationsasymetrie 3. Preisunterschiede werden transparenter 4. Klumpenrisiko bei Cashcow Produkten 5. Striktere EU-Produktionsrichtlinien in Verhandlung

Abb. 4: Beispiel einer Zusammenstellung von SWOTs

4 SWOT-Strategien

Die Effektivität der SWOT beruht auf der Ableitung der Handlungsstrategien

In vielen Fällen wird die SWOT-Analyse als Managementmethode im Prozess der Strategiefindung nach der SWOT-Aggregation beendet. Das Ergebnis beschränkt sich dann auf eine Auflistung von als relevant erachteten Entwicklungen in der externen Unternehmensumwelt und einigen wettbewerbsrelevanten Stärken und Schwächen des Unternehmens.

Doch damit ist erst der kleinere Teil der erzielbaren Ergebnisse realisiert. So, wie z.B. messorientierte Managementkonzepte in der Realität nur einen geringen Teil der erhofften oder versprochenen Wirkung realisieren,[4] kann auch die SWOT nur dann ihre volle Effektivität entfalten, wenn der Analyse die Handlung folgt. Frei nach dem Motto „Es gibt nichts Gutes, außer man tut es" müssen die erarbeiteten Erkenntnisse in konkrete Handlungsempfehlungen überführt werden. Entgegen der in der Praxis verkürzten Anwendung der SWOT nur bis zu der Auflistung der Quadranten stellt die Identifikation der Handlungsoptionen das eigentliche Sollergebnis einer SWOT-Erstellung dar.

Extern / **Intern**	**III. Chancen**	**IV: Risiken/Bedrohungen**
	1. Eigene CO_2-sparende Produktion im Marketing einsetzbar 2. (Noch) nicht besetztes Segment im Niedrigenergiemarkt 3. Hauptwettbewerber A nach Übernahme von B nur noch mit sich beschäftigt	1. Aktuelle Modulkomponenten nicht mehr konkurrenzfähig 2. Sinkende Informationsasymetrie 3. Preisunterschiede werden transparenter 4. Klumpenrisiko bei Cashcow-Produkten 5. Striktere EU-Produktionsrichtlinien in Verhandlung
I. Stärken 1. Einkaufsabteilung auf Zentraleinkaufsstrukturen vorbereitet 2. „Genialer" Erfinder in F&E bei Tochter XY 3. Hohe Reserven flüssiger Mittel (wegen Investitionsstau in 2008/09)	• *I.2 +I.3+III.2 = Neues Produkt von Daniel Düsentrieb für leeres Segment entwickeln lassen* • *etc.*	• *I.3+IV.1 = Entwicklung neuer Modulkomponenten von Grund auf* • *I.1+IV.4 = Kundenbindung durch Prozessintegration verstärken* • *etc.*
II. Schwächen 1. Kein persönlicher Kontakt zu den 3 Zielkunden aufgebaut 2. Geringe Fehlertoleranz in den F&E-Abteilungen 3. Wenig innovatives Produktportfolio 4. Schlechte Projektdisziplin bei internen Projekten	• *II.3+II.4+III.2 = Produkt-entwicklungsprozesse neu aufsetzen* • ***II.4+III.3 = Projekt-managementmethodik unternehmensweit einführen*** • ***II.4+III.3 = Kunden von Wettbewerber A mit „Flexibilitäts-Nutzen" angehen*** • *etc.*	• *II.1+IV.2+IV. 3= Akquiseinitiativen durch die Zentrale unterstützen (Top Management einschalten)* • *etc.*

Abb. 5: Kombinatorische Bewertung der Einzelfaktoren

[4] Vgl. McCunn, 1998, S. 34ff.; Schneiderman, 1999, S. 6ff.; Norreklit, 2003, S. 591ff.; Mohobbot, 2004, S. 219ff.; Angel/Rampersad, 2005, S. 45ff.; Pforsich, 2005, S. 31ff.; Atkinson, 2006, S. 1441ff.; Bible/Kerr/Zanini, 2006, S. 18ff.; Firestone, 2006, S. 7; Giannetto/Zecca, 2006, S. 31; Lawson/Stratton/Hatch, 2006, S. 36ff.; Stephan, 2006, S. 1ff.; Giannetto, 2007, S. 1ff.; Morgan/Levitt/Malek, 2008, S. 1ff.; Cokins, 2009, S. 93ff.; Schmitz, 2009, S. 1ff.; Stephan/Keuper, 2010, S. 111ff.

Dazu werden die einzelnen SWOTs gegeneinander verglichen und daraufhin analysiert, ob sich die einzelnen Faktoren gegenseitig verstärken, kompensieren oder in Summe andere Konsequenzen mit sich bringen. Die kombinatorische Bewertung der einzelnen Faktoren untereinander, also der Vergleich z. B. der identifizierten Stärken mit den identifizierten Chancen und Risiken, ist ein kritischer Schritt in der Ableitung von Handlungsoptionen. Denn nur durch die vergleichende Betrachtung der einzelnen Faktoren kann festgestellt werden, welche Stärken gezielt einzusetzen bzw. welche Schwächen unbedingt zu kompensieren sind, damit die identifizierten Chancen überhaupt erst genutzt werden können.

SWOT-Strategien als Ergebnis der Faktorenkombination

Im Ergebnis lassen sich so für jede relevante Faktorenkombination individuelle Handlungsoptionen ableiten (die sog. SWOT-Strategien). Die grundsätzlichen Handlungsstrategien, hier im Hinblick darauf, welche grundsätzliche Zielrichtung sich innerhalb des Kombinationsprozesses für jeden Quadranten ergibt, stellen sich dabei für jede der möglichen Kombinationsbereiche wie folgt dar:

- Stärken-Chancen-(SO-)Strategien zielen auf die Nutzung der Chancen in der externen Umwelt durch die Ausnutzung und Hebelung der eigenen Stärken.
- Stärken-Bedrohungen/Risiken-(ST-)Strategien versuchen, externe Bedrohungen oder Risiken durch den Einsatz der identifizierten Stärken entweder zu neutralisieren, zumindest aber zu minimieren.
- Schwächen-Chancen-(WO-)Strategien zielen auf die Abschwächung der eigenen Schwächen, um eine gezielte Nutzung der externen Chancen nicht unmöglich zu machen.
- Schwächen-Bedrohungen/Risiken-(WT-)Strategien versuchen, die Bedrohungen und Risiken der Umwelt durch den Abbau der Schwächen zu reduzieren oder im Ereignisfall leichter verkraftbar zu machen.

Beispiel: Von der Schwächenanalyse zur Verbesserungsmaßnahme
Im Unternehmen von „Daniel Düsentrieb" wurde als Schwäche z. B. eine schlechte Projektdisziplin festgestellt. Das Fehlen strukturierter Prozesse, häufiges Nichtnachverfolgen von Meilensteinen oder Ergebnisversprechen etc. führten zu dieser Diagnose. Gleichzeitig wurde als Chance das komplette „Mit-sich-selbst-beschäftigt-Sein" beim Hauptwettbewerber identifiziert. Gemäß der grundsätzlichen Handlungs- oder Quadrantenstrategien geht es jetzt darum, die Schwäche so zu handhaben, dass die Chance genutzt werden kann.

Im konkreten Fall bedeutet dies, die fehlende Marktorientierung des Wettbewerbers auszunutzen und (wenn möglich) das eigene Wettbewerbsverhalten auf genau diese Schwäche des Konkurrenten auszurichten, was wiederum bedeutet – Handlungsstrategie 1 –, durch größtmögliche Flexibilität und größtmögliche Kundenorientierung bisher nicht erreichte Kunden oder sogar Stammkunden des Wettbewerbers anzusprechen und so für sich zu gewinnen.

Damit man die geleisteten Flexibilitätsversprechen jedoch auch einhalten kann und nicht selbst durch interne Fehler in den Abläufen eine Angriffsfläche liefert, muss vor allem – und das repräsentiert dann genau die aus der Faktorenkombination abgeleitete Handlungsstrategie 2 – das interne Projektmanagement optimiert und durch die Einführung einer effektiven Projektmanagementmethodik professionalisiert werden.

SWOT-Strategien in den Strategieprozess integrieren

Am Ende fließen dann die so entwickelten SWOT-Strategien, also die auf die Stärken, Schwächen, Chancen und Risiken bezogenen Handlungsoptionen, in den weiteren Strategieprozess ein. Zum einen bei der Ableitung der Wettbewerbsstrategie und zum anderen bei der Spezifikation der individuellen Funktionalstrategien.

Werden im Prozess der Strategieumsetzung moderne Verfahren wie z.B. Methoden des Strategy Transformation Management eingesetzt, gehen die SWOT-Strategien als Projektvorschläge in das gemäß der Strategie zu priorisierende Projektportfolio des Unternehmens ein. Dies stellt heutzutage insbesondere bei größeren Unternehmen auch den Hauptanwendungszweck der SWOT-Methodik dar: methodisch-instrumentelle Unterstützung bei der Identifikation und Auswahl von Maßnahmen zur effektiven Umsetzung der Unternehmensgesamt-, Wettbewerbs- und/oder Funktionalstrategien.

5 Zusammenfassung und Ausblick

Ableiten konkreter Handlungsalternativen bildet den Abschluss des SWOT-Prozesses

Die Ausführungen haben verdeutlicht, dass die SWOT-Analyse ein grundsätzlich geeignetes Instrument im Prozess der Strategie- bzw. Handlungsoptionsfindung darstellt. Der grundsätzliche Ablauf ist in Abb. 6 noch einmal zusammengefasst dargestellt. Er verdeutlicht, dass die Aggregation der Analyseergebnisse in stichwortartigen Punkten entgegen der weitläufigen Praxis noch nicht das Ende des SWOT-Prozesses darstellt. Vielmehr schließt der SWOT-Prozess mit der Ableitung von konkreten Handlungsalternativen, die dann Eingang in die Prozesse der Strategieformulierung und Strategietransformation finden.

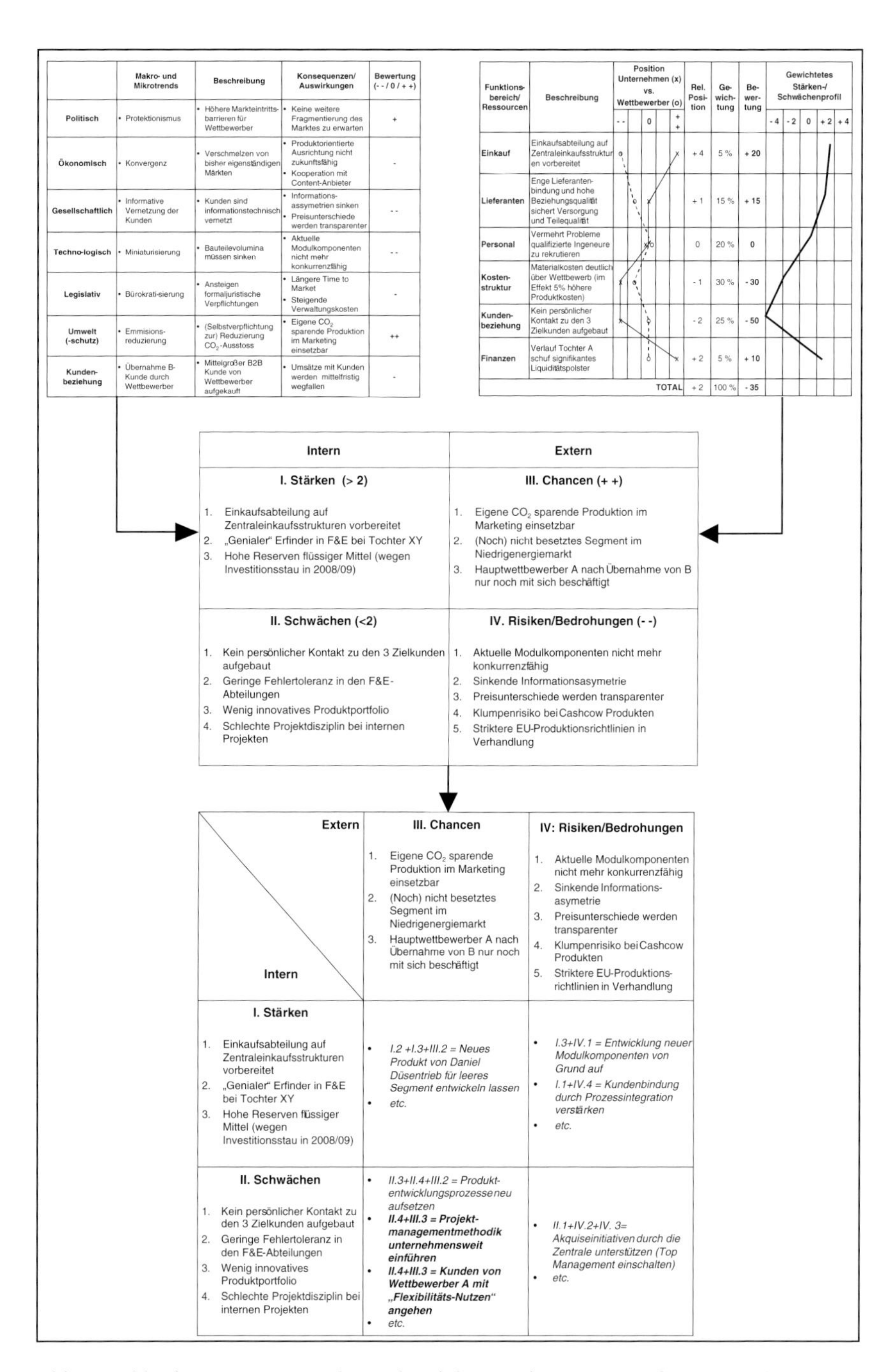

Abb. 6: Ablauf einer SWOT-Analyse anhand der jeweiligen Prozessschritte-Einzelergebnisse (der Abb. 1 und 3–5)

Die Vorteile der Methode liegen daher zu einem großen Teil in der einfachen Struktur, die eine einfache und komplexitätsreduzierte Aufbereitung wettbewerbs- und damit strategierelevanter Aspekte erlaubt. Die Aggregation der SWOTs erlaubt eine direkte Verknüpfung des Prozesses der Identifikation der relevantesten Einflussfaktoren mit dem Prozess der Ableitung von strategischen (Handlungs-)Optionen.

Vorteile: einfache Struktur, hoher Bekanntheitsgrad, weite Verbreitung

Aus Anwendungsperspektive sind zusätzlich der Bekanntheitsgrad und die weite Verbreitung der Methode hervorzuheben. Dies deshalb, weil man beim Einsatz im Unternehmen nicht auf gängige Klischees trifft, ein entweder überakademisiertes oder „theoretisches" Konzept oder aber alten Wein in neuen Schläuchen verkaufen zu wollen.

Die Nachteile der Methode liegen dagegen in der Übersimplifizierung und Trivialisierung der realen Entscheidungssituation. Daneben fehlt eine mit der SWOT verbundene methodisch-instrumentelle Unterstützung bei der Auswahl und Bewertung der Einflussfaktoren respektive der Ableitung der strategischen Optionen. Außerdem sind alle Einflussfaktoren in den populären SWOT-Interpretationen grundsätzlich gleich gewichtet, was in der Praxis kaum anzutreffen ist.

Nachteile: Übersimplifizierung durch fehlende Faktoren

Die fehlende Berücksichtigung von Abhängigkeiten und Wechselwirkungen sowie die fehlende Betrachtung zeitlicher Effekte ist ebenso nachteilig wie die Tatsache, dass viele Unternehmen in der Bestimmung der Einflussfaktoren stehen bleiben und keinen methodischen Prozess zur gezielten Ableitung der „Quadranten-Strategien" weiterverfolgen. Um die Übersichtlichkeit zu bewahren („alles auf eine Folie"), bleiben die Ableitungen oft allgemeiner und unspezifischer, als es die Methode durch den geeigneten Einsatz von ergänzenden Methoden erlauben würde.

6 Literaturhinweise

Angel/Rampersad, Improving people performance: the CFO's new frontier, Financial Executive Magazine, 10/2005, S. 45–48.

Atkinson, Strategy implementation: a role for the balanced scorecard?, Management Decision, 10/2006, S. 1441–1460.

Bible/Kerr/Zanini, The Balanced Scorecard: here and back: from its beginnings as a performance measurement tool..., Management Accounting Quarterly, 4/2006, S. 18–23.

Chase, Strengths and Weaknesses, Management, 11/2006, S. 37–42.

Cokins, Performance Management: Integrating Strategy Execution, Methodologies, Risk, and Analytics, 2009.

Firestone, The Balanced Scorecard: Developments and Challenges, White Paper Adaptive Metrics Center, 2006.

Giannetto, Why Businesses Have Outgrown The Balanced Scorecard, http://newsblaze.com/story/20070628102828tsop.np/topstory.html, Stand: 28.7.2007, Abrufdatum 31.1.2010.

Gianetto/Zecca, The performance power grid: the proven method to create and sustain superior organizational performance, 2006.

McCunn, The balanced scorecard... the eleventh commandment, Management Accounting (UK), 11/1998, S. 34–36.

Mohobbot, The Balanced Scorecard (BSC) – A Critical Analysis, Journal of Humanities and Social Sciences, 4/2004, S. 219–233.

Morgan/Levitt/Malek, Executing your strategy: how to break it down and get it done, 2008.

Norreklit, The Balanced Scorecard: What Is the Score? A Rhetorical Analysis of the Balanced Scorecard, Accounting, Organisations and Society, 28/2003, S. 591–619.

Pforsich, Does your Balanced Scorecard Need a Workshop, Strategic Finance, 1/2005, S. 31–35.

Sauerwein/Bailom/Matzler/Hinterhuber, The Kano Model: How to delight your customers, Preprints Volume I of the IX. International Working Seminar on Production Economics, Innsbruck/Igls/Austria, 2/1996, S. 313–327.

Schmitz, Warum die Balanced Scorecard scheitert, CIO, http://www.cio.de/strategien/projekte/879323/, Abrufdatum: 1.5.2009.

Schneiderman, Why Balanced Scorecards Fail, Journal of Strategic Performance Measurement, 1/1999, S. 6–10.

Stephan, Analysis of strategy implementation concepts (except Kaplan/Norton), SAC-Practice Report Q3-2006, b&m management, 2006.

Stephan, Strategy Transformation, 2014.

Balanced Scorecard 2.0: Neue Anforderungen durch technischen Fortschritt und wirtschaftlichen Wandel

- Die Balanced Scorecard (BSC) ist das noch immer populärste Managementinstrument der letzten Jahrzehnte. Während vor allem Praktiker seit jeher von schier unglaublichen Erfolgen berichten, wächst die Kritik von Seiten der Wissenschaft.
- Im vorliegenden Beitrag wird die BSC kritisch reflektiert und es werden konkrete Handlungsempfehlungen zum effektiven Umgang abgeleitet. Damit wird der bisherigen Kritikarmut entgegengetreten und es werden relevante Impulse zur konzeptionellen Weiterentwicklung gegeben.
- Diese Impulse umfassen sowohl wissenschaftliche Erkenntnisse als auch Konsequenzen aus dem technischen Fortschritt wie z. B. der Digitalisierung oder dem Einsatz von integrierten Treibermodellen bei der Unternehmenssteuerung.

Inhalt **Seite**

Der Autor

Dr. Mario Stephan, Leiter Controlling & Finance Schweiz bei der Horváth & Partner AG in Zürich. Daneben ist er Studiengangsleiter für Corporate Strategy am SIMT der Steinbeis-Hochschule Berlin in Stuttgart.

1 Umstrittenes Konzept: Kritik und Euphorie halten sich die Waage

Die Balanced Scorecard (BSC) ist seit knapp 25 Jahren oder eindrücklicher seit einem viertel Jahrhundert das in der Praxis am weitesten verbreitete Konzept zur Unterstützung der Implementierung von Strategien. Sie repräsentiert die vermeintliche „Best Practice" einer Studie zum Stand der in der Praxis eingesetzten Performance-Measurement-Systeme aus dem Jahre 1990.[1] Die von Schneiderman bei Analog Devices zuerst entwickelte und als Fallstudie in ein Forschungsprojekt von Nolan, Norton & Co eingebrachte „Corporate" Scorecard wurde nach Beendigung des Forschungsprojekts von den Studienleitern (Kaplan und Norton) unter dem angepassten Namen „Balanced" Scorecard vermarktet und seitdem in unzähligen Magazinen und Büchern in aller Welt publiziert.

Eigene Sparte der BWL

Verkürzt kann das bekannte Konzept der BSC skizziert werden als ein „set of measure that gives top management a faster but comprehensive view of the business. The Balanced Scorecard includes financial measures that tell the results of actions already taken. And it complements the financial measures with operational measures on customer satisfaction, internal processes, and the organization's innovation and improvement activities – operational measures that are the drivers of future financial performance."[2] Die in der Praxis mit dem Konzept verbundene Aussage lautet entsprechend dem Titel der ersten Buchveröffentlichung verkürzt „translating strategy into action". Die BSC erfreut sich insbesondere bei Praktikern und Unternehmensberatern großer Beliebtheit und hat sich aufgrund der mit ihr verbundenen Vorträge, Seminare, Buch- und Artikelbeiträge, Beratungsmandate usw. zu einer eigenen Industrie innerhalb der Betriebswirtschaft entwickelt. Doch diese Positiveinschätzung wurde schon sehr früh kritisch hinterfragt:

„Strip away the declarations of victory by those who make their living from them and you will find, that the vast majority of so-called Balanced Scorecards fail over time to meet the expectations of their creators."[3]

Kritiker sehen Anpassungsbedarf

Diese kritische Einschätzung wird trotz der ursprünglich fast enthusiastischen und in bestimmten Regionen (bspw. im Mittleren Osten) noch immer anhaltenden Flut an positiven Veröffentlichungen von einer wahrnehmbaren Gruppe von Praktikern und zahlreichen Wissenschaftlern geteilt. Denn abgesehen von den das Konzept vermarktenden Autoren und den auf die BSC-Implementierung spezialisierten Bera-

1 Vgl. Kaplan/Norton, 1996, S. vii; Schneiderman, 2004, S. 1ff.
2 Kaplan/Norton, 1992, S. 1.
3 Schneiderman, 1999, S. 6.

tungsunternehmen, stößt die BSC seit Jahren auch auf Kritik. Der Erfolgsbeitrag der BSC zur Steigerung der Unternehmensleistung (i. S. e. erfolgreichen Strategieimplementierung) wird von kritischeren Beobachtern differenzierter betrachtet und auf die erforderlichen Anpassungsbedarfe gegenüber dem Originalkonzept hingewiesen.

Der vorliegende Beitrag soll einerseits die für die Unternehmenssteuerung praxisrelevanten Aspekte der Diskussion zum 25-jährigen Jubiläum tiefer beleuchten. Ziel ist es dabei, die Diskussion zur BSC nach 25 Jahren Praxiserprobung auf eine solidere und objektivierte Basis zu stellen sowie bestehenden und zukünftigen Anwendern eine aktuelle Einschätzung der BSC zu ermöglichen. Die über die Jahre identifizierten Optimierungshebel sollen beschrieben werden, so dass die BSC in Version 2.0 auch die nächsten 25 Jahre zum Erfolg der Unternehmenssteuerung beitragen kann.

1.1 Popularität der Balanced Scorecard

Populärstes Managementkonzept

Gemäß der periodisch durchgeführten Studie von Bain & Co. bzgl. der populärsten Managementinstrumente und -trends, erlebte die BSC ihren Höhepunkt im Jahr 2006. Knapp 2/3 aller befragten Unternehmen nutzten die BSC oder planten deren Einsatz.

Veröffentlichungen heben 8 Vorteile heraus

Dieser hohe Verbreitungsgrad in den Unternehmen erklärt auch die sehr große Anzahl an Erfahrungsberichten, die auch heute noch gerne und zahlreich in praxisnahen Zeitschriften veröffentlicht werden. Die meisten dieser Beiträge beschwören die positiven Ergebnisse und Verbesserungen, die durch den Einsatz der BSC in den jeweiligen Unternehmen erzielt wurden. Kaplan und Norton selbst haben dazu mit einer Vielzahl von Artikeln beigetragen und dabei konstant die schier unglaublichen „breakthrough"-Resultate hervorgehoben, die mit der BSC realisiert werden können. Auf Basis der Veröffentlichungen lassen sich nachfolgende Vorteile herausstellen:

1. Holistische Perspektive auf das Unternehmen als Ganzes.
2. Förderung des Denkens in Ursache-Wirkungsbeziehungen anstelle eindimensionaler Analysen von Einzelaspekten.
3. Interkonnektivität zwischen strategischen Zielen, Kennzahlen und Maßnahmen.
4. Einbindung einer größeren Anzahl an Beteiligten in die Strategiediskussion.
5. Moderne und handlungsmotivierende Darstellung.
6. Möglichkeit der prospektiven Steuerung aufgrund der Einführung von Frühindikatoren.

7. Höhere Verbindlichkeit bei strategischen Entscheidungen, da diese transparenter dargestellt und kommuniziert werden.
8. Schaffung einer „Legitimität" bspw. gegenüber externer Institutionen, Kundenkreise, oder Fachverbände.

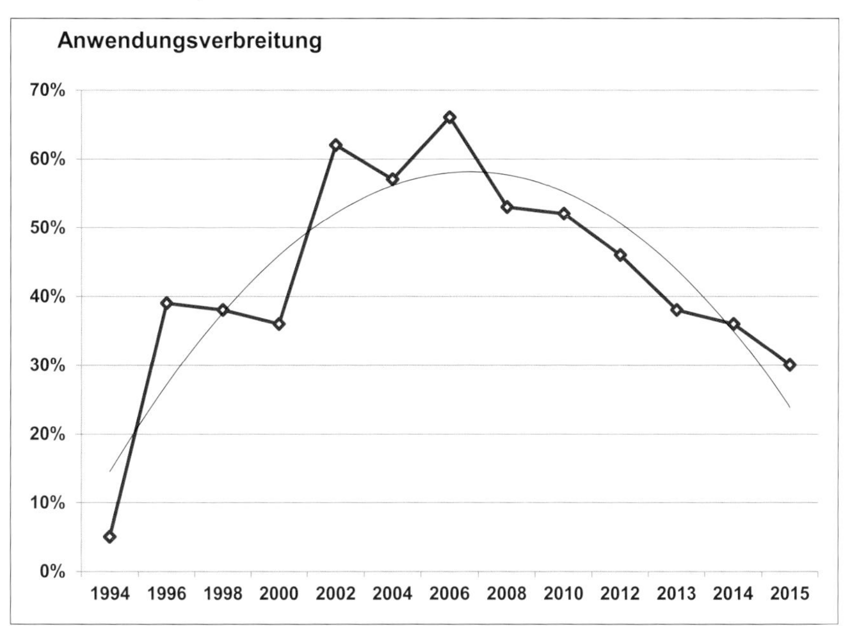

Abb. 1: Anwendungsverbreitung der Balanced Scorecard[4]

Neben bisherigen Vorteilen, welche in ihrer Argumentationsnatur eher qualitativen Charakter aufweisen, werden auch quantitative Vorteile angeführt. Die meist zitierte Studie zur Effektivität der BSC im deutschsprachigen Raum (von Horváth & Partners) argumentiert bspw., dass mehr als 65 % derjenigen Unternehmen, welche eine überdurchschnittliche Leistung gegenüber den Unternehmen gleicher Kategorie („Peer group") in Bezug auf Profitabilität und Wachstum erreichen, mit der BSC arbeiten, wohingegen nur 14 % der jeweils unterdurchschnittlichen Unternehmen dies tun.

1.2 Kritik aus Theorie und Praxis

Neben Zustimmung auch viel Kritik an der BSC

Studien, die nicht von Beginn an auf eine Bestätigung der Erfolgswirksamkeit der BSC abzielen, bestätigen demgegenüber zwar die große Anwendungsverbreitung des Konzeptes, argumentieren jedoch, dass weder die ausgewogene Darstellung sog. Schlüsselkennzahlen („Key Performance

[4] in Anlehnung an Bain & Co.

Indicators“), noch das reine Befüllen generalisierter Strategiekarten („Strategy Maps“) eine nachhaltige Zufriedenheit bewirken können. Besonders von wissenschaftlicher Seite und dort vor allem von denjenigen Forschern, die sich mit der Frage nach geeigneten Instrumenten zur methodischen Unterstützung der strategischen Unternehmensführung auseinander setzen („Performance Management“), wird die unzureichende methodisch-instrumentelle Ausgestaltung und das Fehlen jedweder wissenschaftlicher Fundierung bemängelt. Die BSC sieht sich im Rahmen substanzwissenschaftlicher Analysen immer wieder dem Vorwurf ausgesetzt, nur „result of advertisement by renowned people and reputed institutions“[5] zu sein. Es sei „astonishing that many such management guru concepts have become very popular and that academically more tenable theories remain unnoticed“.[6] Trotz oder gerade wegen ihres kometenhaften Aufstiegs wurde die BSC oftmals kritisiert. Aspekte der ursprünglichen Diskussion waren dabei z. B.:

1. Ohne Strategie keine BSC!
2. Fehlende objektive ex-ante Bewertung von Strategiealternativen.
3. Strategien sind nicht immer messbar.
4. Zielwerteinschätzungen sind häufig subjektiv.
5. Kennzahlen sind nicht immer treffsicher oder berechenbar.
6. Nicht-finanzielle Maßgrößen sind rechnerisch schwierig zu aggregieren.
7. Ursache-/Wirkungsbeziehung sind selten „mathematisch“ begründet.
8. Korrelation ungleich Kausalität!

In den letzten Jahren rückte der Fokus der Diskussion jedoch auf grundlegendere Aspekte. Die deutlich substantiellere Kritik konzentriert sich heute im Kern auf nachfolgende Punkte:

1. Signifikante Veränderungen am Konzeptaufbau und -verständnis im Prozess der Konzeptevolution, d. h. Veränderungen an den Konzeptprämissen im Rahmen der Konzeptentwicklung.
2. Fehlende wissenschaftliche Untermauerung, insbesondere bzgl. der fehlenden Berücksichtigung der Unternehmenskomplexität sowie der generell zweifelhaften Validität der sich oft nur gegenseitig kopierenden Quellen.
3. Fehlende gesamtkonzeptionelle Operationalisierung insbesondere bzgl. der eingesetzten Methoden und Instrumente.
4. Trivialisierung auf Anwender- wie Erfinderseite, insbesondere aufgrund des mechanistischen Grundverständnisses sowie aufgrund der

[5] Vgl. Mohobbot, 2004, S. 220.
[6] Norreklit, 2003 S. 591.

Publikationsschwemme durch die vielen selbsternannten Experten auf Praktikerseite.
5. Prinzipiell falscher Ansatzpunkt zur Unterstützung einer strategischen Unternehmensführung, i. S. e. einseitigen Messorientierung.

In den nachfolgenden Abschnitten werden die aufgeführten Kritikpunkte zur weiteren Analyse in 3 Gruppen kategorisiert:

1. Konzeptevolution,
2. wissenschaftliche Grundlagen sowie
3. Berücksichtigung von aktuellen technologischen und methodischen Entwicklungen.

Weil realistischerweise davon ausgegangen werden kann, dass das Grundkonzept der BSC in seinen wesentlichen Zügen bekannt ist, wird auf eine umfangreiche grundlegende Konzepteinführung verzichtet und direkt auf die Konzeptentwicklung fokussiert.

2 Kritische Würdigung

2.1 Konzeptevolution

2.1.1 Konzeptverständnis

Vom Kennzahlen- zum Managementsystem

Ursprünglich noch als reines Kennzahlensystem zur Optimierung der kennzahlengestützten Unternehmenssteuerung vermarktet und mit dem Anspruch angetreten, die Finanzlastigkeit bestehender Kennzahlensysteme zu kompensieren, lassen sich aus heutiger Sicht 2 grobe Evolutionsstufen innerhalb der BSC-Konzeptentwicklung unterscheiden:

1. BSC als Kennzahlensystem
2. BSC als strategisches Managementsystem

Die einzelnen Evolutionsstufen weisen dabei ein unterschiedliches Verständnis bezüglich des primären Anwendungsgebietes sowie der zugrundeliegenden Wirkungsmechanismen auf.

BSC als Kennzahlensystem

In den meisten Veröffentlichungen wird der Beginn der BSC auf die erste BSC bezogene Publikation von Kaplan und Norton datiert, die unter dem Titel „The Balanced Scorecard – Measures That Drive Performance" 1992 im Harvard Business Manager erschien. Dem Titel entsprechend, liegt der Fokus des originären Konzeptes auf der reinen Kennzahlensteuerung und adressiert die Schwächen eindimensionaler Leistungskennzahlensysteme. Primär sollte die Vergangenheitsorientierung finanzieller Kennzahlen kompensiert werden, da diese lediglich anzeigen können, welche Leistung ein Unternehmen in der Vergangenheit erzielen konnte; nicht aber diejenigen Aspekte und Treiber hervorhebt, die für die zukünftigen finanziellen Erfolge kritisch sind.

Durch die Aufnahme von 3 weiteren – nichtfinanziellen – Perspektiven (Kundenperspektive, Prozessperspektive und Lern- und Entwicklungsperspektive) soll es dem Unternehmen mit der BSC ermöglicht werden, auf die zukünftigen Werttreiber des Unternehmens bzw. der Branche zu schauen. „The Balanced Scorecard keeps companies looking – and moving – forward instead of backward." Indem auch die nicht-finanziellen, jedoch ebenso erfolgskritischen Aspekte der Strategie gemessen werden, wird eine strategiekonforme Verhaltensänderung in der Organisation erwartet. „What gets measured gets done" übersetzt die Basisannahme der ersten Entwicklungsphase in einen griffigen und mittlerweile weitbekannten Slogan. Der Nutzen der BSC resultiert in diesem BSC-Verständnis aus dem Umstand, dass auch nichtfinanzielle Indikatoren in die Leistungsmessung mit aufgenommen werden und die rein retrospektive Perspektive um eine prospektive (sog. Frühwarnindikatoren) Perspektive erweitert wird.

BSC als strategisches Managementsystem

Beginnend mit dem zweiten Artikel im Harvard Business Review 1993 erweiterte das originale BSC-Konzept seinen ursprünglichen Fokus auf die (strategischen) Ziele, um mit dem dritten Beitrag 1996 auch die Kennzahlenzielwerte und die strategischen Initiativen in den Betrachtungsraum mit aufzunehmen. Die strategischen Ziele verschiedener Perspektiven dienen nun als Ausgangsbasis zur Ableitung der Kennzahlen und werden durch Kennzahlenzielwerte und strategische Initiativen weiter operationalisiert.

Die Wirksamkeit der BSC resultiert in diesem Konzeptverständnis aus dem Umstand, dass das Wissen um ein gewünschtes Ergebnis die Mitarbeiter einer Organisation nicht nur zur Optimierung einer singulären Kennzahl (sog. „Spitzen- oder Oberkennzahl") motiviert, sondern dass durch die Verwendung von Kennzahlen unterschiedlicher Perspektiven deutlich wird, wie der einzelne (Mitarbeiter) durch die Verbesserung der ihn betreffenden Kennzahlen einen Beitrag zur Erreichung der unternehmerischen Ziele leisten kann. Durch die multidimensionale Ableitung von Kennzahlen aus den strategischen Zielen bzw. aus den verschiedenen Perspektiven wird der Fokus geweitet und insgesamt mehr „balanced". Eine zielgetriebene Kennzahlenauswahl ermöglicht es den Führungskräften zudem, die Kennzahlen zur Kommunikation der strategisch relevanten Aspekte an die Mitarbeiter und anderer Stakeholder zu nutzen (BSC als Kommunikationssystem) und verdeutlicht, über welche

Treiber das Unternehmen seine (finanziellen) Ziele und somit seine Vision und Mission zu erreichen versucht.

Durch die starke Betonung der Ursache-Wirkungs-Beziehungen zwischen den einzelnen strategischen Zielen in so genannten „Strategy Maps", qualifiziert sich die BSC in den Augen der Erfinder nicht mehr nur als Kennzahlensystem, sondern befähigt die Führungskräfte, das Unternehmen strategisch zu führen. Mit den Strategy Maps existiere ein visueller Rahmen für die strategischen Unternehmensziele innerhalb dessen die zugrundeliegenden Strategiehypothesen spezifiziert und durch die Ursache-Wirkungs-Beziehungen zwischen den einzelnen Hypothesen visualisiert werden können. Die oftmals verschwommene Grenze zwischen der Strategy und dem, was die Mitarbeiter in ihrem Arbeitsalltag machen, löst sich konzeptgemäß auf und es kommt zu einer deutlich verbesserten Zusammenarbeit und Koordination zwischen den beteiligten Mitarbeitern. Das Wissen um die (miteinander verbundenen) strategischen Ziele der Organisation innerhalb der Strategy Map fokussiert die Mitarbeiter damit auf die relevanten Aspekte des Geschäftes, so dass ein gesteigerter Fokus und eine noch ausgeprägtere Zielorientierung die fundamentalen Wirkungsprinzipien repräsentieren, die im Zusammenspiel zu einer gesteigerten Unternehmensleistung führen. Die BSC hat sich aufgrund dessen vom ursprünglichen Konzept der kennzahlengestützen Unternehmensteuerung zu einem Gesamtkonzept der strategischen Unternehmensführung entwickelt.

2.1.2 Konzeptaufbau

Liest sich die Beschreibung der Entwicklungsstufen als ein im Großen und Ganzen sinnvoller, zu erwartender und für die Praxis wertvoller Prozess der Weiterentwicklung, so erwies sich die Konzeptevolution für die Anwender in der Praxis als äußert problematisch. Denn entgegen einer nachvollziehbaren Modifikation, Spezifizierung oder Erweiterung der Konzeption im Ganzen, vollzog sich die Entwicklung teilweise sprunghaft, unkommentiert und an vielen Punkten sogar widersprüchlich. Beispielhaft können nachfolgende Punkte aufgeführt werden:

1. **Konzeptionelle Positionierung:** Vom „Performance Measurement", über „Performance Management" hin zu „Strategischem Management".
2. **Visualisierung der Konzeptelemente:** Von einem kennzahlenbasierten Tabellenformat zu einer zielbasierten Visualisierung der Korrelationen zwischen den strategischen Zielen über die Perspektivgrenzen hinweg („Strategy Map").
3. **Verknüpfung zwischen den Konzeptelementen:** Von einer Verknüpfung innerhalb der Indikatoren zu einer Verknüpfung zu den strategischen Zielen.

4. **Methodisches Vorgehen zur KPI-Selektion**: Von einer perspektivischen Sammlung und Auswahl auf Basis von generischen, für die gesamte Perspektive geltenden Kriterien, wie bspw. „wie wollen wir in den Augen unserer Kapitalgeber dastehen", zu einer zielspezifischen Auswahl der Indikatoren aus den strategischen Zielen.
5. **Sequenzierung des BSC-Implementierungsprozesses:**Von einer 8-stufigen über einen 13-stufigen zu einem 10-stufigen Implementierungsprozess.

Nicht nur diese ausgewählten Punkte führten in den ersten Jahren nach der Erstveröffentlichung zu massiven Verständnisproblemen auf Anwenderseite. Auch nach 10 Jahren war bspw. die grundsätzliche Frage „Was ist eine Balanced Scorecard?" die bei weitem am häufigsten gestellt Frage in entsprechenden Online-Diskussionsforen. In Folge dessen konnten in den Unternehmen immer wieder Interpretationsdifferenzen mit den dazugehörenden Diskussionen unter den Führungskräften und zwischen Führungskräften und Mitarbeitern beobachtet werden. Ebenso kritisch war und ist die Frage nach den Zielen, die mit der BSC-Einführung erreicht werden sollen. Dem Unternehmen oder Sponsor kann es um eine rein verbesserte Messung, um die Verschlankung des bestehenden Reportings, die Erhöhung der Qualität und Strategiekommunikation oder die Menge an unterschiedlichen Reports gehen. Auch organisatorisch führt ein differenziertes BSC-Verständnis zu unterschiedlichen Antworten, bspw. bezüglich der Projektverantwortung oder der organisatorischen Zuständigkeit im Betrieb (Business Development, Controlling, IT usw.).

Rückblickend lässt sich feststellen, dass das jeweilige Verständnis der BSC noch immer stark davon abhängt, auf welche Veröffentlichung es sich konkret bezieht bzw. welche BSC-Artikel zur Meinungsbildung konsultiert wurden. In diesem Zusammenhang ist es wichtig sich zu vergegenwärtigen, dass die meisten Anwender der BSC in den Unternehmen i. d. R. keine jungen Wissenschaftler sind, die ihren Kontakt mit dem Konzept im Rahmen übergreifender Studien erleben. Viel mehr waren und sind das Gros der Anwender erfahrene Mitarbeiter, meist aus den controllingnahen Bereichen, deren Wissen zur BSC sich i. d. R. auf die populärwissenschaftlichen Beiträge zur BSC stützt. Unterschiedliche Basistexte führen aufgrund der beschriebenen Konzeptmodifikationen in Konsequenz zu einem unterschiedlichen BSC-Verständnis. Der notwendige Aufwand zum Angleichen der Konzeptinterpretationen wurde und wird bei den meisten Implementierungsprojekten/Unternehmen daher auch deutlich unterschätzt. Die Ziele der BSC-Einführung werden in Konsequenz nicht oder nur mit erheblichem Mehraufwand erreicht.

2.2 Wissenschaftliche Grundlagen

2.2.1 Entstehungsprozesses und -kontext

Konzept der „Corprate Scorecard" als Basis

Von methodischer Seite aus wird regelmäßig die fehlende wissenschaftliche Untermauerung der BSC verantwortlich gemacht. Doch damit wäre der BSC Unrecht getan, denn eine Betrachtung des Entstehungsprozesses und -kontextes macht deutlich, dass die BSC weder mit dem originären Anspruch hoher wissenschaftlicher Qualität entwickelt wurde, noch anfangs explizit an der Unterstützung der Strategieimplementierung ansetzte. Ein kurzer Blick auf den Prozess und Kontext der BSC-Entstehung macht dies deutlich.

Ungeachtet dessen, dass die Geburtsstunde der BSC im Allgemeinen in die vielzitierte Studie „Measuring Performance in the Organization of the Future" datiert wird, ist festzuhalten, dass die Wurzeln der (Balanced) Scorecard um viele Jahre vor 1992 zurück gehen.[7] Ohne an dieser Stelle die komplette Entstehungsgeschichte nachzeichnen zu können,kann festgestellt werden, dass die BSC letztlich als ein Teilergebnis viele Jahre zurückreichender Studien bezüglich der Frage anzusehen ist, wie IT-Transformationsprozesse in Unternehmen effektiver ausgestaltet werden können. Konkret sollte der Frage nachgegangen werden, inwieweit ein engerer Link zwischen den Kennzahlen zur Gesamtunternehmenssteuerung mit dem Kennzahlen zur Steuerung der IT, zu effektiveren IT-Transformationsprozessen beitragen könne. Der originäre Fokus war demzufolge nicht auf die Strategie, sondern auf die Veränderungsprozesse im Rahmen von großen IT-Implementierungen gelegt.

Fallstudiensammlung statt wissenschaftlichem Ansatz

Methodologisch stützt sich die BSC deshalb auch nicht zuvorderst auf wissenschaftliche Grundlagenforschung, sondern basiert auf der im angelsächsischen Raum weitverbreiteten und bei der damals zur KPMG gehörenden IT-Beratung Nolan, Norton & Co ebenfalls regelmäßig angewandten Fallstudienforschung. Hierbei werden kleine Arbeitsgruppen zu ausgewählten Fragestellungen gebildet, um diese in jeweils branchenübergreifend zusammengesetzten Teams an konkreten Fragestellungen arbeiten zu lassen. Die Ergebnisse der jeweiligen Arbeitsgruppen wurden (wie es auch heute noch bspw. im Rahmen des bekannten „CFO-Panels" von Horváth & Partners üblich ist) regelmäßig in Präsentationen oder Reports zusammengefasst und an alle Beteiligten zur weiteren Verwendung und zum eigenen Ausprobieren im jeweiligen Unternehmen verteilt. Vereinzelt wurden und werden von Teilnehmern oder vom Sponsor der Treffen zusätzliche Publikationen für einen weiteren Leserkreis erstellt, so wie dies auch im Fall der „Scorecard" geschehen ist.

---

[7] Vgl. Stephan, 2014, S. 166ff.

Die Rollen von Zufall und Glück

Die Analyse der damaligen Teilnehmerveröffentlichungen zeigt deutlich, dass der Entstehungsprozess der BSC tatsächlich nicht mit den vielzitierten Publikationen im HBM beginnt, sondern dass diese Veröffentlichung bestenfalls eine weitere Veröffentlichung der Arbeitskreisergebnisse darstellen. Deshalb erscheint der Umstand, dass das von Schneiderman (Analog Devices) in den Arbeitskreis eingebrachte Konzept der „Corporate" Scorecard unter dem neuen Namen „Balanced" Scorecard von den Studienleitern vermarktet werden konnte, eher als glücklicher Zufall für die Studienleiter, denn als Ergebnis einer zugrunde liegenden betriebswirtschaftlichen Forschung.

2.2.2 Kulturelle Anwendungsdifferenzen

BSC erfordert ein „Trial-and-Error"-Vorgehen

Während es im angloamerikanischen Raum nicht ungewöhnlich ist, mit einem Trial-and-Error-Ansatz auch an betriebswirtschaftliche Problemstellungen heranzugehen, ist diese Herangehensweise im deutschsprachigen Raum eher selten anzutreffen. Stellt bspw. eine US-amerikanische Führungskraft im Laufe einer BSC-Einführung fest, dass die BSC ihm/ihr nicht die gewünschten Resultate liefert, wird er/sie so lange Veränderungen am Konzept vornehmen, bis sich die erwartete Wirkung einstellt oder er/sie wird die ganze Übung wieder abbrechen und stattdessen etwas Alternatives ausprobieren. Allfällige Misserfolge werden in erster Linie einer fehlerhaften oder inkonsistenten Vorgehensweise angelastet und es wird ohne große Aufregung nachgebessert und korrigiert. Vergleichsweise kurzfristiges Ausprobieren und ggf. rasches Nachjustieren sind kulturell verankerte und auch im Management gemeinhin akzeptierte Handlungsprinzipien.

Im deutschsprachigen Raum werden Konzepte und Methoden jedoch grundsätzlich so exakt wie möglich und falls möglich von Beginn an gemäß Lehrbuch implementiert. Auf Basis genauer und detaillierter Planungen werden Projekte aller Art abgearbeitet und die Ursachen beobachteter Suboptima allenfalls nach umfänglicher Analysearbeit korrigiert. Die Kultur der Konzeptimplementierung lässt sich eher mit einem generalstabsmäßigen Vorgehen, als dem geschilderten Trial-and-Error-Prozess vergleichen.

Die notwendige Basis für dieses generalstabsmäßige Vorgehen ist jedoch ein effektives und in sich schlüssiges Konzept, das praktisch keine Interpretationsspielräume offenlässt. Eine Voraussetzung, die wie ausgeführt wurde, im Falle der BSC nicht gegeben ist. Weil die BSC noch am ehesten als Fallstudienergebnis zu charakterisieren ist, erfordert sie einen dementsprechenden Umgang.

Konkret heißt das,

- dass weder davon auszugehen ist, dass die BSC in jedem Unternehmenskontext effektiv sein kann,

- noch, dass auch bei grundsätzlicher Eignung das BSC-Konzept an und für sich zur Erreichung der individuellen Projektziele geeignet ist.
- Ebenso ist davon auszugehen, dass nicht jeder Aspekt und jedes vorstellbare Problem im Implementierungs- oder Anwendungsprozess vorgedacht ist und eine entsprechende Lösung angeboten wird.

Stattdessen

- sollte die BSC als grober Orientierungsrahmen verstanden werden, der lediglich indikative Vorgaben bspw. zur Entwicklung eines strategischen Reportings o.Ä. gibt.
- Das Konzept ist in jedem Fall sowohl inhaltlich als auch strukturell auf das jeweilige Unternehmen anzupassen bzw. es ist im konkreten Fall zu prüfen, ob sich die Einführung einer BSC tatsächlich als zweckdienlich erweisen kann.

Unterbleiben diese Vorüberlegungen, muss die BSC ggf. auch wieder mit großem Aufwand zurückentwickelt werden, wie dies bspw. bei einigen bekannten Anwendern der Fall war und ist.

2.2.3 Trivialisierung der Realität

Die Umwelt ist komplex und nicht trivial

Ganz grundsätzlich – und das betrifft nicht nur die Balanced Scorecard – basieren die meisten der in der unternehmerischen Praxis eingesetzten betriebswirtschaftlichen Instrumente zudem auf einem mechanistischen Weltbild. Damit ist gemeint, dass davon ausgegangen wird, dass sich vorab geplante Wirkungen oder ein anvisierter Ergebniseffekt im Unternehmen durch ein gezieltes Verändern ganz bestimmter Stellhebel mehr oder weniger wie geplant erreichen lässt. Einem Uhrwerk gleich müssen nur die richtigen Rädchen gedreht werden, will das Unternehmen, respektive eine Führungskraft, eine bestimmte Veränderung herbeiführen. Die allen mechanistischen Instrumenten immanente Vorstellung, dass konkrete Ziel- oder Handlungsvorgaben von zentraler Stelle, also bspw. dem Gruppencontrolling, auch über mehrere Zwischenstufen effektiv in allen Details heruntergebrochen werden können, ist jedoch realitätsfern.[8]

Mehrstufige Kopplungsbeziehungen zwischen den zur Ergebnisrealisierung notwendigen „Elementen", d.h. bspw. Führungskräften, IT-Systemen, Kunden, Kennzahlen, Projekten etc., entziehen sich grundsätzlich sog. linear-analytischen, mechanistischen Führungseingriffen. Interpretieren Führungskräfte die mehrstufigen Kopplungssituationen fälschlicherweise als quasi rechentechnische Verknüpfungen, wie es bspw. die Balanced Scorecard suggerieren kann, unterliegen sie einer eigeninduzierten Scheinrationalität.

[8] Vgl. Malik, 2003, S. 36f.

Weder bei den Messgrößen, noch bei den abzuleitenden Handlungsanweisungen können alle Interdependenzen in Bezug auf Wirkungsart, Wirkungsrichtung, Stärke sowie zeitlicher Reichweite erfasst bzw. prognostiziert werden. Vereinfacht ausgedrückt heißt dies, dass man in einem komplexen Unternehmen, weder exakt voraussehen kann, wie sich ein bestimmter Steuerungseingriff im Detail entwickelt, noch dass identifizierte Effekte auf eine ausreichend eindeutige Ursache zurückführbar sind. Kausalität ist ein Beobachterphänomen innerhalb von Problemlösungsprozessen und wird von außen in die Beobachtung hineingelesen. Berücksichtigt man dies nicht, kann der Versuch der Ursachenbestimmung in der „Paralyse durch Analyse" und ohne verwertbares Ergebnis enden.

Dieser schon vor Jahrzehnten von Ulrich und Malik und anderen Vertretern der St. Galler Schule in die wissenschaftlichen Diskussion eingebrachte Sachverhalt der unzulässigen Trivialisierung des Unternehmensführungsprozesses, bleibt auch von der BSC weitestgehend unberücksichtigt. Gerade die in den letzten Jahren wieder stärker in den Fokus rückende Berücksichtigung der spezifischen Charakteristiken und des spezifischen Verhaltens von komplexen sozialen Systemen (wie Sinnverarbeitung, nichtlineare Dynamik im Systemverhalten, Selbstorganisation und Selbstreferenz usw.) führt vor Augen, dass sich schwerpunktmäßig messbasierte Instrumente nur eingeschränkt zur strategischen Unternehmenslenkung eignen.

2.2.4 Methodendefizite

Strategien realisieren sich über Projekte

Da sich Strategien heutzutage i.d.R. über Projekte realisieren und sich die Effektivität einer Strategie fast ausschließlich über die zur Implementierung initiierten Projekte ergibt, müsste die BSC eigentlich an der Zusammenstellung und fortlaufenden Priorisierung des Projektportfolios ansetzen und nicht nur über die verbesserte Messung einzuwirken versuchen. Eine Forderung, die von der BSC bisher nur eingeschränkt erfüllt wird.

Die vorherigen Aspekte der BSC-Diskussion repräsentieren deshalb nicht nur theoretische Problemstellungen, sondern führen in der unternehmerischen Praxis zu erheblichen Herausforderungen. Neben dem Aspekt der unzureichenden Unterstützung des strategischen Transformationsprozesses als erfolgskritischsten Teilprozess innerhalb der Phase der Strategieumsetzung zeigen sich die Defizite vor allem im Bereich der methodischen Unterstützung. Es fehlen konkrete Handlungsempfehlungen bezüglich des Implementierungs- und Anwendungsvorgehens, d.h. in Bezug auf das „wie" der Implementierung und das „was" der Inhalte sowie der möglichst effektiven Nutzung der BSC im Prozess der Unternehmensführung.

Während die einfache Grundstruktur der BSC keiner spezifischen Erläuterung bedarf, beginnen die Diskussionen über das „was und wie" in den Unternehmen schon im ersten kritischen Schritt, nämlich der

Kennzahlenbestimmung. Neben der Frage, wie viele Indikatoren die BSC schlussendlich beinhalten soll, herrscht meist wenig Einigkeit über den anzuwendenden Prozess der Kennzahlenauswahl. Drängen Controller erfahrungsgemäß darauf, die Kennzahlen aus dem Pool bestehender und zentral erhobener Indikatoren zu verwenden, möchte bspw. das Business Development i. d. R. neue, bisher noch nicht im Fokus stehende Aspekte messen, um den „Change-Aspekt" der Strategie stärker zu betonen. Nachgelagerte Einheiten wie bspw. Länderorganisationen haben zusätzlich den Anspruch, dass nur Kennzahlen verwendet werden, die ihre Leistung „fair", d. h. faktisch so positiv wie möglich, widerspiegeln und die IT gibt ggf. noch die Beschränkung, dass alle späteren Kennzahlendaten nur aus dem zentralen Data Warehouse und nur nach Freigabe durch die IT-Verantwortlichen kommen dürfen.

Nach welcher Methode priorisiert der BSC-Projektleiter dann aber bspw. die einzelnen Kennzahlenvorschläge und wer stellt im operativen Betrieb dann die Qualität der gemeldeten Kennzahlenwerte sicher? Letztlich löst sich aufgrund der fehlenden Methodenunterstützung die Kennzahlendiskussion von der Strategiediskussion und der ehemals angestrebte Fokus auf die strategischen Aspekte der Kennzahlenauswahl wird wieder einem operativen Fokus geopfert, wie es praktisch bei jedem Projekt zur Erstellung eines Management Reportings der Fall ist. Im schlimmsten Fall wird aus dem ursprünglichen (unternehmensweiten) BSC-/Strategie- ein intern orientiertes IT-Projekt.

Defizite in der Projektauswahl

Ebenso kritisch ist der zur Realisierung des „translating strategy into action" notwendige Prozess der Bestimmung der Umsetzungsmaßnahmen. In einer Analyse über die Qualität der bekanntesten Methoden zur Implementierung einer BSC zeigte sich, dass keines der veröffentlichten Verfahren eine ausreichende Methodenunterstützung aufweisen konnte und sich besonders beim Aspekt der Projektpriorisierung signifikante Defizite feststellen ließen. Bei keinem der analysierten Verfahren wurden konkrete Techniken angeboten, wie einzelnen Maßnahmen (Actions) ihrem strategischen Nutzen nach priorisiert werden können oder wie eine Bewertung von Maßnahmen ganz unterschiedlichen Typs vorgenommen werden kann. Letztlich bleibt jedes Unternehmen auf sich alleine gestellt und muss sowohl die Auswahl der Maßnahmen, als auch den anschließenden Prozess des Übertrags in die Planung und Budgetierung nach hauseigenen und i. d. R. nicht auf die BSC zugeschnittenen Verfahren vornehmen.

Allein diese beiden Beispiele machen deutlich, dass die BSC zwar ein im Grunde einfach zu begreifendes Konzept darstellt, dass sich die Umsetzung der BSC im Unternehmen jedoch als im Detail sehr schwierige Aufgabe darstellt. Weil es der BSC bis heute an einer einheitlichen methodischen Unterstützung des Implementierungsprozesses fehlt und auch das grundlegende Problem der Trivialisierung des strategischen Unternehmensführungsprozess nicht adressiert wird, ist auch in Zukunft mit einer fundamentalen Kritik von Seiten der Wissenschaftler zu rechnen.

2.3 Technologischer Fortschritt

Keine Konzeptentwicklung parallel zum technologischen Fortschritt

Der finale Kritikbereich betrifft die im BSC-Konzept nicht vollzogene Weiterentwicklung parallel zum technologischen Fortschritt. Das ist deshalb kritisch, weil die massiven Produktivitätssteigerungen der letzten beiden Jahrzehnte im Kern auf der umfassenden Automatisierung der Produktionsprozesse, dem universellen Einsatz elektronischer Datenverarbeitung sowie der Möglichkeit einer verzögerungsfreien globalen Kommunikation basieren. Im Gegensatz zu den konventionellen, „linearen" Unternehmen werden in „digitalen" Unternehmen durch den Einsatz modernster Technologien Zeitaufwand und Kapitalintensität insb. in der Analyse und Verarbeitung von (strukturierten aber auch unstrukturierten) Steuerungsinformationen dramatisch reduziert. Diese Veränderungen bedeuten einen relevanten Paradigmenwechsel der auch die strategische Unternehmensführung und die dabei eingesetzten Instrumente betrifft.

2.3.1 Digitalisierung

RPA steigert die Qualität und reduziert die Personalintensität

In der Unternehmenssteuerung gehen die meisten Veränderungsimpulse aktuell vor allem aus der Kombination von Big Data mit Predictive Analytics sowie der sog. „Robotic Process Automation" (RPA) aus.[9] Operative, datengetriebene Entscheidungs- und Automatisierungsmodelle ersetzen immer häufiger den klassischen Controller. Der Einsatz von „Robotern" i. S. automatisierter Prozessabläufe setzt die klassische Aufbauorganisation im Controlling zunehmend unter Druck. Schon heute können bspw. im Bereich des Forecasting automatisiert ausreichend verlässliche und teilweise sogar akkuratere Szenarien für die Zukunft abgeleitet und entsprechend frühzeitig die richtigen Entscheidungen abgeleitet werden. Damit sinkt nicht nur die Zahl der erforderlichen Personen („Head Count") im Controlling und damit die Personalintensität; vor allem steigt aufgrund der reduzierten Fehleranfälligkeit die Qualität und 24/7-Verfügbarkeit der internen Dienstleistungen. Ausgehend von durchgängig digitalisierten Prozessen besteht in den digitalen Organisationen gegenüber linearen Organisationen die Möglichkeit, sowohl die strategische als auch die operative Unternehmenssteuerung auf eine neue Ebene der Effektivität und Effizienz zu heben.

Ungeachtet aller technologischen Fortschritte ist gleichwohl zu konstatieren, dass aus technologischer Sicht MS Excel noch immer das

[9] Vgl. Horváth & Partners, 2017, S. 32.

populärste „Tool" im BSC Einsatz ist. Das Gros der Unternehmen bildet die BSC in handgestrickten BSC-Lösungen ab und rapportiert diese parallel zu den etablierten Controllingberichten. Die Informationsverarbeitung und hier insb. die Aggregation der KPIs erfolgt auf Basis der Excel-Files die per Mail angefordert und dann manuell konsolidiert werden. Unternehmen wie bspw. Procos haben mit Lösungen wie „Strat & Go" zwar schon frühzeitig dedizierte BSC-Tools entwickelt und eine ebenfalls hohe Verbreitung vor allem im deutschsprachigem Raum erreicht, jedoch zahlen diese Tools nach wie vor zu den „linearen" Anwendungen, die allenfalls einfache statistische Verfahren unterstützen. Die Möglichkeiten einer prognostizierenden Analyse können in diesen vergleichsweise trivialen Anwendungen nicht genutzt und Effizienzpotentiale innerhalb der Organisation nicht gehoben werden.

Excel ist noch immer das populärste BSC-Tool

2.3.2 Integrierte Treibermodelle

Insbesondere im Rahmen der Planung und im Reporting setzen sich zunehmend treiberbasierte Ansätze durch. Weil die Komplexität der Berücksichtigung aller Einflussfaktoren auf definierte Zielgrößen rechnerisch nicht immer zeitnah und nachvollziehbar bewältigt werden kann, konzentrieren sich eine wachsende Anzahl von Unternehmen darauf, nur die wichtigsten Einflussfaktoren zu berechnen und auch nur noch diese in das Zentrum der Diskussionen zu stellen. Moderne statistische Verfahren unterstützen die „Data Scientist" dabei effektiv, wenngleich i.d.R. in einem zur BSC parallelen Prozess.

Treibermodelle reduzieren die Planungskomplexität

Der Rückgriff auf Treibermodelle (sowohl in der Planung als auch im Reporting) birgt den Unternehmen den Vorteil, dass dadurch eine engere Verzahnung zwischen den Steuerungsebenen möglich ist. Die mathematisch verknüpften Steuerungsgrößen erlauben die Dekomponierung („Drill-Down") von aggregierten Größen zu den sie beeinflussenden Faktoren. Diese ist im Ursprungskonzept der BSC nur dann realisiert, sofern ein entsprechendes Kaskadierungsverfahren mit „Muss-Zielen" und „Muss-KPIs" genutzt wird und auch die strategischen Ziele der Strategy Maps entsprechend verbunden sind. Ein weiterer Vorteil liegt darin, dass ein zugrunde liegendes Treibermodell als idealisiertes Abbild des Geschäftsmodells gelten kann, das dann in seinen spezifischen Einflüssen auf die Finanzkennzahlen bedarfsweise individualisiert wird. Weil derlei verzahnte Treibermodelle weit über die rein finanzielle Betrachtung hinausgehen, können diese im Rahmen von Simulationen die möglichen Einflüsse alternativer Maßnahmen hervorheben und so die Prognoseleistung der analytischen Modelle zusätzlich erhöhen.

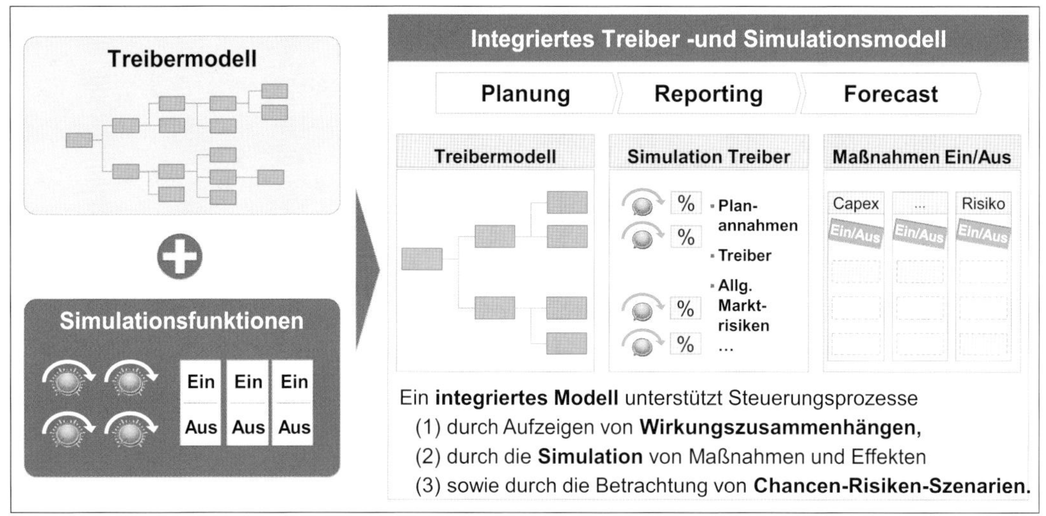

Abb. 2: Integriertes Treiber- und Simulationsmodell

In den meisten Unternehmen laufen derlei Prozesse jedoch im günstigsten Falle parallel, im schlimmsten Fall in Konkurrenz zur BSC. Die BSC wird dann „lediglich" zur Hervorhebung und Diskussion der strategischen Zielsetzungen quartalsweise aktualisiert, während die integrierten Treibermodelle in faktisch jedem Managementmeeting intensiv diskutiert und letztlich sowohl für die operative als auch für die strategische Steuerung herangezogen werden.

3 Implikationen für die BSC 2.0

3.1 Implikationen aus der Wissenschaft

In der akademischen Diskussion lassen sich die Kritikpunkte im Kern auf 3 Ursachen reduzieren:

1. Unreflektierte Übernahme der BSC-Konzeption aus den zahlreichen Veröffentlichungen von Kaplan und Norton, die in Kombination mit einer profitmotivierten Vermarktung (auch durch Controllingexperten wie Horváth und Partners!) zu einer grundsätzlichen Kritikarmut und überoptimistischen Erfolgsprognosen führten.
2. Fehlende gesamtkonzeptionelle Operationalisierung der BSC in entsprechenden Instrumente und Methoden und hier bspw. im Hinblick auf die Einflüsse der Digitalisierung sowie der (treiberbasierten) Planung und Budgetierung.
3. Unzureichende Unterstützung bei der Auswahl und fortlaufenden Priorisierung strategischer Projekte.

3.2 Implikationen aus den Anwendererfahrungen

Aus den Erfahrungen der bisherigen BSC-Anwender lassen sich folgende Konsequenzen für die Anpassung des BSC-Konzeptes auf Version 2.0 ableiten:

1. Es ist zu berücksichtigen, dass die BSC aufgrund der beschriebenen Konzeptevolution ganz unterschiedlich verstanden werden kann. Die präzise Klärung der Zielsetzung und der erhofften Wirkungsbeiträge der BSC ist demzufolge frühestmöglich vorzunehmen und der entsprechende zeitliche und personelle Aufwand in der Implementierungsplanung zu berücksichtigen.
2. Die BSC darf keinesfalls als universell einsetzbarer Lösungsansatz („Patentrezept") für die Herausforderungen im Zusammenhang mit der Implementierung von Strategien verstanden werden.
3. Stattdessen ist im Einzelfall zu prüfen, inwieweit sich das Grundkonzept in individueller Interpretation des Unternehmens effektiv einsetzen lässt und inwieweit moderne Steuerungsansätze, wie bspw. das der treiberbasierten Planung oder die neuen Möglichkeiten der „Predictive Analytics" aus dem Bereich Managementreporting/Forecasting integriert werden können.
4. Entscheidet sich ein Unternehmen zur Einführung einer BSC, ist zudem darauf zu achten, dass der Fokus der BSC neben den Kennzahlen mindestens zu gleichem Maße auf die Prozesse der Ableitung und Selektion der strategischen Maßnahmen gelegt wird.
5. In Summe muss letztlich zu jeder Zeit auf eine effektive und Komplexität zur Kenntnis nehmende Unternehmenssteuerung abgezielt werden, was als weiteres Wesensmerkmal der BSC 2.0 das Projektportfolio in den Fokus der Anwendung rückt.

3.3 Implikationen aus dem technologischen Fortschritt

Für den zukünftigen Einsatz der BSC bedeutet der technologische Fortschritt, dass

1. die BSC noch stärker in die IT-Umgebung eines Unternehmens eingebunden werden muss und Fragen zum Thema Data Life Cycle Management sowie Schnittstellen Management an Bedeutung gewinnen werden,
2. die Generierung und Visualisierung von relevanten Informationen aus großen Datentöpfen in Zukunft eine Schlüsselgröße für den unternehmerischen Erfolg sein wird,

3. der Einsatz von Tools mit statistischen Auswertungs- und Prognoseverfahren insb. im Rahmen des Kennzahlen- und Maßnahmen-Reportings zu signifikanten Anpassungsbedarfen auf prozessualer und personeller Ebene führen werden,
4. die Möglichkeit, Szenarien und Simulationen mittels Predictive Analytics durchzuführen, und im Prozess der Zielwertbestimmung besser zu nutzen, unabdingbar wird,
5. dass sich Arbeitsweisen, Rollen und Verantwortlichkeiten innerhalb der Finanzorganisation ändern und statistische Expertise künftig eine Basisanforderung an jeden Controller darstellt.

Zusammengefasst können die technologischen Ansprüche an die BSC in folgende drei Anforderungen konsolidiert werden:

1. Stärkere Einbettung von digitalen Prognoseverfahren (Stichwort „Predictive Analytics").
2. Stärkere Einbindung moderner Methoden bspw. im Rahmen einer treiberbasierten Steuerung; und
3. Berücksichtigung eines veränderten Rollen- und Steuerungsverständnisses der beteiligten Führungskräfte.

4 Literaturhinweise

Gleich, Performance Measurement: Konzepte, Fallstudien und Grundschema für die Praxis, 2. Aufl. 2011, S. 122–125.

Horváth & Partners, Finanzrobotisierung, Business Intelligence Magazine, 2017/2, S. 23–33.

Kaplan/Norton, The Balanced Scorecard – Measures that Drive Performance, Harvard Business Review, 1992/1, S. 71–79.

Kaplan/Norton, Translating Strategy Into Action – The Balanced Scorecard, 1996.

Malik, Strategie des Managements komplexer Systeme. Ein Beitrag zur Management-Kybernetik evolutionärer Systeme, 8. Aufl. 2003.

Mohobbot, The Balanced Scorecard (BSC) – A Critical Analysis, Journal of Humanities and Social Sciences, 2004/4, S. 219–233.

Norreklit, The Balanced Scorecard: What Is the Score? A Rhetorical Analysis of the Balanced Scorecard, Accounting, Organisations and Society, 2003, S. 591–619.

Schneiderman, Setting Quality Goals, Quality Progress, 1988/4, S. 51–57.

Schneiderman, Why Balanced Scorecards Fail, Journal of Strategic Performance Measurement, 1999/1, S. 6–10.

Schneiderman, The First Balanced Scorecard – the Kaplan Connection, www.schneiderman.com/Concepts/The_First_Balanced_Scorecard/The_Kaplan_Connection.htm, 2004, Stand: 13.8.2006, Abrufdatum 3.10.2017.

Stephan, Systemtheoretisch-kybernetische Strategietransformation, 2014.

Digital Value Creation: Digitalisierung von Geschäftsmodellen

- Digitale Transformation ist ein sperriger Begriff und stellt damit einen Hemmfaktor für die Digitalisierung dar. Digital Value Creation bildet die Zielsetzung digitaler Initiativen besser ab.
- Der Wertbeitrag digitaler Initiativen muss sich an klassischen Wertschöpfungsmodellen messen lassen.
- Das breite Feld möglicher digitaler Wertschöpfungsinitiativen lässt sich in verschiedene Kategoriesysteme einordnen. In der aktuellen Digital Value Creation Studie wird die Sichtweise von C-Level-Managern auf den Digitalbereich abgebildet.
- Für erfolgreiche Digitalisierung ist umfangreiche Strategiearbeit zur Auswahl der werttreibenden Initiativen erforderlich.

Inhalt | Seite

Der Autor

Prof. Dr. Jürgen Seitz, An der Hochschule der Medien in Stuttgart unterrichtet und forscht Dr. Seitz zurzeit in den Bereichen digitales Marketing und digitale Unternehmen.

1 Der Begriff „Digitale Transformation" als Hemmfaktor

Wenn Sie den Begriff „Digitale Transformation" nicht mehr hören können, dann befinden Sie sich in guter Gesellschaft. Nachdem das Thema nun mehrere Jahre in den einschlägigen Konferenzen und Publikationen unentwegt diskutiert wurde, ist es bei einigen Unternehmern schon wieder en vogue, über „Digitale Besoffenheit" zu sprechen und die Bedeutung der Digitalisierung in Frage zu stellen.

Ich halte dies für sehr gefährlich, denn gerade in der Digitalisierung beobachten wir, welche enormen Vorteile es haben kann, im Digitalbereich frühzeitig die richtigen Weichen zu stellen. Wir sehen enorm schnelle globale Skalierungen von digitalen Plattformen und enorme Lock-In-Effekte bei Konsumenten (enge Kundenbindung an Produkte bzw. Dienstleistungen oder einen Anbieter mit hoher Wechselbarriere wie z.B. an Apple-Produkte oder Amazon als Dienstleister), wenn Verhaltensweisen einmal etabliert oder komplexe Systeme implementiert sind.

Das Problem mit der digitalen Transformation liegt schon im sperrigen Begriff. Beschrieben wird ein Prozess, kein Ergebnis, dies vor allem mit vielen englischen Fachbegriffen, die in einem Mittelstandsunternehmen oft noch nicht bekannt sind und vielleicht sogar eine Aversion auslösen. Darüber hinaus assoziieren wir mit Transformation etwas Schwieriges, Langwieriges mit unsicherem Ausgang. Keine besonders attraktive Aussicht für einen Manager, von dem i.d.R. kurzfristig Erfolg in Form von Umsatzwachstum und Ertragssteigerung erwartet wird. Für viele ist es daher attraktiv, ein wenig Transformations-Theater und Rhetorik zu liefern und sich faktisch aber auf einfachere Werthebel zu konzentrieren. Wer sich dann profilieren möchte, macht aus der Not eine Tugend und erklärt wie wunderbar alles ohne Transformation läuft. Klassische Medien und Mitstreiter klatschen gerne Beifall.

2 Digital Value Creation: Die bessere Sicht auf die Herausforderungen

Es wird Zeit, einen anderen Blickwinkel auf das Thema Digitalisierung zu werfen. Worum geht es eigentlich bei der Digitalisierung? Es geht in erster Linie um Mehrwert. Meist handelt es sich dabei um Mehrwert, den Unternehmen für die Konsumenten mit digitalen Technologien und Produkten schaffen. Es geht aber auch um die Sicherung oder den Ausbau der eigenen Wertschöpfung innerhalb einer sich veränderten Wettbewerbslandschaft. Statt über digitale Transformation sollten wir daher eher über Digital Value Creation sprechen.

Diese Wertgenerierung ist nicht nur eine bessere Beschreibung des Problems, sondern auch eine bessere Beschreibung dessen, was Unternehmer und Manager mit der Digitalisierung erreichen können. Sie können Werte für die Konsumenten, die Unternehmen und sich selbst schaffen. Dazu muss nicht immer das bestehende Geschäft transformiert werden, vielmehr kann Wert auch durch neue digitale Absatzkanäle, effizienteres Digitalmarketing oder digitale Zusatzprodukte kreiert werden. Die Erfolge müssen sich nicht zwingend erst langfristig einstellen, zahlreiche durch Private Equity finanzierte Unternehmen konnten in den letzten Jahren mit Digitalinitiativen kurzfristige Unternehmenswertsteigerungen realisieren.

3 Messung des Wertbeitrags digitaler Initiativen in Wertmodellen

Ein weiterer Vorteil der Fokussierung auf digitale Wertschöpfung ist die klare Messbarkeit. Im Private-Equity-Umfeld wird die Wertschöpfung eines Unternehmens traditionell in 3 Bereichen gemessen:

- **Umsatzsteigerung:**Das Unternehmen baut Umsatz aus. Dies kann sowohl in Form von Ausbau des Kerngeschäftsumsatzes als auch durch neue Umsätze erfolgen. Auch die Wachstumsrate im Vergleich zur Peer Group an Unternehmen spielt eine Rolle.
- **EBIT-Ausweitung:**Der Gewinn des Unternehmens wird durch Digitalisierungsmaßnahmen gesteigert. Dies kann z.B. durch Einsparung, Geschäftsmodellinnovation oder die Gewinnung lukrativerer Kundengruppen erfolgen.
- **Unternehmenswertsteigerung:**Das Geschäft wird durch die Digitalisierungsmaßnahmen vom Markt höher bewertet. Dies kann z.B. durch Verstetigung von Umsätzen (Beibehalten und Ausbauen erzielter Verbesserungen), eine geänderte Wahrnehmung der Zukunftsfähigkeit (z.B. aufgrund höheren Digitalanteils oder aufgebauten digitalen Direktkundenbeziehungen) oder einen Wechsel in eine andere Peer Group (z.B. Cloud Businesses) erfolgen.

Im Gegensatz zu komplexen Transformations-Reifegradmodellen ist Digital Value Creation nicht einfach, aber i.d.R. einfacher zu messen. Natürlich muss dabei eine kurzfristige und langfristige Perspektive unterschieden werden, wir dürfen Innovation nicht durch eine zu starre KPI-Fokussierung abwürgen. Aber mit diesen Abwägungen arbeiten Unternehmer seit je her und müssen schon immer abwägen, wie viele ihrer Ressourcen sie in Innovationsprojekte mit unsicherem Ausgang stecken. Auch die Verteidigung des Geschäftsmodells kann in dieser Sichtweise abgebildet werden.

Die Beobachtung möglicher disruptiver Geschäftsmodelle muss letztendlich immer mit dem potenziellen Schaden und der Wahrscheinlichkeit einer solchen Disruption abgewogen werden. Erst dann kann bewertet werden, ob die so häufig zitierte Notwendigkeit, sich selbst zu disruptieren, im konkreten Fall tatsächlich gegeben ist.

4 Kategorisierung digitaler Wertschöpfungsinitiativen

Wie kann man digitale Wertschöpfung realisieren? Ein großer Teil der Forschung bezieht sich auf volkswirtschaftliche Herausforderungen oder konkreter auf die enorme Wertschöpfung der Top-Player im Digitalbereich. Das ist interessant und vor dem Hintergrund der enormen wirtschaftlichen und gesellschaftlichen Bedeutung hoch relevant, liefert dem Unternehmenslenker oder Manager aber nur begrenzt konkreten Mehrwert für die eigene Praxis. Es entstehen in Business Schools jedoch zunehmend Modelle, die bei der Strategiefindung und Bewertung helfen. So hat David Rogers (2016) im Digital Transformation Playbook 5 grundlegende Bereiche der digitalen Transformation mit zugehörigen strategischen Motiven und Kernkonzepten beschrieben (s. Abb. 1).

THE DIGITAL TRANSFORMATION PLAYBOOK		
DOMAINS	**STRATEGIC THEMES**	**KEY CONCEPTS**
Customers	Harvest customer networks	• reinvented marketing funnel • path to purchase • core behaviors of customer networks
Competition	Build platforms, not just products	• platform business models • (in)direct network effects • (dis)intermediation • competitive value chains
Data	Turn data into assets	• templates of data value • drivers of big data • data-driven decision making
Innovation	Innovate by rapid experimentation	• divergent experimentation • convergent experimentation • minimum viable prototype • paths to scaling up
Value	Adapt your value proposition	• conceptes of market value • paths out of a declining market • steps to value proposition evolution

Abb. 1: Die 5 grundlegenden Bereiche der digitalen Transformation nach Rogers (2016)

Digitization Piano									
Digital Strategy			Digital Engagement			Digital Enablers			
Value Drivers	Go-To-Market Model	Offerings	Workforce	Customers	Partners	Organizational Structure	Business Processes	IT Capability	Culture
Cost value, Experience value, and/or Platform value	Retail, wholesale, eCommerce, etc...	Products and/ or service digitization	Employee digital knowledge, skills, motivation	Digital engagement with customers	Digitally-enabled part-ner ecosystem	How you are organized for digital	Process digitization	IT support for digital capabilities	Organizational readiness for digital transformation

Digital Business Agility
Hyperawareness
Informed Decision-making
Fast Execution

1. Complete the Digital Transformation Piano for you company: What degree of digitization is required for each column?
2. What is your current level of Digital Business Agility across the three elements: hyperawareness, informed decision making, and fast execution?
3. What resources and capabilities are required to make the necessary changes? Do you currently have these?
4. How you can play 'chords not keys'? Which chord should you play first, second, ...

Abb. 2: Die Felder der digitalen Transformation auf dem digitalen Klavier von Wade und Macaulay (2016)

Einen anderen Blickwinkel auf die Felder der digitalen Transformation haben Michael Wade und James Macaulay mit dem Digitization Piano (2016) vorgelegt. Dieses Modell zeichnet sich insbesondere durch die breite Abdeckung möglicher Themenfelder aus und integriert die Notwendigkeit von agilem Handeln für Erfolg in der Digitalisierung.

Die Herausforderung für einen einzelnen Manager ist nun die Übersetzung auf die eigene Realität. In diesem Bereich möchte ich mit meiner Forschung zu Digital Value Creation die bestehenden Modelle mit eigenen Erkenntnissen ergänzen. In einer laufenden, qualitativen Untersuchung habe ich dazu bisher 15 persönliche und telefonische Interviews mit C-Level-Führungskräften geführt, vor allem CDOs (Chief Digital Officer), sowie Digital-Transformation-Experten. Der heute vor allem in der Start-up–Szene gängige Begriff C-Level umfasst alle Jobs, deren Titel mit „chief-in“ oder „chief of“ als höchste Ebene eines Unternehmens definiert ist. In den Interviews wurden verschiedene Dimensionen der Wertschöpfung aus den digitalen Transformationsbemühungen identifiziert. Untersucht wurde eine breite Basis an Unternehmen, von DAX-Konzernen bis hin zu klassischen Mittelständlern. Experten wurden sowohl aus Beratungsfirmen als auch aus dem Private-Equity-Bereich rekrutiert.

Die Untersuchung liefert Unternehmern und Managern bereits jetzt eine erste Checkliste zur Überprüfung der Vollständigkeit ihrer Digitalisierungsbemühungen. Darüber hinaus soll diese erste Publikation Inspiration für die Identifikation noch nicht erkannter Felder für schnelle und einfache Wertschöpfung geben. In vielen Unternehmen ist man sich der möglichen Spielarten der digitalen Wertschöpfung noch nicht bewusst oder sie wurden von Beratern oder Mitarbeitern zu schnell auf einen Bereich fokussiert, obwohl an anderer Stelle vielleicht die berühmten „low-hanging fruits“ gepflückt werden können.

5 Digital Value Creation Research: Die Spielarten der digitalen Wertschöpfung

Die vorgestellten Forschungsergebnisse stellen in der aktuellen Darstellung nur eine Ableitung der Dimensionen und damit eine Checkliste für zu betrachtende Felder dar.

Die Ergebnisse lassen sich in 4 Kategorien unterteilen. Alle Begriffe wurden mit englischsprachigen Bezeichnungen belegt, da dies vom Großteil der Manager so gehandhabt wird. Leider finden sich im Jargon der CDOs und Experten viele unterschiedlich verwendete Begriffe. In der Analyse wurden diese daher bestmöglich unter einheitlichen und verständlichen Begrifflichkeiten zusammengefasst werden.

5.1 Digital Business Models

Hier werden alle Aufgabenbereiche eingegliedert, die sich mit Neu- und Weiterentwicklungen des Geschäftsmodells im digitalen Zeitalter beschäftigen. Auch der Schutz des bestehenden Geschäftsmodells wird darunter erfasst.

Disruptions- und Mitbewerber-Monitoring

Die CDOs und Experten halten es für notwendig, dass ein kontinuierliches Screening des Wettbewerbs erfolgt. Dabei ist es insbesondere wichtig, nicht nur traditionelle, sondern auch potenzielle Mitbewerber aus anderen Branchen sowie mögliche disruptive Angebote und die dahinter liegenden Technologien sowie Unternehmen zu beobachten.

Digital Value Capturing

Es setzt sich zunehmend die Erkenntnis durch, dass im Zeitalter der Digitalisierung und der damit verbundenen Plattform-Ökonomie die reine Generierung von Kundenwert nicht mehr ausreicht, um profitable Geschäfte zu betreiben. Denn die Macht der Plattformbetreiber (Amazon, Google, Booking.com etc.) ist derart groß, dass an sie die wesentliche Marge abfließt. In Konsequenz muss also aktiv daran gearbeitet werden, dass der Großteil der Wertschöpfung beim Unternehmen bleibt. Hierzu ist eine Ende-zu-Ende-Betrachtung der Wertschöpfungskette erforderlich. Es gilt für das Unternehmen festzustellen, an welcher Stelle in der Wertschöpfungskette ein optimales Value Capturing realisiert und gleichzeitig eine langfristige Absicherung dieser Wertschöpfung erzielt werden kann.

Business Model Innovation

Die Unternehmen wollen die Chance wahrnehmen und durch neue digitale Geschäftsmodelle Zusatzerlöse erzielen. Durch die Nutzung der vermehrt vorhandenen Informationen und Wissen über Kunden (Insights) und Kundenbeziehungen können zusätzliche Services an Bestandskunden angeboten werden. Durch integrierte Service- und Produktangebote können Umsätze verstetigt werden. Der Umbau des eigenen Geschäfts in Plattform-Geschäfte ermöglicht eine hohe Skalierung. Wenn z.B. nicht nur eigene Kredite verkauft werden, sondern die Dienstleistung der Kreditvermittlung über eine Plattform angeboten wird. Ist die eigene Plattform mächtig genug, dann führt für andere Kreditanbieter kein Weg daran vorbei ebenfalls diese Plattform zu nutzen. Wertorientierte CDOs messen den Wertbeitrag hier in monetären Werten oder in Form von Proxy-Indikatoren (z.B. Nutzung, Nutzerzufriedenheit). Wenn z.B. United Internet mit dem Produkt Trusted Dialog professionellen E-Mail-

Versendern zusätzlich Analysen anbietet, so generiert das Unternehmen Zusatzumsätze aus vorhanden Daten und Kundenbeziehungen.

Digital New Business Development

Neben der Geschäftsinnovation im Kerngeschäft wollen die Unternehmen komplett neue, digitale Geschäftsmodelle etablieren. Der Fokus liegt dabei meist auf Modellen, die zur Unternehmensmarke passen oder welche die vorhandenen Assets oder Fähigkeiten der Unternehmen nutzen. Die Entwicklung erfolgt i.d.R. in ausgelagerten Labs in Open-Innovation-Ansätzen. Auch Finanzinvestmentvehikel und M&A-Initiativen sind hier im Einsatz. Einige CDOs haben hier explizite P&L-Verantwortung oder streben diese an.

Transaktion, Data & Customer Interface Ownership

Die Bedeutung den direkten Kundenkontakt zu haben und somit „Ownership", also im Besitz der Kundenbeziehung zu sein, die zugehörigen Kundentransaktionen sowie die durch Transaktion oder Nutzung generierten Daten wird als elementar für die Verteidigung der eigenen Wettbewerbsfähigkeiten betrachtet. Voraussetzungen bilden dafür CRM-, Big-Data- und Datenschutz-Initiativen. Als Bedrohung werden hier insbesondere Plattform-Unternehmen wie Google, Facebook, Amazon, Apple und Booking.com wahrgenommen. Auch Nischen-Plattformen wie z.B. der Luxus-Hotel-Club Secret Escapes werden als Bedrohung sehr ernst genommen. Aufgrund der hohen Präferenz der Kunden für Buchungsportale, ist es für Hotels z.B. unabdingbar ein CRM-Programm zu den Gästen aufzubauen, um die eigene Wertschöpfung zu erhöhen.

Digital Innovation Portfolio

Die befragten Manager und Experten zeigten sich überzeugt, dass Unternehmen einen klareren Überblick über ihr jeweiliges Innovationsportfolio benötigen und dies strategisch steuern müssen. Unterschiedliche Auffassungen zeigten die Befragten in der Frage, ob das Portfolio breiter aufgestellt werden oder eine Fokussierung auf Kerninitiativen erfolgen müsse. Eine Branchenabhängigkeit kann hier angenommen werden. Bevorzugt wurde von den meisten CDOs eine schlanke, agile Vorgehensweise mit sog. „MVPs", was für „Minimum Viable Products", also „minimal funktionsfähige Produkte" steht. Diese Produktformen werden dann in möglichst realen Nutzertest getestet, um die maximale Menge validierter Informationen über Kunden mit minimalem Aufwand zu sammeln.

5.2 Digital Business Operations

Dieser Bereich beschäftigt sich mit dem Re-Engineering der Geschäfte, um neuen Möglichkeiten durch digitale Techniken (z.B. Automatisierung) und geändertem Nutzerverhalten durch die Digitalisierung gerecht zu werden. Interessanterweise wurde dieser Bereich teilweise nicht im Aufgabenbereich der CDOs gesehen, dies ist aber wahrscheinlich auf die unterschiedliche Definition der CDO-Rolle zurückzuführen.

Modern Technology Infrastructure

Die Experten sehen die Notwendigkeit, ihre Infrastruktur zu modernisieren, um mit der Agilität und Geschwindigkeit digitaler Mitbewerber mithalten zu können. Dies umfasst z.B. nutzerzentrierte IT-Systeme mit hoher Benutzerfreundlichkeit (Usability) der Websites.

Digital Service Offerings

In der Digitalisierung der Serviceleistungen gegenüber dem Kunden wird sowohl die Chance für Einsparungen als auch Potenzial durch Zusatzgeschäfte dank vermehrter Touchpoints (Kontaktpunkte) mit dem Kunden und höhere Kundenzufriedenheit gesehen.

Supply Chain Optimization

Die Digitalisierung bietet neue Chancen der Zusammenarbeit über die Wertschöpfungskette hinweg. Hier wurden sowohl etablierte Verfahren wie Application Interfaces (API – direkte Verknüpfung von Lieferant zu Kunde) als auch Zukunftstechnologien wie Smart Contracts (automatisierte Abwicklung von Verhandlungen oder Verträgen z.B. bei der Kreditvergabe) auf Basis von Blockchain-Technologien (ist eine kontinuierlich erweiterbare Liste von Datensätzen genannt „Blöcke“ wobei neue Transaktionen auf alten Transaktionsdaten aufbauen, d.h. die neuen Informationen immer auch die alten Informationen beinhalten) als Themengebiete angeführt. Auch die Internationalisierung spielt hier eine Rolle.

Workspace Reengineering

Mehrere CDOs haben die Notwendigkeit des Workspace Reengineering angeführt, um auch zukünftig wettbewerbsfähig zu sein. Dies umfasst sowohl den physischen Arbeitsplatz als auch die digitale Infrastruktur. Dies steht eng in Zusammenhang mit später aufgeführten Digital-Mindset-Maßnahmen, da es sich dabei um ein Kernelement für die Gewinnung neuer digitaler Mitarbeiter sowie eine agile Arbeitsweise handelt.

Project and Program Management

Insbesondere in großen Unternehmen wird die digitale Transformation durch professionelles, zielorientiertes Projekt- und Programmmanagement begleitet. Damit wollen die C-Level-Manager sicherstellen, dass die digitalen Transformationsinitiativen exekutiert werden und auf die Unternehmensziele einzahlen. Die Priorisierung nach zu erwartendem ROI hat dabei Vorrang.

5.3 Digital Marketing & Sales Strategy

Dem Digital-Marketing- und Sales-Bereich wurde in den durchgeführten Interviews besonders große Aufmerksamkeit zuteil. Fast alle Digital-Experten und C-Level-Manager haben die Gewinnung von neuen Transaktionen und Kundengruppen über digitale Kanäle ganz oben auf ihrer Agenda. Auch dynamische Digital-Pricing-Strategien sowie Reaktionen auf geändertes Einkaufs- und Medienverhalten sind von hoher Priorität. Es ist anzumerken, dass dies teilweise auch durch die Marketingorientierung der Interviewten mit verursacht sein kann.

Digital Marketing Communication

Es werden Chancen und Herausforderungen in der digitalen Marketingkommunikation gesehen. Als Chance und als recht einfach zu realisierende Hebel wurden mehrfach sowohl Einsparungen in den Marketingausgaben als auch die stärkere Zielorientierung des Marketings (Performance-Marketing) identifiziert. Vor allem aus dem Consulting- und Private-Equity-Bereich wurden hier Erfolgsbeispiele berichtet.

Digital Sales and Distribution Strategy

Neben der reinen Marketingkommunikation wird vor allem die direkte Absatzgenerierung online sowie die Gewinnung neuer Kundengruppen über digitale Kanäle als wichtig erachtet. Die Unternehmen versprechen sich dadurch geringere Kundengewinnungskosten sowie neue, lukrativere Kundengruppen bzw. Kunden, die sie bisher nicht erreicht haben. Ängste bestehen hinsichtlich des potenziellen Wettbewerbs durch Plattform-Unternehmen.

Digital Pricing Strategy

Preisstrategie für den digitalen Bereich wird vor allem für die schnelle EBIT-Generierung gesehen. Gerade durch dynamische Preis- und Incentivierungsstrategien versprechen sich die Interviewten Zusatzerlöse. Dabei ist aber anzumerken, dass gleichzeitig auch Leidensdruck durch hohe Preistransparenz und Plattformprovisionen angeführt wurde.

Customer Journey und Conversion Optimization

Schnelle Erfolge versprechen sich die Experten auch von der Conversion-Optimierung bei bestehenden Online-Sales-Kanälen. Darunter werden typischerweise Initiativen zusammengefasst, welche zu einer Erhöhung der sog. Konversionsrate vom Erstkontakt mit dem Kunden auf der eigenen Website bis zum endgültigen Kauf führen. Typischerweise sind dies Maßnahmen zur Optimierung der Produktkommunikation, des Nutzungserlebnisses sowie des Kaufprozesses. Mithilfe der Conversion-Optimierung können Marketer leichter skalieren sowie einen besseren Return on Investment (ROI) erzielen.

Customer Insight Generation

Die hohe Verfügbarkeit von realen Transaktions- sowie generellen Konsumenteninformationen wird von den Unternehmen als eine Chance der Digitalisierung wahrgenommen. Es besteht hohes Interesse, dieses Wissen in kommerziellen Erfolg umzuwandeln. Analog zum Pricing berichten Experten hier von schnellen, relevanten Erfolgen.

5.4 Digital Mindset

Die Experten und C-Level-Manager sehen es regelmäßig als relevante Aufgabe, das Company Mindset digital auszurichten, um zukunftsfähig zu bleiben. Im Unternehmen soll eine Kultur erzeugt werden, die offen für die Digitalisierung ist, eine digitalisierte Denkweise hat und keine Angst davor hat. Obwohl der Wertschöpfungsbeitrag nicht immer klar benannt werden konnte, wird dieser Punkt als wichtiger Faktor für den Erfolg digitaler Initiativen sowie der dahinterstehenden Manager gesehen.

Troop Ralleying

Hoch auf der Liste benötigter Skills digitaler C-Level-Manager steht die Fähigkeit, die Unternehmensmitarbeiter hinter den Digitalisierungsinitiativen zu vereinen, ihnen allgegenwärtige Ängste zu nehmen und im besten Fall sogar Begeisterung hervorzurufen. Der horizontale Charakter sowie der Re-Engineering-Anteil lassen dies logisch erscheinen. Auch Stakeholder wie Betriebsräte müssen regelmäßig für Initiativen gewonnen werden.

Empowerment of Workforce

Im Kern der Digitalisierung wird regelmäßig ein Empowerment der vorhandenen Mitarbeiter gesehen. Dies umfasst die Vereinfachung von Vorgängen im Unternehmen genauso wie die „Erlaubnis", eigenständig Innovationsinitiativen und ungestraft Experimente mit unsicherem Ausgang durchführen zu dürfen. Die Notwendigkeit sicherer Freiräume für diese Experimente wurde mehrfach angeführt.

- **Recruiting of Digital Talent**

Als wichtiger Faktor für den Aufbau eines Digital Company Mindset wird das Rekrutieren digitaler Talente angeführt. Grund hierfür ist nur teilweise der Austausch nicht „digital transformierbarer" Bestandsmitarbeiter. Vielmehr wird der Bedarf aufgrund von Geschäftsausweitung und Generationenwechsel angeführt. Die veränderten Bedürfnisse der neuen Generation werden regelmäßig als Grund für Veränderungen im Unternehmen, neue Standorte etc. angeführt.

- **Training and Alignment of Workforce**

Die Ausbildung im Digitalbereich sowie das Alignment der Workforce (Ausrichtung der Belegschaft) auf durch das Unternehmen verfolgte Digitalstrategien wird neben dem Empowerment als wichtig erachtet. Das Spektrum der Maßnahmen ist dabei breit gefächert, regelmäßig werden aber Methodenkenntnisse, Wissen über digitale Geschäftsmodelle und Grundkenntnisse im Coding (z.B. Programmierkenntnisse) angeführt.

- **Agile Management Practices**

Unter den Methodenkenntnissen wird das Verständnis über agiles Vorgehen gesondert hervorgehoben. Dies beschränkt sich nicht nur auf IT-Fragestellungen, sondern wird auch im Management für bedeutend erachtet.

- **Design Thinking Implementation**

Neben agilen Praktiken wird Design Thinking als zentral angesehen. Diese Methode steht dabei ebenso für ein stärkeres Hands-on. Dies betrifft die Ausrichtung auf den Kunden als auch das Denken in Nutzungsszenarien und Schmerzpunkten statt Technologie und prozessorientiertes Vorgehen.

6 Strategiearbeit als Grundlage für erfolgreiche digitale Wertschöpfung

Eine ganz schön lange Liste an Handlungsfeldern, die uns da von den Experten und C-Level Managern ins Aufgabenbuch geschrieben wurde. Der eine oder andere mag sich nun die Frage stellen, wie um Himmels Willen er diese lange Aufgabenliste bewältigen und wo er die Priorität setzen soll. Wie bereits angeführt, gibt es im aktuellen Forschungsstand hier noch keine hinreichenden Ergebnisse. Dies muss mit einem größeren Sample überprüft werden.

Es bleibt daher nur der Verweis auf allgemeine Regeln der Strategiearbeit. Am Wichtigsten ist dabei, dass diese Arbeit nicht übersprungen und durch Aktionismus ersetzt wird. Vielmehr muss die Strategiefindung entsprechend mit ausreichend Ressourcen und der notwendigen Managementpriorität ausgestattet werden. Beratungen und Experten liefern in diesem Bereich oft einen hohen Wertbeitrag.

Im zweiten Schritt muss dann eine Fokussierung auf eine begrenzte Zahl von Initiativen erfolgen. Die Anzahl hängt von der Ausgangslage des Unternehmens, der Ressourcenausstattung und der potenziellen Größe der identifizierten Hebel ab. Als Faustregel ist dabei festzuhalten, dass besser weniger Initiativen mit den notwendigen Ressourcen ausgestattet werden. Zu viele unterfinanzierte Initiativen sind hingegen oft ein Garant für Misserfolg. Auch in Zeiten von Lean Start-ups ist eine Fokussierung sinnvoll. Die Produktinitiativen schnell mit den viel zitierten Minimal Viable Products (MVPs) anzugehen ist häufig besser als vor der Produktentwicklung aufwendige und abstrakte Marktforschung zu betreiben. Die nachfolgenden Phasen bedürfen aber im globalen Wettbewerb dennoch Ressourcen.

Satya Nadella, der sehr erfolgreich neue CEO von Microsoft, hat das Geheimnis seines Erfolges einmal so zusammengefasst: „Be right and bold“. Wer Recht hat aber nicht mutig genug handelt, wird genauso wenig Erfolg haben, wie der mutige Macher, der in den falschen Feldern unterwegs ist. Das gilt auch für die Digitalisierung.

7 Literaturhinweise

Rogers, The digital transformation playbook: rethink your business for the digital age, 2016.

Loucks/Macaulay/Noronha/Wade, Digital vortex: how today's market leaders can beat disruptive competitors at their own game, 2016.

Raskino/Waller, Digital to the core: remastering leadership for your industry, your enterprise, and yourself, 2016.

Linz/Müller-Stewens/Zimmermann, Radical Business Model Transformation: Gaining the Competitive Edge in a Disruptive World, 2017.

Schrader, Transformationale Produkte der Code von digitalen Produkten, die unseren Alltag erobern und die Wirtschaft revolutionieren, 2017.

Osterwalder/Pigneur/Bernarda/Smith, Value Proposition Design: How to Create Products and Services Customers Want, 2015.

Kapitel 4: Organisation & IT

Übergabe von strategischer Mitverantwortung an das mittlere Management in Familienunternehmen mithilfe des ABKVV-Modells

- In familiengeführten Unternehmen bestimmt die Strategie oft noch der Eigentümer im Alleingang.
- Um in größeren Unternehmen im heute oft sehr agilen Umfeld steuerungs- und wettbewerbsfähig zu bleiben, ist eine Ausweitung der Verantwortung auf ein breiteres Managementteam eine nötige Voraussetzung.
- Im Beitrag wird anhand des ABKVV-Modells eine strukturierte Vorgehensweise zur Gestaltung des dazu notwendigen Organisations- und Führungswandels vorgestellt.
- Voraussetzung für eine erfolgreiche Übergabe (auch Nachfolge) und Ausweitung der Entscheidungskompetenzen ist die Bereitschaft des bzw. der Eigentümer.

Inhalt Seite

Der Autor

Dr. Tosja Zywietz, CEO der Rosenberger Gruppe in Fridolfing/Bayern. Seit 2009 ist er zusammen mit den Eigentümern der 2. Generation Teil der Geschäftsleitung des Unternehmens und begleitet seit 2007 die Strategie- und Organisationsentwicklung der Firmengruppe.

1 Auch im Mittelstand sollte das mittlere Management Entscheidungskompetenzen haben

Erfolgreiche Unternehmer sind i. d. R. gute Entscheider

Deutschlands Wirtschaft ist vor allem durch seinen starken Mittelstand geprägt. Viele der erfolgreichen „Hidden Champions" sind seit Generationen in Familienhand, nicht börsennotiert und mit einer soliden Kapitalbasis ausgestattet. Der Erfolg der Familienunternehmen liegt zum einen an den innovativen und einzigartigen Produkten und Services, verbunden mit einem hohen Technologie- und Spezialisierungsgrad. Zum anderen sind die Familienunternehmen aber i. d. R. vor allem durch eins ausgezeichnet: Extrem kurze Entscheidungswege und damit sehr schnelle, pragmatische Entscheidungen: Der Unternehmer und Eigentümer bestimmt im Alleingang die Strategie des Unternehmens, entscheidet selbst, schafft an, richtet das Unternehmen quasi im Alleingang aus, trägt das volle Risiko – und erntet den Erfolg, wenn die Summe der Entscheidungen zu den Marktgegebenheiten passt.

Auch mittleres Management sollte Entscheidungskompetenz haben

Diese Stärke der Schnelligkeit von Familienunternehmen ist aber gleichzeitig auch die größte Achillesferse. Nicht alle Entscheidungen werden rational getroffen, nicht alle vom Eigentümer definierten Strategien sind tatsächlich sinnvoll. Manchen Unternehmer fällt es schwer anderen Meinungen im Unternehmen das notwendige Gehör zu schenken, wodurch unter Umständen wichtige Informationen und Sichtweisen bei der Strategieerarbeitung unberücksichtigt bleiben. Weil es in der Vergangenheit nicht erforderlich und auch oft nicht gewollt war strategische Verantwortung im mittleren Management zu übernehmen, ist es das weitere Management damit oft nicht gewohnt Entscheidungen selbst zu treffen, Verantwortung zu übernehmen, und die übergeordnete Strategieentwicklung für die Firma als Teil der eigenen Aufgabe zu sehen. Abhängig von der Größe des Unternehmens und der Fähigkeit des Eigentümers kann das gut funktionieren, so lange der Eigentümer seine Funktion in der Leitung vollständig wahrnimmt. Mit wachsender Größe, sich schneller ändernden Technologien, kürzeren Lebenszyklen und komplexeren Geschäftsmodellen wird es allerdings immer schwieriger, dass ein Eigentümer selbst alles am besten wissen kann und allein die besten Entscheidungen treffen kann. Er ist angehalten das mittlere Management bzw. die ins Unternehmen reinwachsenden Kinder in den Strategieentwicklungsprozess und in die Entscheidungsfindungen mit einzubinden.

In den kommenden Jahren steht in Hunderten von Familienunternehmen in Deutschland die Nachfolgefrage an. Spätestens dann muss die strategische Mitverantwortung des mittleren Managements vorbereitet sein, der tatsächliche Weitblick von Familienunternehmern kommt dann zum Vorschein:

- Wurden in der nächsten Generation der Familie bereits Mitglieder gezielt auf eine Übernahme der Verantwortung vorbereitet?
- Wenn keine qualifizierten Familienmitglieder vorhanden sind, wurden im Unternehmen fähige Manager für die Geschäftsleitung oder generell für die Übernahme von mehr Verantwortung aufgebaut?
- Wurden gegebenenfalls externe Manager eingestellt, welche die Voraussetzungen für eine Geschäftsleitung bzw. die jeweilige Funktion mitbringen? Gibt es schon Strategieentwicklungs- und Entscheidungsstrukturen, die ein Überleben des Unternehmens ohne den oder die Firmeneigentümer sicherstellen?
- Ist ein Eigentümer nach vielen Jahren des Aufbaus und der gelebter Alleinverantwortung bereit und willens die Verantwortung wirklich abzugeben, sich zurück zu ziehen und anderen qualifizierten Managern, familienintern oder -extern, die Aufgaben zu übertragen?

Unternehmensnachfolgen bedürften einer langfristigen Vorbereitung

Entscheidungskompetenz vom Eigentümer auf das mittlere Management zu übertragen, ist eine wesentliche wenn nicht sogar die wichtigste Voraussetzung für eine erfolgreiche Strategieentwicklung im Mittelstand. Die Umstellung verlangt in praktisch allen Unternehmen ein sehr strukturiertes, langfristiges Vorgehen. Nicht selten muss sogar ein wesentlicher Teil der Firmenkultur geändert werden, damit eine Nachfolge und somit die strategische Steuerung des Unternehmens langfristig funktionieren kann. Dieser Organisationsentwicklungsprozess benötigt mehrere Jahre, und verlangt von allen Beteiligten ein Umdenken, gegebenenfalls eine Verhaltensänderung bzw. Weiterentwicklung der Management-Fähigkeiten. Das interne Management muss dabei vor allem gezielt auf die Übernahme von mehr Verantwortung vorbereitet werden. Ein strukturiertes Vorgehen bietet dabei das ABKVV-Modell, das im Folgenden im Detail vorgestellt wird.

2 Voraussetzungen für eine erfolgreiche Übergabe

Der erste Schritt ist sicherlich, dass sich der oder die Familienunternehmer entscheiden einen strukturierten Entwicklungsprozess, einen Führungswandel zu starten und die Mit- oder gar Gesamtverantwortung in die Hände eines Managements zu legen – unabhängig davon, ob es sich um die nächste Generation oder externe Manager handelt. Sind hierfür keine klaren Ziele und Zeitpläne formuliert, erschwert dies den Übergabeprozess enorm, macht ihn gegebenenfalls vielleicht sogar unmöglich.

Moderation eines Führungswechsels durch Externe kann Konflikte vermeiden

Sind die Ziele des Führungswechsels klar formuliert, muss zunächst entschieden werden, wer für die Umsetzung verantwortlich ist und sich um das Projektmanagement kümmert. Nicht selten sieht der oder die Eigentümer dies als originären Teil ihrer Aufgabe an und kümmern sich selbst darum. Es kann jedoch auch empfehlenswert sein, sich einen externen Berater bzw. Moderator für die Aufgabe zu suchen. Dieser ist neutral, sollte spezifisches Fachwissen und Erfahrung mitbringen und ist frei von der Firmenhistorie und Interessenskonflikten. In vielen Familienunternehmen verschwimmen die Grenzen von Familie und Arbeit – auch hierbei kann ein neutraler Moderator helfen: Er definiert und trennt Familien- und Firmenangelegenheiten.

3 Das ABKVV-Modell

Das ABKVV-Modell ist eine Erweiterung des AKV-Modells[1] und soll helfen, eine neue Management-Struktur mit allen notwendigen Aspekten bis hin zur Vergütung richtig aufzusetzen. Es beruht genauso wie das AKV-Modell auf dem Kongruenzprinzip der Organisationsentwicklung, das besagt, dass Aufgabe, Handlungskompetenz und Handlungsverantwortung übereinstimmen müssen, damit eine Management-Funktion tatsächlich ausgefüllt und wahrgenommen werden kann.[2]

Abb. 1 zeigt, was das Modell im Einzelnen beinhaltet: **Aufgaben, Befugnisse, Kompetenz, Verantwortung und Vergütung.**

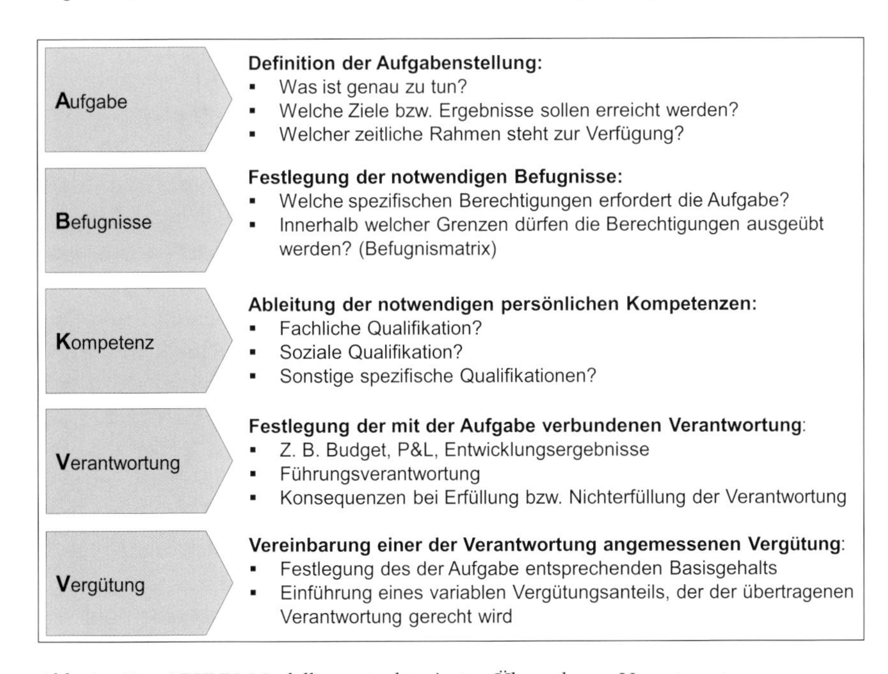

Abb. 1: Das ABKVV-Modell zur strukturierten Übergabe an Verantwortung

[1] Kessler, 2004.
[2] Reiß, 1982.

Im Folgenden werden die einzelnen zu definierenden Aspekte des Modells im Detail erläutert.

1. **Aufgaben und Ziele des Managements sollten allen Mitarbeitern bekannt sein.**

   Es ist selbsterklärend, dass die Aufgabe einer Management-Funktion detailliert beschrieben werden muss, dennoch finden sich gerade in Familien-Unternehmen, in denen die Nachfolge noch nicht geregelt ist, selten klare Beschreibungen, was eine Funktion genau beinhaltet. Im Rahmen des Projekts muss daher zunächst detailliert beschrieben werden, was eine Funktion (z. B. ein Geschäftsbereichsleiter, ein Produktionsleiter, die Logistik, die QM, IT, SCM, Einkauf, Entwicklung, Marketing, Vertrieb usw.) genau beinhaltet, ebenso wie die Abgrenzung zu anderen Bereichen, und die Schnittstellen (Input und Output). Der Detailgrad der Beschreibung sollte dabei durchaus hoch sein. Sind die Aufgaben festgelegt, lassen sich fast immer generische Ziele der Funktion definieren, die dann z. B. im Rahmen von Feedback-Gesprächen mit den Funktionsinhabern qualitativ und quantitativ zu bewerten sind. Die Aufgabenbeschreibungen, vor allem in den oberen Managementfunktionen sollte in der Organisation veröffentlicht werden – dann ist allen Mitarbeitern der jeweiligen Bereiche sofort klar, was sie von den Vorgesetzten erwarten können. Ebenso wichtig ist es aber auch die Aufgaben der eigenen Managementebene zu kennen.

2. **Auch Entscheidungs- und Informationsbefugnisse verlangen Transparenz.**

   Sind die Aufgaben und die Ziele der Funktion klar definiert, sind i. d. R. auch die Befugnisse klar, die notwendig sind, um die Aufgabe in der Organisation erfüllen zu können. Dabei geht es vor allem darum, dass die Managementfunktion mit der entsprechenden „Macht"(„Empowerment") ausgestattet ist, alles Notwendige zu veranlassen, und die nachgelagerten Funktionen bzw. Mitarbeiter auch tatsächlich führen zu können. Wichtig ist dabei, dass die Befugnisse transparent, d. h. im Unternehmen veröffentlicht sind. Damit können unnötige Diskussionen über „wer darf was" vermieden werden. Vorteilhaft ist dabei z. B. die Ausarbeitung einer Befugnismatrix, in der z. B. alle Entscheidungsgrenzen (Investitionsfreigaben, Vertragsunterschriften, Einstellung von Mitarbeitern, Einkauf etc.) genau festgelegt werden. Die Befugnismatrix sollte möglichst allen Entscheidern kommuniziert werden. Optimal ist auch von jedem Entscheider ein Dokument mit seinen Befugnissen unterschreiben zu lassen und in der Personalakte zu hinterlegen. Ein ganz wesentlicher Aspekt der Befugnisse ist auch die Informationsbefugnis – es muss nicht nur festgelegt werden, welche Informationen und Key Performance Indicators (KPIs) eine Funktion benötigt, um effektiv steuern und eingreifen zu können, sondern auch welche Informationen zwingend an die direkten Mitarbeiter und nachgelagerten Stellen verteilt werden müssen.

3. **Häufig gibt es kritische Lücken zwischen Fach- und Führungskompetenz**

   Aus der Aufgabe und den Befugnissen ergeben sich dann fast automatisch die notwendigen Kompetenzen, die ein Funktionsinhaber mitbringen oder zumindest entwickeln muss, damit er seiner Aufgabe gerecht werden und die gesetzten Ziele erreichen kann. Zunächst sind die fachlichen Kompetenzen zu formulieren, die zur jeweiligen Funktion gehören. Dazu können z. B. technische, prozessuale, organisatorische (Projektmanagement), und rechtliche Aspekte gehören. In den meisten Familienunternehmen sind die fachlichen Kompetenzen stark ausgeprägt. Anders sieht es jedoch häufig bei den Führungskompetenzen aus. Personen sind aufgrund ihrer hohen fachlichen Kompetenz mit dem Wachstum des Unternehmens in leitende Funktion gekommen, ohne dabei die Führungskompetenz mitzubringen oder zu entwickeln. Das ist oft der kritischste Punkt der Organisationsentwicklung im Rahmen eines solchen Veränderungsprojekts. Werden hier Lücken festgestellt, muss der Funktionsinhaber gezielt weiterentwickelt werden – z. B. durch Trainings oder ein gezieltes Coaching. Dabei sollten klare Ziele definiert werden, die innerhalb einer festgelegten Spanne zu erreichen sind. Findet die notwendige Entwicklung jedoch nicht statt, muss auch über eine Neubesetzung nachgedacht werden. Das ist natürlich besonders bei verdienten, langjährigen Mitarbeitern sehr sensibel und schwierig. Dennoch wird ein wachsendes Unternehmen auf Dauer auch um solche Entscheidungen im Rahmen einer Nachfolge nicht herumkommen. Eventuell kann sich das obere Management oder die Personalabteilung auch externe Unterstützung holen, um transparent und professionell mit solchen Situationen umzugehen.

4. **Verantwortung**

   Erst wenn Aufgabe, notwendige Befugnisse und dann vor allem die Kompetenz vorhanden sind, kann auch Verantwortung übernommen und gelebt werden. Gerade in Familienunternehmen tut sich das mittlere Management oft schwer, wirklich Verantwortung für das eigene Handeln zu übernehmen – wie eingangs beschrieben, werden in vielen Familienunternehmen alle wichtigen Entscheidungen vom Eigentümer getroffen. Bei einem Wechsel der Führungsverantwortung oder beim Ausscheiden einer Unternehmerpersönlichkeit entsteht damit nicht selten eine kritische Entscheidungs- bzw. Verantwortungslücke. Darauf muss ein besonderes Augenmerk gerichtet werden. Gelebte Verantwortung kann nicht kurzfristig entstehen – der Grund, warum ein solcher Veränderungsprozess über Jahre vorbereitet und strukturiert geleitet werden muss.

5. **Gewachsene Vergütungsstrukturen sind nicht immer marktgerecht.**
   Auch die Vergütung sollte unbedingt bei der Organisationsentwicklung im Rahmen der Kompetenzausweitung für alle Managementfunktionen überprüft werden. Nicht selten ergeben sich bei der Neudefinition der Managementaufgaben erhebliche Verwerfungen: Positionen wurden über Jahre überbewertet oder durch die entsprechend lange Firmenzugehörigkeit ist das Gehalt über die Funktion hinausgewachsen. Anders herum kann eine Funktion z.B. durch technischen Wandel erheblich an Bedeutung gewonnen haben. Beispiele sind in vielen Unternehmen die Automatisierungsabteilungen, die Logistik, der Einkauf oder die Entwicklung – die heute wesentlich komplexer geworden sind oder einen größeren Einfluss auf den wirtschaftlichen Erfolg des Unternehmens haben. Hier sollte die Vergütung entsprechend angepasst werden. Die Vergütung ist naturgemäß der sensibelste Bereich der Unternehmensentwicklung in Familienunternehmen. Unter Umständen kann es sinnvoll sein sich hierfür externe Unterstützung zu holen, auch um Gehälter einem externen Benchmark zu unterziehen. Um eine langfristige Bindung der wichtigen Erfolgsträger zu gewährleisten, sollte das Grundgehalt natürlich der Aufgabe, den Befugnissen, und der übernommen Verantwortung entsprechen. Ob auch eine variable Vergütungskomponente eingeführt werden sollte, hängt stark von der Firmenkultur ab – hier scheiden sich auch die Geister, wie ein variabler Anteil ausgestaltet sein sollte. Empfehlenswert für Familienunternehmen erscheint ein Bonus-System, das sich stark auf den erzielten Gewinn bezieht, und vor allem das Solidaritätsprinzip innerhalb eines Management-Levels unterstützt. D.h. es gibt keine oder nur untergeordnete persönliche Ziele, aber der jeweilige Management-Level partizipiert als Gruppe in sinnvollem Rahmen am erreichten Erfolg eines Jahres.

Die Erfahrung hat gezeigt, dass langfristig alle Aspekte des **ABKVV**-Modells definiert, implementiert und im Unternehmen kommuniziert sein müssen, damit eine Nachfolge nachhaltig funktionieren kann. Die Bekanntgabe der Gehälter sollte allerdings nur bedingt erfolgen, nicht die Gehaltshöhe, sondern lediglich die Vergütungsprinzipien sollten kommuniziert werden. Die Erarbeitung der angeführten 5 Schritte des ABKVV-Modells ist mit einigem Aufwand verbunden, kann jedoch im Rahmen eines ca. sechsmonatigen Projekts mit einfachen Mitteln (Word, Excel) ohne sonstige HR-Software-Systeme eingeführt werden.

4 Einführung des ABKVV-Modells

Die Einführung des ABKVV-Modells sollte im Rahmen eines Projekts erfolgen. Empfohlen wird, einen externen neutralen Moderator und Projektmanager an Bord zu holen, der weder in das Tagesgeschäft involviert ist, noch durch die Historie des Unternehmens voreingenommen sein könnte. Der Moderator sollte eine Projektorganisation aufsetzen, einen Projektplan und die dahinter liegenden Arbeitspakete definieren. Wichtig ist es mit den Eigentümern die Ziele der Organisationsentwicklung bzw. Nachfolge genau zu definieren, und über die Laufzeit immer wieder zu bestätigen. Sinnvoller Weise wird ein Lenkungsausschuss gebildet, der von den Eigentümern geführt wird, aber auch die Personalleitung oder andere Vertrauenspersonen des Unternehmens involviert.

Für das Projekt selbst müssen selbstverständlich alle betroffenen Stelleninhaber zunächst des mittleren Managements eingebunden werden. Die Einführung Erfolg i. d. R. in 4 Phasen.

4.1 Phase I: Erarbeitung von Aufgabe und Befugnis

- Zunächst sollte der Moderator mit dem jeweiligen Funktionsinhaber für alle Funktionen der Ebene unter der Geschäftsleitung die Aufgaben dokumentieren, die aus Sicht der jeweiligen Person wahrgenommen werden. Ebenso die Befugnisse, die bereits vorliegen. Dann sollte gemeinsam mit dem Moderator eine Ziel-Aufgabenbeschreibung mit den entsprechenden Zielen der Funktion und den zukünftig notwendigen Befugnissen definiert werden.
- Stehen alle Aufgabenbeschreibungen für einen Management-Level zur Verfügung, wird ein gemeinsamer Workshop (ein bis zwei Tage) mit allen Funktionsinhabern der jeweiligen Managementebene durchgeführt. Hierbei stellt jeder zunächst seine Aufgabenbeschreibung mit den aus seiner Sicht notwendigen Befugnissen vor. In dem Workshop muss dann der Abgleich zwischen den Funktionen erfolgen:
  - Gibt es Überschneidungen?
  - Sind die Schnittstellen richtig definiert?
  - Gibt es ein gemeinsames Verständnis, wer welche Aufgaben zu erledigen hat und welche Befugnisse dafür notwendig sind?
  - Hier kommt der Moderator ins Spiel – gemeinsam mit den Eigentümern muss ein stimmiges Gesamtbild von allen Funktionen entwickelt werden, so dass am Ende eine funktionierende Managementorganisation entstehen kann.

- Dieses Vorgehen wird dann abhängig von der Unternehmensgröße für den jeweiligen Management-Level wiederholt, bis die gesamte Managementorganisation ausreichend beschrieben ist.
- Sind die Aufgaben und Befugnisse unterhalb der Geschäftsleitung definiert, sollten dann auch noch einmal die Funktionen innerhalb der GL hinterfragt werden – auch sollte sichergestellt sein, dass die Führungsspanne zur Komplexität der Aufgaben passt. Welche Funktionen innerhalb der GL Sinn machen, hängt extrem stark vom Unternehmen ab. In den meisten Familienunternehmen macht jedoch die klassische Aufteilung in CEO-Funktionen (Vertriebsorientiert, Geschäftsfelder), COO (Leistungserbringung, z.B. Produktion) und CFO (Finanzen) Sinn.

4.2 Phase II: Abgleich der Kompetenzen

- Die wohl schwierigste Aufgabe besteht darin, im nächsten Schritt die fachlichen und sozialen Kompetenzen der Funktionsinhaber zu bewerten und zu dokumentieren. Werden die fachlichen Anforderungen an die Aufgabe erfüllt? Bringt der Funktionsinhaber die notwendigen Führungskompetenzen mit? Welche Fähigkeiten sind vielleicht noch nicht vorhanden, um die Verantwortung für die definierte Aufgabe wirklich übernehmen zu können? Die Bewertung sollte moderiert und anschließend dokumentiert werden, die eigentliche Bewertung kann i.d.R. dann nur der Vorgesetzte vornehmen (z.B. der oder die Eigentümer bzw. die Geschäftsleitung). Vorteilhaft ist es, ein vorher definiertes Evaluierungsschema zu verwenden, mit dem einheitlich und vergleichbar alle Funktionen bewertet werden können.
- Aus dem Abgleich der Kompetenzen ergeben sich die Abweichungen: Ist ein Funktionsinhaber sogar überqualifiziert und sollte mehr Verantwortung erhalten? Oder fehlen dringend notwendige Kompetenzen? Ist letzteres der Fall, sollte gemeinsam mit dem Funktionsinhaber besprochen werden, mit welchen Maßnahmen die vorhandenen Lücken in einem definierten Zeitraum beseitigt werden können bzw. sollen. Es können Schulungen, Trainings oder Coachings vereinbart werden, z.B. zum Thema Mitarbeiter-Führung und Motivation.

4.3 Phase III: Definition der Verantwortung und Ausarbeitung des Vergütungsmodells

- Zu Beginn der dritten Phase sollte jetzt jeder Funktionsinhaber seine Aufgabe und die damit verbundenen Befugnisse genau kennen (auch die der Kollegen auf dem gleichen Management-Level und seiner direkten

Mitarbeiter), und sich seiner eigenen Kompetenzen und notwendigen persönlichen Weiterentwicklungspotenziale bewusst sein.

- Spätestens jetzt sollte auch noch einmal die Vergütung analysiert und gegebenenfalls für die jeweilige Funktion angepasst werden. Nur wenn auch die Vergütung zur Aufgabe, den Befugnissen, und den Kompetenzen passt, kann die Organisation langfristig stabil funktionieren. Diese Erweiterung des Kongruenzprinzips der Organisation ist besonders in heutigen Zeiten wichtig, in denen durch Internet & Co volle Transparenz über den Arbeitsmarkt und übliche Vergütungsmodelle besteht.
- Damit ist die Voraussetzung erfüllt, dass jeder Funktionsinhaber bewusst die Verantwortung übernehmen kann. Dies sollte schriftlich in einem Nominierungsschreiben formuliert werden, das die Aufgabe und Befugnisse, die vereinbarten Weiterentwicklungen, und die vielleicht angepasste neue Vergütung enthält. Damit gehen beide Seiten eine nachhaltige Vereinbarung ein.

4.4 Phase IV: Kick-off und kontinuierliche Entwicklung

- Für den Start des ABKVV-Modells ist es weiterhin dringend erforderlich, dass auch die regelmäßige Zusammenarbeit eines Management-Levels gefördert wird. Es bietet sich z. B. an alle zwei bis drei Wochen einen Jour Fixe zu vereinbaren, in dem eine Standard-Agenda bearbeitet wird (z. B. Finanzkennzahlen, Lieferperformance, Qualität) bzw. übergeordnete Themen (Prozesse, Personal, strategische Projekte). Mindestens einmal pro Jahr sollte ein größerer Strategieworkshop stattfinden – nur so wird dem mittleren Management relativ schnell die Verantwortung für den Gesamt-Firmenerfolg über die Funktionsgrenzen hinaus bewusst.
- Nach Definition und Einführung des ABKVV-Modells wird ein echtes Kickoff-Meeting mit allen Beteiligten außerhalb des Tagesgeschäfts empfohlen. Das schafft Aufbruchsstimmung und Motivation und stärkt von Beginn an das notwendige Gemeinschaftsgefühl für die neu übernommene Gesamtverantwortung im Team.
- Für die kommenden zwei bis drei Jahre ist nachfolgend unbedingt ein kontinuierliches Controlling des eingeführten ABKVV-Modells notwendig: Wurden die vereinbarten Ziele der jeweiligen Funktionsinhaber erreicht? Werden die Aufgaben wie definiert gelebt? Müssen Aufgaben, Befugnisse oder Schnittstellen erweitert oder geändert werden? Ist eine Managementunktion vielleicht doch nicht richtig besetzt? Das Controlling sollte z. B. am Anfang mindestens einmal im Quartal erfolgen,

später reicht dann einmal pro Halbjahr. Die zu Beginn gesteckten Ziele des Organisationsprojekts werden damit automatisch kontinuierlich überprüft.

5 Die Chancen des ABKVV-Modells

Wie eingangs beschrieben, ist die wirkliche Übernahme von Verantwortung des mittleren Managements in Familienunternehmen ein Kulturwechsel, der auch mit einem ABKVV-Modell nicht von heute auf morgen erfolgen kann. Das ABKVV-Modell kann jedoch diesen Prozess stark beschleunigen und die Nachhaltigkeit sicherstellen. Funktionieren kann eine Dezentralisierung von Verantwortung im Endeffekt aber nur, wenn die Eigentümer wirklich Befugnisse und damit Verantwortung abgeben wollen.

Dezentralisierung von Verantwortung schafft Motivation und Stabilität

Ist das der Fall, bietet der Übergabeprozess mit dem ABKVV-Modell dann vor allem Chancen: Eine Strategieerarbeitung im größeren Managementteam ermöglicht die Einbindung von umfassenderen Erfahrungen und Know-how. Werden die Strategie- und Managemententscheidungen von einem größeren Kreis vorgenommen, ist ein stärkeres Commitment und somit eine höhere Motivation bei der Umsetzung zu erwarten. Die Dezentralisierung von Verantwortung sorgt für höhere Transparenz und Stabilität in der Entscheidungsfindung, schafft eine Organisation, die unabhängig ist von Einzelpersonen, und Strukturen, die weiteres Wachstum und strategische Neuausrichtungen besser unterstützen können.

6 Internationalisierung und Übertragung auf Tochtergesellschaften

Die Einführung des ABKVV-Modells sollte bevorzugt am Stammsitz beziehungsweise im Headquarter beginnen. Ist das Modell dort etabliert, gestaltet sich die Übertragung auf Tochtergesellschaften im In- und Ausland i. d. R. einfacher.

Zunächst sollte bei einer konzernweiten Einführung ein Handbuch für die Implementierung in den Landessprachen erstellt werden – nur so kann später sichergestellt werden, dass die gesamte Organisation das Modell versteht und lebt. Vor allem in Ländern, in denen ein Großteil der Angestellten nicht unbedingt Englisch spricht.

Sobald eine entsprechende Dokumentation vorhanden ist, kann das ABKVV-Modell wieder analog in den oben beschriebenen vier Phasen eingeführt werden.

Einige Dinge sollten bei der Internationalisierung unbedingt beachtet werden:

- Viele Konzerne, vor allem internationale Familienunternehmen, arbeiten in einer Matrix-Struktur – sei es beim Vertrieb, bei der Produktentwicklung oder in Zentralfunktionen wie Marketing, IT, QM und Produktion. Bei der Ausarbeitung der Aufgaben, der Befugnisse und vor allem der Verantwortung muss daher sehr auf mögliche Überschneidungen zwischen Funktionen und Funktionsträgern geachtet werden. Ansonsten kommt es leicht zu „Kompetenz-Rangeleien“ und lokalen Optimierungen.
- Es gibt große kulturelle Unterschiede zwischen Ländern in der Führungskultur, in der Art der Zusammenarbeit und wie Entscheidungsfindungen erfolgen. Das gilt innerhalb von Europa z. B. sehr stark für Länder wie Ungarn, die sehr hierarchisch arbeiten oder Schweden, die einen eher kooperativen Managementstil pflegen. In China ist entsprechend sensibel mit dem Thema umzugehen, da mag die eher direkte Kommunikations- und Entscheidungskultur aus deutschen Unternehmen auch nicht angemessen sein. Diese kulturellen Unterschiede in Führung und Vergütungsmodellen dürfen nicht unbeachtet bleiben.
- In fast allen Unternehmen besteht der große Wunsch nach einer global einheitlichen und gerechten Vergütung auf Managementebene. Auch hier ist zu bemerken, dass nicht nur die Lebenshaltungskosten, Managementgepflogenheiten und Vergütungsmodelle extrem unterschiedlich sind. Das muss unbedingt berücksichtigt werden und die Erfahrung zeigt, dass ein einheitliches Modell nur schwer zu definieren ist. Es wird daher empfohlen, das Thema Vergütung nur jeweils auf Ebene der Tochter- bzw. Auslandsgesellschaften anzugehen.Insgesamt gesehen bietet ein global eingeführtes ABKVV-Modell über die Zeit viele Vorteile und kann bei einem Kulturwandel im Managementteam sehr hilfreich sein. Es schafft Transparenz über die Aufgaben, die Befugnisse und die Verantwortlichkeiten innerhalb einer Unternehmensgruppe, zeigt Überschneidungen auf und fördert die Zusammenarbeit im internationalen Managementteam.

7 Literaturhinweise

Kessler/Winkelhofer, Projektmanagement: Leitfaden zur Steuerung und Führung von Projekten, 2004.

Reiß, Das Kongruenzprinzip der Organisation, in WiSt 11/1982.

Strategiearbeit: Führung und Moderation von Strategieklausuren

- Die Moderation kann durch interne oder externe Personen erfolgen. Unter den internen ist der Controller für die Moderationsfunktion grundsätzlich prädestiniert.
- In der strategischen Klausur ist der Arbeitsstil eher durch das „Heranmeinen“ im Team geprägt.
- Durch geschickte Moderation kann man kognitiven Verzerrungen (Biases) in der strategischen Klausur vorbeugen.

Inhalt | Seite

Der Autor

Manfred Grotheer, Seit 2011 als Leiter Organisationsentwicklung und Controlling in einem mittelständischen, familiengeführten Unternehmen tätig. Seit 2005 führt er nebenberuflich Projekte als Controlling-Trainer und Berater durch.

1 Führung und Moderation sind zweierlei Dinge

Separierbare Funktionen

Für die erfolgreiche Umsetzung einer Strategieklausur sind eine eher ergebnisorientierte Leitungsfunktion einerseits sowie eine eher prozessorientierte Moderationsfunktion andererseits von ausschlaggebender Bedeutung. Beide Funktionen können in einer Person vereint sein, es existieren jedoch auch eine ganze Reihe von Konstellationen, in denen eine Aufteilung von Leitungsfunktion und Moderationsfunktion innerhalb einer Klausur auf zwei verschiedene Personen die bessere Wahl ist.

Die Leitungsfunktion wird üblicherweise „automatisch“ vom hierarchisch höchsten Teilnehmer der Konferenz ausgeübt, vom Chef. Dieser verfügt seiner Stellung entsprechend über Autorität und das notwendige Gewicht, um Entscheidungen herbeiführen zu können. Zur Leitungsfunktion gehören das Eröffnen und Schließen der Sitzung, die Erteilung von „Ordnungsrufen“, der Aufbau der Agenda und die Bestimmung des Teilnehmerkreises.

Demgegenüber kann die Moderationsfunktion als Funktion oder Aufgabe beschrieben werden, den Prozess der Klausur zielorientiert am Laufen zu halten. Die Person, die die Moderationsfunktion innehat, ist somit methodisch für den zielorientierten Prozess zuständig, d.h. die Gestaltung der Durchführung der Klausur, die anzuwendenden Moderationsmethoden, die „Dramaturgie“, die Organisation vor Ort etc.

1.1 Externer Moderator

Externer Moderator als Kompromiss

Die Moderationsfunktion kann von einem internen oder externen Moderator ausgeübt werden. Bei einem externen Moderator kann es sich bspw. um einen Experten für das zu behandelnde Thema handeln. Dann bildet wahrscheinlich das „Was“, d.h. das zu entscheidende Thema, in seinem Moderationsbeitrag eher den Schwerpunkt. Die Strategieklausur kann so teilweise den Charakter einer Expertenbefragung erhalten, mit stark beeinflussenden fachlichen Interventionen eines Fremden und möglicherweise Defiziten im Verhaltens- und Prozesswissen. Andererseits kann ein externer Spezialist für Moderation und Prozesswissen geordert werden. Hier steht das „Wie“ im Mittelpunkt und der Moderator kann die fachlichen Beiträge und Widersprüche möglicherweise aufgrund seines mangelnden Fach- oder Branchenwissens nicht genügend interpretieren, wodurch er leider auch bei den Teilnehmer schnell an Akzeptanz in Bezug auf seine Moderationsfunktion verlieren kann.

1.2 Interner Moderator

In größeren Unternehmen kann die Moderationsfunktion intern bspw. durch moderationserfahrene Mitarbeiter der Personal- oder Organisationsentwicklung geleistet werden.

Der Controller empfiehlt sich als Moderator

Für die Übernahme der Aufgabe des internen Moderators bietet sich u.a. aber auch die Rolle des Chef-Controllers an. Für den Controller als internen Moderator einer Strategieklausur sprechen aus der IGC-Formulierung[1] des Controller-Leitbildes u.a. folgende Formulierungen:

Controller …

1. gestalten und begleiten den Management-Prozess der Zielfindung, Planung und Steuerung, sodass jeder Entscheidungsträger zielorientiert handelt.
2. sorgen für die bewusste Beschäftigung mit der Zukunft und ermöglichen dadurch, Chancen wahrzunehmen und mit Risiken umzugehen.
3. integrieren die Ziele und Pläne aller Beteiligten zu einem abgestimmten Ganzen.
4. entwickeln und pflegen die Controllingsysteme. Sie sichern die Datenqualität und sorgen für entscheidungsrelevante Informationen.
5. sind als betriebswirtschaftliches Gewissen dem Wohl der Organisation als Ganzes verpflichtet.

2 Übernahme der Moderationsfunktion durch den Controller

Wie kommt nun ein Controller während der Veranstaltung in die Moderationsfunktion?

Idealerweise wird der Controller bereits vor der Strategieklausur als Moderator bestimmt, ist an der Ablaufplanung beteiligt und wird bei Klausurstart vom Klausurleiter mit seinen Aufgaben hinsichtlich der Moderation vorgestellt. Dabei sind drei Voraussetzung zwingend notwendig, um die Aufgabe erfolgreich durchführen zu können:

1. der Controller ist bereit, diese Aufgabe zu übernehmen;
2. der Controller hat genügend Moderationserfahrung und -kompetenz, um diese Aufgabe wahrzunehmen;
3. der Controller erhält von der Klausurleitung das Vertrauen, die Klausur moderieren zu dürfen.

---

[1] https://www.igc-controlling.org/fileadmin/pdf/controller-de-2013.pdf.

Moderation bedarf der Akzeptanz

Die Übernahme einer Moderationsaufgabe stellt in gewisser Weise auch ein kleines Wagnis für die moderierende Person und somit auch den Controller in dieser Rolle. Immer wieder können unerwartete Ereignisse eintreten. Das Wagnis wird aber umso geringer, desto mehr Erfahrung der Controller bereits in früheren Moderationsprozessen mit dem Beherrschen von „Abweichungen" gewonnen hat.

Besonders wichtig ist es für den Controller hingegen, das Vertrauen zu gewinnen bzw. zu besitzen. Hiermit ist einerseits das Vertrauen des Klausurleiters gemeint, der mit der Klausur bestimmte Ziele erreichen möchte. Hierzu soll die Moderationsfunktion einen wichtigen Beitrag leisten. Die Beauftragung des Controllers mit der Moderationsfunktion ist somit auch ein Vertrauensvorschuss durch den Klausurleiter. Dieser Vertrauensvorschuss wird am besten dadurch erworben, dass Klausurleiter und Controller in ähnlicher Konstellation bereits in anderen firmeninternen Sitzungen erfolgreich zusammengearbeitet haben.

Andererseits ist auch das Vertrauen und Wohlwollen der anderen Klausurteilnehmer zu gewinnen. Auch hierzu ist es fördernd, wenn die anderen Teilnehmer den Controller bereits positiv in anderen Moderationsprozessen im Unternehmen kennengelernt haben. „Positiv" in dem Sinn, dass dem Controller moderationstechnisch die ganzheitliche Integration der Meinungen und Aspekte zugetraut wird. Der Controller als Moderator einer Strategieklausur hat sich somit auch bei den Teilnehmern der Klausur deren Akzeptanz schon durch Moderationen im „Alltagsgeschäft" verdient und geht somit häufig mit einen Akzeptanzbonus „ins Rennen".

Einstieg durch ein öffentlich geführtes Protokoll

Einen idealen Anlass, um während der Klausur immer wieder in die Moderationsfunktion zu schlüpfen, bildet das gesprächsbegleitende öffentliche Maßnahmenprotokoll am Flipchart. Gibt es während der Diskussion einen Punkt, der als Beschluss oder Maßnahme festgehalten werden kann, sollte der Controller aufstehen und diesen Punkt öffentlich am Flipchart in Stichworten festhalten. Durch ein geschicktes Begleiten der Gruppe mit einem gesprächsbegleitenden Protokoll und dazu gehörenden Fragen kann der Controller die Gruppe so zum Klausurziel (beg-)leiten.

Möglicherweise ist es bei der erstmaligen Übernahme einer Moderationsfunktion für den Controller empfehlenswert, sich durch einen Co-Moderator begleiten zu lassen, da die Anforderungen, u.a. durch Abstimmungen mit den Teilnehmern und dem Hotel in den Pausen, sehr schnell simultan und zeitintensiv auftauchen können. Die Co-Moderationsfunktion könnte entweder durch den stellvertretenden Controller oder einen moderationskompetenten Mitarbeiter der Personalentwicklung wahrgenommen werden. In den Pausen könnte sich das Moderatoren-Duo gegenseitig Feedback geben und über die nächsten Abschnitt e abstimmen.

Auch die Erstellung des Protokolls und der benötigten Protokollfotos könnte so arbeitsteilig erfolgen.

Fachkompetenz zurückstellen

Der Controller kann wesentlich zum bestmöglichen Erfolg einer Strategieklausur beitragen, besser als jeder andere externe oder interne Moderator, wenn es ihm gelingt, seine fachliche Expertise während der Moderationsfunktion etwas zurückzunehmen, da er selber zu vielen Themen einen Expertenstatus haben könnte. Er sollte daher auf eine empfängerorientierte und neutrale Moderation umschalten, in der er insbesondere durch Moderationsmethoden, gesprächsbegleitende Protokolle und Fragen den Klausurprozess begleitet. So können die Klausurteilnehmer eigenständig ihre Ergebnisse erarbeiten und sie somit auch meistens besser akzeptieren.

3 Arbeitsstil in der Strategieklausur

Der Arbeitsstil in der operativen Planung ist eher maßnahmen- und zahlenorientiert. Häufig dominiert ein Rechnen und Verhandeln. Talkshowartig finden eine Bildung von Kompromisslösungen und eine Abstimmung der Teilpläne statt. Controllers Eintrittskarte in den operativen Planungsprozess bilden Zahlen (Analysen, Ist- und Vorschau-Werte) sowie das Planungssystem und sein Planungskoordinationsservice.

Mustererkennung geht vor Detailanalyse

In der strategischen Planung ist der Arbeitsstil hingegen eher durch das „Heranmeinen" im Team geprägt. Muster- oder Trenderkennung ist in diesem Prozess oft passender als zahlenmäßige Scheingenauigkeit. Teilweise wird in der strategischen Planung auch intuitiv gearbeitet, indem die obere Führungsebene einfach einmal über bestimmte Themen unverbindlich diskutieren möchte, im Stil von: „Können wir das wagen? Passt das zu uns?" Die Intuition der Einzelnen ist dabei aber sichtbar und bearbeitungsfähig zu machen, was jedoch nur sehr schlecht an großen Plenumstischen mit z.B. 14 Personen möglich ist, hingegen aber sehr gut durch das Arbeiten in Gruppen. Durch das Arbeiten in Gruppen sind Meinungen, u.a. durch Kartenabfragen, besser einsehbar zu machen. Die Anzahl geschriebener Karten zu einem Hinweis kann als Einstieg in eine Bewertung des Hinweises genutzt werden. Die Arbeit mit den Moderationskarten kann dabei teilweise anonym erfolgen, um eher ehrliche Meinungsäußerungen zu erhalten.

Transparenz schaffen durch anonyme Abfragen

Weiterhin eignen sich sog. skalierende Verfahren besonders gut für die strategische Planung und insbesondere die Strategieklausur. Sie gibt es zunächst in Form von eindimensionalen Skalen. Zu einer Frage wird eine gerade Linie mit zwei Endpunkten (Polen) und passenden Zwischenwerten gezeichnet. Eine Frage könnte z.B. lauten: „Wie happy würden Sie sich mit diesem Lösungsvorschlag fühlen?" Die Skalierung könnte von „gar nicht" (–) mit entsprechenden Zwischenwerten zu „sehr gut" (++) führen oder auch nach Schulnoten erfolgen: von 1 bis 5 oder 6. Die Teilnehmer markieren dazu mit roten Moderationspunkten anonym ihre Einschätzung auf dieser Skala, die sich auf einer, in Bezug zum Zuschauerraum, umgedrehten Pinnwand oder einem umgedrehten Flipchart befindet. Alternativ könnte auch jeder Teilnehmer für sich mit einem Stift eine Skalierung und Bewertung auf einer Moderationskarte vornehmen. Die Moderationskarten werden dann anschließend vom Moderator gesammelt und die jeweiligen „Benotungen" in eine gemeinsame Skala auf einer Pinnwand oder einem Flip-Chart übertragen.

Teilweise bietet sich für das Schaffen von Transparenz auch das Einschätzen auf einer zweidimensionalen Skala an. Sie kann für die folgende Art von Doppelfragen eingesetzt werden: „Wie empfinden Sie a) die Qualität der Zusammenarbeit und b) die Qualität der Sachentscheide in unserer Runde?", z.B. um bei „Halbzeit" einer Strategieklausur auf die Metaebene zu wechseln.

1. Es wird der obere rechte Teil eines Koordinatenkreuzes (=1. Quadrant), für alle sichtbar, in einem größeren Format auf eine Pinnwand oder ein Flipchart gezeichnet.
2. Auf der Y-Achse wird von 0 (=Schnittpunkt) bis 6 die Skala für „Qualität in der Zusammenarbeit" abgetragen und auf der X-Achse die entsprechende Skala für „Qualität der Sachentscheide".
3. Nun haben die Teilnehmer ihre Punkte nach zwei Dimensionen zu platzieren. Die Note für die „Qualität der Zusammenarbeit" (1 bis 6) bestimmt den Y-Wert des Punktes, d.h. seine „Oben-unten-Position". Die Note für die „Qualität der Sachentscheide" bestimmt den x-Wert eines Punktes, d.h. seine „Links-rechts-Position". Klebt ein Teilnehmer seinen Punkt auf die Position y=6 u. x=6, d.h., in die rechte obere Ecke des Koordinatensystems, ist er sowohl mit der Qualität der Zusammenarbeit wie auch der Qualität der Sachentscheide sehr zufrieden.

Typisch für diesen Arbeitsstil ist auch, dass eine spätere Begründung der Position eines Teilnehmerpunktes gegenüber einem unbeteiligten Dritten nur schwer möglich ist. Man kann diesen Dritten dann nur auffordern, beim nächsten Mal selber teilzunehmen und seinen eigenen Punkt zu kleben.

4 Klausurpausen

Regelmäßige Kurzpausen vorsehen

Auch Pausen sollten präzise geplant werden, da man über alles reden kann, nur nicht über 45 Minuten. Danach sinkt häufig die Konzentration der Teilnehmer. Wie in der Schule sollte es daher im Turnus von 45 bis

60 Minuten eine Kurzpause von ca. 6 Minuten geben, zum Lüften von Raum und Köpfen und für Ver- und Entsorgungsprozesse. Im Abstand von 90 bis 120 Minuten sollte jeweils eine größere Pause von 15 bis 20 Minuten eingeplant werden. Obwohl es in Hotels so nicht üblich ist, sollten die Kaltgetränke nicht auf den Teilnehmertischen stehen, sondern auf einem separaten Tisch, damit die Teilnehmer in den Pausen aufstehen und sich bewegen müssen. Warmgetränke sollten zu den großen Pausen immer vor dem Klausurraum positioniert werden. Die Pausen haben so immer wieder den Charakter einer „Entzerrungsübung“: die Teilnehmer müssen sich bewegen und damit bewegt sich teilweise auch über eine physisch-psychische Rückkopplung ihre Einstellung gegenüber einem Thema oder einer Person, womit der Problemlösungsprozess unterstützt werden kann.

5 Debiasing-Techniken

„Drittblick" schaffen

Die kognitive Verzerrung (Bias) ist ein kognitionspsychologischer Sammelbegriff für systematische fehlerhafte Neigungen beim Wahrnehmen, Erinnern, Denken und Urteilen. Sie bleiben meist unbewusst und basieren auf kognitiven Heuristiken. Kurz gefasst: es sind Abkürzungen und „blinde Flecken“ bei der Entscheidungsfindung, die das Risiko von Fehlentscheidungen erhöhen.

So kann bspw. durch anonymes Arbeiten, sowohl bei Kartenabfragen wie auch den skalierenden Verfahren, der sog. „Mitläufereffekt“ vermieden werden. Häufig nennt auf eine Frage der Chef als Erster einen Hinweis bzw. klebt als erster einen Punkt. Viele Teilnehmer glauben dann, auch dieser Einschätzung folgen zu müssen, wodurch der Arbeit Variantenbreite und Offenheit genommen werden. Das anonyme Arbeiten wirkt dieser Einengung entgegen.

Im Rahmen von Strategieklausuren kann insbesondere ein externer Moderator dazu beitragen, kognitive Verzerrungen durch Debiasing-Techniken in Form von moderierten Diskussionen, geheimen Abstimmungen, Checklisten, Pro- und Contra-Listen, Pre-Mortem-Sitzungen sowie der Initiierung der Rolle des „Advocatus Diaboli“ zu reduzieren.

6 Moderationsmedien

Eine besondere Beachtung sollte in der Vorbereitungsphase der Klausur auch auf die Moderationsmedien gelegt werden, da sie in Hotels, auch in Großhotels (!), häufig nicht vollständig oder ordnungsmäßig gepflegt sind, wenn die Hotels nicht ihren ausschließlichen Schwerpunkt auf Weiterbildungsveranstaltungen haben.

6.1 Leinwand und Beamer

Die Standgröße für die Präsentationsleinwände von 2,5 × 2,5 m in Hotelketten reicht zwar für die Präsentation bis zu einer Personenzahl von 12 Teilnehmern, ist für größere Gruppen aber zu klein, insbesondere wenn Zahlen oder Tabellen präsentiert werden, weil der Abstand der Teilnehmer zur Leinwand in der U-Form-Sitzordnung zu groß wird. Eine größere Leinwand ist rechtzeitig von Klausurbeginn zu ordern. Das gilt auch dann, wenn die vorhandene Leinwand Flecken oder Beschädigungen aufweist.

6.2 Moderationskoffer

Eigener Moderationskoffer gibt Sicherheit

Neben Beamer und Leinwand ist ein ordnungsgemäß gefüllter Moderationskoffer ein weiterer kritischer Punkt und eine große Schwachstelle bei seiner Bereitstellung durch Hotels. Meistens enthält er viele leer geschriebene Stifte, zu wenig Moderationsnadeln und -karten sowie kein Klebeband zum Befestigen von Flipchartblättern an der Wand. Die meisten professionellen Moderatoren bringen daher zur Sicherheit immer ihren eigenen Moderationskoffer mit, der auch den Arbeitsgruppen, die auch mit Moderationsmitteln versorgt werden müssen, als zusätzlicher Moderationskoffer zur Verfügung gestellt werden kann.

6.3 Flipcharts und Pinnwände

Pro vorgesehene Arbeitsgruppe sollten mindestens ein mit genügend Papier bestücktes Flipchart sowie 2 bespannte Pinnwände zur Verfügung gestellt werden. Die Pinnwände können zum Sortieren und großflächigen Präsentieren von Flipchart-Blättern oder Moderationskarten benutzt werden; ebenso aber auch als Sicht- und Geräuschschutz zwischen benachbarten Arbeitsgruppen. Es sollte eine ausreichende Menge an Reservepapier zum Auffüllen von verbrauchtem Pinnwand- und Flipchartpapier eingeplant werden.

6.4 Mindmapping

Die Workshoparbeit in den Arbeitsgruppen ist sehr stark papierorientiert. Papier bietet den Vorteil, dass es einfach zu bedienen und zu sortieren ist. Es schafft gegenüber rein mündlicher Arbeit eine bessere Einsehbarkeit, Präsentations- und Dokumentationsfähigkeit. Zudem können viele Teilnehmer simultan schreiben, z. B. Moderationskarten beschriften.

Workshoparbeit mit Notebooks gestaltet sich eher schwierig. Zwar könnte jeder für sich in ein individuelles Notebook schreiben, doch müssten die Beiträge hinterher wieder mühselig in ein gemeinsames Dokument zusammengefügt werden. Auch erwartet man hinterher eine professionelle PowerPoint-Präsentation, die a) nur schwer im Team erstellt werden kann und b) viel Zeit für „künstlerische" Gestaltung benötigt. In der Klausur sollte es um Brainstorming, Koordination, Kooperation, Maßnahmen und Beschlüsse gehen und weniger um die Erstellung einer professionellen PowerPoint-Präsentation.

Software-Lösungen

Eine Ausnahme für den Notebook-Einsatz in Gruppen kann für Mindmap-Programme gelten, auch wenn sie vom Top-Management vielleicht etwas kritisch betrachtet werden. Sie sind einfach zu bedienen und können als „elektronisch unterstütztes Brainstorming" betrachtet werden. Ein Gruppenmitglied sitzt vor dem Notebook. Die Bildschirmoberfläche des aufgerufenen Mindmap-Programms wird mittels Beamer auf eine Leinwand projiziert. Die anderen Teilnehmer rufen dem Notebook-Bediener ihre Ideen zu einer Frage zu, die dieser in Form von „elektronischen" Moderationskarten in dem Mindmap-Programm festhält. Hier gilt im ersten Schritt „Masse vor Klasse". Beim Brainstorming gilt Diskussionsverbot. Die einzelnen Punkte lassen sich anschließend diskutieren, per Drag and Drop einfach zu „Ästen" bündeln und weiterbearbeiten, z. B. mit Maßnahmenvorschlägen, und teilweise auch bequem ins PowerPoint- oder Word-Format exportieren. FreeMind ist bspw. eine kostenlose Mindmap-Software, allerdings ohne Export-Funktion zu Office-Programmen.

7 Nachbereitung

Obwohl es bereits während der Klausur den „Big Talk" und eine Feedbackrunde zum Abschluss gegeben hat, ist es häufig üblich, dass der Leiter der Klausur, in der Regel der Chef, sich noch weitere 4-Augen-Feedbacks zu Maßnahmen und Prozessen einholt. Diese Eindrücke, teilweise unmittelbar im Klausuranschluss mit den anderen Geschäftsführungsmitgliedern, haben aber eher spontanen Charakter. Es geht um das sofortige Festhalten von weiteren Verbesserungsideen und erste Gedanken zur Umsetzung der Ergebnisse der Klausur. Zu weiteren „formalen" Elementen der Klausur-Nachbereitung gehören das Protokoll und die Maßnahmenverfolgung (Maßnahmen-Tracking).

7.1 Protokoll/Dokumentation

Elegant wäre es, wenn das Protokoll bereits als gesprächs- bzw. konferenzbegleitendes Ergebnisprotokoll während der Klausur erstellt wird, parallel

Öffentliches Sofort-Protokoll empfehlenswert

zu Gruppenarbeiten, in den Pausen oder am späten Abend. Dann könnte es vor Klausurende den Teilnehmern mittels Beamer oder in ausgedruckter Form noch einmal vorgelegt werden. Man liest es dann noch einmal im Plenum durch, nimmt evtl. noch gemeinsam kleinere Korrekturen vor und beschließt dann die Annahme. Noch zum Konferenzende oder innerhalb der nächsten Arbeitstage erhalten die Teilnehmer das Protokoll per E-Mail, über ein zentrales Transfer-Laufwerk oder eine SharePoint-Site in elektronischer Form. SharePoint ist eine Webanwendung von Microsoft, die unter anderem die Zusammenarbeit bzw. das Verwalten von Projekten oder die Koordination von Aufgaben unterstützt. Für den Strategieprozess lässt sich ohne großen Aufwand über die IT-Abteilung eine eigene SharePoint-Site einrichten, über die unter Einbezug eines Berechtigungskonzeptes alle Dokumente, Informationen, Termine und Workflows zur Strategie, wie bei einer externen Website, bearbeitet, gespeichert und kommuniziert werden können.

Der Vorteil dieser spontanen und schnellen Protokollform liegt darin, dass sie „gekonnt schlampig“ ist. „Gekonnt“ deshalb, weil das Protokoll sofort nach Konferenzende umsetzungsfähig ist, keinen großen Nachbereitungsaufwand erfordert und nicht im Nachhinein noch manipuliert werden kann. „Schlampig„ mag es vielleicht dadurch wirken, dass es nicht so formvollendet aussieht, wie bei mehrtägiger redaktioneller Nachbearbeitung. Die Vorteile dürften aber überwiegen.

7.2 Maßnahmen-Tracking

Die Ernte der Klausur "einfahren"

Im Protokoll der Strategieklausur sind zahlreiche Maßnahmenbeschlüsse dokumentiert worden, deren Realisierung und Termineinhaltung überprüft werden muss. Es sollte jemand in der Klausur bestimmt werden, der die Umsetzung verfolgt, d.h. die Accountability ausübt. Normalerweise wird diese Aufgabe von einem Mitglied der Geschäftsführung übernommen. Dieses GF-Mitglied müsste sich in seinen persönlichen Terminplan Termine eintragen, zu denen es sich einen Überblick über den Realisierungsgrad der Beschlüsse macht. Häufig wird auch der Controller bestimmt, dieses Maßnahmen-Tracking durchzuführen und den Chef, bzw. das Management-Team, regelmäßig über den Fortschritt der Maßnahmen-Umsetzung zu unterrichten. Wichtig ist nur, dass dafür bereits in der Klausur Nachfasstermine im Protokoll und in den Terminkalendern festgelegt werden und alle Teilnehmer darüber informiert werden. Sonst wird schnell wieder das Tagesgeschäft dominieren. Daher sind Termine und Personen zur Realisierungskontrolle essentiell notwendig. Auch in diesem Zusammenhang kann eine mit SharePoint eigens eingerichtete Strategie-SharePoint-Site wertvolle Prozessunterstützung und Transparenz beim Tracking der in der Klausur beschlossenen Maßnahmen leisten.

Organisation einer Strategieklausur

- Im Rahmen eines Strategie-Reviews lohnt es sich, zu bestimmten Zeitpunkten in Form von Klausuren zu arbeiten.
- Die Strategieklausur bildet ein wichtiges Element im Findungs-, Abstimmungs- und Beschlussprozess zur Strategieerarbeitung, die zügig und zielorientiert am besten in Klausurform realisiert wird. Es gibt keine bessere Möglichkeit des strategischen Abstimmprozesses, wenn die Klausur sorgfältig und professionell vorbereitet und durchgeführt wird.
- In der strategischen Klausur werden eher abstimmungs- und meinungsbildungsbedürftige Themen bearbeitet. Dabei lassen sich Commitments der Teilnehmer gut integrieren.
- Der Beitrag beschreibt detailliert den Ablauf einer Strategieklausur und gibt Tipps für eine erfolgreiche Durchführung.

Inhalt		Seite

Der Autor

Manfred Grotheer, Seit 2011 als Leiter Organisationsentwicklung und Controlling in einem mittelständischen, familiengeführten Unternehmen tätig. Seit 2005 führt er nebenberuflich Projekte als Controlling-Trainer und Berater durch.

1 Strategische Klausur im Planungsablauf

Strategische Planung erfolgt vor der operativen Planung

Die strategische Planung erfolgt logischerweise vor der operativen Planung. Zunächst ist zu klären, was zu tun oder zu lassen ist, erst dann, wie dieses mit welchen Maßnahmen realisiert werden soll. Daher muss die strategische Planung im jährlichen Planungs- und Berichtswesenkalender auch zeitlich früher vorgesehen werden.

Somit gehört die Überarbeitung („Review") der strategischen Planung in den ersten Teil des Jahres, wobei unterstellt sei, dass das Kalenderjahr dem Geschäftsjahr entspricht. Diese Strategieüberarbeitung könnte beispielsweise im Zeitraum von Februar/März, wennwesentliche Ergebnisse/Interpretationen des Vorjahres vorliegen, bis Ende Juni erfolgen, dem Start der operativen Planung. Der benötigte Zeitraum für ein Strategie-Review ist jedoch sehr unternehmensindividuell, da seine Komplexität durch Branchenspezifika und Unternehmensgröße beeinflusst werden.

2 Klausurtermine und -dauer

Strategische Arbeit in Gruppen, nicht am Arbeitsplatz

Strategische Aufgabenstellungen können teilweise nicht in Einzelarbeit hinter dem Schreibtisch erörtert und bearbeitet werden. Hier läutet das Telefon, zeigt Outlook einen neuen E-Mail-Eingang an, trifft unverhofft ein interner oder externer Besucher ein. Weiterhin stören beim problemlösenden Arbeiten an strategischen Aufgabenstellungen in Gruppen, mit Pinnwänden und Flipcharts, innerhalb der Unternehmensräume häufig Schreib- oder Konferenztische.

Eine Empfehlung lautet daher, zu bestimmten Zeitpunkten im Rahmen eines Strategie-Review-Prozesses in Form von Klausuren zu arbeiten.

Strategische Klausur in zeitlicher Nähe zum Himmelfahrtstag

Soll nur eine strategische Klausur pro Jahr stattfinden, hat diese häufig den Charakter einer Abschluss- oder Commitment-Klausur. Ein idealer Zeitpunkt für diese Klausur ist die Zeit um Himmelfahrt, d.h. Ende Mai/Anfang Juni. Dieser Zeitpunkt erscheint deshalb so günstig, da er einerseits zwischen den Jahresabschlussarbeiten und der Gesellschafterversammlung zum Vorjahr und andererseits den Arbeiten im Rahmen der operativen Planung für das nächste Jahr liegt. Kann dieser Zeitraum genutzt werden, um sich in strukturierter, komprimierter und teamorientierter Weise mit der strukturellen Ausrichtung des Unternehmens auf die Zukunft zu beschäftigen? Am Mittwochabend vor dem Himmelfahrtsdonnerstag könnte gestartet werden. Es folgt die Klausurarbeit am Himmelfahrtsdonnerstag und dem folgenden Freitag, der in vielen Unternehmen als „Brückentag" arbeitsfrei ist. Es geht somit keine Zeit vom operativen Geschäft verloren. Beendet wird die Klausur am Mittag des Samstags nach Himmelfahrt, sodass der Samstagabend noch für private Zwecke zur Verfügung steht.

Eröffnungsklausur zum Strategie-Review im März

In größeren Unternehmen kann es auch sinnvoll sein, 2 Strategieklausuren durchzuführen. Die 1. Klausur sollte an 2 Tagen im Februar durchgeführt werden. Sie hat den Charakter einer Eröffnungsklausur zum Review der strategischen Planung, ist eher top-down-orientiert und kann als „Target-Setting-Klausur“ bezeichnet werden. Während dieser Tage werden Kernfragen der Strategieausrichtung bzw. -änderung für die jeweiligen Unternehmensbereiche formuliert und finanzielle Ziele (z.B. Umsatz, EBIT und Free Cashflow) für den Planungszeitraum der Strategie vorgeschlagen.

Gegenseitige Präsentationen fördern bereichsübergreifendes Denken

Anschließend folgen 3-4 Monate, in denen die involvierten Unternehmenseinheiten Zeit haben, ihre Strategien und die erforderlichen Maßnahmenprogramme auszuarbeiten. Deren Präsentation erfolgt im Juni, vor Beginn der operativen Jahresplanung, in einer 2. Strategieklausur, die häufig 3 Tage umfasst. Dieser Teil ist eher „bottom-up“-orientiert: Die Bereichsleiter präsentieren sich gegenseitig ihre Strategien und Zielerreichung im Plenum. Durch die gegenseitige Präsentation mit anschließender Diskussion werden das bereichsübergreifende Denken und der sportliche Wettbewerb gefördert. Im idealen Fall werden „bottom-up“ die strategischen Ziele des Vorstands unter Einhaltung der finanziellen Zielsetzungen erreicht und ein Commitment der Zuständigen geleistet. Daher kann diese Abschlussklausur zum Review der strategischen Planung, auch als „Commitment-Klausur“ bezeichnet werden.

Zusätzlich zu den regelmäßig stattfindenden Strategieklausuren kann es noch anlassorientierte Strategieklausuren geben, z.B. zur Evaluierung der Übernahme eines anderen Unternehmens oder zur Abwehr einer Übernahme des eigenen Unternehmens. Der Aufbau gleicht dem hier geschilderten Aufbau der jährlichen Strategieklausur. Meistens weist die anlassorientierte Strategieklausur eine geringere Themenbreite auf und kann daher ggf. mit geringerer Teilnehmerzahl und zeitlich verkürzt durchgeführt werden.

Positiv emotionalisierende Elemente mit persönlichem Commitment einfügen

Als typische Zeitdauer für eine Strategieklausur haben sich 3 Tage als sinnvoll erwiesen. Wenn sich schon einmal die Möglichkeit ergibt, außerhalb des Tagesgeschäfts ungestört und ohne Zeitdruck in einem hochkarätigen Kreis tagen zu können, sollte diese Möglichkeit auch in vollem Umfang genutzt werden. Zudem lässt sich die Strategieklausur als vertrauensbildende Maßnahme interpretieren, um den Teamcharakter im Management-Team zu stärken. So kann im Rahmen der Klausur die Erstellung eines persönlichen schriftlichen Commitments je Teilnehmer vorgesehen werden. Zum Abschluss der Klausur können auch Agendapunkte mit Symbolcharakter eingefügt werden, z.B. ein Gruppenfoto, die Überreichung eines Glücksbaums oder eines ca. 20 cm^2 großen Puzzlestücks aus einem speziell zu einem Thema der Strategie erstellen Puzzle durch den Geschäftsführer, das die Bedeutung des Einzelnen im „Gesamt-Strategie-Puzzle" visualisiert.

Sind keine stark divergierenden Meinungen und Diskussionen zu einzelnen Themen zu erwarten, kann eine Strategieklausur auch nur bis zum Nachmittag des 2. Tags vorgesehen werden, d.h. bis nach dem „Big Talk" (s.u.), sodass alle Teilnehmer anschließend noch bequem ihre Heimatorte erreichen können.

3 Abzustimmende Themenbereiche in der strategischen Planung

Eröffnet wird die strategische Planungsarbeit zum Jahresanfang durch die Vorselektion strategischer Kernfragen bzw. Schlüsselthemen („Strategic Key Topics"). Diese ergeben sich aus laufenden Marktbeobachtungen, bestehenden und neuen Überlegungen zur Ausrichtung des Unternehmens sowie Vorgaben zur Entwicklung aus der bereits bestehenden Unternehmensplanung.

„Strategic Key Topics" sind auszuwählen

Nicht alle strategischen Themen sind(z.B. aus Vertraulichkeitsgründen) für die Präsentation und Bearbeitung im Rahmen einer Strategieklausur geeignet. Für die den strategischen Review-Prozess eröffnende „Target-Setting-Klausur" werden daher spezifische Themen aus den bereits vorselektierten „Strategic Key Topics" ausgewählt, die für eine Bearbeitung durch Gruppen im Rahmen einer Klausur geeignet erscheinen. Es können Themen aus den Bereichen Produkt, Wettbewerb, Markt, Technologie, Organisation u.a. stammen.

Strategie-Review beginnt mit Blick auf die Kunden

Zentrale, immer wiederkehrende Betrachtungsobjekte in der strategischen Planung sind Kunden(gruppen), Produktbereiche, Regionen und Wettbewerber. Im Rahmen der Strategieüberarbeitung sind hierzu u.a. Veränderungen der Marktentwicklungen und der Wettbewerbspositionen auf den einzelnen Märkten zu analysieren und entsprechende zielführende Maßnahmen zu entwickeln. So können z.B. die Erkenntnisse zur Entwicklung wesentlicher relevanter Märkte im Rahmen einer Strategieklausur präsentiert werden, wobei u.a. auf folgende Einzelaspekte hingewiesen werden sollte:

- Wie sieht die Marktentwicklung in den Märkten aus, in denen wir tätig sind? Erwarten wir Wachstum, Stagnation oder Rezession?
- Aufgrund welcher Verhaltensweisen unserer Kunden bzw. Kundeskunden erwarten wir diese Marktentwicklung?
- Wie verändern sich die Verhaltensweisen unserer Kunden? Welche Verhaltensweisen kommen dazu? Welche Verhaltensweisen fallen weg?

Hinter den Verhaltensweisen verbergen sich gleichzeitig Kundenprobleme, die aus Sicht unseres Unternehmens als Therapiegebiete bezeichnet werden können. Welche Art von Problemen (= Verhaltensweisen) möchten die Kunden von uns besser gelöst (= therapiert) haben?

Veränderung der Wettbewerbsposition analysieren

Ergänzt werden kann die Präsentation zur Analyse der Marktentwicklung durch eine Präsentation zur Entwicklung der eigenen Wettbewerbsposition auf diesen Märkten. Die zu behandelnden Themen sollten möglichst bereits vor der Klausur definiert sein und den Teilnehmern in einer Agenda bekannt gegeben werden. Sie lassen sich generell in 3 Arten von Themen gliedern:

1. Themen mit „Verkündungscharakter" seitens der Geschäftsführung, z. B. Ziele für den Geschäftsbereich innerhalb der nächsten 3 Jahre oder angedachte größere Veränderungen in der Führungs- und Organisationsstruktur.
2. Strategische Themen, die bis zu einem präsentationsfähigen Arbeitsstand durch Arbeitsgruppen vor der Klausur vorbereitet wurden. Die Präsentation in der Klausur soll nun dazu dienen, das Wissen und die Erfahrung der Plenumsteilnehmer zu nutzen, um zu prüfen, ob dem Lösungsstand des Vorschlags noch wesentliche Aspekte hinzugefügt werden können.
3. Themen, die Brainstorming-/Workshop-Charakter haben. Üblicherweise sollen in (Klein-)Gruppenarbeit in Bezug auf eine konkrete Fragestellung Lösungsvorschläge diskutiert und präsentiert werden, die im Anschluss an die Target-Setting-Klausur im Detail weiter zu bearbeiten sind.

Auch non-verbale Kommunikation übermittelt Informationen

In Summe handelt es sich um strategische Themen, für deren weitere Bearbeitung der Leiter des Strategieentwicklungsprozesses, z. B. der Sprecher der Geschäftsführung, es zu diesem Zeitpunkt als wichtig empfindet, dass ein bestimmter Personenkreis physisch präsent ist. Besonders im Rahmen einer Klausur kann die Geschäftsführung wesentliche verbale und nochverbale Impulse setzen und wahrnehmen. Ebenso eignet sich die Strategieklausur auch sehr gut für Geschäftsführer dazu, gruppendynamische Impulse in Bezug auf die Strategie zu initiieren bzw. wahrzunehmen.

4 Teilnehmerkreis

Lieber einen Teilnehmer mehr als einen zu wenig einladen

Normalerweise nimmt an der Strategieklausur das Top-Management, bestehend aus Vorstand oder Geschäftsführung, vollständig teil. Üblicherweise wird der Teilnehmerkreis auf das Geschäftsleitungsgremium, in dem Mitarbeiter der 2. Ebene ihren ständigen Sitz haben, ausgeweitet. Der Teilnehmerkreis sollte sich nicht als elitäres Gremium verstehen, das in isolierter Einsamkeit höhere Einsichten generiert, sondern sollte mit dem Alltagsgeschäft verbunden sein. Themen und Einsichten sollten auch „von unten" in dieses Gremium einfließen können. Evtl. kann die Teilnehmerzahl auf ca. 35 Personen aus dem Führungskreis ausgeweitet werden, insbesondere wenn es sich um größere Veränderungen in der strategischen Ausrichtung handelt: Möglichst viele „Umsetzer" können so rechtzeitig in motivierender Weise einbezogen werden, i. S. d. Moderationsregel: „Mache die Betroffenen zu Beteiligten!"

5 Klausurort

Übernachtungen zu Hause vermeiden

Zur Durchführung einer Strategieklausur eignet sich normalerweise nicht der übliche Konferenzraum eines Unternehmens, da sich in der Sitzordnung dieses Raums gleichzeitig auch die Hierarchie spiegelt, was den offenen Diskussionsprozess der strategischen Planung negativ beeinflussen könnte. Der strategische Abstimmungsprozess sollte zunächst eher hierarchiefrei starten. Auch sind im Fall einer Inhouse-Klausur häufig nicht alle Teilnehmer anwesend, obwohl während einer Klausur Präsenzpflicht herrschen sollte. Strategische Klausuren sollten daher als Außer-Haus-Veranstaltungen über 2-3 Tage an einem entlegenen Ort (Hotel, Bildungszentrum, Kloster, Berghütte etc.) durchgeführt werden, von dem aus niemand am Abend nach Hause oder in die Firma fahren kann und damit die Gefahr ausgeräumt wird, dass evtl. am nächsten Morgen jemand nicht wiederkommt. Ein Beispiel für eine derartige Strategieklausurtagung ist die bundesweit bekannte jährliche Klausurtagung der CSU im entlegenen oberbayerischen Wildbad Kreuth.

Individuell anreisende Teilnehmer zu diesem entlegenenVeranstaltungsort sollten unbedingt rechtzeitig vorab eine eindeutige Anfahrtsskizze mit den verschiedenen Anreisemöglichkeiten und -zeiten erhalten. Diese sollte auch Telefonnummern für kurzfristige Fragen, Spätanreisen und Absagen enthalten. Weiterhin kann eine vorab verteilte Teilnehmerliste die Möglichkeit zur Bildung von Fahrgemeinschaften zum Klausurort unterstützen.

Vorher „Vor-Ort-Besichtigung" durchführen

Im Falle eines neuen Klausurorts, über den noch keine Erfahrungswerte vorliegen, sollte der für die Moderation Zuständige unbedingt einen Lokaltermin durchführen, um das Hotel und seine Ausstattung zu beurteilen. Häufig werben vor allem kleinere Land-, Sport- oder Ferienhotels sehr verlockend in ihren Prospekten und am Telefon mit ihren Vorzügen, die dann aber oftmals vor Ort nicht den Erwartungen an professionelle Moderationsabläufe entsprechen.

Ein besonderes Augenmerk sollte bei der Auswahl des Orts den „Sitzungsräumen" gewidmet werden. Diese sind möglichst den Tageszeiten der Veranstaltung entsprechend vorab zu besichtigen, insbesondere nicht bei

Dunkelheit. Speziell die Kombination Beamer-Projektionsfläche ist in Augenschein zu nehmen. Ist der Beamer leistungsstark genug? Ist die Projektionsfläche groß genug, sodass auch am entferntesten Platz eine gute Einsehbarkeit der projizierten Inhalte gegeben ist? Ebenso sollte die Einwirkung des Sonnenlichts auf die Projektionsfläche geprüft werden. Gibt es funktionstüchtige Jalousien? Es wäre nicht das erste Mal, dass eine wichtige Präsentation eines Geschäftsführers zur Strategie nicht lesbar und damit „einsehbar" ist, weil die Sonne direkt auf die Projektionsfläche einstrahlt bzw. indirekt über Schneeflächen oder Wasserflächen auf die Leinwand reflektiert wird. Im Notfall lassen sich dann die Fenster noch durch dickes Pinnwandpapier verdunkeln, um die Projektion sehen zu können.

6 Ablauf

„Bei Start und Landung angeschnallt!"

Folgende Regel ist für den Ablauf der Klausur von besonderer Bedeutung: „Bei Start und Landung angeschnallt!" Diese aus der Luftfahrt entliehene Regel soll darauf hinweisen, dass gerade der Start und das Ende einer Konferenz besonders sorgsam geplant und durchgeführt werden sollten. Der erste und der letzte Eindruck bleiben besonders haften. Der erste Eindruck beeinflusst sehr das Klausurklima. Fühlen sich die Teilnehmer tatsächlich willkommen? Überzeugt der „Veranstalter" durch Kompetenz, indem alles perfekt organisiert ist? Der letzte Eindruck ist hingegen besonders wichtig für das Nachwirken der Veranstaltung. Wird die Klausur mit einem positiven Eindruck abgeschlossen? Verlassen die Teilnehmer motiviert die Klausur, dürften auch die beschlossenen Maßnahmen eher motiviert umgesetzt werden und die Teilnehmer sind offen gegenüber der nächsten Veranstaltung, weil sie Positives erwarten. Dazwischen darf es während der Klausur ruhig etwas „wackeln", d. h., es kann Abweichungen geben, auf die spontan und improvisiert reagiert wird.

6.1 Vorabend: Start

Klausurbeginn mit Abendstart

Als Start für eine Strategieklausur hat sich der Abendstart bewährt. Es wird am Vorabend des ersten vollständigen Klausurtags angereist, auch wenn es schwerfallen mag, eine zusätzliche Nacht außer Haus zu verbringen. Die Zimmer im Hotel dürften zu diesem Zeitpunkt wahrscheinlich sofort zu beziehen sein. Man kann sich dann frisch machen und anschließend das Terrain und den Seminarraum erkunden. Man gewinnt so „Stallgeruch".

Bevor man sich um 18.30 Uhr zum gemeinsamen Abendessen trifft, kann evtl. ab 16.00 Uhr eine Vorkonferenz der Geschäftsführung im kleinen

Kreis zur finalen Vorbereitung der Klausur stattfinden. Die „große Runde“ startet mit ihrer Klausur nach dem Abendessen im Klausur-/Seminarraum als Plenumsveranstaltung. Auch wenn man sich kennt, sollten die Plätze im Plenum mit Namensschildern versehen sein, als Adressplatz zur Ablage von Unterlagen und als Zielort bei der Rückkehr aus Gruppenarbeiten. Evtl. sind noch kleine Namensschilder für das Jackett oder das Hemd vorzubereiten, wenn sich nicht alle Teilnehmer kennen. Die Sitzplätze im Plenum sollten so rechtzeitig vor Klausurbeginn vorbereitet sein, dass bereits der erste Teilnehmer bei seinem Erkundungsgang im Haus einen für ihn „gedeckten Tisch“ findet und in Ruhe begrüßt werden kann. Zu präsentieren wären zum Veranstaltungsstart, d.h. nach dem Abendessen, noch einmal die schon in der Einladung mitgeteilte Agenda, die Regularien zur Bezahlung der Zimmer, Speisen, Getränke und sonstiger Extras sowie das Zeitbudget. Es sollte darauf hingewiesen werden, dass sich im Rahmen einer Selbststeuerung alle Teilnehmer bemühen sollten, das Zeitbudget einzuhalten.

Informelle Eintrittskarte in Who-is-Who-Runde abgeben

Anschließend erfolgt eine Who-is-Who-Runde. Wenn sich alle Teilnehmer bereits kennen, dann haben die jeweiligen Beiträge eher Update-Charakter. Etwas Aktuelles lässt sich fast immer einfügen, z.B. über den derzeitigen Aufgabenschwerpunkt und die individuelle Erwartung an die Veranstaltung. Die Beiträge haben dabei auch die Funktion des Abgebens einer Eintrittskarte des Dazugehörens zur Veranstaltung.

Anschließend ist eine Ansprache des Chefs vorzusehen, die noch einmal den Sinn und Zweck der Zusammenkunft unterstreichen sollte. In dieser könnte er noch einmal die Bedeutung der Veranstaltung und den Ernst der Lage betonen sowie bestimmte Statements zu den zu behandelnden Themen seine Erwartungen an die Teilnehmer kommunizieren. In einer dramatischen Strategieklausur zum Turnaround eines Unternehmens forderte der Vorstandsvorsitzende einer Aktiengesellschaft in seinem entsprechenden Prolog sogar dazu auf, auf der Suche nach Möglichkeiten alles zu hinterfragen: „Sie dürfen alles infrage stellen, auch meine Position!“ Auch könnte der Chef den evtl. begleitenden (externen) Moderator vorstellen und die von ihm zu erbringende Moderationsfunktion erläutern.

Abendstart mit Chef-Rede als „Kopfkisseneffekt“

Es ist günstig, wenn der Chef seine Rede bereits am Eröffnungsabend hält, d.h. vor Beginn der fachlichen Arbeit am nächsten Tag, weil er sie dann bereits los ist und sich etwas mehr entspannen kann und die Teilnehmer einen Nachdenk- oder „Kopfkisseneffekt“ haben, über den sie in kleineren Runden noch bei einem informellen „Nachttrunk“ nachdenken und diskutieren können. Diese eher „weichen“, qualitativen oder meinungsbildungsbedürftigen Informationen können von den „Empfängern“ psychologisch besser am Abend als am Morgen aufgenommen werden. Am Morgen wären eher quantitative und nüchterne Themen auf der Agenda zu platzieren. Schon beim Abendstart sollte auf eine präzise Einhaltung des Zeitbudgets geachtet werden, um entsprechende Verhaltensweisen bei den Teilnehmern für die kommenden Tage „vorzuspüren“. Auf keinen Fall sollte es bei der Veranstaltung Open-End-Diskussionen geben, auch wenn die Worte des Chefs evtl. dazu Anlass geben. Bei Open-End-Diskussionen setzt sich meistens derjenige durch, der am trinkfestesten ist oder das bessere „Sitzfleisch“ hat. Selten ergibt sich dabei jedoch die sachlich beste Lösung. Daher sollten „Open-End-Diskussionen“ möglichst vermieden werden, außer sie sollen bewusst als „Poker-Instrument“ eingesetzt werden. Gewünschte vertiefende Gespräche können zu einem späteren Zeitpunkt auf der Agenda vorgesehen werden oder bei Einzelfragen als 4-Augen-Gespräche im Nachgang zur Plenumsrunde erfolgen.

Als Starttermine für Strategieklausuren, z. B. vor Himmelfahrt, bietet sich entweder der Sonntag- oder Mittwochabend an. Bei einem Start am Sonntagabend würde die Klausur bis Mittwochmittag dauern, bei einem Start am Mittwochabend bis zum Samstagmittag. Der Vorteil eines Starts am Sonntag wäre, dass die Teilnehmer den Sonntag als Reisetag nutzen könnten und ausgeruht mit Tatendrang aus dem Wochenende kämen. Der Vorteil des Starts an einem Mittwochabend wäre, dass die Teilnehmer schon etwas „Produktives“ in der Woche geleistet haben und zum nahenden Wochenende hin etwas „lockerer“ würden. Auch mag sich das Klausurende am näher rückenden Wochenende evtl. beschleunigend auf einzelne Beschlüsse auswirken.

Klausurstarts am Morgen haben Nachteile

Alternativ können Strategieklausuren auch am Montag- oder Donnerstagmorgen um 10.00 Uhr beginnen. Die Teilnehmer müssen dann aber teilweise früh aufstehen und kommen müde am Klausurort an. Trotz Zeitknappheit nach der Anreise haben die Klausurteilnehmer dann häufig das Gefühl, erst einen Kaffee trinken oder gar ein zweites Frühstück zu sich nehmen zu müssen. Anschließend möchte man sein Zimmer beziehen und sich etwas frisch machen. Häufig sind die reservierten Hotelzimmer aber vor 12:00 Uhr noch nicht bezugsfertig, sodass zunächst der Verbleib des Gepäcks zu klären wäre, entweder im Konferenzraum oder in einem separaten Kofferraum. Eine längere Mittagspause wird dadurch für das Beziehen der Zimmer erforderlich. Alle diese Prozesse, insbesondere wenn sie nicht eingeplant wurden, binden Zeit und Personal.

Evtl. verspäten sich einige Teilnehmer noch durch Probleme auf der Reise (Staus, Probleme mit Zügen oder Flügen). Es kann eigentlich nicht richtig begonnen werden, bevor nicht auch die letzten Teilnehmer eingetroffen sind. Die Rede des Chefs sowie die Erläuterung zur Agenda und zur Vorgehensweise, z. B. zur Arbeit in Gruppen, können noch nicht erfolgen. Andernfalls wird die begonnene Arbeit ständig durch zu spät in den Konferenzraum eilende Teilnehmer unterbrochen. Ebenfalls wird es für nach dem Konferenzbeginn ankommende Teilnehmer auch länger dauern, bis sie sich in die Gruppe integriert haben, insbesondere wenn sie erstmalig in diesem Kreis mitwirken. Häufig ist dann der erste Tag bis zur Mittagspause bereits missraten. In diesem Zusammenhang wäre eine weitere bedeutsame Klausurregel zu nennen: „Das Rennen geht häufig am Anfang verloren!" Sie betont einerseits, ähnlich wie die o.g. Regel „Bei Start und Landung angeschnallt", die Bedeutung des ersten Eindrucks und seine Folgewirkungen, enthält aber zusätzlich noch einen Aspekt des Zeitmanagements. Eine Zeitüberschreitung, die am Anfang der Klausur eingetreten ist, kann meistens nur schwer aufgeholt werden. Diese Regel ist weniger für einen Klausurstart am Abend von Bedeutung, sondern besonders für Starts am Morgen. Häufig sind größere Verzögerungen beim Morgenstart kaum noch während der Klausur einzuholen. Beim Abendstart bietet die erste Nacht noch immer eine Möglichkeit für verspätetet angereiste Teilnehmer, nach Ende des offiziellen Teils noch etwas „Stallgeruch" mit verbleibenden Teilnehmern zu erhalten und zum fachlichen Start in den Arbeitsgruppen am Morgen pünktlich anwesend zu sein.

Unterstützung durch Assistenz empfehlenswert

Durchaus sinnvoll kann es sein, die Strategieklausur durch eine Assistenz begleiten zu lassen. Sie würde als Verbindung zwischen Geschäftsführung, Teilnehmern, Hotel etc. während der Klausur agieren. Für Spätanreisen, Absagen, Erkrankungen, Raumänderungen, Probleme mit der Technik, Moderations- und Präsentationsmaterialien wäre die Assistenz der erste Ansprechpartner. Ebenso für Änderungen der Vortragsunterlagen (PowerPoint-Präsentationen) oder die Erstellung von Vor-Ort-Protokollen.

Zusammenfassend wird hier festgestellt, dass sich das Investment in einen Vorabend-Start lohnt, da am Morgen des 1. Tags bereits alle Teilnehmer ausgeruht und pünktlich anwesend sind und außerdem schon ein zielorientierter Teambildungsprozess am Vorabend stattgefunden hat. Die Gruppen können, im Vergleich zu einem Klausurbeginn mit Morgenstart, schneller und motivierter in die Bearbeitung der Themen einsteigen.

6.2 1. Tag: Vormittag

Im Folgenden geht diese Darstellung einer Strategieklausur von einem Vorabendstart aus. Bei einem Morgenstart wären alle Zeitangaben um ca. einen halben Tag nach hinten versetzt zu betrachten.

Der Morgen des 1. vollen Klausurtags wäre in diesem Fall mit den Präsentationen von 3-4 Gruppen zu beginnen, die ihre klausurrelevanten strategischen Themen bereits im Vorfeld dieses Termins vorbereitet haben. Ca. 45 Minuten sind pro Gruppe bei 4 zu präsentierenden Themen vorzusehen. Die Präsentationsmedien für die jeweiligen Präsentationen (Beamer, Flipcharts, Pinnwände) werden idealerweise schon am Vorabend bereitgestellt und die Referenten mit ihnen vertraut gemacht.

Beamer testen

Besonders erwähnt sei hier die Vorbereitung des Beamer-Einsatzes. Es gibt Seminarveranstalter, die ihren Referenten in den Vertragsbedingungen vorschreiben, dass 30 Minuten vor Seminarbeginn das Notebook mit dem Beamer verbunden sein muss und die Präsentation des Vortrags technisch startfähig ist. Das hat seinen guten Grund, da das Zusammenspiel zwischen Beamer und Notebook aufgrund der verschiedenen Anschlussmöglichkeiten (Mini-Display Port, VGA, HDMI, DVI) noch immer problematisch ist. Besonders schwierig und ablaufstörend kann es werden, wenn jeder Präsentierende seinen eigenen Laptop mitbringt und stündlich jeweils neue technische Verbindungen mit dem Beamer hergestellt werden müssen. Empfehlenswert ist es daher, dass alle Präsentationen über denselben Laptop erfolgen, dessen Beamer-Verbindung vorher getestet wurde. Die Präsentationsdateien werden diesem Notebook dann per USB-Stick, E-Mail oder per VPN-Zugriff auf einen zentralen SharePoint zur Verfügung gestellt. Es ergibt sich einfach ein anderer Eindruck, wenn der neue Geschäftsführer seine Präsentation wie ein Dirigent vor einem Orchester beginnen kann. Ein alternatives Szenario wäre es, wenn Geschäftsführer zusammen mit Assistenz und IT-Leiter bzw. Hotel-Elektriker in Gegenwart der Klausurteilnehmer ca. 30 Minuten versuchen, die Präsentation zu starten. Idealerweise kann man diese Abweichung dann noch als Controllinggleichnis zur Bewältigung von Abweichungen und Generierung von Lernimpulsen für die Zukunft nutzen.

Weiterhin ergibt sich die Frage nach der passenden Sitzordnung während dieser ersten 4 Präsentationen. Selbstverständlich lassen sich die 4 eröffnenden Präsentationen auch im Plenum an einem großen Konferenztisch oder in einer hufeisenförmigen Sitzordnung durchführen, klassisch eben. Empfehlenswert könnte es jedoch sein, diese Präsentationen nicht an den Plenumstischen durchzuführen, da durch diese Form der Sitzordnung häufig auch Hierarchien abgebildet sind: Zum Präsentationsende schauen alle auf den Chef und warten auf sein Statement.

Sitzordnung im Stil einer Pressekonferenz

Alternativ wäre es empfehlenswert, die meisten Präsentationen und Diskussionen außerhalb des Plenums in separaten „Arbeitsnestern" in Ecken des großen Konferenzraums oder in separaten Gruppenarbeitsräumen durchzuführen. Wichtig ist es, dass diese Präsentationsplätze keine Tische enthalten, hinter denen die Teilnehmer Platz nehmen und sich „verschanzen" können. Evtl. können Tische aber zur Ablage von Unterlagen an den Wänden stehen. Die Teilnehmer nehmen nebeneinander auf Stühlen (ohne davorstehende Tische) Platz. Wer stehen mag, kann das in der letzten Reihe auch gerne tun. Alle schauen so auf das Thema bzw. die Präsentation, die das physische Zentrum dieses Ensembles aus Teilnehmern und Präsentationsmedien bildet. Alle Teilnehmer haben so ihre „Körperfront" auf das Thema (Pinnwand, Beamer etc.) ausgerichtet und nicht auf einen anderen Teilnehmer oder den Präsentierenden. Man sitzt oder steht im Halbkreis nebeneinander vor dem Thema.

Interaktionen zwischen Kleingruppen und einer Großgruppe

Jede Arbeitsgruppe präsentiert als „Kleingruppe" ihre Ergebnisstände, d.h. den derzeitigen Stand der Arbeitsergebnisse, der noch nicht das endgültige Ergebnis sein muss, der „Großgruppe" bzw. dem Plenum. Die Großgruppe besteht aus allen Teilnehmern der Strategieklausur, die normalerweise über das jeweilige Thema informiert werden müssen. Sie kann gleichzeitig als Wissens- und Erfahrungsspeicher für die weitere Bearbeitung des Themas integriert werden. Ob das gelingt, hängt wesentlich davon ab, wie die Diskussion zu den jeweiligen Themenpräsentationen gelingt.

6.2.1 Organisation der Diskussionen

Moderationskarten fördern die Sachorientierung

Verständnisfragen durch Plenumsteilnehmer sollten vom Präsentierenden bzw. dem Moderator während der Präsentation zugelassen werden, da sonst ein fragender Teilnehmer der Präsentation inhaltlich nicht mehr folgen kann. Fragen mit Diskussionscharakter, d.h. mit anderen Meinungen oder kontroversen Beispielen, sollten bis zum Ende der Diskussion zurückgestellt bzw. verboten werden. Häufig „beißt" man sich bei sofortiger Diskussion von Meinungsverschiedenheiten an diesem Punkt fest und die Präsentation kann nicht bis zum Ende weitergeführt werden bzw. wird sogar (aus Zeitgründen) abgebrochen. Empfehlenswert ist daher bei der erstmaligen Präsentation eines Themas in einer Strategieklausur die schriftliche Diskussion. Andere Meinungen, auftretende Fragen und Gedanken sind von den jeweiligen Plenumsteilnehmern auf Moderationskarten festzuhalten: pro Gedanken eine Moderationskarte. Nach dem Ende der jeweiligen Präsentation sammelt der Moderator die Moderationskarten ein. Anschließend sollten ca. 15 Minuten für die Präsentation dieser Karten mit Diskussionsverbot vorgesehen werden. Erst nach der Präsentation aller Karten ist die Diskussion zu einzelnen Karten „eröffnet". Bleibt keine Zeit mehr, sind die Karten evtl. auch ohne „Ausstellung" und Diskussion dem Leiter der präsentierenden Gruppe zu übergeben. Die schriftliche Diskussion weist zahlreiche Vorteile auf:

- Sie geht sehr schnell, da die Beiträge simultan festgehalten werden können und nicht nacheinander per mündlicher Meldung.
- Die Chef-Meinung ist weniger präjudizierend und beeinflusst die anderen Teilnehmer weniger.
- Ebenso hemmt die in schriftlicher Form geäußerte Meinung von Experten die aktiven Beiträge der anderen Teilnehmer weniger.

- Die geschriebenen Moderationskarten haben gleichzeitig Protokoll-Charakter.
- Die Moderationskarten bilden den Input für eine weitergehende vertiefte Bearbeitung der Themen.

6.2.2 Berücksichtigung weiterer Themen

Nach der Präsentation der vorbereiteten Themen können diese mithilfe der Diskussionsergebnisse möglicherweise in Form einer folgenden Workshoprunde innerhalb dieser Klausur zum Teil vertieft werden. Weiterhin können jetzt zusätzliche Themen aus der Agenda Eingang in die Klausur finden. Dabei sollte es sich aber um Themen handeln, die keinen großen Vorbereitungsaufwand im Vorlauf erfordern. Sie sind noch vor dem Mittagessen zu formulieren und zu organisieren: Welche Themen sind noch im Weiteren zu bearbeiten? Wer möchte, kann oder soll an welchem Thema im Team arbeiten?

Die zusätzlichen Themen sind schriftlich auf jeweils einem Flipchart oder einer Pinnwand aufzuschreiben. Die Zusammenstellung der zusätzlichen Arbeitsgruppen kann wie folgt geschehen:

- Die häufigste Form der Gruppeneinteilung ist die Vorgabe durch den Klausurleiter, der bestimmte Themen, je nach Themenstellung, entweder in einer homogenen Gruppe (z.B. nur Vertrieb, nur Marketing etc.) oder heterogen (je 1 Mitarbeiter aus Vertrieb, Marketing, Produktion, HR, Controlling etc.) bearbeitet haben möchte.
- Alternativ kann bei etwas „offeneren" Themen auch ein Selbstentscheid durch die Teilnehmer erfolgen, indem
  - sich die Teilnehmer jeweils vor die Pinnwand mit dem Thema stellen, an dem sie mitarbeiten möchten.
  - jeder Teilnehmer eine Moderationskarte mit seinem Namen schreibt und sie an die Pinnwand mit dem Thema steckt, an dem er mitarbeiten möchte bzw. sie unter die jeweilige Pinnwand auf den Boden legt. So kann eine unterschiedliche Arbeitsstärke der Gruppen transparent gemacht und Teilnehmer ggf. zum Wechsel motiviert werden, falls eine Gruppe zu groß und zu klein zu werden scheint.

Die Größe der Arbeitsgruppen sollte zwischen 3 und 8 Teilnehmern liegen. Bei geringerer Teilnehmerzahl bildet sich keine genügende Pluralität der Meinungen und Erfahrungen. Bei mehr als 8 Teilnehmern muss die Gruppe sehr viel Zeit auf die Organisation der eigenen Gruppe verwenden.

Bei der Gruppenbildung sind 2 Personengruppen besonders zu berücksichtigen: Chefs und Experten. Wirken Chefs bei der Gruppenarbeit mit,

Chefs und Experten besonders einweisen

fühlen sich andere Teilnehmer teilweise gehemmt. Der Moderator sollte daher den Chef bei der Vorbereitung der Klausur oder im Vorfeld der Gruppeneinteilung unter „4 Augen" auf diese Problematik aufmerksam machen. Der Moderator könnte dem Chef vorschlagen, stattdessen während der Gruppenarbeitsphase pro Gruppe 2- bis 3-mal zu einer motivierenden kurzen Stippvisite für ein paar kurze Momente in den arbeitenden Gruppen vorbeizuschauen. Durch motivierende und inspirierende Hinweise vom Chef kann die Motivation der Arbeitsgruppe gefördert, aber nicht nachhaltig aufgehalten werden.

Durch diese Vorgehensweise kann auch einem zu starken Abweichen einer Gruppe vom erwarteten Ergebnis rechtzeitig vorgebeugt werden. Mit Experten ist ähnlich zu verfahren. Sie haben normalerweise in ihrem Thema einen großen Wissensvorsprung gegenüber den anderen Teilnehmern. Wirken Experten in einer Gruppe mit, ist es häufig eine Expertenarbeit und keine Gruppenarbeit, bei der das Niveau der Teilnehmer halbwegs gleich sein sollte. Der Experte schaut dann häufig auf das geringe Fachwissen der Teilnehmer „herab", während die anderen Teilnehmer den Experten möglicherweise als arrogant empfinden. Insofern sollte der Moderator mit den Experten ebenfalls Einzelgespräche im Vorfeld der Gruppeneinteilungen führen und sie auf diese Problematik hinweisen, verbunden mit der Frage, ob sie sich in der jeweiligen Gruppe etwas zurückhalten könnten oder gar in einer anderen Gruppe mitwirken möchten, um so eine Art unbefangenen „Drittblick" mit neuen Ideen von der Gruppe zu erhalten, die sein Expertenthema bearbeitet.

6.2.3 Mittagspause

Zeitersparnis durch Buffet-Essen oder Entscheidungsliste

Auch bei der Organisation der Mittagspausen lassen sich ablauftechnische Verbesserungen erzielen. Sowohl zeitsparend wie auch den individuellen Geschmack berücksichtigend sind Buffets. Mit Buffets lässt sich ein Mittagessen um 30 Minuten kürzer gestalten als mit Bedienungsservice. Doch bieten viele Hotels Buffets aus wirtschaftlichen Gründen erst bei einer größeren Teilnehmerzahl oder mehreren Gruppen an.

Gibt es Menüs á la carte, sollte eine Menüauswahlliste bereits bei der morgendlichen Kaffeepause ausgefüllt und auf die passende Teilnehmerzahl geprüft werden. Hotels fangen häufig mit dem Servieren einer Suppe erst dann an, wenn der letzte Teilnehmer am Tisch Platz genommen hat. Dieses Warten auf einzelne Teilnehmer kann schnell 15 Minuten Verzögerung erzeugen. Empfehlenswert ist es daher, mit dem Personal bereits einen festen Zeitpunkt festzulegen, an dem die Suppen auf den Tischen stehen, z.B. 12.30 Uhr. Schließt man die Vormittagsrunde pünktlich um 12.30 Uhr, kann man sich unmittelbar an die Tische mit den warmen Suppen setzen und hat unnötige Verzögerungen vermieden.

	Vorabend	1. Tag
Vormittag 8.30–12.30		▪ Start der Präsentationen vorbereiteter Themen (= 1. Runde) mit Diskussion mittels Moderationskarten ▪ Zwischenresümee • Welche Themen sollen vertieft werden? • Welche aufgetretenen Spontanthemen sollen bearbeitet werden? • Wer geht zu welchem Thema?
Nachmittag 14.00–18.30	▪ 18.00 Uhr: Anreise ▪ 18.30 Uhr gemeinsames Abendessen	▪ Start der simultanen Arbeit in Form verschiedener Themenbaustellen (= 2. Runde) ▪ Präsentation der Gruppenarbeitsergebnisse „vor Ort" an den Gruppenarbeitsplätzen ▪ Präsentation eines leichteren Themas vor dem Abendessen ▪ Diskussion
Abend 20.00–22.00	▪ Regularien ▪ Vorstellungsrunde mit Abfrage der Erwartungen ▪ Chef-Rede, inkl. Nachdenkeffekt	▪ Präsentation eines 2. Themas nach dem Abendessen ▪ Meinungsbildungsbedürftige Themen eher am Abend

Abb. 1: Ablauf einer Strategieklausur im Überblick – Vorabend und 1. Tag

Die „gewonnenen" 15 Minuten können anschließend genutzt werden, um einen kleinen Spaziergang, allein oder in informellen kleineren Gruppen, um das Klausurhaus herum zu machen, etwas Ruhe auf dem Zimmer zu genießen, Telefonate zu führen oder E-Mails zu beantworten. Vor dem pünktlichen Start in die Nachmittagsrunde um 14.00 Uhr sollte für diejenigen Teilnehmer, die es möchten, noch ein Startkaffee eingeplant sein, um das Leistungstief nach dem Mittagessen leichter zu überwinden.

6.3 1. Tag: Nachmittag

6.3.1 Vertiefende Arbeit an bestehenden Themen

Die weiterführende Arbeit an den Themen startet in Kleingruppen um 14.00 Uhr. Nach dem Mittagessen ist es günstig, mit Abläufen zu starten, die die Teilnehmer aktiv einbeziehen, um der Lethargie nach dem Mittagessen entgegenzuwirken. Es werden in einer neuen Runde die bereits präsentierten Themen des Vormittags vertiefend bearbeitet bzw. die Arbeit an den neuen Themen aufgenommen. Der Moderator sollte dazu eine kurze Einführung in die anzuwendenden Arbeitsweisen und Präsentationsmethoden geben.

Hinweise zunächst auf „Bestehen" prüfen

Den Einstieg in die fachliche Vertiefung kann eine Auswertung der Moderationskarten aus der schriftlichen Diskussion vom Vormittag durch die präsentierende Gruppe bieten, die weitgehend fortgeführt werden sollte. Jede ausgefüllte Karte sollte zunächst auf „Bestehen" geprüft werden, d.h., man sollte folgender Frage folgen: „Was spricht dafür, diesen Hinweis noch mit einzufügen?" Evtl. werden nach der Auswertung der Karten noch weitere Hinweise und Antworten vom Plenum benötigt. Diese Fragen sind für einen 2. Präsentationslauf als „Zündfragen" zu formulieren. Evtl. werden auch Bewertungen/Abstimmungen benötigt, wozu von der Arbeitsgruppe anonyme Punktabfragen vorzubereiten sind. Evtl. hat die schriftliche Diskussion aber auch Bestätigung und Konsens gezeigt, sodass die Präsentation für die nächste Runde schon beschlussfertig gestaltet werden kann.

6.3.2 Einstieg der Arbeit in neue Themen

Kartenabfragen zum Start der Arbeit in Gruppen erhöhen Meinungsvielfalt und Aktivitätsniveau

Parallel zu den „Fortführungsgruppen" des Morgens starten die vor dem Mittagessen neu gebildeten Gruppen ihre Arbeit an den weiteren vorgesehenen Themen. Günstig für einen schnellen, umfassenden Einstieg in das jeweilige Thema ist die „Spontanstandabfrage" in der jeweiligen Arbeitsgruppe: „Wer hat welche Ideen, Vorschläge, Kenntnisse, Erwartungen zu diesem Thema?" Die Karten werden dann vom Moderator der Kleingruppe eingesammelt und interaktiv auf 2 Pinnwänden zu inhaltlich passenden Themengruppen geordnet, was als „Clustern" bezeichnet wird. Während der Arbeit in den Kleingruppen kann sich die jeweilige Kleingruppe informell auf einen Moderator aus ihrem Kreis während der Arbeit einigen, aber auch vereinbaren, dass sich jedes Teammitglied für den Moderationsprozess verantwortlich fühlt, d.h. jeder ist auch abwechselnd in der Moderationsfunktion tätig.

„Clustern" in Gruppen führt zum roten Faden für inhaltliche Bearbeitung

Im nächsten Schritt versucht die jeweilige Arbeitsgruppe, Zusammenhänge und Strukturen zwischen den Clustern zu identifizieren, aus denen ein roter Faden für die Erarbeitung des Themas zu entwickeln ist. Anhand dieses roten Fadens ist die Präsentation incl. Lösungsvorschlag in visueller Form vorzubereiten, möglichst unter Berücksichtigung der geschriebenen Moderationskarten. Die visuelle Aufbereitung mit allen entdeckten Facetten ist besonders wichtig, da sie das Verständnis bei den Präsentationsempfängern erhöht. „Ein Bild sagt mehr als tausend Worte", heißt es in der deutschen Sprache. Die englisch sprechenden

Nationen benutzen dafür die Redewendung „I see!", wenn sie etwas verstanden haben. Durch (Ein-)Sehen zum Verstehen.

Um ca. 17.30 Uhr startet der 2. Durchgang der Themenpräsentationen. Generell sollten Präsentationen zum oder am Abend eher einen „weicheren" und meinungsbildungsbedürftigeren Themencharakter haben. Empfehlenswert könnte es auch sein, mit einem sehr konsensfähigen Thema vor dem Abendessen zu beginnen, damit sich ein Gefühl des Erfolgs einstellt, was sich positiv verstärkend auf die nächsten Präsentationen nach dem Abendessen auswirken könnte.

6.4 1. Tag: Abend

Meinungsbildung eher am Abend einplanen

Nach dem Abendessen sollte spätestens um 20.00 Uhr der Abendstart erfolgen. Hier kann entweder ein weiteres, eher qualitatives und meinungsbildungsbedürftiges Thema platziert werden, das auch etwas schwieriger sein und weitere individuelle Nachdenkgespräche am späteren Abend initiieren könnte. Themen mit diesem Charakter könnten z. B. aus den Gebieten Leitbildanpassung, Nachfolgeregelungen für den Inhaber oder Veränderungen von Führung und Organisation (Profit-Center/Sparten) etc. stammen.

Alternativ könnte auch ein Gastvortrag zur Information bzw. Entspannung i. S. e. Kaminzimmergesprächs vorgesehen werden. Dieser würde beispielsweise über allgemeine technologische oder wirtschaftliche Entwicklungen informieren oder persönlichkeitsbildend, selbstmanagement- oder gesundheitsfördernd sein. Aber auch Themen aus den Rubriken Kultur und Genuss haben sich schon bei entsprechenden Veranstaltungen bewährt, z. B. durch einen Vortrag über interessante Kunstwerke bzw. Künstler (der Region, in der man tagt) oder eine Verkostung der regionalen Weine oder Biere.

Auch an dieser Stelle ist wieder die Regel zu berücksichtigen: „Keine Open-End-Diskussionen!" Zwischen 22.00 Uhr und 22.30 Uhr ist ein Stopp im Plenum auszurufen. Keiner ist ab diesem Zeitpunkt mehr verpflichtet, noch an der Veranstaltung teilzunehmen. Irgendwann sind Aufnahmefähigkeit und -willigkeit erschöpft. Außerdem sollte die Regeneration berücksichtigt werden, um am nächsten Tag wieder fit zu sein.

	2. Tag	3. Tag
Vormittag 8.30 – 12.30	▪ Fortsetzung der Präsentation mit den 2-3 verbleibenden Themen ▪ Präsentation vor Ort an den Gruppenarbeitsplätzen ▪ Mündliche Diskussion ▪ Am Morgen eher „nüchterne“ Themen, z. B. mit umfangreicheren Zahlenteil	▪ Fertig werden mit der abschließenden Bearbeitung der Themen in den Gruppen (Ergebnisse aus der zweiten Präsentationsrunde einfügen) ▪ Zusammenstellung folgender Listen im Plenum: • Maßnahmenliste (To-do-Liste): Wer hat was wann wem zu liefern? • Offene-Punkte-Liste: Wer ist für folgende Themen bis zu ihrer Bearbeitung „Kümmerer“? ▪ Gemeinsame „Lesung“ des Protokolls im Plenum (Stichwort und Maßnahmenprotokoll) ▪ Evtl. ein abschließendes gemeinsames Mittagessen ▪ Shakehands & Farewell ▪ Sammeln letzter Protokollbestandteile (Fotos, Mitnahme von Original-Flipcharts aus Dokumentationsgründen ▪ Klausurraum aufräumen
Nachmittag 14.00 – 18.30	▪ Plenumsrunde ▪ Allgemeine Aussprache: Wie ist es bislang gelaufen? Inwieweit wurden die Erwartungen erfüllt? Was ist noch zu tun bzw. muss verändert werden, um noch weitere Erwartungen zu erfüllen. ▪ (Zusammen-)Fassen von Beschlüssen ▪ Ausflug zu einem rustikalen Abendessen	
Abend 20.00 – 22.00	▪ Community-Building (Gastvortrag, Weinprobe etc.)	

Abb. 2: Der Ablauf einer Strategieklausur im Überblick – Tag 2 und 3

6.5 2. Tag, Vormittag

Um 8.30 Uhr startet der 2. Klausurtag mit den am 1. Nachmittag vorbereiteten 2-3 Präsentationen, die am Abend des Vortags noch nicht präsentiert wurden. Am Morgen wären eher die nüchterneren zahlen- und analysenorientierten Themen zu präsentieren. Zu diesem Zeitpunkt herrscht noch ein hohes Energie- und Konzentrationsniveau, sodass sich die Gruppe in diesem Zeitraum auch intensiveren analytischen Aufgaben und Themen stellen kann.

„Nüchterne“ Themen am Morgen

6.6 2. Tag, Nachmittag

6.6.1 Zusammenfassung und Aussprache im Plenum über die bisherigen Ergebnisse und Erlebnisse

Nach dem Mittagessen könnte ein „Big Talk“ im Plenum stattfinden, der durch den Moderator intensiv begleitet werden sollte. Dieser Zeitpunkt

Klausur-Plan-Ist-Vorschau-Vergleich vornehmen

ist nämlich sehr gut dafür geeignet, um für das laufende „Klausurprojekt" einen Plan-Ist-Vergleich und einen Forecast durchzuführen, d.h. einen Controlling-Prozess in eigener Sache. Wie ist es bislang gelaufen in der Sache und in der Zusammenarbeit? Was kann und muss noch getan werden? An dieser Stelle ist auch ein Blick auf die Agenda zu werfen. Wo wollte man inhaltlich sein und wo steht man tatsächlich im Klausurablauf? Müssen evtl. Änderungen an den restlichen Klausurinhalten, in der Teamzusammensetzung oder am Zeitplan vorgenommen werden? Kann aber evtl. auch schon etwas beschlossen werden?

6.6.2 Protokollfunktion

Ergebnisprotokoll statt Verlaufsprotokoll

Mit dem Festhalten von Zwischenergebnissen und ersten Beschlüssen ist implizit auch die Frage verbunden, was schon protokollwürdig ist. Kann das Protokoll schon teilweise im Plenum oder im Background vorbereitet werden? Bei der Wahl zwischen Verlaufs- und Ergebnisprotokoll sollte sich eindeutig für das Ergebnisprotokoll entschieden werden, weil es weniger Aufwand erzeugt und alles Wesentliche, d.h. die Maßnahmen, Zuständige und Termine enthält.

Wichtig ist auch die Bestimmung des Protokollführers, da mit Protokollen häufig „Politik" gemacht wird. Wer kann sich nach mehreren Tagen, wenn das Protokoll verteilt wird, noch an die genaue Formulierung eines Beschlusses erinnern, außer dem Protokollführer, wenn er die Formulierung richtig notiert hatte. Daher wird der Protokollführer häufig vom Chef bestimmt, dem er für etwaige Korrekturen das Protokoll vorzulegen hat, bevor es veröffentlicht wird. Diese Protokollform könnte als traditionell bezeichnet werden: Eine Person, z.B. die Assistenz oder der Controller, schreibt im Auftrag des Chefs die Beschlüsse mit, die im Nachhinein verteilt werden.

Sofortprotokolle sind sofort arbeitsfähig und manipulationssicher

Alternativ bietet sich das öffentliche Sofortprotokoll an. Es wird immer dann, wenn das Plenum einen (Maßnahmen-) Beschluss gefasst hat. Es wird öffentlich geführt, entweder als gesprächsbegleitend fortgeführte Liste auf einem Flipchart, von dem ein Fotoprotokoll erzeugt wird, oder mittels Notebook, MS-Office-Programmen und Visualisierung der Beschlüsse, möglichst simultan, über einen Beamer. Diese Form der öffentlichen Protokolle mag auf den ersten Blick nicht so wohlformuliert und optisch perfekt wirken. Doch ist ein derartiges Protokoll sofort arbeitsfähig, durch Ausdruck oder E-Mail-Versand. Weiterhin ist es kostengünstig und manipulationssicherer, da jeder Teilnehmer die Formulierung mitverfolgen und evtl. Korrekturwünsche im Plenum äußern und diskutieren kann.

Originalunterlagen von Pinnwänden (z.B. gesammelte und ausgestellte Moderationskarten) und Flipcharts lassen sich am besten mit einem Foto mittels einer Digitalkamera oder eines Smartphones als Fotoprotokoll dokumentieren. Diese Fotos werden in die entsprechenden Microsoft-Office-Dokumente eingebunden oder angefügt.

6.6.3 Symbolhafter „Quo-Vadis-Ausflug"

Strategische Themen symbolhaft erlebbar machen

Nach dem „Big Talk“ im Plenum kann ein symbolischer „Quo-Vadis-Ausflug“ zu einer gastronomischen Einrichtung, evtl. mit Unterstützung von Taxen oder eines Busses bei der Hin- und Rückfahrt, eingefügt werden. Die Bezeichnung „Quo-Vadis“ ist der lateinischen Sprache entnommen. Die deutsche Übersetzung lautet: „Wohin gehst Du (Unternehmen/Geschäfts- oder Produktbereich)?“ Bei den Quo-Vadis-Überlegungen geht es um neue Produkte/Dienstleistungen und Märkte, denen man sich als Unternehmen widmen möchte. Wohin will oder muss sich der Geschäfts-/Produktbereich bzw. das Gesamtunternehmen entwickeln?

Bewegung kann Bewegung in Diskussionen bringen

Durch physische Bewegung, z.B. bei einem Spaziergang, kann teilweise auch wieder Bewegung in Verhandlungen gebracht werden, insbesondere wenn sich die Diskussionen „festgefahren“ haben. Beim Gehen bewegt man sich und diskutiert nebeneinander, auf ein gemeinsames Ziel ausgerichtet, und nicht gegenüber, was schnell zu einer Konfrontationshaltung führen könnte. Auch scheint sich der Geist bei Spaziergängen für neue Gedanken und Kompromisslösungen zu öffnen. Weiterhin kann man die Situation in zahlreichen Einzelgesprächen sondieren. Mal schließt man zu einem vorauseilenden Gesprächspartner, mit dem man Gedanken austauschen möchte, durch schnelleres Gehen auf; dann lässt man sich wieder zu einem anderen Gesprächspartner zurückfallen. Vielfältige wechselseitige Gespräche sind so möglich.

Am späteren Nachmittag des 2. Klausurtags ist dieser „Quo-Vadis-Ausflug“ richtig „eingetaktet“, um rechtzeitig vor Ende der Klausur am 3.n Tag noch einmal Bewegung in festgefahrene oder kontroverse Themen zu bringen.

6.7 3. Tag, Vormittag

Am Vormittag des 3. Tags hat die Fertigstellung der Themen durch die Gruppen zu erfolgen und die Verabschiedung der jeweiligen Ergebnisstände im Plenum. Das Protokoll wäre entsprechend noch zu komplettieren und zu verabschieden. Besondere Bedeutung hat im Rahmen des Protokolls die „To-do-Liste“ für den Zeitraum nach der Klausur. Dabei ist die Maßnahme (Was?) in Stichworten zu formulieren. Sie ist an eine zuständige Person, einen Kümmerer, zu adressieren (Wer?) und ein Endtermin ist zu fixieren, da man meistens erst bei Terminen fleißig wird.

Schließlich kann noch ein Themenspeicher gefüllt werden mit Themen für weitere strategische Entwicklungen, zu denen noch Informationen und Ideen zu sammeln sind. Auch für die Themen des Themenspeichers sind Zuständige zu formulieren.

Die Strategieklausur endet vor dem Mittagessen mit einer nochmaligen kurzen Feedbackrunde, einem positiven Ausblick des Chefs und Dankesworten an alle Teilnehmer für das Engagement in den letzten Tagen. Wer möchte, kann noch zu einem fakultativen Mittagessen bleiben, doch werden die meisten bei einem Klausurende am Samstagmittag eher mit einem Lunchpaket nach Hause starten wollen. Auch das müsste vorhersehend bereitgestellt werden

7 Resümee

Die Strategieklausur bildet ein wichtiges Element im Findungs-, Abstimmungs- und Beschlussprozess zur Strategieerarbeitung, die zügig und zielorientiert am besten in Klausurform realisiert wird. D.h. raus aus dem Tagesgeschäft, ohne Störungen durch Besucher und gemeinsam im Management-Team, auch wenn es zeit- und kostenintensiv sein mag. Es gibt keine bessere Möglichkeit des strategischen Abstimmprozesses, wenn die Klausur sorgfältig und professionell vorbereitet und durchgeführt wird.

Open Innovation als strategisches Instrument in mittelständischen Unternehmen nutzen

- Innovationen in KMU zu verstetigen erfordert zwangsläufig Vernetzung, offene Kommunikationsstrukturen und die Berücksichtigung externer Informationen zu Markt und Kunden – eben Open Innovation!
- Am Beispiel der Textilbranche werden Veränderungen über die Zeit aufgezeigt: von der Einzelproduktion zu industrieller Massenfertigung und Produktionsverlagerung durch Globalisierung bis zu der heute durch Digitalisierung möglichen Produktion mit Losgröße 1.
- Im Beitrag werden 4 aufeinander abgestimmte Pakete für Open Innovation beschrieben, die im Rahmen von futureTEX von einem Projektteam entwickelt wurden. Sie lassen sich einfach auf mittelständische Unternehmen auch aus anderen Branchen übertragen. Damit werden Innovationen nicht (mehr) dem Zufall überlassen, sondern in der Unternehmensstrategie verankert.

Inhalt **Seite**

Die Autoren

Dr. Matthias Nagel, Managing Director der Simba n^3 Software GmbH. Als Data Scientist verfügt er über jahrzehntelange Erfahrung in der Analyse von Massendaten.

Robert Mothes, Wissenschaftlicher Mitarbeiter am Sächsischen Textilforschungsinstitut e.V. (STFI). Im Rahmen des BMBF-Projekts future-TEX liegen seine Aufgabenbereiche im unternehmensübergreifenden Innovationsmanagement, der interdisziplinären Kooperation und vernetzten Forschung sowie in informationstechnologischen Assistenzsystemen.

1 Warum Open Innovation?

In einer Zeit intensivier Arbeitsteilung, Globalisierung, kürzerer Produktlebenszyklen, Digitalisierung und steigender FuE-Kosten muss sich auch die Innovationslandschaft nachhaltig verändern. Klassische Innovation findet noch häufig hinter verschlossenen Türen von Forschungsabteilungen statt, damit Innovationen im Besitz einer Firma bleiben. Bei kleinen und mittleren Unternehmen findet man oft das „Not-invented-here"-Syndrom: Ideen, die von außen kommen, können doch nicht besser für das eigene Unternehmen sein als die eigenen Entwicklungen.

Nutzenfelder

Dabei ist das Gegenteil richtig: Der Blick nach außen – Open Innovation – birgt gerade für den Mittelstand, bei dem finanzielle und personelle Ressourcen für Forschung und Entwicklung i. d. R. eher begrenzt sind, ein erhebliches Potenzial:

- Kompetenzen ergänzen und bündeln
- Das kreative Potenzial verbreitern
- Am technologischen Fortschritt partizipieren
- Innovationen beschleunigen
- Innovationsrisiken und damit auch finanzielle Risiken verteilen

Es macht also Sinn, sich dem Wissen und Ideen von außen zu öffnen und Internet und soziale Medien für den Austausch von Ideen und Informationen über institutionelle Grenzen hinweg zu nutzen. Mehr Wissen über Kunden, Lieferanten und Nutzergemeinden kann substanzielle Beiträge für die Produktentwicklung bringen. Es verringert sich auch das Risiko, am Markt vorbei zu entwickeln. Entwicklungszyklen lassen sich so verkürzen.

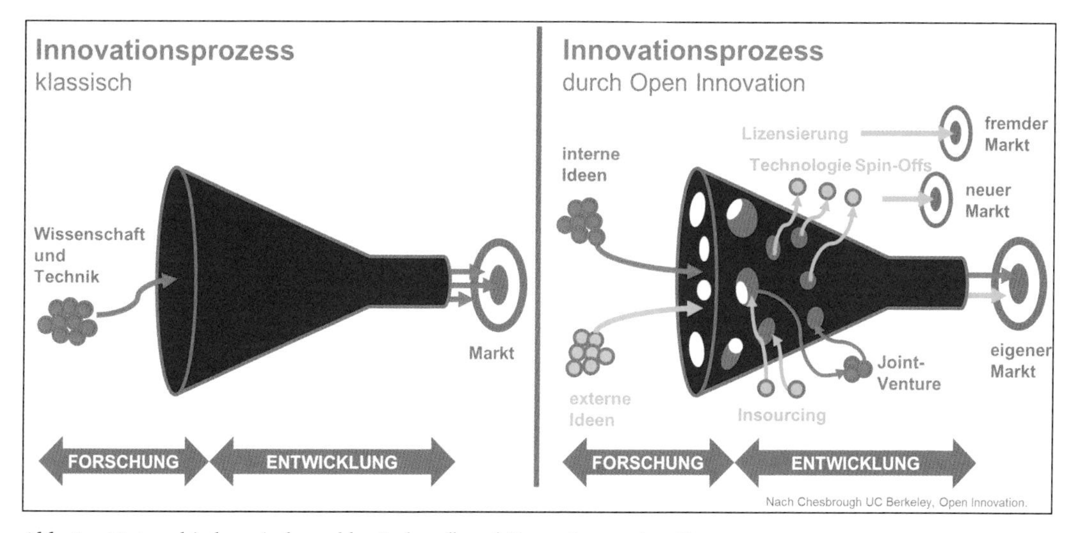

Abb. 1: Unterschiede zwischen „klassischem" und Open-Innovation-Prozess

Das Schema in Abb. 1 verdeutlicht den Unterschied zwischen klassischen und offenen Innovationsprozessen.

Offenheit als Grundvoraussetzung

Offene Innovation erfordert aber immer einen Einstellungswandel und hat viel mit der Strategie zu tun, den Innovationsprozess eines Unternehmens als Ganzes zu öffnen, um alle Mitarbeiter einbeziehen zu können. Da sich Anwender dem Thema „Innovation“ über unterschiedliche Wege und Methoden annähern können, ist eine Strukturierung der Sichtweisen nötig. Abb. 2 verdeutlicht, dass Open Innovation auf einer individuellen, einer unternehmensinternen und einer unternehmensexternen Ebene stattfindet.

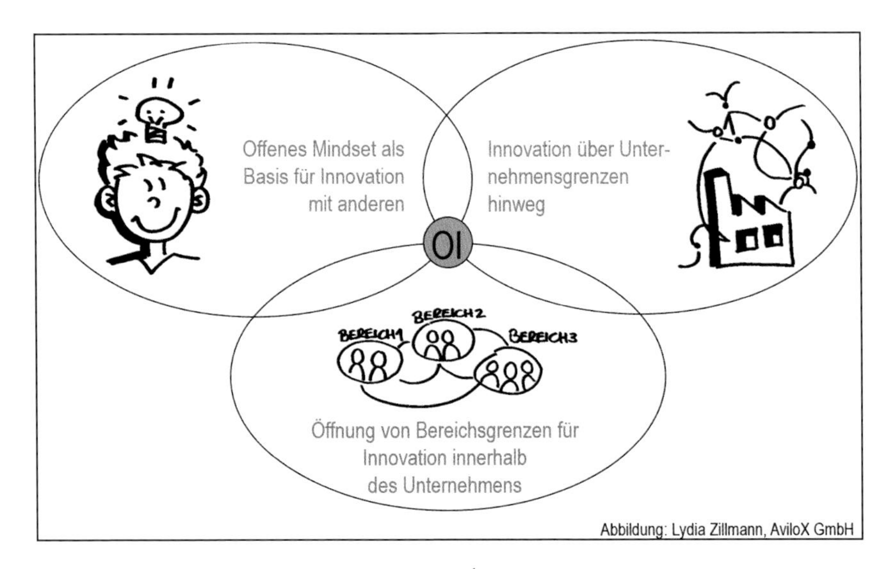

Abb. 2: Strukturierung von Open Innovation[1]

Als Anwendungsfall für Open Innovation soll im Folgenden die Textilbranche betrachtet werden, die einerseits enormen Veränderungen unterliegt und anderseits im Bereich technischer Textilien durch Innovation charakterisiert wird.

2 Open Innovation in der Textilbranche

2.1 Eine Traditionsbranche im Umbruch

Aufstieg und Fall einer Branche

Am Beispiel der Textilindustrie wird dieser Wandel mit seinen Chancen und Risiken besonders deutlich. Die Textilindustrie trug mit ihrer ausgesprochen arbeitsintensiven Produktion – durchaus vergleichbar mit dem Bergbau – ganz wesentlich zu Aufstieg und Blüte ganzer Regionen bei.

[1] Quelle: Zillmann, AviloX GmbH.

Im 19. Jahrhundert war die Einzelproduktion für die Textil- und Modeproduktion vorherrschend. Sie wurde im Verlaufe des 20. Jahrhunderts schrittweise von der Massenproduktion abgelöst: Kostenersparnis durch immer günstiger werdende Massenprodukte löste die Individualität ab. Die beginnende Globalisierung in den 60er-Jahren tat ihr Übriges. Es folgten Auslagerung und Billigproduktion in Niedriglohnländern im asiatischen Raum. Heute kommen vor allem Bekleidungstextilien aus Asien und werden dort auch ausgestattet und konfektioniert.

Das führte unweigerlich zu einem Niedergang der klassischen Textilindustrie. Heute gibt es in Mitteleuropa so gut wie keine Betriebe mehr, in der sämtliche Produktionsstufen vom Rohstoff bis zum Endprodukt betrieben werden. Von den rund 900.000 Stellen noch in den 70er-Jahren in Deutschland blieben in der Textil- und Bekleidungsindustrie noch 117.000 übrig; nicht einmal jeder 7. Betrieb überlebte.

2.2 Digitalisierung mischt die Karten neu

Die Digitalisierung verändert Wirtschaft und Gesellschaft grundlegend. Charakteristisch dafür sind ein geändertes Kommunikationsverhalten und eine Vernetzung von allem mit allem und jedem. Ein radikal geändertes Kauf- und Kundenverhalten erfordert kundenzentrierte Services. Produkte müssen konsequent aus Kundensicht neu gedacht werden. Kleine Start-ups attackieren mit innovativen neuen Lösungen ganze Branchen und zwingen diese zur Veränderung. Auch etablierte Großunternehmen, bis gestern noch Marktführer, werden von der digitalen Disruption erfasst. „Too big to fail" trifft längst nicht mehr zu, wie die Beispiele der Banken und der Automobilkonzerne zeigen.

Befriedigung individueller Kundenwünsche

Chancen für eine Trendwende zurück zur inländischen Produktion liegen vor allem in der Digitalisierung und einem geänderten Kundenverhalten:

- Konsumenten möchten individuell und ihrem Konsumverhalten entsprechend bedient werden und verlangen zunehmend flexible Produkte.
- Verbraucher können sich heute vor dem Kauf über Nachhaltigkeit der Produkte informieren. Sie möchten mehr über die ökologischen Fußabdrücke ihrer Einkäufe erfahren. Weitere wichtige Motive sind die Verknappung von Bio-Baumwolle, das Vorhandensein gefährlicher Chemikalien in der Kleidung und die Arbeitsbedingungen in den asiatischen Textilbetrieben als Folge des „immer mehr – immer billiger".
- Hinzu kommt aber auch die „harte" Ökonomie der Hersteller: Kosten für Lieferungen aus Fernost lassen sich kaum weiter senken, die Lohnstückkosten sind ebenfalls auf einem Minimum angelangt.

- Dem gegenüber stehen mögliche und erhebliche Kostenersparnisse durch Vernetzung und Digitalisierung von Produktions- und Geschäftsprozessen, die eine kostengünstige Produktion sogar für Losgröße 1 ermöglichen.

Bei der Textilindustrie wird die Entwicklung von der Einzelproduktion über die Massenproduktion hin zur Losgröße 1 besonders gut sichtbar.

Comeback mit technischen Textilien

Den größten Wachstumsschub erhielt die Textilbranche aber durch funktionelle, auch oft „intelligente" Fasern, Flächen und Bauteile: Das Comeback der schon verloren geglaubten deutschen Textilindustrie gründet sich auf die technischen Textilien, die eine wissensintensive und forschungsnahe Produktion erfordern. Mit mehr als 50 % des Branchenumsatzes[2] ist Deutschland bei den technischen Textilien heute ein Weltmarkführer – mit ungebremsten Zuwächsen im In- und Ausland. Deshalb ist es interessant, sich Einsatzfeld und „Wunderwelt" der technischen Textilien etwas genauer anzusehen.

Technische Textilien

- warnen vor Krankheiten und helfen beim Diagnostizieren (z.B. Hemden messen Puls, Hautfeuchtigkeit und Körperbewegungen; Textilien töten Bakterien und können Wunden heilen).
- übertragen Daten (z.B. Sensoren in Textilien von Kleidung, Sensoren in Aufzugseilen oder in Verbundstoff-Rotoren von Windrädern).
- speichern oder erzeugen Energie (z.B. gewebte Reserve-Akkus, Kunststoffgewebe können bei Bewegung Strom erzeugen).
- revolutionieren das Bauen: Carbonbeton mit den Komponenten Beton und Carbon-Bewehrung rostet nicht, ist wartungsärmer, hat eine voraussichtliche Lebensdauer von 200 Jahren, ermöglicht dünnere Betonummantelungen als bei Stahlbeton und bedarf in der Produktion weniger Rohstoffe und Energie.
- werden in den Branchen Automobil, Luft- und Raumfahrt eingesetzt.

Innovation als entscheidender Erfolgsfaktor

Charakteristisch für technische Textilien sind Innovationen. Man kann bei der hiesigen Textilindustrie heute einen Anteil von Produktneuheiten finden, den man sonst nur noch von Innovationsführern wie z.B. dem Maschinenbau kennt. Maschinenbau und Textilindustrie haben als Branchen die Gemeinsamkeit, dass sie mit **intelligenten Produkten** gegen eine ausländische Billigkonkurrenz ankämpfen. Beide Branchen würde es ohne ständige Innovationen und Hightech-Produkte in Deutschland so nicht mehr geben.[3]

---

2 Laut Industrieverband IVGT.
3 TechTex – Deutsche Textilien sind mehr als Kleidung von der Stange, 2016.

2.3 Innovationen, gute Ideen und digitale Transformation nicht dem Zufall überlassen

Um mit Losgröße 1 (Mass Customization) produzieren zu können, sind digitale Produktionsprozesse erforderlich. „Intelligente Textilien“ und deren Einsatz in neuartigen Produkten erfordern Wissensmanagement, Forschungsnähe, eine betriebliche Innovationskultur und nicht zuletzt die kontinuierliche 360°-Sicht auf Kunden und Märkte – Themen der digitalen Transformation.

Forschungsprojekt fördert Innovation

2014 wurde vom Bundesministerium für Bildung und Forschung (BMBF) futureTEX als größtes Forschungsvorhaben in der Geschichte der deutschen Textilindustrie gestartet und seitdem gefördert.[4] Das Konsortium von futureTEX verfolgt das anspruchsvolle Ziel, die führende Position bei der Umsetzung der 4. industriellen Revolution im Textilmaschinenbau und in der Textilindustrie zu erringen und damit bis 2030 das modernste textilindustrielle Wertschöpfungsnetzwerk Europas aufzubauen.

2016 existierten in Deutschland 710 Betriebe der Textil- und 252 Betriebe der Bekleidungsindustrie, in denen in der Mehrzahl weniger als 100 Mitarbeiter beschäftigt sind. Viele Textilunternehmen sind seit Generationen im Familienbesitz. In den Unternehmen einer solch stark mittelständisch geprägten Branche fehlen meist FuE-Strukturen. Um dennoch Innovationen nicht dem Zufall zu überlassen, sondern systematisch in der Unternehmensstrategie zu verankern, wurde im Rahmen von futureTEX das Basisvorhaben Open Innovation durchgeführt. Aufbauend auf Vorstudien[5] wurde speziell für die Textilbranche ein kreativitäts- und vernetzungsorientierter Open-Innovation-Ansatz entwickelt. Das Open-Innovation-Konzept wurde zudem mit analytischen Werkzeugen aus den Bereichen Früherkennung und Zukunftsforschung kombiniert, um neue Anwendungsfelder für textile Werkstoffe und Technologien systematisch zu erkennen.

futureTEX und Open Innovation

Für das Forschungsvorhaben futureTEX ist Open Innovation in Kombination mit Werkzeugen für Ideen- und Konzeptgenerierung als intelligenter Innovationsmotor der Textilbranche angedacht. Die Ziele dabei sind, die Innovationsentwicklung von neuen Produkten, Services und digitalen Prozessen und Geschäftsmodellen nicht allein dem Zufall zu überlassen, sondern systematisch zu verstetigen und die Akteure der gesamten textilen Wertschöpfungskette einzubeziehen.

---

4 futureTEX gehört zu den Gewinnerprojekten des Programms „Zwanzig20 – Partnerschaft für Innovation“ des BMBF; vgl. www.futuretex2010.de.

5 AviloX GmbH, Vorstudie: Erarbeitung eines Machbarkeitskonzeptes zur Nutzung von OI-Methoden und -Plattformen für die Aktivierung der interdisziplinären Arbeit in der ostdeutschen Textilindustrie, 2014.

Open Innovation kann alternativ zur Strukturierung nach Sichtweisen (wie in Abb. 2) auch thematisch wie in Abb. 3 untergliedert werden. Zu jeder Thematik können verschiedene technologische Werkzeuge aus den Bereichen Web 2.0, Visual Analytics, Technologieradar und Marketing zum Einsatz kommen.[6]

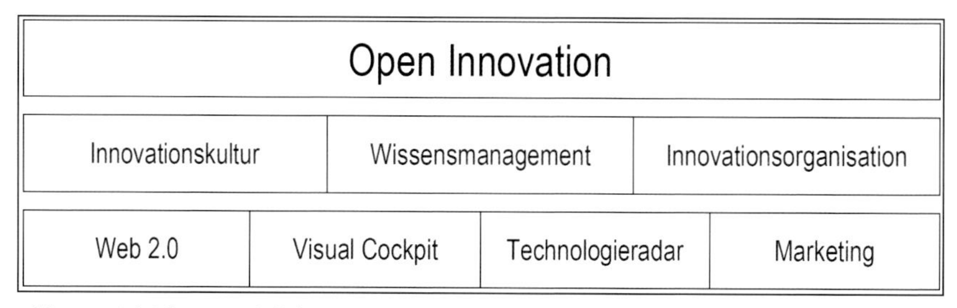

Abb. 3: Schichtenmodell für Open Innovation

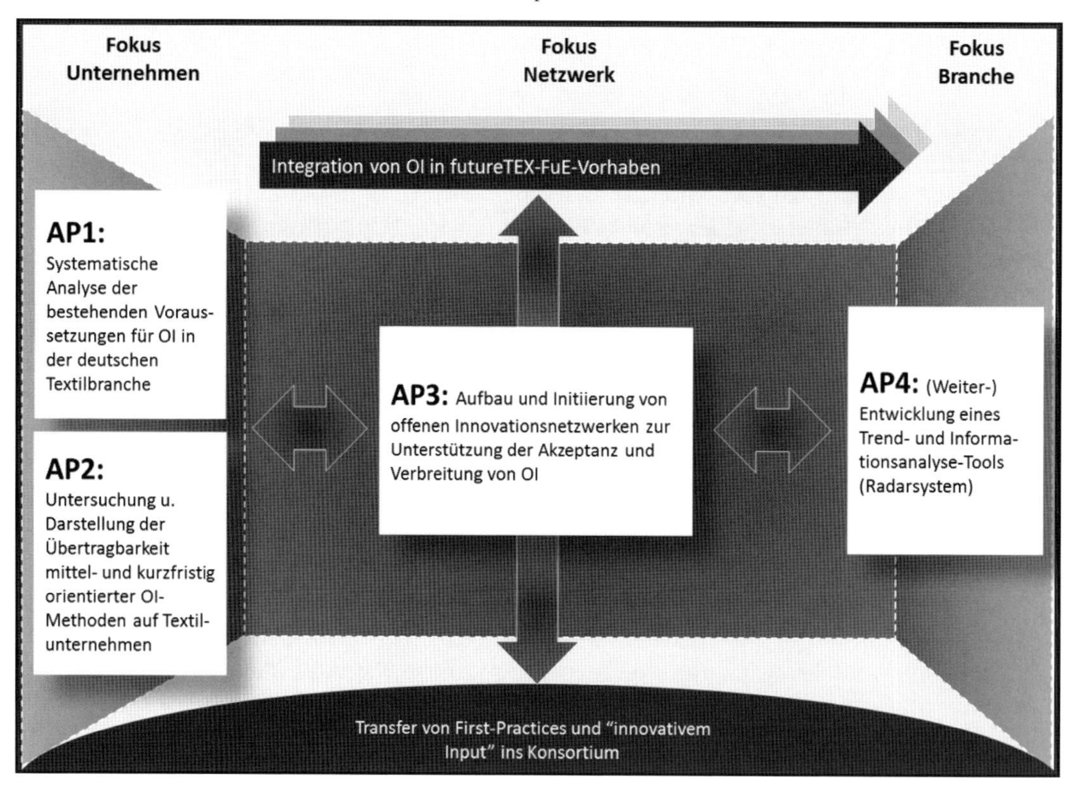

Abb. 4: Arbeitspakete und deren Zusammenhang im Vorhaben

[6] Mit Web 2.0 sind die digitale Vernetzung und der Aufbau von sozialen Plattformen gemeint. Im Projekt wurde der Open-Innovation-Prozess durch die Visual Analytics Software VisualCockpit und einen an die Textilbranche angepassten Technologieradar unterstützt. Eine Marketingtoolbox erhöht die Verfügbarkeit des gesamten Open-Innovation-Prozesses für die Textilbranche.

Zu Projektbeginn wurden von den Projektpartnern deren angedachte Beiträge für das Open-Innovation-Vorhaben als „Lösungssteckbriefe" mit einheitlich strukturierten kurzen Inhalten zu den **Herausforderungen**, zum **Lösungsansatz**, zu einer **Kurzbeschreibung** der Lösung, zu **Nutzen** und **Aufwand** sowie zu den **konkret zu erbringenden Leistungen** und **Ansprechpartnern** formuliert. Damit waren die mit dem Vorhaben abzudeckenden Inhalte und Aufgaben jedes Partners fixiert und ließen sich wie in Abb. 4 zusammenfassen.

Lösungssteckbriefe

3 Ein Open-Innovation-Paket für den Mittelstand

Im Projekt wurde für die Textilbranche ein bedarfsgerecht geschnürtes OI-Paket zur Verfügung gestellt, dessen Bestandteile generell vom Mittelstand nutzbar sind. Hier eine Skizzierung der einzelnen Bestandteile.

3.1 Systematische Analyse zum Stand von Open Innovation

Ist-Analyse

Im 1. Schritt wurde der Ist-Stand in der deutschen Textilbranche ermittelt. Dazu wurde mit zahlreichen Vertretern der Textilindustrie, die bereit waren, offen über das Thema Innovation in ihren Unternehmen zu sprechen, ein **Open Innovation Day** durchgeführt. Zu Beginn kamen die Herausforderungen zur Sprache, vor denen die Textilindustrie steht – übrigens weitgehend mit denen des gesamten Mittelstands identisch: hohe Konkurrenz und großer Wettbewerbsdruck, Angst vor Informationsverlust und teilweise Angst vor den Trends der Zukunft. Spezifisch für die Branche mit den vielen Kleinunternehmen ist, dass diese – gefühlt – den Trends hinterherhängen und für viele Unternehmen der textile Arbeitsplatz der Zukunft sowie die Bedeutung der Digitalisierung für die Textilbranche noch unbekannt sind.

Soll-Konzept

Nach Erläuterungen zu Open Innovation und der Vorstellung von Best-Practice-Beispielen wurden – moderativ begleitet – durch einen Design-Thinking-Ansatz von den Textilunternehmern nachstehende **Erfolgsfaktoren** für Open Innovation erarbeitet, die sich in nachstehende Bereiche unterteilen lassen. Die Stichworte werden von den Unternehmen als wichtigste Inhalte gesehen:

1. **Kultur für Open Innovation:** Denkblockaden, Veränderungsprozesse, Kulturwandel, Abteilungsdenken, Misstrauen gegenüber anderen Unternehmen, Kundennutzen verstehen, Fehlerkultur, Angst vor Risiko, „Not-invented-here"-Syndrom.
2. **Einbindung von Zielgruppen:** Richtige Partner finden, Blick über den Tellerrand, qualifizierte Mitarbeiter finden, Cross Industry.

3. **Struktur für Open Innovation:** Festlegen des Produktentwicklungsprozesses, Management von Innovationsprozess, Management von Kooperationen, Methoden für Produktentwicklung fehlen, Schnittstellenmanagement, Methoden für Kundenanforderungsanalyse.
4. **Open-Innovation-Strategie:** Innovation nur für Produkte, Alleinstellungsmerkmale definieren, Trends suchen, Produktentwicklung optimieren.

Die weiteren OI-Pakete stellen in gewissem Maße die Antworten auf diese Themenliste dar, mit der Möglichkeit, diese im Unternehmen umzusetzen.

3.2 Ready for Open Innovation – Fit für die Zukunft?

Mit den Inhalten dieses Abschnitt s kann **Kultur für Open Innovation** (1.) im Unternehmen als Ausgangspunkt aller weiteren Maßnahmen ermittelt werden. Zur Verbesserung des betrieblichen Innovationsmanagements und insbesondere um die Nutzung von OI in Textilunternehmen zu forcieren, wurde im Ergebnis des Open Innovation Days zunächst

- **grundlegend informiert:** „Was ist überhaupt Open Innovation? Ist das auch etwas für KMU?“, um anschließend
- **mit Vorurteilen aufgeräumt:** „Viele dieser Methoden können wir nicht anwenden.“ oder „Bevor wir Methoden brauchen, müssen wir den Status quo kennen.“, um dann auf
- **der Nutzen von OI fokussiert:** „Wir wollen wissen, was unsere Branche macht!“ oder „Können wir uns mit anderen techTEX-lern vergleichen ?“

Open Innovation Readiness Check

Deshalb wurde nach dem Vorbild des Industrie 4.0 Readiness Check[7] ein Open Innovation Readiness Check entwickelt. Pro Unternehmen wurden 7–9 Interviewpartner mit Bezug zum Innovationsprozess mithilfe eines Fragebogens mit 25 Fragen zu den o.g. Inhalten (Kultur für Open Innovation, Einbindung von Zielgruppen, Struktur für Open Innovation, Open-Innovation-Strategie) etwa 45–75 Minuten befragt.

Weitere spezifische Handlungsempfehlungen zur Nutzung von Open-Innovation-Methoden findet man im Statusreport zu futureTEX „Open Innovation in der Technischen Textilbranche“.[8]

Unser Umsetzungsvorschlag für Mittelständler: Der Open Innovation Readiness Check kann prinzipiell auch als Self Check durchgeführt werden. Bei Anwendung des Open Innovation Readiness Check bei den Textil-

---

[7] Vgl. https://www.industrie40-readiness.de.

[8] Nawroth/Wingartz/Spitzley/Warschat, Open Innovation in der technischen Textilbranche: Ein futureTEX Statusreport. Umfrage zu Open Innovation in der deutschen technischen Textilbranche 2017, 2017.

unternehmen stellte sich heraus, dass bei Einführung und Umsetzung von Open Innovation die Auswahl der beteiligten Akteure und die Art und Weise, sie einzubinden, erfolgsentscheidend sind. Daher ist sowohl für die Interpretation der Ergebnisse als auch für eine bewertende Sicht auf die Open-Innovation-Kultur des Unternehmens eine externe Moderation zu bevorzugen.[9]

3.3 Aufbau von offenen Innovationsnetzwerken

Die **Einbindung von Zielgruppen** (2.) ist ein weiterer wichtiger Baustein für die Umsetzung von Open Innovation im Mitteltand. Im Projekt wurde dazu das Format einer **KompetenzWerkstatt** entwickelt. Die **KompetenzWerkstatt** findet zu definierten, mit den Teilnehmern abgestimmten Themen statt und wird durch Experten methodisch angeleitet und moderiert.

Kompetenz-Werkstatt

Ein weiterer wichtiger Aspekt beinhaltet die praktische Erprobung von Open Innovation über eine **„KompetenzWerkstatt – Innovieren selbst probieren!“**, wobei der Schwerpunkt auf den „erlebten Methoden zum Mitnehmen und Ausprobieren“ liegt. Die Vorgehensweise zum Aufbau einer solchen KompetenzWerkstatt ist in Abb. 5 für das durchgeführte Forschungsvorhaben auf einem Zeitstrahl visualisiert.

White Paper...

Ein White Paper[10] mit Angeboten der Lösungssteckbriefe und einem Glossar zu Open Innovation ist für die Firmen der Community hilfreich. Je spannender, relevanter die Themen sind, umso einfacher gestaltet sich der Aufbau einer Community (z.B. Trends bei Technischen Textilien, Erschließung neuer Märkte, Konsequenzen der Energiewende, Arbeitskräfte finden und binden, Wissensmanagement im Generationswechsel, Rolle der Führung für mehr Innovation, Chancen der Flüchtlings-Integration, Innovation in Prozesse und Organisation, Diskussion neuer Geschäftsmodelle, Smart Production).

---

[9] Bei Interesse am Open Innovation Readiness Check kann man sich an die Autoren wenden. Diese können außerdem die Moderation vermitteln.

[10] Vgl. http://www.stfi.de/fileadmin/futureTEX/WhitePaper-OpenInnovation.pdf.

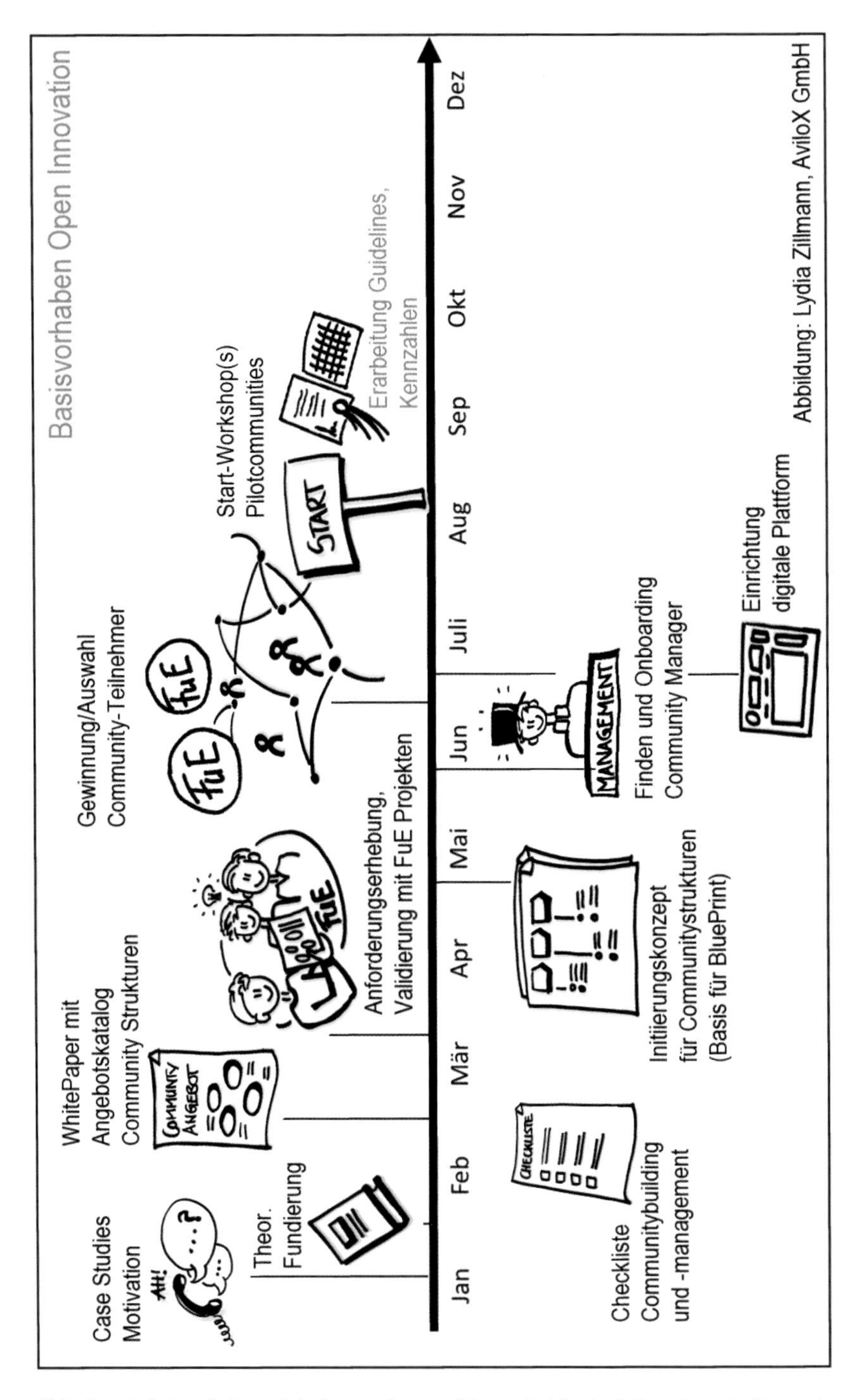

Abb. 5: Arbeitsschritte, Inhalte und ungefährer Zeitbedarf für den Aufbau einer KompetenzWerkstatt

Für die **KompetenzWerkstatt** hat sich das Konzept einer **Lernreise inklusive Transfer** bewährt. Dabei kann die **KompetenzWerkstatt** in einem Unternehmen allein oder mit geladenen Gästen aus anderen Unternehmen durchgeführt werden, die bereit sind, zu dem Themenspektrum mit Innovationen zu kooperieren. Beim gastgebenden KMU ist erfahrungsgemäß mit ca. 10–20 Mitarbeitern zu rechnen (Geschäftsleitung, FuE-Beauftragte, Produkt- und Marketingmanager).

...als Lernreise

- **Zielstellung:** Die **KompetenzWerkstatt** fokussiert auf die Ideengenerierung.
- **Lockerer Start:** Businessfrühstück – zum „Ankommen und Vernetzten".
- **Einordnung des Formats** und **inhaltlicher Impuls** durch andere OI-Vorhaben.
- **Lernen am konkreten Beispiel:** Ein Innovationsprojekt des KMU als Lernreise.
- **Erarbeitung von 3 möglichen Wegen** zur Innovationsumsetzung (u.a. Prozessbausteine, Verantwortung, Rahmenbedingungen).

Wichtige Erfahrungen für die Teilnehmer einer **KompetenzWerkstatt** sind ein direkter persönlicher Austausch und die Erkenntnis, dass Innovationsmethoden und -werkzeuge für die Vernetzung von Vorhaben mit angrenzenden Handlungsfeldern einsetzbar sind. Im Unternehmen lassen sich so Synergien besser nutzen – und das vorhabenübergreifend. Die **KompetenzWerkstatt** ist als eine Veranstaltungsreihe angelegt und wird nach Ende des Verbundvorhabens vom Konsortialführer STFI über thematische Treffen weitergeführt.

Umsetzungsvorschlag für den Mittelstand

Der thematische Ansatz ist eine gute inhaltliche Klammer dafür, dass sich unterschiedliche Partner zu einem für alle Beteiligten relevanten Thema auseinandersetzen. In der richtigen Zusammensetzung der Teilnehmer der **KompetenzWerkstatt** liegt der Schlüssel für gute, umsetzbare Ergebnisse für alle Beteiligten oder das Risiko, keine Teilnehmer dafür zusammen zu bekommen. Denn eine offene Community mit geladenen Gästen setzt Vertrauen voraus und ist dadurch schwieriger zu organisieren als eine innerbetriebliche Community. Auf jeden Fall muss zwischen allen Teilnehmern vor der Veranstaltung die Liste der angedachten Gäste abgestimmt werden: Wer möchte schon gern vor einem Mitbewerber seine Innovationsüberlegungen ausbreiten?

Das Modell **KompetenzWerkstatt** lässt sich sehr gut auf Lieferanten-Kunden-Veranstaltungen anwenden. In Ergänzung zu den üblichen Kundentagen liefert das Format dem Unternehmen aus erster Hand Hinweise, was sich Kunden wünschen, wo die Reise hingehen kann – und das bei gleichzeitiger Aufwertung der Interessen der Kunden.

Eine thematische **KompetenzWerkstatt** ist aber auch für Vertreter unterschiedlicher Branchen sinnvoll und risikoarm. So stehen Maschinenbauer bei Maschinen mit völlig unterschiedlichen Technologien wie z. B. Tieflochbohrern[11] oder Innenhochdruckumformung[12] vor der gleichen Herausforderung, dass Ergebnisse erst am Ende des technologischen Prozesses feststehen und dessen eventuelle Störungen nicht direkt über Sensoren messbar sind. Für beide Maschinenbauer bietet sich daher ein Innovationsaustausch und evtl. auch eine gemeinsame Zusammenarbeit mit externen Data Scientists an, um herauszufinden, ob man mittels Machine Learning über indirekte Messungen (z. B. Schwingungsmessungen, Geräusche etc.) frühzeitig Werkzeugschäden, Ausfälle oder Störungen der Prozesse erkennen kann.

3.4 Werkzeuge zur Trend- und Informationsanalyse, zur Beobachtung von Markt und Wettbewerb

Im diesem Arbeitsschwerpunkt geht es um die unternehmensexterne Ebene von Innovationen, also die Umsetzung der **Open-Innovation-Strategie** (4.). Er setzt auf der **Struktur für Open Innovation** (3.) auf (die immer spezifisch für das Unternehmen zu entwickeln ist und für die sich eine Einbeziehung von Moderatoren empfiehlt).

Es ist heute unverzichtbar,

- zu wissen, wie sich Mitbewerber verhalten oder
- im Bereich von techTEX frühzeitig zu wissen, was technisch möglich ist.

Trend- und Informationsanalyse mittels Portalen

Für die Trend- und Informationsanalyse wurde die **TrendArena** des Fraunhofer IAO eingesetzt[13] und speziell angepasst, sodass im Ergebnis ein semantisches, webbasiertes Fachportal für (technische) Textilien entstanden ist. Die Software greift auf die Inhalte von Forschungs- und Patentdatenbanken zu und ermöglicht Anwendern eine strukturierte Abfrage. Die TrendArena bringt bereits ein Fachwörterbuch und einen Thesaurus mit. Aufbauend auf dieser strukturierten Sammlung und Anwendung des aktuellen Technik-Fachwortschatzes, wurde für die

[11] Beim Tieflochbohren sind Bohrtiefen um ein Vielfaches größer als die Durchmesser der Bohrer. So können Bohrer bei Durchmessern von 0,2 mm die bis zu vierzigfache Länge aufweisen. Bohrspäne werden durch die Bohrflüssigkeit aus einem Innenkanal im Bohrer gespült, die außerdem dem Werkzeug erst die nötige Stabilität gibt.

[12] IHU bedeutet das Umformen metallischer Rohre oder Hohlkörper in Formen. Eine Wasser-Öl-Emulsion wird mit einem Innendruck von bis zu 30.000 bar in den Hohlkörper eingebracht, dessen Öffnungen während des Umformprozesses durch Dichtestempel abgedichtet werden.

[13] Vgl. https://www.trendarena.iao.fraunhofer.de/res/PDF/TrendArenaDoku.pdf.

Entwicklung des techTEX-Technologieportals ein Thesaurus für relevante Themenfelder technischer Textilien abgeleitet und die Wissensbasis festgelegt.

Das Technologieportal funktioniert als **TecScout** für technische Textilien: Man erfährt vieles zu Forschungsaktivitäten und Vernetzung (z.B. Wer arbeitet in welchen Forschungsprojekten zusammen?) und erhält einen Überblick über relevante Themenfelder. Zu den Abfragen gibt es Dashboards und es erfolgt eine Visualisierung von Trends (vgl. Abb. 6 und Abb. 7). Unternehmensspezifische Anpassungen des techTEX-Technologieportals sind mit wenigen Tagen Aufwand möglich.

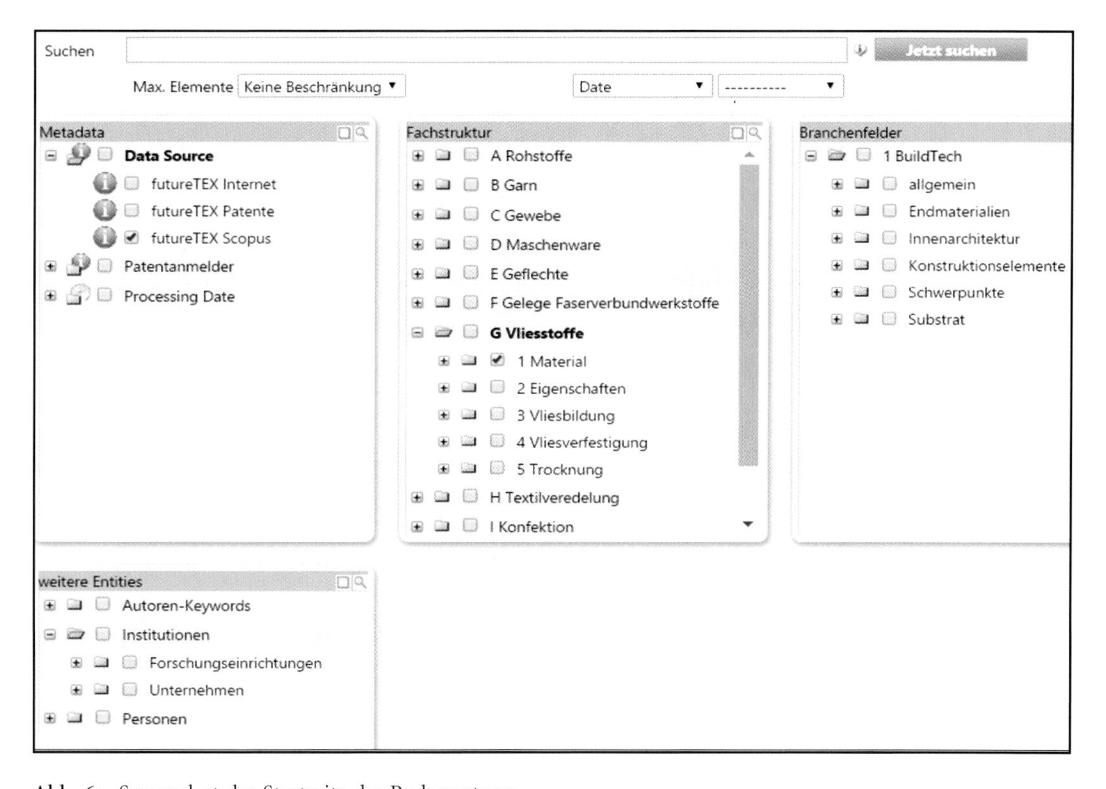

Abb. 6: Screenshot der Startseite des Radarsystems

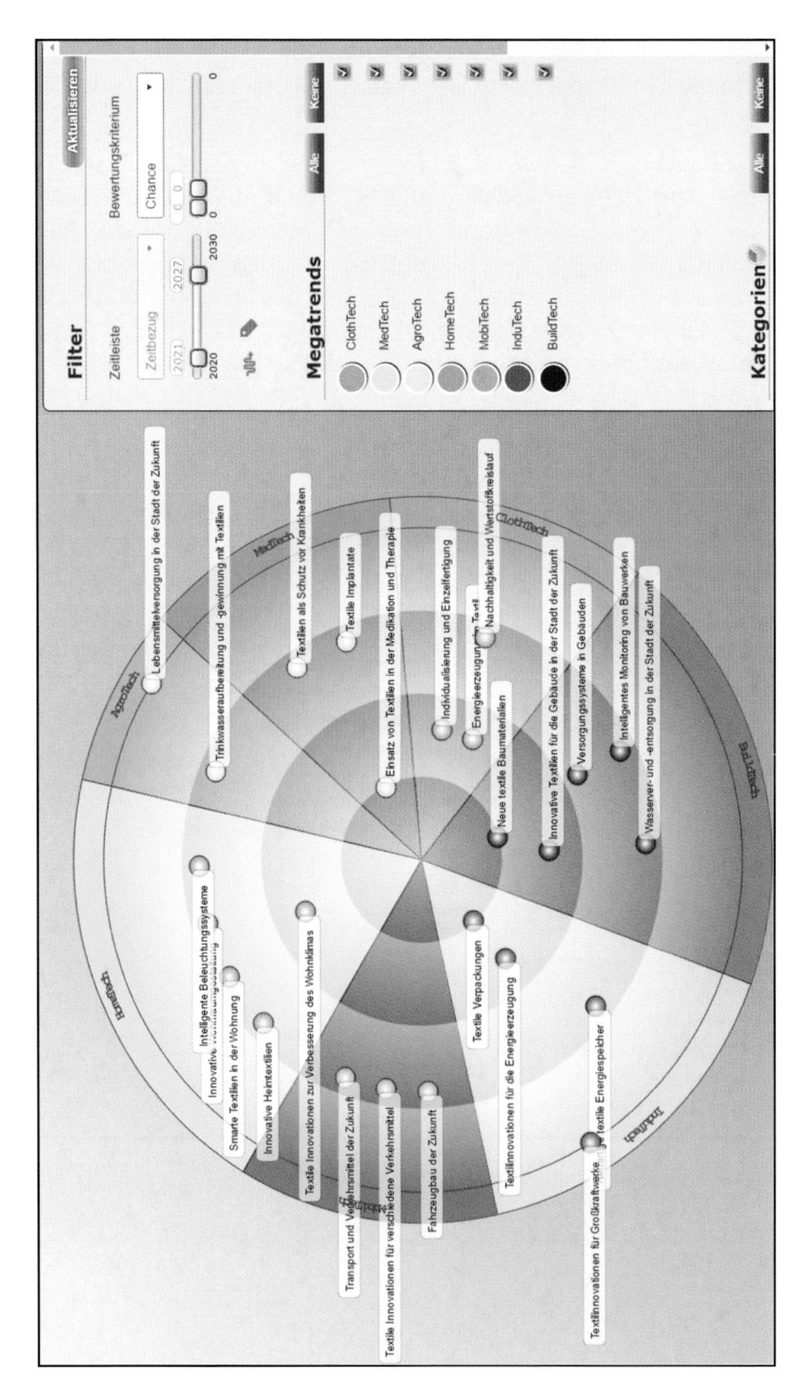

Abb. 7: Ausgabe des TrendAnalyse-Werkzeugs: Wichtige mit der Abfrage assoziierte Begriffe werden nach Häufigkeit (und teilweise semantischer Bedeutung) dargestellt

An dieser Stelle soll auf unterschiedliche Informationen von **TrendArena und Future Insight Systems** hingewiesen werden. Letztere suchen semantisch das Web, soziale Medien sowie Blogs zu Dingen ab, die noch nicht Mainstream und daher nicht in Wissensdatenbanken und Patenten berücksichtigt sind.[14] Ist man als Unternehmen an der Zukunft interessiert, also wohin zukünftig die Reise gehen könnte, sollte man zusätzlich derartige Systeme verwenden.

... und Future Insight Systems

Die Mitbewerber, Kunden und Lieferanten aktuell und genau zu kennen – die viel zitierte **360-Grad-Sicht auf den Markt** – wird in den heutigen Zeiten mit disruptiven Veränderungen immer wichtiger. Im Vorhaben wurden daher i. S. v. **„Marktbeobachtung – Agieren statt reagieren" Lösungen zur dynamischen Preisbildung** abhängig von Preisen der Mitbewerber und deren Produktverfügbarkeit realisiert. Dazu werden aus öffentlich zugänglichen Web-Portalen, sozialen Medien und Blogs kontinuierlich Informationen aus Texten semantisch extrahiert und zu relevantem Entscheidungshilfen für das Unternehmen aufbereitet.

Heute sind die Märkte in starker Bewegung. Mittelständler sollten daher den Blick nach außen auf Markt und Mitbewerber systematisch und nicht mehr – wenn überhaupt – nur kampagnenartig betreiben. Das hier vorgestellte TrendAnalyse-Werkzeug ist universell einsetzbar und lässt sich mit überschaubarem Aufwand für beliebige Branchen nutzen, um die aktuellen Entwicklungen anhand von Veröffentlichungen im Blick zu behalten. Heutzutage ist es durch Programmierung von Robots und Crawlern technisch möglich, kontinuierlich Informationen aus Portalen auszulesen.[15] Man sollte daher immer die Faustregel beachten: Informationen, die im Web oder in den sozialen Medien öffentlich zugänglich stehen, sind immer auch automatisiert zugänglich und auswertbar.

Kontinuierliche Information tut not!

Die Integration von extern gewonnenen Daten mit den internen betrieblichen Daten in einer einheitlichen Business-Intelligence-Lösung eines Textilbetriebs veranschaulicht Abb. 8.

Robot-Technologien bieten außerdem noch weit mehr Möglichkeiten. So kann man durch virtuelle Roboter eine vollautomatische Abwicklung von Geschäfts- und Verwaltungsprozessen ohne Änderungen in der bestehenden IT-Infrastruktur einrichten. Dies wird als Robotic Process Automation (RPA) bezeichnet.

---

[14] Vgl. Schäfer/Nagel/Prosch, Foresight Support Systeme für das strategische Controlling, in Klein (Hrsg.), Prozessoptimierung und IT-Controlling, 2015.

[15] Vgl. Matthias Nagel/Matthes Nagel/Markus Nagel, Digitale Transformation: wie Marketingprozesse (und die Gesellschaft) verändert werden, 2014.

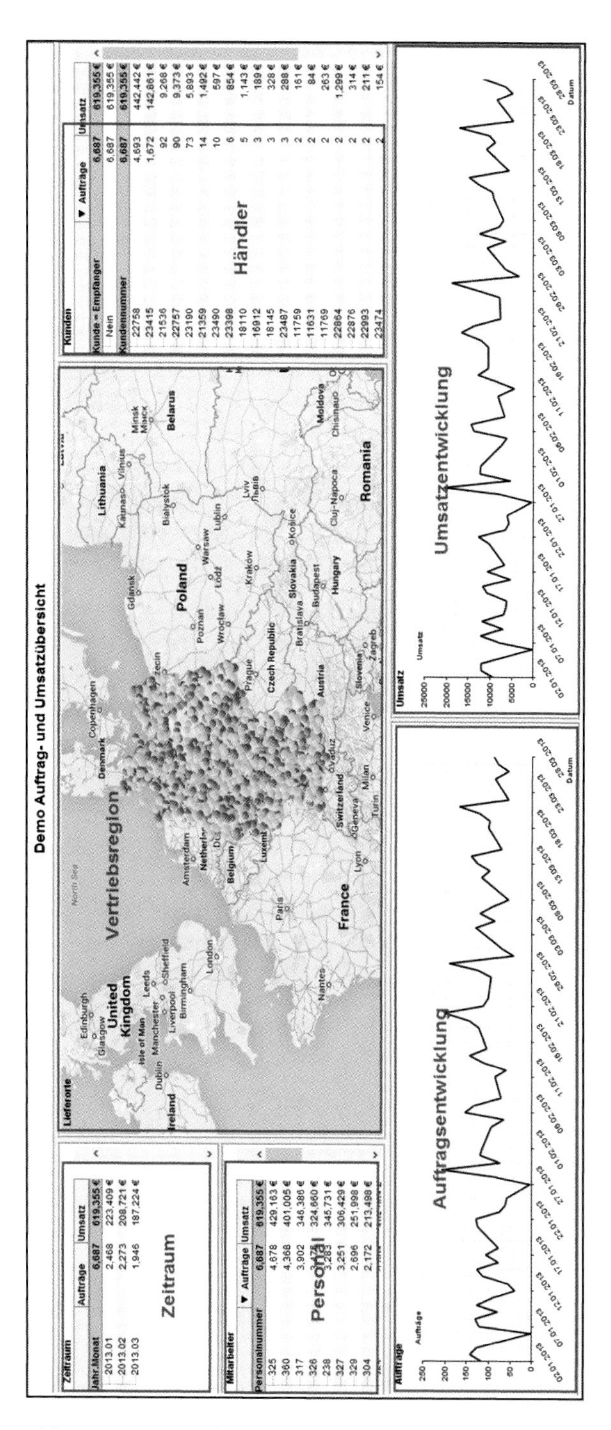

Abb. 8: Interne und externe Daten werden aktuell und dynamisch im Zusammenhang über das VisualCockpit analysiert

4 Effekte von Open Innovation

Die Effekte von Open Innovation sind für innovative Textilunternehmen sehr vielfältig.

- Da Innovation – fast immer – das Ergebnis von Kommunikation ist, haben interne Open-Innovation-Projekte oft eine geänderte Innovations- und Kommunikationskultur zur Folge – was im Interesse der Geschäftsleitung liegen sollte.
- Open Innovation mit externen Partnern ist schwieriger und Vertrauenssache, muss man sich doch dabei zwangsläufig hinsichtlich eigener Entwicklungen öffnen. Hier ist eine richtige Auswahl der Zusammensetzung der Community das A und O.
- In mittelständischen Strukturen – nicht nur der Textilbranche – ist noch ein Stück Aufklärungsarbeit zu leisten. Die im Vorhaben entwickelten Methoden und Werkzeuge sind dafür eine gute Basis. Ein entsprechendes Marketing dazu trägt zur Verbreitung von Open Innovation im Mittelstand bei.
- Entscheidend für das Gelingen derartiger Projekte ist die Qualität der Moderation. Die Moderatoren sollten gleichfalls Fachwissen der Branche mitbringen.
- Durch Einsatz von Open-Innovation-Werkzeugen wird die Geschäftsleitung bei ihren strategischen Entscheidungen zu Innovationen durch aktuelle Informationen zu langfristigen Trends unterstützt.
- Die Integration von Open Innovation in den betrieblichen Business-Intelligence-Prozess ist Voraussetzung für eine Verstetigung von Open Innovation.

Danksagung

Die Autoren danken dem Bundesministerium für Bildung und Forschung (BMBF) für die im Rahmen des Förderprogramms „Zwanzig20 – Partnerschaft für Innovation" erfolgte finanzielle Förderung dieses Vorhabens mit dem Förderkennzeichen 03ZZ0605C.

Weiterhin danken die Autoren Dr. Axel Löbus vom PTJ Projektträger Jülich – Forschungszentrum Jülich GmbH für die kooperative Zusammenarbeit bei der Betreuung des Projekts und seine kontinuierliche, engagierte und lösungsorientierte Unterstützung.

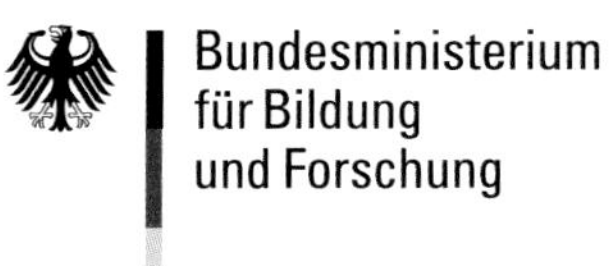

Kapitel 5: Literaturanalyse

Literaturanalyse zum Thema „Strategieentwicklung und -umsetzung"

Titel: Value Proposition Design. Entwickeln Sie Produkte und Services, die Ihre Kunden wirklich wollen
Autoren: Alexander Osterwalder, Yves Pigneur, Greg Bernarda, Alan Smith
Jahr: 2014
Verlag: Campus Verlag
Kosten: 34,99 EUR
Umfang: 316 Seiten
ISBN: 978-3-593-50331-8

Inhalt

Bereits vor einigen Jahren machten die Autoren mit einem neuen Konzept für die interaktive Modellierung und Präsentation von Geschäftsmodellideen auf sich aufmerksam. Die eigentlich für Start-ups entwickelte Business Model Canvas fand auch in etablierten Unternehmen schnell eine sehr positive Aufnahme und kann inzwischen bereits als eine Art Standardverfahren im Rahmen des Business Development angesehen werden.[1]

Doch das an sich sehr überzeugende Konzept besitzt auch Schwächen, die insbesondere in der fehlenden Unterstützung bei der Entwicklung der eigenen Wertangebote zu sehen ist. Aber wie entwickelt man echte Must-haves? In ihrem Nachfolgeband stellen Alexander Osterwalder und sein Team eine Weiterentwicklung und Verfeinerung ihres Ansatzes vor, mit dem es möglich wird, Produkte zu designen, bei denen Wertangebot und Kundenwunsch optimal zusammenpassen.

Die Value Proposition Canvas ist ein konsequent auf den Kunden bzw. die Kunden ausgerichteter Ansatz. Die gerade auf den aktuell üblichen Käufermärkten nur allzu plausible Grundannahme lautet, dass Unternehmen vorrangig ihre Kunden in- und auswendig kennen müssen, bevor sie ein Produkt oder eine Dienstleistung erfolgreich zur Marktreife bringen können. Für wen wird das Produkt gemacht? Wer sind die wichtigsten Kunden? Welcher Wert, welcher Produktnutzen wird diesen Kunden aus

[1] S. a. Klein, Business Development Controlling, 2013.

ihrer Sicht vermittelt? Welche ihrer Probleme löst das Produkt? Welche Bedürfnisse werden erfüllt?

Bewertung

Praxisorientiert zeigt das Buch, wie aus einer Idee ein begehrtes Produkt gewonnen werden kann. Dazu gehört es die Kunden zu verstehen lernen, aber eben auch frühzeitig mit einer Beta-Version bzw. einen Prototyp des Produkts aufzuwarten, das die Kunden testen können. Auf Basis dieser Testergebnisse durchläuft das Produkt innerhalb eines klar definierten Prozesses mehrere Prüfungen und Verbesserungen bis hin zur Marktreife. Die Vorgehensweise zeigt Ähnlichkeiten mit dem ebenfalls in den letzten Jahren sehr bekannt gewordenen Design Thinking. Beide Ansätze ergänzen sich insofern sehr gut zu einem leistungsfähigen interdisziplinären Innovationsmanagementkonzept, das sich nicht nur für Markenartikler empfiehlt.

Wie schon sein Vorgänger „Business Model Generation" ist auch „Value Proposition Design" sehr umsetzungsorientiert gestaltet, mit vielfältigen Beispielen versehen und durchgängig mehrfarbig illustriert. Anwender mit ein wenig Experimentierfreude sollte es nicht schwerfallen, die Beispiele auf das eigene Unternehmen zu übertragen und im Team umzusetzen.

Außerdem enthält das Buch einen Zugang zu einem – allerdings englischsprachigen – Internet-Portal mit Tools, Tests und Fallstudien sowie der Möglichkeit zum Austausch innerhalb der Business-Model-Generation-Community.

Fazit

Value Proposition Design ist eine gelungene Fortsetzung des bekannten Titels Business Model Generation. Verantwortlichen aus Unternehmen ist es dadurch möglich, sich schnell einen systematischen Überblick über die Qualität des eigenen Geschäftsmodells und die Werthaltigkeit der angebotenen Produkte aus Kundensicht zu verschaffen, um diese dann ggf. auf dieser Basis weiterentwickeln zu können.

Titel: Strategie-Workshop. In fünf Schritten zur erfolgreichen Unternehmensstrategie
Autoren: Klaus Haake, Willi Seiler
Jahr: 3. völlig überarbeitete und aktualisierte Auflage 2017
Verlag: Verlag Schäffer-Poeschel
Kosten: 39,95 EUR
Umfang: 167 Seiten
ISBN: 978-3-7910-3629-8

Inhalt

Wie der Name schon nahelegt, beschreiben die Autoren in ihrem vergleichsweise angenehm kurz gehaltenen Ratgeber den Weg zur eigenen Strategie. Konsequent auf den Praxisbedarf ausgerichtet, zeigt das Handbuch in fünf aufeinander aufbauenden Schritten, den Prozess der Strategieerarbeitung und dafür sinnvolle Instrumente: von der Vorbereitung und Analyse des Umfelds über die Entwicklung bis hin zur Durchführung und Überprüfung.

Dementsprechend ist das Buch entlang dieser Schritte strukturiert und für jeden Schritt ist ein Kapitel angelegt:

- Schritt 1: Initiative
- Schritt 2: Analyse
- Schritt 3: Strategieentwicklung
- Schritt 4: Umsetzungsplanung
- Schritt 5: Strategieüberprüfung

Die einzelnen Schritte werden jeweils knapp, jedoch für kleinere Unternehmen in ausreichender Detailierung dargelegt. Handlungsanleitungen. Fallbeispiele, Checklisten und eine ganze Reihe von Arbeitsblättern ermöglichen eine schnelle Umsetzung in der Praxis.

Titel: Strategisches Management. Wie strategische Initiativen zum Wandel führen
Autor: Günter Müller-Stewens, Christoph Lechner
Jahr: 5. überarbeitete Auflage 2016
Verlag: Verlag Schäffer-Poeschel
Kosten: 49,95 EUR
Umfang: 702 Seiten
ISBN: 978-3-7910-3439-3

Inhalt

Auch in seiner neuesten 5. Auflage stellt das Standardwerk der „St. Galler Schule" die wichtigsten Erkenntnisse, Theorien und Methoden des strategischen Managements vor. Anhand von Praxisbeispielen, Exkursen und Workshops werden diese verdeutlicht und vertieft.

Die neue Auflage wurde durchgehend überarbeitet, verschiedene Themenbereiche wurden vertieft und aktuelle Themen ergänzt. Neu aufgelegt sind die Ausführungen zu Nachhaltigkeit und Verantwortung, Regulierung, wichtigen Megatrends wie demographischer Wandel, Klimawandel und Digitalisierung sowie die erhöhte Bedeutung von Schwellenmärkten.

Neu ist auch die begleitende Homepage www.strategicmanagementnavigator.org. Hier werden alle Abbildungen im Powerpoint-Präsentationsformat, aber auch Fallstudienmaterial, Workshop-Konzepte für Anwender etc. zur Verfügung gestellt.

Titel: Strategieentwicklung für die Praxis. Navigieren, verändern und umsetzen
Autor: Roman Stöger
Jahr: 3. überarbeitete und erweiterte Auflage 2017
Verlag: Verlag Schäffer-Poeschel
Kosten: 39,95 EUR
Umfang: 310 Seiten
ISBN: 978-3-7910-3781-3

Inhalt

Ob zur Beurteilung der Ausgangslage oder zur Entwicklung und Umsetzung von Strategien - verständlich und gut nachvollziehbar erläutert der Autor Ansätze und Methoden für die selbstständige Durchführung in der Praxis. Dazu wurde es nach einer Einführung in die Grundlagen in insgesamt vier auf einander aufbauende Phasen untergliedert:

- Phase 1: Die Ausgangslage beurteilen
- Phase 2: Die Veränderungen erkennen
- Phase 3: Das Zukunftsprogrammentwickeln
- Phase 4: Die Strategie umsetzen

Jede Phase ist in vier zentrale Teilschritte unterteilt, die strukturiert und ohne große Ausflüge in die Theorie vermittelt werden.

Für den nach fachlicher Unterstützung suchenden Praktiker liefert das Buch mit noch überschaubarem Umfang Strategiewerkzeuge für Navigation, Veränderung und Umsetzung. Über das Internet zur Verfügung gestelltes Arbeitsmaterial und Checklisten zu Funktionalstrategien runden das Angebot sinnvoll ab.

Stichwortverzeichnis

K

L

M

N

O

P

S